Informatik aktuell

Herausgeber: W. Brauer
im Auftrag der Gesellschaft für Informatik (GI)

R. Bayer   T. Härder   P. Lockemann (Hrsg.)

Objektbanken
für Experten

Kolloquium, Stuttgart, 12./13. Oktober 1992

Springer-Verlag
Berlin Heidelberg New York
London Paris Tokyo
Hong Kong Barcelona
Budapest

Herausgeber

R. Bayer
TU München, Institut für Informatik
Arcisstr. 21, W-8000 München 2

T. Härder
Universität Kaiserslautern, Fachbereich Informatik
Erwin-Schrödinger-Straße, W-6750 Kaiserslautern

P. Lockemann
Universität Karlsruhe
Institut für Programmstrukturen und Datenorganisation
Postfach 6980, W-7500 Karlsruhe

CR Subject Classification (1992): D.1.5, D.1.6, H.2.4, H.2.8, H.3.3, H.5.1, H.5.3, I.2.1-I.2.5, I.2.11, I.3.5, J.2, J.6

ISBN-13: 978-3-540-56074-6   e-ISBN-13: 978-3-642-77873-5
DOI: 10.1007/978-3-642-77873-5

Vorwort

1 Rückblick

Das Schwerpunktprogramm (SPP) wurde zu einem Zeitpunkt initiiert, zu dem die Informatik einem stürmischen Wandel unterworfen war: Neue Gebiete taten sich auf, neue Paradigmen übten ihren Einfluß aus.

Expertensysteme: Wissenschaftliche Untersuchungen und Technologie-Entwicklungen in den Bereichen deduktive Datenbanksysteme, Expertensystem-Shells, Wissensrepräsentation begannen Wirkung zu zeigen und führten zu ersten prototypischen Anwendungen von Expertensystemen.

Objektorientierung: Sie begann auf breiter Front über objektorientierte Programmiersprachen, Programmiersysteme und Datenbanksysteme, insbesondere über objektorientierte Benutzeroberflächen ihren Einfluß geltend zu machen.

Relationale Datenbanksysteme: Die Datenbanktechnik begann sich in Form relationaler Systeme am Markt zu etablieren und bot eine solide aber - wie sich schnell herausstellte - funktional unterentwickelte Basis für zukünftige komplexe Anwendungen.

Transaktionssysteme: Mit Transaktionen als Verkörperung der Unverwundbarkeit von Datenbeständen und der Wechselwirkungsfreiheit zwischen Rechenprozessen stellte die Datenbanktechnik ein fundamentales Prinzip zur Strukturierung und Ausführung von Anwendungssystemen bereit, begann aber gleichzeitig auch an neue Grenzen zu stoßen.

Offene Systeme: Offene und erweiterbare Systeme wurden insbesondere durch den UNIX-Markt und den Telekommunikationsbereich propagiert. Der Erfolg dieser Bewegung zeigt sich heute in Schlagwörtern wie Downsizing, Client/Server-Architektur, insbesondere aber an den Wachstumsraten des UNIX-Marktes und an den wirtschaftlichen Problemen von Herstellern proprietärer Systeme.

Komplexe Anwendungen: Eine deutliche Steigerung der Komplexität von Anwendungen der Informatik war zu beobachten. Speerspitze dieser Anwendungen waren die Entwurfsvorgänge in den ingenieurwissenschaftlichen Disziplinen. Ermöglicht wurde die erhöhte Komplexität im Prinzip durch enorm gestiegene Hardware-Leistung von CPU-Geschwindigkeit über Hauptspeichergröße, LAN-Kapazität bis zu den Plattenspeichern. Gebremst wurden komplexe Anwendungen vor allem aber durch das Fehlen geeigneter Software.

Noch hatte man sich jedoch nur wenig der Herausforderung gestellt, diese zunächst eher isoliert ablaufenden Entwicklungen zusammenzuführen, ihre Wechselwirkungen zu verstehen und zu kontrollieren und ihr Synergiepotential zu nutzen. Vielversprechend schien insbesondere eine Zusammenführung im Sinne einer *Entwurfs- und Konstruktionsmethodik* für die komplexen Anwendungen:

- Expertensystem-Technologie, um Fachwissen adäquat sammeln, repräsentieren und verarbeiten zu können.

- Objektorientierung mit dem Hauptziel der Wiederverwendbarkeit und leichten Anpaßbarkeit von Spezifikationen und Software-Modulen.

- Offene Systeme mit der Forderung, heterogene Hardware- und Software-Systeme leicht koppeln zu können und auch isolierte Werkzeuge in die Arbeitsumgebung integrieren zu können.

- Transaktionssysteme mit der Forderung nach Unterstützung von Experten mit hochspezialisiertem Fachwissen, die komplexe Anwendungen in langdauernder Teamarbeit erstellen müssen.

Das Hauptziel, das die Koordinatoren bei der Konzeption des Schwerpunktprogramms anstrebten, war folgerichtig, diese verschiedenen Zweige der Informatik weiterzuentwickeln, insbesondere aber sie unter dem Dach der Datenbanktechnik zu integrieren, um eine möglichst mächtige und bequeme Entwicklungsumgebung für komplexe Anwendungen bereitzustellen. In dem Originalantrag war das so formuliert:

„Integration von Objektbanksystemen mit Expertensystem-Techniken und Entwurfsmethoden zur Unterstützung von Fachexperten, die nicht allein, sondern in einem größeren Team an komplexen und langwierigen Aufgaben arbeiten." [?]

Im Rückblick können die Koordinatoren mit Genugtuung feststellen, daß die Überlegungen, die zur Einrichtung des Schwerpunktes geführt haben, in den Grundzügen richtig waren und außerdem durch die Beteiligung und Erfolge vieler Forschungsgruppen bestätigt wurden.

2 Wissenschaftliche Erfolge

Die insgesamt 12 Forschungsgruppen haben sich im Laufe des Schwerpunktprogramms sehr gut kennengelernt, haben Erfahrung, Ergebnisse und Systeme ausgetauscht und gegenseitig genützt und haben sehr gut und ernsthaft zusammengearbeitet. Dies werten wir als einen wichtigen Erfolg in der Wissenschaftslandschaft mit einer langfristigen Wirkung, die inzwischen sogar schon in die neuen Bundesländer ausgestraht hat. Darüber hinaus sind die objektiv meßbaren wissenschaftlichen Ergebnisse zu nennen, die regelmäßigen Workshops des Schwerpunktprogramms sowie die Beiträge zur wissenschaftlichen Literatur. Den Einzeldarstellungen in diesem Berichtsband kann mühelos die Vielfalt der Aufsätze bei internationalen Konferenzen und Fachzeitschriften sowie der Beiträge auf nationaler Ebene entnommen werden. Groß war auch die Zahl der Dissertationen und Diplomarbeiten.

Nicht zu unterschätzen, aber im Detail kaum darstellbar, ist der Einfluß, den das Schwerpunktprogramm über Seminare, Praktika, Diplomarbeiten und Vorlesungen auf die Informatiklehre an allen beteiligten Universitäten hatte. Viele der Ergebnisse sind inzwischen in die Lehre eingeflossen.

3 Technologie-Entwicklung

Dieses Schwerpunktprogramm hat großen Wert darauf gelegt, es nicht bei einer Vielzahl wissenschaftlicher Publikationen zu belassen (Research), sondern alle Konzeptionen und theoretischen Ergebnisse durch Technologie-Entwicklungen (Development) zu untermauern. Konzepte und Ideen wurden nicht nur „erdacht", sondern auf ihre praktische Tragfähigkeit hin untersucht. Dabei stellte sich übrigens auch heraus, daß einige in der internationalen wissenschaftlichen Literatur theoretisch hoch gepriesene Ergebnisse in der Praxis nur bedingt tauglich sind.

Die Technologie-Entwicklung fand durchweg unter realistischen Randbedingungen statt, wie sie in der Informatik heute bestehen oder in absehbarer Zukunft zu erwarten sind: Workstations der RISC-Leistungsklasse, LAN-Netze, Client/Server-Architekturen, UNIX als Betriebssystem, etc. Es wurde nirgends „ins Blaue hinein" entwickelt. Dieser Aspekt liegt letztlich auch als Motivation unserem Berichtsband zugrunde: er ist eben nicht nur für unsere Kollegen aus der Wissenschaft gedacht, sondern auch für unsere Partner und Freunde in der Industrie, die die beschriebenen Technologien in ihre Produkte und Anwendungen einbeziehen wollen.

4 Demonstrator-Systeme

Letztlich sollte wissenschaftlicher Erfolg - insbesondere bei der hier verfolgten konstruktiven Note - stets auch demonstriert werden. Bei fast allen Forschungsgruppen sind die wissenschaftlichen Ergebnisse und technischen Entwicklungen deshalb auch in größere Systeme implementiert und demonstriert worden. In vielen Fällen ging die Implementierung über einfache Prototypen weit hinaus und führte zu brauchbaren Demonstrator-Systemen, die sich ohne eine völlige Neuimplementierung für die Weiterentwicklung zu echten Produkten anbieten.

In einer Reihe von Fällen wurden die so entstandenen Demonstratoren an andere Forschungsgruppen im Schwerpunktprogramm weitergegeben und dort genutzt, mehrere Demonstratoren wurden von den beteiligen Lehrstühlen in ernsthaften Anwendungsprojekten eingesetzt, einige Demonstratoren wurden an mehrere inländische und ausländische Universitäten zur Erprobung und Nutzung weitergegeben.

5 Auswirkungen

Forschungsgruppen an Universitäten können wissenschaftliche Ergebnisse publizieren, Technologie entwickeln und vielleicht noch überzeugende Demonstratoren bauen. Das darf aber nicht darüber hinwegtäuschen, daß damit nur wenige Prozent des Gesamtaufwands für eine ernsthafte Produktentwicklung geleistet sind. Das Schwerpunktprogramm hat hier alles getan, was man fairerweise erwarten kann.

Nun ist die deutsche und europäische DV-Industrie gefordert, die im Schwerpunktprogramm entwickelten Technologien aufzugreifen und in Produkte einzubringen, „obwohl diese Technologie ja aus Deutschland kommt". Um zumindest beispielhaft konkret zu werden: die nächste Generation der Datenbanksysteme, insbesondere das derzeit in Standardisierung befindliche und für etwa 1995 erwartete SQL3, wird die wichtigsten Fähigkeiten deduktiver und objektorientierter Datenbanksysteme aufweisen. Das heißt aber, daß für ein vollständiges SQL3-System mit Übersetzer, Optimierer und moderner Entwicklungs- und Programmierumgebung ein sehr großer Teil der in diesem Schwerpunktprogramm entwickelten Technologie benötigt wird.

Entgegen landläufiger Meinung wollen Wissenschaftler keineswegs nur „im Elfenbeinturm" forschen. Für viele ist eine Anerkennung ihrer Leistung erst dann vollständig, wenn sich die erzielten Ergebnisse in der wirtschaftlichen Praxis wiederfinden. So wäre es auch für alle am Schwerpunktprogramm beteiligten Projektleiter, wissenschaftlichen Mitarbeiter, Doktoranden und Diplomanden ein ganz besonderer Erfolg, wenn die deutschen DV-Anbieter und -Nutzer die Ergebnisse und Erfahrungen des Schwerpunktprogramms technisch und wirtschaftlich für die Entwicklung eigenständiger Produkte und fortschrittlicher Anwendungen nutzen würden, anstatt bei der nächsten Generation von Objektbank-Systemen sich wieder nur auf den Vertrieb und Erwerb ausländischer Produkte zu verlassen.

An dieser Stelle sei der DFG für die Einrichtung und Finanzierung des Schwerpunktprogramms gedankt. Besondere Anerkennung möchten wir unserem betreuenden Referenten, Herrn Dipl.-Ing. Seifert, für seine stets sachliche, fruchtbare, unbürokratische und erfolgreiche Zusammenarbeit aussprechen. Den begutachtenden Fachkollegen sei für die kritische, aber stets konstruktive und wohlmeinende Begleitung des Programms nachdrücklich gedankt.

Im Namen aller Projektleiter möchten wir allen wissenschaftlichen Mitarbeitern und Studenten, die am Schwerpunktprogramm mitgearbeitet haben, unseren Dank und unsere Anerkennung aussprechen. Ihre Arbeit hat den Erfolg dieses Schwerpunktprogramms ermöglicht. Wir hoffen, daß diese Arbeit, das im Schwerpunktprogramm Gelernte und die dabei gemachten Erfahrungen ihre weitere berufliche Laufbahn beflügeln werden.

6. August 1992

R. Bayer, T. Härder, P.C. Lockemann

Literatur

1. R. Bayer, P.C. Lockemann, T. Härder: Antrag für ein Schwerpunktprogramm in der Informatik „Objektbanken für Experten", Vorlage für den Senat der Deutschen Forschungsgemeinschaft, 9.6.1986

Inhalt

LOLA – ein deduktives Datenbanksystem

Burkhard Freitag, Heribert Schütz, Günther Specht, Rudolf Bayer

Institut für Informatik, Technische Universität München
Orleansstraße 34, W-8000 München 80
email: {freitag,schuetz,specht,bayer}@informatik.tu-muenchen.de

und

Ulrich Güntzer

Wilhelm-Schickard-Institut, Universität Tübingen
Sand 13, W-7400 Tübingen
email: guentzer@informatik.uni-tuebingen.de

Zusammenfassung. Die Logiksprache *LOLA* ist als Anfragesprache für ein deduktives Datenbanksystem entwickelt worden. *LOLA* hat eine deklarative Semantik und integriert Deduktion mit effizientem Datenzugriff durch die Anwendung relationaler Techniken. Die Sprache *LOLA* wird in dem in diesem Artikel vorgestellten experimentellen deduktiven Datenbanksystem verwendet, das ebenfalls den Namen *LOLA* trägt. Es bietet als zusätzliche Eigenschaften die Verwendung von Funktionen der Hostsprache Lisp und einen automatischen Zugriff auf externe relationale Datenbanken. *LOLA* ist in CommonLisp implementiert und läuft zur Zeit auf SUN Workstations.

1 Einleitung

Die Logiksprache *LOLA* ist als Anfragesprache für ein deduktives Datenbanksystem entwickelt worden. *LOLA* hat eine deklarative Semantik und integriert Deduktion mit effizientem Datenzugriff durch die Anwendung relationaler Techniken. Die Sprache *LOLA* wird in dem in diesem Artikel vorgestellten experimentellen deduktiven Datenbanksystem verwendet, das ebenfalls den Namen *LOLA* trägt. Es bietet als zusätzliche Eigenschaften die Verwendung von Funktionen der Hostsprache Lisp und einen automatischen Zugriff auf externe relationale Datenbanken.
Im Gegensatz zu Prolog-ähnlichen top-down interpretierenden Systeme werden *LOLA*-Queries in einer Top-Down Phase in einen mengenwertigen evaluierenden Ausdruck übersetzt, durch den in einer späteren Bottom-Up Phase die Menge der Antwort-Fakten ausgehend von den Basisrelationen berechnet werden kann. Das grundlegende Evaluationsschema ist die differentielle oder semi-naive Fixpunktiteration, beschrieben in [8], [9], [4], [6], [21]. Eine Reihe von Optimierungen, darunter die Magic Set Transformation [11], [5], [7], können optional angewendet werden.
Komponenten des *LOLA*-Systems sind das Benutzer-Interface, der Compiler und Optimierer und das Laufzeitsystem, das eine Hauptspeicher-Datenbank, Gateways zu externen Datenbanken und eine Verbindung zur Hostsprache Lisp enthält. *LOLA* ist in Allegro CommonLisp [1] implementiert und läuft zur Zeit auf SUN Workstations.

Das *LOLA*-System wurde im Rahmen des Teilprojekts "Effiziente Verfahren zur logischen Deduktion über Objektbanken" (Geschäftszeichen 322 672, Az. Ba 722/3) des Schwerpunktprogramms "Objektbanken für Experten" der Deutschen Forschungsgemeinschaft (DFG) entwickelt.

In Abschnitt 2 werden die Elemente der Sprache *LOLA* beschrieben. Die Typisierung von *LOLA*-Programmen ist Gegenstand von Abschnitt 3. Die interne Sprachebene sowie syntaktische Einschränkungen für auswertbare *LOLA*-Programme werden in Abschnitt 4 dargestellt. Die Abschnitte 5 und 6 geben einen Überblick über die deklarative und operationale Semantik. In Abschnitt 7 wird der *LOLA*-Compiler und in Abschnitt 8 der *LOLA*-Optimierer beschrieben. Das Laufzeitsystem wird in Abschnitt 9 dargestellt. Mit der weiteren Entwicklung beschäftigt sich Abschnitt 10. Einige Anwendungssysteme werden schließlich in Abschnitt 11 charakterisiert.

2 Die Sprache *LOLA*

LOLA ist eine auf Klauseln basierende Logikprogrammiersprache, die die Definition von Prädikaten durch Regeln und die Deklaration der im Program auftretenden Symbole gestattet[1]. In *LOLA*-Programmen dürfen sowohl (stratifizierbare) Negation als auch explizite existentielle Quantifikation verwendet werden. *LOLA* bietet einen direkten Zugang zu einer oder mehreren externen relationalen Datenbanken. Der Benutzer muß dazu lediglich den Namen der externen Datenbank, das jeweilige Datenbankmanagementsystem und die Schemata der gewünschten Relationen kennen. Funktionssymbole sind reine Termkonstruktoren und werden wie in Prolog nicht interpretiert. Durch berechnete Prädikate, die in *LOLA* als *built-in*-Prädikate bezeichnet werden, kann jedoch die Hostsprache CommonLisp in vollem Umfang genutzt werden. Dadurch ist es auch möglich, bestimmte Termklassen als abstrakte Datentypen mit einer zugeordneten Menge von Operationen aufzufassen.

2.1 Grundlegende Eigenschaften

Ein Beispiel für eine *LOLA*-Regel ist

```
best_route(X,Y,R) :-
        flight_route(X,Y,R),
        $not( $exists(R1, better_route(X,Y,R,R1)) ).
```

Informell bedeutet die Regel: R ist die günstigste Flugroute von X nach Y, falls erstens R überhaupt eine Flugroute von X nach Y ist und es zweitens keine günstigere Flugroute R1 von X nach Y gibt. Die linke Seite der Regel ist der *(Regel-)Kopf,* die rechte Seite ist der *(Regel-)Rumpf.* Eine *Query* ist eine Regel mit leerem Kopf, z.B.

```
:- direct_flight(X,Z),direct_flight(Z,Y), $not(equal(X,Y)).
```

Regeln und Queries sind implizit universell quantifiziert, wobei der Bindungsbereich des Quantors die gesamte Regel bzw. Query ist. Wegen der Möglichkeit der expliziten Existenzquantifikation werden in *LOLA* keine komplexen Vorschriften für die implizite Quantifikation wie etwa in NAIL! [39] oder LDL−1 [10] benötigt.

---

[1] Siehe auch [38] für eine ausführliche Darstellung der Sprache *LOLA*.

```
$program(flight).

%                 ***** Deklarationen *****

::= connected(<airport>,<airport>).
::= flight_route(<airport>,<airport>,<list(airport)>).
::= best_route(<airport>,<airport>,<list(airport)>).
::= better_route(<airport>,<airport>,<list(airport)>,<list(airport)>).
::= shorter_list(<list(A_Type)>,<list(A_Type)>).

<$built_in_function([A_Type])> ::= memb_bb(<A_Type>,<list(A_Type)>).


%                 ***** Definitionen *****

connected(X,Y) :-
        direct_flight(X,Y).
connected(X,Y) :-
        connected(X,Z), direct_flight(Z,Y).

flight_route(X,Y,[X,Y]) :-
        direct_flight(X,Y).
flight_route(X,Y,[X|R]) :-
        direct_flight(X,Z), flight_route(Z,Y,R),
        $not($built_in([$b,$b], memb_bb(X,R))).

best_route(X,Y,R) :-
        flight_route(X,Y,R),
        $not( $exists(R1, better_route(X,Y,R,R1)) ).

better_route(X,Y,R1,R2) :-
        flight_route(X,Y,R2), shorter_list(R2,R1).

shorter_list([],[Y|L2]).
shorter_list([X|L1],[Y|L2]) :- shorter_list(L1,L2).
```

Abbildung 1: *LOLA* Programm Unit flight

Ein *Goal* hat die allgemeine Form

$$\langle \text{Subgoal}_1 \rangle, \ldots, \langle \text{Subgoal}_n \rangle$$

wobei $\langle \text{Subgoal}_i \rangle$ ein *Atom*[2], z.B. `flight_route(X,Y,[X,Y])`, ein *negiertes Goal*, z.B. `$not(equal(X,Y))`, oder ein *existentiell quantifiziertes Goal* sein kann,

---

[2] Atome sind Ausdrücke der Form $p(t_1, \ldots, t_k)$ mit einem k-stelligen *Prädikatzeichen* p und *Termen* t_j, $1 \le j \le k$, $k \ge 0$. Die t_j sind die *Argumentterme* des Atoms. Die Terme sind rekursiv definiert: *Variablen* sind Terme. Für ein m-stelliges *Funktionszeichen* f und Terme $s_1, \ldots, s_m$, $m \ge 0$, ist auch $f(s_1, \ldots, s_m)$ ein Term. Variablen, Funktionszeichen und Prädikatzeichen werden wie in Prolog definiert.

```
$query(route_to).

%    ***** Query *****
 :- flight_route(muenchen,wangerooge,Route).

%    ***** Deklarationen *****
<airport>        ::= muenchen | wangerooge.
                 ::= direct_flight(<airport>,<airport>).
<$db_relation> ::= airline(<airport>,<airport>,
                              <time>,<time>,<flight_no>).

%    ***** Definitionen *****
direct_flight(X,Y) :- $db($main, airline(X,Y,Z,U,V)).
```

Abbildung 2: *LOLA* Query Unit

z.B. `$exists(R1, better_route(X,Y,R,R1))`. Subgoals dieser Art heißen *normal*. Als spezielle Subgoals stehen außerdem die unten ausführlicher beschriebenen *Datenbank-Goals* und *built-in-Goals* zur Verfügung. Entsprechend der Definition sind geschachtelte Negationen und existentielle Quantifikation beliebiger Tiefe möglich.

2.2 Units

LOLA-Regeln und -Queries werden in *Units* organisiert. Es gibt *Programm-Units* und *Query-Units*. Eine Programm-Unit besteht aus einer Anzahl von *Definitionen* in Form von Regeln, denen *Deklarationen* aller in den Regeln auftretenden Konstanten, Funktionszeichen und Prädikatzeichen vorangehen (s. Abschnitt 3). In Abbildung 1 wird eine *LOLA* Programm-Unit gezeigt. Zu Beginn einer *LOLA*-Sitzung wird die Programm-Unit geladen, mit der gearbeitet werden soll.
Eine Query-Unit besteht aus einer Query, der Deklarationen und Definitionen folgen können. Auch alle in der Query auftretenden Konstanten, Funktionszeichen und Prädikatzeichen müssen deklariert werden, sofern nicht schon eine Deklaration in der jeweils geladenen Programm-Unit vorliegt. Im Definitionsteil der Query-Unit können Prädikate "on-the-fly" definiert werden. In der in Abbildung 2 dargestellten Query-Unit wird davon Gebrauch gemacht, um die Definition des Prädikats `direct_flight` vom Programm zu trennen und auf diese Weise eine größere Datenunabhängigkeit zu erreichen. Ebenso ist es möglich, in der Query-Unit die "Seed" einer mit der Magic Set Transformation transformierten Query (s. Abschnitt 8.1) zu spezifizieren. Die interaktive Verarbeitung von *ad-hoc Queries* an das geladene Programm ist selbstverständlich ebenfalls möglich.

2.3 Datenbank-Goals

LOLA unterstützt spezielle Datenbank-Goals der Form

$db(⟨DB-Identifikator⟩, ⟨DB-Atom⟩)$

Syntaktisch gesehen ist ⟨DB-Atom⟩ ein DATALOG-Atom, also ein Atom, das nur Konstanten oder Variablen als Argumentterme enthält. Das Prädikatzeichen des DB-Atoms ist der Name einer Relation, die im Hauptspeicher[3] oder in einer externen Datenbank liegen kann. Die Argumentterme eines DB-Atoms spielen eine doppelte Rolle: Durch Konstanten werden die entsprechenden Attributwerte der Relation eingeschränkt, d.h. es werden nur Tupel mit "passenden" Attributwerten selektiert. Variablen werden an die entsprechenden Attributwerte gebunden. Dadurch können diese an andere Subgoals oder den Regelkopf weitergegeben werden. Der Datenbank-Identifikator eines Datenbank-Goals ist entweder $main, bezeichnet also die *LOLA*-Hauptspeicher-Datenbank (s. Abschnitt 9), oder von der Form ⟨DBMS-Identifikator(⟨DB-Name⟩)⟩. Dabei gibt ⟨DBMS-Identifikator⟩ an, mit welchem Datenbankmanagementsystem die Datenbank ⟨DB-Name⟩ verwaltet wird. Diese Information ist notwendig, um bei der Query-Verarbeitung (s. Abschnitt 7.1) das richtige Interface zwischen dem *LOLA*-System und der externen Datenbank, also das richtige *Gateway*, ansprechen zu können.

Betrachten wir als Beispiel die in Abbildung 2 gezeigte Query-Unit. Dort wird durch das Datenbank-Goal `$db($main, airline(X,Y,Z,U,V))` festgelegt, daß zur Definition von `direct_flight` auf die Relation `airline` der Datenbank mit dem Identifikator $main, d.h. der Hauptspeicher-Datenbank, zugegriffen werden soll. Hier habe `airline` das Relationenschema

```
airline(<Start>,<Destination>,<Departure>,<Arrival>,<Flightnumber>)
```

In SQL-Terminologie ist `direct_flight` eine *View* über der Hauptspeicherrelation `airline`. Das Datenbank-Goal

```
$db($transbase('LH-Flights'), timetable(muenchen,Y,Dep,'10:00',Flnum))
```

hingegen zeigt an, daß Flugplandaten aus der *externen* Relation `timetable` der Datenbank `LH-Flights` gelesen werden sollen. Diese Datenbank wird von dem Datenbankmanagementsystem 'TransBase' [40] verwaltet, wie der DBMS-Identifikator $transbase spezifiziert. Es sollen nur diejenigen `timetable`-Tupel übertragen werden, deren erstes Attribut den Wert **muenchen** und deren viertes Attribut den Wert 10:00 hat. Die anderen Attribute sind nicht eingeschränkt, weil an ihrer Position logische Variablen stehen. Wie das Beispiel andeutet, wird das Interfacing zwischen der in *LOLA* verwendeten und in Logikprogrammiersprachen üblichen positionalen Addressierung einerseits und der Addressierung des relationalen Datenbanksystems andererseits nicht über die Attributnamen der externen Relation realisiert, sondern durch die Folge der Attribute, wie sie zur Zeit der Erstellung der Relation `timetable` angegeben wurde.

Es können die Fakten mehrerer externer Relationen, die in *verschiedenen* Datenbanken gespeichert sein können, gleichzeitig zur Definition eines Prädikats verwendet werden. Als Beispiel möge die Definition des `direct_flight`-Prädikats in Abbildung 3 dienen. `timetable` habe dabei dasselbe Schema wie `airline`, und `flight_data` habe das Relationenschema

---

[3] Eine Hauptspeicherrelationen wird intern in CommonLisp als Liste von Tupeln, d.h. als Liste von Listen dargestellt. *LOLA* bietet eine Schnittstelle an, die die komfortable Definition einer Hauptspeicherrelation in *LOLA*-Syntax erlaubt.

```
direct_flight(X,Y) :-
    $db($transbase('LH-Flights'), timetable(X,Y,Dep,Arr,Fnum)).
direct_flight(X,Y) :-
    $db($transbase('FlightMate'), flight_data(Fnum,Dep,Arr,X,Y)).
```

Abbildung 3: Definition des Prädikats direct_flight durch zwei externe Relationen

```
flight_data(<Flightnumber>,<Departure>,<Arrival>,<Start>,<Destination>)
```

Das Prädikat **direct_flight** ist dann durch die in den Relationen **timetable** und **flight_data** enthaltenen Fakten definiert[4].
Es ist ebenfalls möglich, innerhalb einer Regel oder Query gleichzeitig auf Relationen verschiedener externer Datenbanken zuzugreifen. Die Regel

```
connecting_flights(F1,F2) :-
    $db($transbase('LH-Flights'), timetable(Start,Stop,Dep,T1,F1)),
    $db($transbase('FlightMate'), flight_data(F2,T2,Arr,Stop,Dest)),
    earlier(T1,T2).
```

beschreibt zum Beispiel Umsteigeverbindungen mit einem Zwischenstop. Die Information über den ersten Flugabschnitt wird der **timetable**-Relation der externen Datenbank **LH-Flights** entnommen, während die Relation **flight_data** der externen Datenbank **FlightMate** die Daten über den zweiten Flugabschnitt enthält.
Operational gesehen wird durch die beiden Datenbank-Subgoals der obigen Regel ein *Multidatenbank-Join* zwischen der **timetable**-Relation der Datenbank **LH-Flight** und der **flight_data**-Relation der Datenbank **FlightMate** definiert. Die (Equi-)-Joinbedingung wird dabei durch die gemeinsame Variable **Stop** repräsentiert. Ebenso ist es möglich, beispielsweise die transitive-Hülle einer Relation über mehrere Datenbanken hinweg zu definieren. Fragen des Umgangs mit unterschiedlichen Datenbankschemata und geeignete Integritätsbedingungen werden in [15] behandelt.
Es ist darauf hinzuweisen, daß die beschriebene Integration externer Datenbanken in eine *LOLA*-Umgebung ein Datenbankmanagementsystem voraussetzt, das SQL unterstützt.

2.4 Built-in-Goals

Ein *built-in-Goal* spezifiziert den Aufruf einer in der Hostsprache (CommonLisp) geschriebenen Funktion, die die Semantik eines *berechneten Prädikats* oder *built-in-Prädikats* implementiert. Es hat die Form

$\text{\$built\_in}(\langle \text{\$b–\$f-Liste}\rangle, \langle \text{Atom}\rangle)$

In der **$b–$f**-Liste werden *Bindungsanforderungen* für jede Attributposition in dem Atom angegeben. Eine Markierung mit **$b** besagt, daß der entsprechende Argumentterm *gebunden* oder *bound* sein muß, d.h. zur Laufzeit wird hier ein variablenfreier

---

[4] Zu beachten ist, daß die externen Relationen selbstverständlich verschiedene Schemata besitzen dürfen, wie es im Beispiel auch der Fall ist.

```
(defun memb_bb (x l)
  #| ---------------------------------------------------------------
     Built-In Praedikat memb_bb

     $b-Argument-Tupel |--> { Resultat-Tupel }

     Argumente:   x       Input-Element
                  l       Input-Liste
                          Listen werden als Konstruktorterme der Form
                            <list> ::= (nil) | (cons <element> <list>)
                          aufgefasst.
     Resultat:    { () }  d.h. true    falls l korrekte Liste und x in l
                  {}      d.h. false   sonst
     Beispiel:    ( memb_bb '(b) '(cons (a) (cons (b) (nil))) )
                      --> ( nil )
                  ( memb_bb '(c) '(cons (a) (cons (b) (nil))) )
                      --> nil
     --------------------------------------------------------------- |#
  (if (equal '(nil) l)
                           ;; Leere Input-Liste l ==> return false
      ($empty-set)
    (if (and (listp l) (eq (length l) 3) (equal ($pos l 0) 'cons))
                           ;; Nichtleere Input-Liste l
        (if (equal x ($pos l 1))
                             ;; l = (cons x 12) ==> return true
            ($make-set ($build))
                             ;; Sonst: Rekursiver Aufruf
          (memb_bb x ($pos l 2)))
                           ;; Alle anderen Faelle: Fehler
      (error "Invalid LOLA List: ~s ~%" l))))
```

Abbildung 4: CommonLisp Code für das berechnete Prädikat memb_bb

Term erwartet oder es muß andere Subgoals geben, die Bindungen für die Variablen dieses Argumentterms liefern. Eine Markierung mit **$f** drückt dagegen aus, daß
der entsprechende Argumentterm *freie* Variablen enthalten darf. Er kann also u. U.
selbst als Lieferant von Bindungen fungieren. Das built-in-Goal

```
$built_in([$f,$f,$b], append_ffb(L1,L2,[a,b,c])
```

repräsentiert zum Beispiel einen Aufruf der Funktion append_ffb mit dem aktuellen
Parameter [a,b,c]. Es wird die Antwortrelation

```
{ ([a, b, c], [], [a, b, c])
  ([a, b], [c], [a, b, c])
  ([a], [b, c], [a, b, c])
  ([], [a, b, c], [a, b, c]) }
```

zurückgegeben.

Durch berechnete Prädikate können Datenstrukturen, z.B. *LOLA*-Listen, wie abstrakte Datentypen behandelt werden. Gegenüber einem Programm mit in *LOLA* ausprogrammierten "listenverarbeitenden" Prädikaten ist auf diese Weise oft eine erhebliche Einsparung von Rechenzeit zu erzielen. Abbildung 4 zeigt als Beispiel den CommonLisp Code für das berechnete Prädikat `memb_bb`, das in dem Programm `flight` aus Abbildung 1 auftritt[5]. Dort dient die Verwendung von `memb_bb` zusätzlich dem Zweck, die Erzeugung eines nicht-stratifizierbaren Programms durch die Magic Set Transformation zu vermeiden. Die Transformation wäre aber notwendig, um die Range Restriction Eigenschaft (s. Abschnitt 4.3) zu erreichen, wenn das `member`-Prädikat auf die übliche Art explizit in *LOLA* codiert würde (s. Abbildung 5).

Eine weitere Verwendungsmöglichkeit von berechneten Prädikaten ergibt sich, wenn bestimmte Queries vor-compiliert und in einem anderen Programm verwendet werden sollen. Schließlich ist es mit Hilfe von berechneten Prädikaten auch möglich, Seiteneffekte wie etwa das Anzeigen eines Trace oder die Veränderung des Datenbestandes, zu erzielen. Allerdings ist in diesem Fall Vorsicht geboten, da die Reihenfolge der Abarbeitung der einzelnen Subgoals einer Query oder eines Regelrumpfes nicht vom Benutzer festgelegt werden kann.

3 Typisierung von *LOLA*-Programmen

3.1 Typen in *LOLA* und anderen Programmiersprachen

Prozedurale und funktionale Programmiersprachen wie ALGOL, PASCAL und C verlangen vom Programmierer, daß für die im Programm verwendeten Variablen, Konstanten, Funktionen etc. Typen angegeben werden. In Logik-Programmiersystemen ist es bislang nicht üblich, Programme mit Typ-Deklarationen zu versehen. Es gibt Untersuchungen zur Typisierung von PROLOG [31, 23, 24], kommerziell erhältliche PROLOG-Systeme kennen Typisierung jedoch nur in Bereichen, in denen die reine Logik-Programmierung verlassen wird, etwa bei der Arithmetik.

Wie viele andere Konzepte zur Erweiterung der Logik-Programmierung, die zunächst in der PROLOG-Welt entwickelt wurden, kann auch die Typisierung zusammen mit Logik-Programmiersprachen mit Bottom-up-Auswertung wie *LOLA* verwendet werden. So hat sich das hier vorgestellte Typ-Konzept für *LOLA* in großen Teilen ähnlich zum Vorschlag von Mycroft und O'Keefe [31] erwiesen, obwohl die Anforderungen an korrekt typisierte Programme bei diesen aus einer tupelorientierten Top-down-Auswertung und hier aus einer mengenorientierten Bottom-up-Auswertung abgeleitet wurden.

Die Entscheidungen für das Typ-Konzept von *LOLA* sind auf die Steigerung der Programmiersicherheit gerichtet. Viele Programmierfehler enthalten nämlich auch Fehler in der Verwendung von Typen. Solche Fehler können durch eine strenge Typ-Überprüfung erkannt und lokalisiert werden. Die Steigerung der Programmiersicherheit durch *Kontrolle* der Semantik dient der Effizienz bei der Programmierung einschließlich der Wartung und Pflege von Programmen. Dies gilt besonders

---

[5] In dem Lisp-Programm `memb_bb` wird die interne Darstellung von *LOLA*-Listen durch Lisp-Terme der Form (`cons <Head-Element> <Rest-Liste>`) verwendet (vgl. Abschnitt 3). Intern wird eine Konstante a durch den Lisp-Ausdruck (`a`) dargestellt, während die leere Liste durch (`nil`) repräsentiert wird.

bei großen Programmen und ist gegen den Gewinn an Programmier-Effizienz abzuwägen, der bei objektorientierten Sprachen durch die Verwendung von Typen bzw. Klassen zur *Beeinflussung* der Semantik entsteht.

Typen werden in Programmiersprachen verwendet, da sie es dem Compiler oder dem Laufzeit-System ermöglichen,

- für die Datenobjekte geeigneten Speicherplatz zu reservieren,
- für generische Operationen die geeignete Abarbeitung auszuwählen (Beispielsweise kann eine Addition je nach den Argumenttypen in Code für Integer- oder Real-Addition übersetzt werden.),
- geeignete Typ-Anpassungs-Operationen einzufügen (etwa bei der Zuweisung eines Integer-Wertes an eine Real-Variable),
- Optimierungen durchzuführen,
- dieselbe interne Darstellung für Objekte verschiedenen Typs zu verwenden, da diese durch ihre Typen unterschieden werden,
- Fehler zu melden, wenn Operationen mit Argumenten falschen Typs aufgerufen werden.

Das Typ-Konzept für *LOLA* unterstützt den letzten dieser Punkte.

Wenn Objekte verschiedenen Typs miteinander verglichen werden, bestehen u.a. folgende Möglichkeiten für die Semantik:

- Die Objekte werden als verschieden betrachtet. In diesem Fall wirkt sich die Typisierung auf die Semantik des Programms aus.
- Ein solcher Vergleich ist unzulässig. Eine entsprechende Fehlermeldung wird erzeugt.
- Es wird versucht, eines der Objekte an den Typ des anderen Objekts oder beide Objekte an einen dritten Typ anzupassen. Wenn dies gelingt, wird der Vergleich für Objekte gleichen Typs durchgeführt. Gelingt keine solche Anpassung, so kann nach einem der beiden vorhergehenden Punkte verfahren werden.

Entsprechende Überlegungen können für die Zuweisung eines Werts an eine Variable eines anderen Typs angestellt werden. In *LOLA* ist ein Vergleich (d.h. Unifikation) zwischen Objekten verschiedenen Typs unzulässig.

Die Überprüfung eines Programms auf Fehler in der Typisierung kann zur Übersetzungs- oder zur Laufzeit stattfinden:

- Bei einer Überprüfung zur Übersetzungszeit muß die Typisierung eines Programms so streng sein, daß ausgeschlossen werden kann, daß zur Laufzeit Typfehler auftreten.
- Bei einer Überprüfung zur Laufzeit besteht die Möglichkeit, daß Typfehler nur auftreten, wenn bestimmte Zweige des Programms durchlaufen werden. Die Tatsache, daß ein Programm mit bestimmten Daten korrekt abläuft, ist also i.a. noch kein Beweis dafür, daß das Programm stets korrekt typisiert ist.

Die Typ-Überprüfung in *LOLA* findet zur Übersetzungszeit statt.

3.2 Einfache Typen

LOLA-Programme werden dadurch typisiert, daß

- für jedes Prädikat und jede Funktion die Typen sämtlicher Argumente und
- für jede Funktion der Typ des durch die Funktion gebildeten Terms („Ergebnistyp")

angegeben werden.

Funktionsdeklarationen werden wie Produktionsregeln von Grammatiken dargestellt:

```
<person> ::= sepp | hans | fritz.
<list>   ::= cons(<person>, <list>) | nil.
```

Diese Deklarationen bedeuten: **sepp**, **hans** und **fritz** sind Konstanten (0-stellige Funktionen) vom Typ `<person>`. **cons** ist eine 2-stellige Funktion mit Argumenten vom Typ `<person>` und `<list>` mit Ergebnistyp `<list>`, d.h., der Typ eines Terms mit Funktor **cons** ist `<list>`. **nil** ist eine Konstante vom Typ `<list>`[6].

Die durch eine Grammatik aus Funktionsdeklarationen erzeugte Sprache mit einem bestimmten Typ als Axiom enthält gerade die korrekt typisierten Grundterme dieses Typs.

Bei Prädikatdeklarationen entfällt der Ergebnistyp:

```
::= parent(<person>, <person>).
::= member(<person>, <list>) | append(<list>, <list>, <list>).
```

Variable werden nicht deklariert. Ihre Typen werden aus den Typen der Funktionen und Prädikate bestimmt.

Die Typ-Überprüfung erfolgt für jede Klausel einzeln: Wir ordnen jedem Funktionsterm den Ergebnistyp seines Funktors zu. Jedem Argument eines Funktors oder Prädikats ordnen wir den entsprechenden Argumenttyp zu. Eine Klausel ist dann korrekt typisiert, wenn für jeden Term alle ihm zugeordneten Typen übereinstimmen. Beispielsweise hat in der Klausel

```
member(X, cons(H, T)) :- member(X, T).
```

X an beiden Stellen den Typ `<person>`. **cons(H, T)** hat sowohl als Ergebnistyp von **cons** als auch als zweites Argument von **member** den Typ `<list>`. Auch **T** hat an beiden Stellen den Typ `<list>`. Die Klausel ist also korrekt typisiert.

3.3 Parametrisierte Typen und Typvariable

Sollen mit den bisherigen Möglichkeiten Listen mit verschiedenen Element-Typen bearbeitet werden, dann müssen verschiedene Listen-Typen verwendet werden. Varianten der Listen-Funktionen und -Prädikate sind einzeln zu deklarieren und zu definieren. Man kann etwa mit Typen wie `<list_person>` und `<list_book>` Funktoren wie **cons_person**, **nil_person**, **cons_book** und **nil_book** sowie Prädikate wie **member_person** und **member_book** deklarieren. Dies ist jedoch sehr aufwendig.

---

[6] In dem vorliegenden Abschnitt verwenden wir die Schreibweise "cons(X,Y)" bzw. "nil" statt der *LOLA*-üblichen Notation "[X|Y]" bzw. "[]".

Es bietet sich an, „Typ-Variable" einzuführen und Typen mit Parametern zu versehen. Die Parameter seien wieder Typen. Damit erhalten Typen die Form von Termen. Sie werden weiterhin zur syntaktischen Unterscheidung in spitze Klammern gesetzt. Beispiele sind `<list(person)>`, `<list(book)>` und `<list(E)>`. Letzterer kann zu einem der beiden vorhergehenden instantiiert werden, indem für die Typ-Variable `E` ein fester Typ eingesetzt wird.

Nun können zusammenfassende Deklarationen und Definitionen für alle Varianten einer Funktion bzw. eines Prädikats geschrieben werden:

```
<list(E)> ::= cons(<E>, <list(E)>) | nil.
::= member(<E>, <list(E)>)

member(H, cons(H, T)).
member(X, cons(H, T)) :- member(X, T).
```

Es ist nun Aufgabe der Typ-Überprüfung, bei jedem Auftreten eines Funktors oder Prädikats die Typ-Variablen aus deren Deklarationen geeignet zu instantiieren. Beispielsweise kann die Query

```
:- member(X, cons(sepp, cons(fritz, cons(hans, nil)))).
```

dadurch korrekt typisiert werden, daß für `member`, für die drei Auftreten von `cons` und für `nil` jeweils die Typ-Variable `E` aus der Deklaration zu `person` instantiiert wird.

Im allgemeinen Fall können die Instantiierungen der Typ-Variablen für mehrfache Auftreten eines Funktors oder Prädikats verschieden sein. Mehrfache Vorkommnisse derselben Typ-Variable in einer Deklaration müssen für ein Auftreten des deklarierten Funktors oder Prädikats jedoch gleich instantiiert werden. Die Suche nach geeigneten Instantiierungen kann als Lösung eines Systems von Gleichungen über (Typ-)Terme betrachtet werden, d.h. als Unifikationsaufgabe.

Es muß außerdem gewährleistet werden, daß Fakten, die von einer Regel produziert werden, in einer anderen Regel die Variablen mit Termen geeigneten Typs instantiieren. Im Programm

```
::= p(<p_type>) | q(<T>).
<a_type> ::= a.

p(X) :- q(X).
q(a).
```

sind in beiden Klauseln die Typ-Gleichungen lösbar, jedoch würde zur Laufzeit (ohne Berücksichtigung der Typen) das Rumpf-Atom `q(X)` mit `q(a)` unifiziert und damit `X` zu `a` instantiiert. Bei der Typisierung der ersten Regel erhielt `X` jedoch den Typ `<p_type>`, während `a` den Typ `<a_type>` hat. Die Folge ist die Herleitung des falsch typisierten Faktums `p(a)`. Es wurden Bedingungen entwickelt, die Fälle wie den eben beschriebenen ausschließen [35]. Sie können für einzelne Klauseln und einzelne Deklarationen überprüft werden.

Wenn wir nun verschiedene Typ-Instanzen eines Funktors oder Prädikats als verschiedene Funktoren bzw. Prädikate (etwa `member_person` und `member_book`) auffassen, gibt es auch von den Klauseln evtl. mehrere korrekt typisierte Instanzen. Man kann die Menge dieser Instanzen wieder als Programm auffassen. Ein vom Benutzer angegebenes Programm mit den variablenhaltigen Typ-Deklarationen ist dann eine Abkürzung für ein typ-instantiiertes Programm ohne Typ-Variable in den Deklarationen. Die überprüften Bedingungen gewährleisten, daß die Semantik dieses Programms und die des (untypisierten) Original-Programms in einem einfachen Zusammenhang stehen. Daher braucht das instantiierte Programm nicht erzeugt werden. Seine Abarbeitung kann vielmehr durch die Abarbeitung des Original-Programms simuliert werden. Die Typ-Überprüfung zur Übersetzungszeit ist daher ausreichend.

4 Die interne Sprachebene

4.1 Interne Darstellung

Während der Vorverarbeitungsphase (s. Abschnitt 7) werden Subgoals mit verschachtelten Negationen oder existentiell quantifizierte Subgoals in einfache Subgoals mit neuen Prädikaten transformiert. Gleichzeitig entsteht eine Menge definierender Regeln für die neuen Prädikate. Im folgenden werden wir die entsprechende einfachere Sprache als *internes LOLA* bezeichnen. Im *LOLA*-Compiler werden die in die interne Sprache transformierten Programme nicht mehr in (vereinfachter) *LOLA* Syntax, sondern in einer äquivalenten LISP-nahen Syntax als *LHCL*-Programme[7] dargestellt. Wir werden in diesem Artikel jedoch der besseren Lesbarkeit halber die *LOLA*-Darstellung verwenden.
Die Regel

```
best_route(X,Y,R) :- flight_route(X,Y,R),
                     $not( $exists(R1, better_route(X,Y,R,R1)) ).
```

wird beispielsweise in die zwei Regeln

```
best_route(X,Y,R)    :- flight_route(X,Y,R), $not(<new-symbol>(X,Y,R)).
<new-symbol>(X,Y,R) :- better_route(X,Y,R,R1).
```

zerlegt, wobei **<new-symbol>** ein neues Prädikat bezeichnet, das vom System generiert wird. Die entsprechende LHCL-Darstellung der neuen Regelmenge ist

```
(
  ( (best_route X Y R) (flight_route X Y R)
                   (:$not (<new-symbol> X Y R)) )
  ( (<new-symbol> X Y R) (better_route X Y R R1) )
)
```

4.2 Stratifizierbarkeit

Sei P eine Regelmenge in interner *LOLA*-Syntax. Eine Regel $r \in P$ ist eine *definierende Regel* des Prädikatzeichens p, falls p das Prädikatzeichen des Regelkopfes ist. Ein Prädikatzeichen p *stützt sich positiv* auf das Prädikatzeichen q, $p \prec_+ q$, falls q in einem nicht-negierten Rumpf-Subgoal einer definierenden Regel von p auftritt.

---

[7] *Lisp-like Horn-Clause Language*

```
flight_route(X, Y, [X, Y])  :- direct_flight(X, Y).
flight_route(X, Y, [X | R]) :- flight_route(Z, Y, R),
                               direct_flight(X, Z),
                               $not(member(X, R)).


member(H,[H|T]).
member(H,[Y|T]) :- member(H,T).
```

Abbildung 5: Stratifizierbare Regelmenge

```
flight_route(X,Y,[X,Y]) :- direct_flight(X,Y).
flight_route(X,Y,[X|R]) :- direct_flight(X,Z),
                           flight_route(Z,Y,R),
                           $not(member_bb(X,R)).


member_bb(H,[H|T]) :- magic_member_bb(H,[H|T]).
member_bb(H,[Y|T]) :- magic_member_bb(H,[Y|T]),
                      member_bb(H,T).


magic_member_bb(X,R) :- flight_route(Z,Y,R),
                        direct_flight(X,Z).
magic_member_bb(H,T) :- magic_member_bb(H,[Y|T]).
```

Abbildung 6: Nicht-stratifizierbare Regelmenge

p stützt sich negativ auf q, $p \prec_- q$, falls q in einem negierten Rumpf-Subgoal einer definierenden Regel von p auftritt. Ein Prädikatzeichen p *stützt sich* auf das Prädikatzeichen q, $p \prec q$, falls $p \prec_+ q$ oder $p \prec_- q$ gilt. Die *Dependenzrelation* $\twoheadleftarrow$ ist die transitive Hülle von $\prec$.

Die Prädikatzeichen p und q heißen *verschränkt rekursiv*, falls $p\twoheadleftarrow q$ und $q\twoheadleftarrow p$ gilt. Ein Prädikatzeichen p heißt *rekursiv*, falls $p\twoheadleftarrow p$ gilt. Anderenfalls heißt p *nicht-rekursiv*. Eine *rekursive Clique* ist eine maximale Menge miteinander verschränkt rekursiver Prädikatzeichen.

Eine Regelmenge P in interner *LOLA*-Syntax ist *stratifizierbar (bezüglich Negation)*, wenn es in P keine Prädikate p und q gibt, für die gilt

$$p\twoheadleftarrow q \text{ und } q \prec_- p$$

Es ist klar, daß man sich zur Durchführung eines Stratifizierbarkeitstests auf die Untersuchung der rekursiven Cliquen beschränken kann.

Wir verlangen, daß Programme in interner *LOLA*-Syntax, genauer ihre Regelmengen, *nach* Vorverarbeitung und eventuellen Optimierungsschritten stratifizierbar sind. Die in Abbildung 6 gezeigte Regelmenge ist *nicht* stratifizierbar, weil es den Zyklus

$$\text{member\_bb} \prec_+ \text{magic\_member\_bb} \prec_+ \text{flight\_route} \prec_- \text{member\_bb}$$

gibt. Die Regeln sind aus der ursprüglich stratifizierbaren Regelmenge aus Abbildung 5 durch Anwendung der Magic Set Transformation (s. Abschnitt 8.1) entstanden, die wiederum angewendet werden mußte, um die Range Restriction Eigenschaft zu erreichen, die durch die **member**-Regeln verletzt wird.

4.3 Range Restriction und Safety

LOLA-Programme und Queries müssen einer Reihe syntaktischer Einschränkungen genügen, um auswertbar zu sein. Wir fordern

- *Stratifizierbarkeit* bezüglich Negation;
- *Range Restriction*, d.h. für jede Variable, die in einem Regelkopf auftritt, muß es im zugehörigen Regelrumpf
  - ein nicht-negiertes normales Subgoal oder
  - ein nicht-negiertes DB-Subgoal oder
  - einen Term an einer $f-Position eines sicheren, nicht-negierten built-in-Subgoals

  geben, in dem die Variable auch auftritt;
- *Safety* oder *sichere Subgoals*, d.h.
  - jede Variable, die in einem negierten Subgoal eines Regelrumpfes oder einer Query auftritt und dort nicht durch existentielle Quantifikation gebunden ist, muß auch in einem nicht-negierten normalen Subgoal oder in einem sicheren built-in-Subgoal an einer $f-Position auftreten.
  - jede Variable, die in einem Term an einer $b-Position eines built-in-Subgoals auftritt, muß auch in einem nicht-negierten normalen Subgoal oder in einem sicheren built-in-Subgoal an einer $f-Position auftreten;
- DB-Relationen dürfen keine Variablen enthalten.

Die induktive Definition der sicheren Subgoals erlaubt die "verkettete" Auswertung von built-in-Subgoals, solange eine Auswertungsreihenfolge gefunden werden kann, die eine seitwärts gerichtete Weitergabe von Bindungen an die Variablen (*Sideways Information Passing*) gewährleistet, die in Termen an $b-Positionen auftreten. Eine solche Reihenfolge kann algorithmisch gefunden werden, wenn sie existiert [41, pp. 805-817]. Die Regel **equal(X,X).** ist nicht range restricted. In vielen Fällen ist es ausreichend, eine solche Regel durch ein zusätzliches positives Rumpfliteral zu spezialisieren. Um die Namensgleichheit zweier Personen auszudrücken, ist beispielsweise die folgende Regel adäquat.

```
equalperson(X,X) :- person(X).
```

Ein Beispiel für eine nicht sichere Regel ist

```
best_route(X,Y,R) :- flight_route(X,Y,R), $not(better_route(X,Y,R,R1)).
```

da der Regelrumpf kein nicht-negiertes Subgoal enthält, in dem die Variable R1 auftritt. Mit Hilfe des Existenzquantors kann jedoch wie in Abschnitt 4.1 gezeigt das Gewünschte ausgedrückt werden.

In Regeln, die sicher sind und der Range Restriction unterliegen, werden die Werte aller Variablen durch positive Literale des Regelrumpfs "bestimmt". Weiterhin "bezieht sich" negative Information im Regelrumpf stets auf die ebenfalls dort vorhandene positive Information. Die resultierenden Werte der Variablen können deshalb in einem gewissen Sinn durch Komplementbildung "bestimmt" werden. Für built-in-Subgoals gibt es in Regeln, die sicher und range restricted sind, stets Eingabe-Werte für die zugehörigen Funktionen.

Es ist möglich, die obigen Bedingungen zu verallgemeinern. Zu diesem Zweck werden für jedes Prädikat *zulässige Bindungsmuster* definiert bzw. berechnet. Range Restriction und Safety werden dann als die Möglichkeit angesehen, ein geeignetes Sideways Information Passing zu finden, das diese *Bindungsanforderungen* befriedigt. Zur Zeit wird an einer entsprechenden Modifikation des *LOLA*-Compilers gearbeitet.
Der *LOLA*-Optimierer bietet aber bereits jetzt die Möglichkeit, die durch eine Query eingeführten Variablenbindungen "nach unten", in manchen Fällen bis zu den Basisrelationen, zu propagieren (s. Abschnitt 8.1). In vielen Fällen werden dabei Regeln durch Instantiierung range restricted. Eine zweite, bereits existierende Möglichkeit, auch Programme und Queries zu verarbeiten, die zunächst nicht range restricted oder nicht sicher sind, besteht in der Anwendung der *Magic Set Transformation* [11] (s. Abschnitt 8.1), die aus dem vorliegenden Programm und einer Query eine Sideways Information Passing Strategie ableitet und in vielen Fällen ein Programm erzeugt, das range restricted und sicher ist.
Die in früheren Artikeln zum *LOLA*-System [19] erwähnte Auswertungsvariante, die direkt mit Substitutionsmengen arbeitet und daher in der Lage wäre, auch Programme auszuwerten, die der Range Restriction nicht genügen, wurde zunächst nicht weiter verfolgt, da die dafür notwendigen Techniken auf dem Gebiet der automatischen Theorembeweiser bereits untersucht wurden.

5 Deklarative Semantik

5.1 Minimal Model Semantik

LOLA besitzt eine deklarative Semantik. Insbesondere hängt die berechnete Antwort für eine Query nicht von der Reihenfolge der Regeln bzw. der Anordnung der Subgoals eines Regelrumpfes oder einer Query ab. Die Grundlagen der mathematischen Semantik logischer Programme sind in [30] beschrieben. Die *LOLA*-Semantik wird durch die Semantik der einfacheren Programme in interner *LOLA*-Syntax erklärt. Da *LOLA*-Programme in interner Syntax negierte Subgoals enthalten dürfen, beschränken wir uns auf stratifizierbare Programme (s. Abschnitte 4.2 und 4.3), deren Semantik durch die Minimal-Model-Semantik nach [2] definiert wird, die für die betrachteten Programme mit der Perfect-Model-Semantik nach [32] übereinstimmt. Wie in [2] gezeigt, kann das perfekte Modell durch eine iterierte Fixpunktberechnung bestimmt werden.
Eine ausführlichere Darstellung der *LOLA*-Semantik findet sich in [18] und [19].

5.2 Antwort einer Query

Die *Antwort* einer *LOLA*-Query der Form

$$: -p(t_1, \ldots, t_k)$$

ist die Menge aller variablenfreien Atome mit Prädikatzeichen p, die in dem perfekten Modell des jeweiligen Programms wahr sind.[8] In *LOLA* wird die Antwort als eine Menge von *Antwortfakten*, d.h. als eine Menge von Regeln ohne Rumpf, zurückgegeben. Als Beispiel wird die Query-Unit aus Abbildung 2 betrachtet. Unter der (vereinfachenden) Annahme, daß die **airline**-Relation durch die (hier nur 5-elementige) Tupelmenge

```
{ (muenchen, frankfurt, ...),
  (frankfurt, bremen, ...),
  (bremen, wangerooge, ...),
  (muenchen, oldenburg, ...),
  (oldenburg, wangerooge, ...) }
```

gegeben ist, ist die Antwort für die Query

```
:- flight_route(muenchen,wangerooge,Route).
```

die folgende Menge von Fakten:

```
flight_route(muenchen, wangerooge,
                [muenchen, oldenburg, wangerooge]).
flight_route(muenchen, wangerooge,
                [muenchen, frankfurt, bremen, wangerooge]).
```

Intern wird die Antwort einer Query als Menge von Tupeln, also als *Antwort-Relation*, dargestellt. Dies gilt auch für alle berechneten Zwischenergebnisse.
Für eine genauere Darstellung wird der Leser auf [18], [19] und [41] verwiesen.

6 Operationale Semantik

Die Basis der operationalen Semantik von *LOLA*-Programmen ist die in Abschnitt 5.1 erwähnte iterierte Fixpunktsemantik. Die Verarbeitung einer Query hat eine *Top-Down Phase* und eine *Bottom-Up Phase*. Das in *LOLA* verwendete Verfahren zur Query-Auswertung unterscheidet sich vor allem dadurch von der Vorgehensweise Prolog-ähnlicher Systeme, daß

- die Analyse des Programms strikt von seiner Interpretation getrennt ist, und
- *Mengen* von Antwort-Fakten berechnet werden, so daß *kein Backtracking* erforderlich ist.

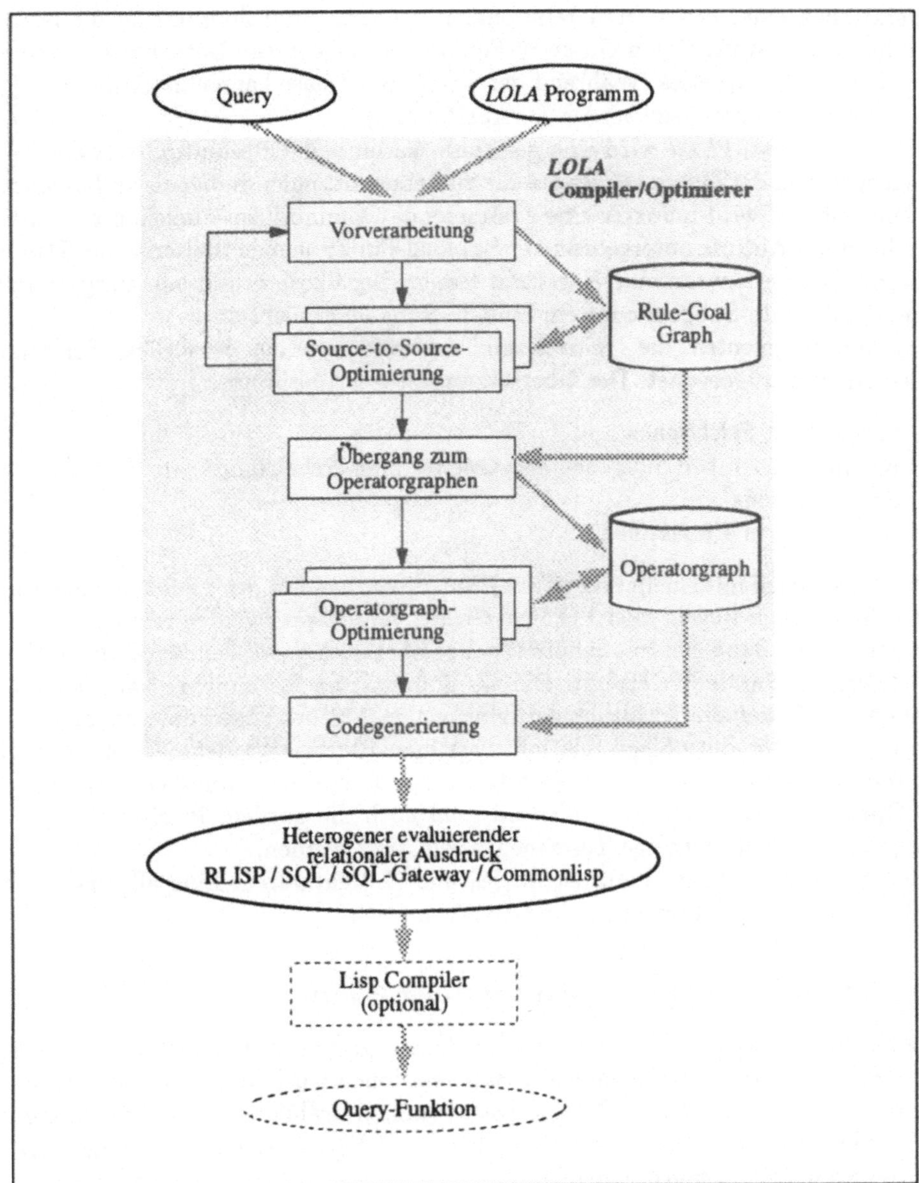

Abbildung 7: Top-Down Phase: Query-Übersetzung und -Optimierung

6.1 Top-Down Phase: Übersetzung einer Query

In einer *Top-Down Phase* wird die Query gemäß den Regeln des geladenen Programms in einen *mengenwertigen evaluierenden Ausdruck* übersetzt. Dieser enthält

---

[8] *Alle* solchen Atome werden nur für die Programme zurückgegeben, für die die in Abschnitt 6 skizzierte Auswertungsmethode vollständig ist.

Operationen einer erweiterten relationalen Algebra, Funktionsaufrufe für built-in-Prädikate und Aufrufe von Gateway-Funktionen für externe Datenbanken und entsprechende SQL-Queries. Während der Top-Down-Phase kann eine Reihe von *Optimierungen* vorgenommen werden (s. Abschnitt 8).

In der Top-Down-Phase wird eine geeignete Variante der Resolution verwendet, um ausgehend von der Query sukzessive die zu beantwortenden Subgoals zu bestimmen. Jedem Subgoal wird induktiv eine evaluierende CommonLisp-Funktion zugeordnet, die ihrerseits Aufrufe untergeordneter Subgoal-Funktionen enthalten kann. Das Verfahren terminiert, wenn eine Regel mit leerem Regelkörper, d.h. ein Programmfaktum, oder ein db-Subgoal oder ein built-in-Subgoal erreicht wird.

Programmfragmenten, die "reine Logik" enthalten, werden Ausdrücke der relationalen Algebra zugeordnet. Der Übersetzungsprozeß überführt

- Subgoals in *Selektionen*,
- Konjunktionen von Subgoals, also Queries oder Regelrümpfe, in *Produkte*, *Joins* oder *Antijoins*[9].
- Regelköpfe in *Projektionen*.

Tritt ein Subgoal mit einem rekursiven Prädikatzeichen auf, wird zunächst die Menge der definierenden Regeln aller Prädikatzeichen der entsprechenden rekursiven Clique bestimmt. Die Subgoals mit rekursiven Prädikatzeichen werden durch lokale, relationenwertige Parameter ersetzt. Der so modifizierten Regelmenge kann nach dem Standardverfahren ein Ausdruck der relationalen Algebra zugeordnet werden, durch den ein Operator mit obigen relationenwertigen Parametern definiert ist. Mit Hilfe der semi-naiven Iteration (Delta-Iteration) [8], [9] wird der minimale Fixpunkt dieses Operators berechnet. Abschließend muß noch die zu dem Prädikatzeichen des Ausgangs-Subgoals gehörige Tupelmenge selektiert werden.

Eine detailliertere Darstellung ist in [19] und [20] enthalten. Eine allgemeine Darstellung der Query-Übersetzung findet sich in [41].

6.2 Bottom-Up Phase: Evaluation einer Query

In Abbildung 8 wird die Evaluation einer Query graphisch veranschaulicht. Ausgehend von den externen oder internen Basisrelationen wird die Antwort-Relation der Query durch den in der Top-Down-Phase erzeugten evaluierenden Ausdruck berechnet. Dabei wird von den in Abschnitt 9 beschriebenen Eigenschaften des *LOLA*-Laufzeitsystems Gebrauch gemacht.

7 Der *LOLA* Compiler

Eingabe des *LOLA*-Compilers sind ein oder mehrere Programm-Units und eine Query bzw. eine Query-Unit, aus denen ein evaluierender Ausdruck erzeugt wird wie in Abschnitt 6 beschrieben. Der Compiler hat eine modulare Architektur, so daß neue Optimierungsalgorithmen leicht integriert werden können. Vorübersetzte Queries können verwendet werden. Einen Überblick gibt Abbildung 7.

---

[9] Ein Antijoin entsteht dabei aus einer Konjunktion der Form $\ldots, B_1, \$not(B_2), \ldots$. Antijoins können als verallgemeinerte Mengendifferenzen aufgefaßt werden.

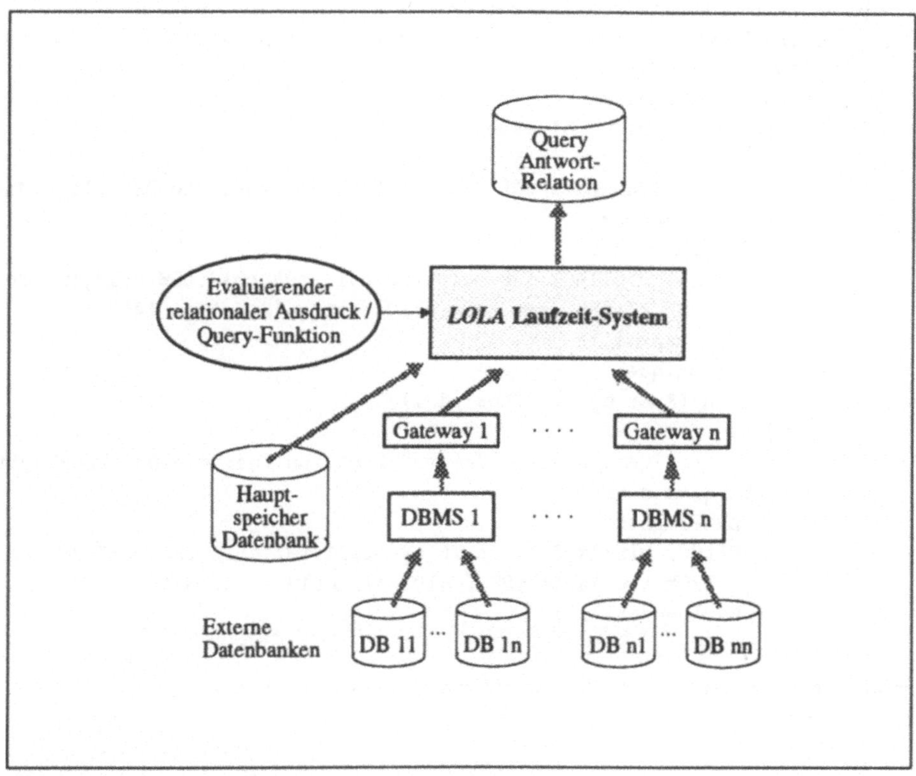

Abbildung 8: *LOLA*-Laufzeitsystem und Bottom-Up Query Evaluation

In einer *Vorverarbeitungsphase* wird die aktuelle *LOLA*-Regelmenge und gegebenenfalls die Query in die interne Darstellung überführt, die als *Rule-Goal-Graph* interpretiert werden kann. Es werden nur stratifizierbare Programme zugelassen, die der Forderung nach Range Restriction und Safety genügen (s. Abschnitt 4.3).

Der Rule-Goal-Graph ist die Ein- und Ausgabe-Datenstruktur für die *Source-to-Source Optimierungsalgorithmen* (s. Abschnitt 8.1), die optional im Anschluß an die Vorverarbeitungsphase angewendet werden können. Nach der Anwendung eines Source-to-Source Optimierungsalgorithmus ist das resultierende Programm möglicherweise nicht mehr stratifizierbar. Es ist aber auch möglich, daß Range Restriction und Safety erst jetzt erfüllt sind. Daher wird im Bedarfsfall eine erneute Überprüfung der geforderten Eigenschaften vorgenommen, d.h. es wird erneut ein Teil der Vorverarbeitungsschritte durchgeführt.

Der Rule-Goal-Graph wird anschließend in einen *Operatorgraph* transformiert, der als eine sehr abstrakte relationale Algebra aufgefaßt werden kann. Eine Reihe von Optimierungen (s. Abschnitt 8.2) wird auf dem Operatorgraph ausgeführt.

In der *Codegenerierungsphase* wird ein heterogener relationaler Ausdruck erzeugt, der Zugriffe auf die Hauptspeicher-Datenbank, eingebetteten SQL-Code, sowie Aufrufe von Lisp-Funktionen enthält.

```
(defun |(direct_flight v-1 v-2)| nil
  ;; Query-Funktion fuer das Subgoal 'direct_flight(X,Y)'
  ($union
     ($project-unique
        ($build ($pos pj 3) ($pos pj 4))
        pj
              ;; TransBase/SQL Gateway-Funktion fuer die DB 'FlightMate'
        ($tb-sql-access
          "FlightMate"
          "SELECT DISTINCT t98.col0,t98.col1,t98.col2,t98.col3,t98.col4
             FROM flight_data t98 (col0,col1,col2,col3,col4)"
          :boolean nil))
     ($project-unique
        ($build ($pos pj 0) ($pos pj 1))
        pj
              ;; TransBase/SQL Gateway-Funktion fuer die DB 'LH-Flights'
        ($tb-sql-access
          "LH-Flights"
          "SELECT DISTINCT t97.col0,t97.col1,t97.col2,t97.col3,t97.col4
             FROM timetable t97 (col0,col1,col2,col3,col4)"
          :boolean nil))))
```

Abbildung 9: Laufzeit-Code für das Subgoal direct_flight(X,Y)

7.1 Übersetzung von Datenbank-Goals

Um Datenbank-Goals in einem externen Datenbanksystem evaluieren zu können,
müssen geeignete SQL-Queries erzeugt werden. Das System nutzt dabei Spracher-
weiterungen, wie sie für SQL2 [12] vorgeschlagen wurden, insbesondere werden Subqueries in der FROM-Klausel und die Umbenennung von Attributen verwendet. Durch
Attributumbenennung in standardisierte Positionsidentifikatoren wird das Interfa-
cing zwischen der positionalen Addressierung in *LOLA* und der Addressierung über
Attributnamen des externen Datenbanksystems realisiert.
Die SQL-Query für das Datenbank-Goal

```
$db($transbase('LH-Flights'), timetable(Start,Stop,Dep,T1,lh335))
```

ist

```
"SELECT DISTINCT t118.col0,t118.col1,t118.col2,t118.col3,t118.col4
        FROM timetable t118 (col0,col1,col2,col3,col4)
        WHERE t118.col4='lh335'"
```

Sei das Prädikat direct_flight definiert wie in Abbildung 3. Den Laufzeit-Code
mit eingebettetem SQL-Code für das Subgoal direct_flight(X,Y) zeigt Abbildung 9.

Die Integration externer SQL-Datenbanken in das *LOLA*-System wird in [25] behandelt. In [25] und [15] werden Optimierungsmöglichkeiten für Datenbank-Goals
beschrieben.

7.2 Übersetzung von built-in-Goals

Ein built-in-Goal repräsentiert einen Funktionsaufruf der Lisp-Funktion, die das jeweilige Prädikat implementiert (s. Abschnitt 2.4). In dem Beispielprogramm flight aus Abbildung 1 wird z.B. die Funktion memb_bb aufgerufen, deren Lisp-Code in Abbildung 4 gezeigt wird. Die aktuellen Parameter stehen an den mit $b markierten Positionen. Da die betrachteten Programme bzw. Queries range restricted und sicher sind, kann das in Abschnitt 4.3 erwähnte Sideways Information Passing verwendet werden, um die Lisp-Funktionen mit den richtigen Parametern aufzurufen. Dazu wird eine geeignete Projektion der Ergebisrelationen der "Bindungslieferanten" berechnet. Grundsätzlich erfolgt der Aufruf der Lisp-Funktion in einer Schleife über diese (vor dem Funktionsaufruf berechnete) Menge von "Input-Tupeln".
Zu beachten ist, daß auch die Variablen von built-in-Goals, die an einer mit $f markierten Arumentposition stehen, in anderen Subgoals auftreten können. In diesem Fall ist zusätzlich ein Join zwischen der Ergebnisrelation des built-in-Goals und der Ergebnisrelation des jeweiligen Subgoals erforderlich.

8 Der *LOLA* Optimierer

Eine Vielzahl an Optimierungen[10] sind verfügbar und können - teils optional - auf ein *LOLA*-Programm angewandt werden. Die Optimierungstechniken lassen sich in zwei Gruppen einteilen, erstens die *Source-to-Source Optimierungen* und zweitens die *Operatorgraph-Optimierungen*.

8.1 Source-to-Source Optimierungen

Die verfügbaren Optimierungen auf Logikprogramm-Ebene sind größtenteils als Transformationen auf dem Rule-Goal-Graph realisiert. Durch Rückübersetzung kann wieder ein *LOLA*-Programm erzeugt werden.

Selektionspropagierung: Die Selektionsoptimierung transformiert ein gegebenes Programm in ein spezialisierteres, indem Bindungen, die z.B. durch die Query eingeführt werden, durch nichtrekursive Regeln bis hinunter zu den Basisrelationen propagiert werden. Beim Auftreten rekursiver Regeln muß darauf geachtet werden, daß das instantiierte Programm weiterhin semantisch korrekt bleibt. Dazu wurde ein Algorithmus entwickelt, der für jedes beliebige *LOLA*-Programm eine hinreichende Bedingung für die Korrektheit und Anwendbarkeit der Selektionsoptimierung erstellt und auch verschränkte Rekursion korrekt behandelt [22].

Magic-Set Transformation: Die Magic-Set Transformation [11], [5], [7] kann auf jedes syntaktisch korrekte *LOLA*-Programm angewandt werden und ist nicht nur auf DATALOG beschränkt. Sie propagiert Bindungen auch durch rekursive und verschränkt rekursive Regeln. Dadurch können sogar Programme mit offenen Fakten und nicht range restricted Regeln durch die Bindungen in der Query in range

---

[10] Zur Query-Optimierung siehe auch [41]

restricted Programme transformiert und bottom-up ausgewertet werden. Typische Beispiele dafür sind Prädikate wie "append" und "member". Darum wird die Forderung der Range Restriction und der Safe Negation (vgl. 4.2.) erst nach den Source-to-Source Optimierungen erhoben. Die Magic-Set Transformation erhält allerdings i.a. die Stratifizierbarkeit nicht. Daher wurde der BPR-Labelling Algorithmus [5] so erweitert, daß alle prinzipiell mittels Labelling möglichen Stratifikationsverletzungen vermieden werden [3]. Die Magic-Set Transformation kann explizit vom Benutzer angestoßen oder ausgeschalten werden.

Projektionsoptimierung: Die in [33] beschriebene Projektionsoptimierung wurde mit einer speziellen Selektionsoptimierung kombiniert und ist für beliebige *LOLA*-Programme verfügbar [22]. Die Projektionsoptimierung ermöglicht oft eine frühere Terminierung der Fixpunkt-Iteration.

8.2 Optimierung des Operatorgraphen

Gemeinsame Teilausdrücke: Gemeinsame Teilausdrücke werden auf der Ebene der Subgoals erkannt. Zwei Subgoals definieren einen gemeinsamen Teilausdruck (CSUB für: common subexpression), wenn sie Varianten voneinander sind, oder eines eine Instanz des anderen ist. CSUBs werden in Funktionsobjekte übersetzt, die die Anzahl ihrer Aufrufe (= Anzahl der referenzierenden Goal-Nodes) kennen und sich entsprechend lange ihren Auswertungswert merken. Sie werden über Referenzzähler gesteuert und geben ihren Speicherplatz frei, sobald keine offenen Referenzen mehr bestehen. Insbesondere die nichtlokalen Parameter der Delta-Iteration (siehe 5.3.) können durch die Erkennung gemeinsamer Teilausdrücke optimiert werden.

Indexe: Die Optimierung der gemeinsamen Teilausdrücke macht es profitabel, Indexe auf den Zwischenergebnisrelationen zu generieren und zu halten. Die Index-Optimierung wird immer angewandt.

SQL-Queries: Datenbank-Goals spezifizieren einen Zugriff auf eine einzelne externe Relation. So lange keine Delta-Iteration oder komplexe Terme auftreten, ist es möglich, Datenbank-Goals zu kombinieren und komplexere SQL-Queries zu generieren. Damit können größere Teile der Berechnung in ein externes DBMS ausgelagert werden [25], [15].

Differentielle Fixpunkt-Iteration: Die differentielle Fixpunkt-Iteration oder Delta-Iteration ist eine Optimierung gegenüber der Bulk-Iteration oder naiven Fixpunkt-Iteration, die dazu dient, die mehrfache Berechnung von Antwort-Tupeln für Subgoals mit rekursiven Prädikaten zu vermeiden [8], [9], [4], [6], [21]. Sie benötigt als Eingabe einen modifizierten Ausdruck der relationalen Algebra, der durch symbolisches Differenzieren des Originalausdrucks gewonnen wird. Die Differentiation wird auf der Ebene des Operatorgraphen durchgeführt. Diese Optimierung wird bei rekursiven Regeln immer angewendet.

9 Das *LOLA*-Laufzeitsystem

Das *LOLA*-Laufzeitsystem ist schematisch in Abbildung 8 dargestellt. Als Host-Sprache des *LOLA*-Systems wurde CommonLisp gewählt. Das *LOLA* Laufzeitsystem besteht aus den folgenden Komponenten:

- dem Lisp-System,
- der erweiterten relationalen Algebra R-Lisp,
- einer Hauptspeicherdatenbank und
- einer SQL-Schnittstelle zu externen relationalen Datenbanksystemen.

R-Lisp [34] ist eine Lisp Macro-Paket, das die übliche relationale Algebra, erweitert auf Relationen mit komplex strukturierten Attributen, implementiert. Zusätzlich stellt R-Lisp einen allgemeinen Delta-Iterator für die differentielle Fixpunkt-Iteration zur Verfügung, sowie eine Reihe an Operationen zur Index-Generierung und Haltung. R-Lisp ist die Zielsprache des *LOLA*-Compilers.

Die Hauptspeicherdatenbank ist ebenfalls als eine Menge von R-Lisp Relationen realisiert. Es existieren Bibliotheken von in Lisp vordefinierten built-in-Prädikaten, insbesondere zur Listenverarbeitung und Arithmetik. Der Benutzer kann diesen weitere hinzufügen.

SQL-Queries werden vom Lisp-System über das Gateway, d.h. die SQL-Schnittstelle [26], [27], an das entsprechende externe relationale Datenbanksystem zur Auswertung übergeben (s. Abbildung 8). Wenn die externe Auswertung beendet ist, wird die resultierende Tupelmenge wieder über das Gateway in die *LOLA*-Hauptspeicher-Datenbank übertragen und steht dort zur Weiterverarbeitung zur Verfügung.

Der um SQL-Subqueries und Lisp-Funktionsaufrufe erweiterte R-Lisp Ausdruck kann durch den Lisp-Compiler in laufzeitoptimierten Maschinencode übersetzt werden (siehe Abbildung 8). Es wird jedoch auch eine interpretative Auswertung angeboten, die in manchen Fällen vorzuziehen ist. Die Evaluation des R-Lisp Ausdrucks bzw. des Aufrufs der Query-Funktion durch das Lisp-System bewirkt schließlich die Berechnung der Antwortrelation, beginnend bei den (internen und externen) Basisrelationen und den built-in-Prädikaten.

10 Weitere Entwicklungen

10.1 Module

Deduktive Datenbanken besitzen wegen der Deklarativität der ihnen zugrundeliegenden Logiksprachen und der Integration von Deduktion mit effizientem Datenzugriff eine gewisse Attraktivität. Andererseits sind sie zur Zeit zur Realisierung wissensbasierter Systeme für reale, komplexe Applikationen u.a. deswegen weniger geeignet, weil sie Strukturierung, Wiederverwendbarkeit und Abstraktion nur unzureichend unterstützen.

Bildet man für ein *LOLA*-Programm die Mengen der miteinander verschränkt rekursiven Prädikatsymbole und fügt ihnen die einelementigen Mengen der nicht-rekursiven Prädikatsymbole hinzu, so erhält man eine natürliche Partitionierung des Programms, die auch zur Übersetzung und Optimierung herangezogen wird. In

LOLA können die Regelmengen verschiedener Units (s. Abschnitt 2.2) zusammengefaßt und zur Verarbeitung einer Query zur Verfügung gestellt werden. Darüberhinaus existiert zunächst kein Strukturierungsmittel. Zur Beantwortung von Anfragen oder Subgoals steht jeweils nur *eine, global sichtbare* Klauselmenge zur Verfügung. Generische Definitionen oder alternative Definitionen des gleichen Prädikatzeichens, unter denen der Programmierer oder auch ein Optimierer wählen könnte, werden von *LOLA* derzeit ebensowenig unterstützt, wie eine Partitionierung in Module mit klarer Import/Export-Schnittstelle und Verschattung der lokalen Prädikatdefinitionen. Um dies zu erreichen, müssen der Sprache also entweder außerlogische strukturbildende Konstrukte hinzugefügt werden, oder es muß zu einer reicheren Syntax mit entsprechender Semantik übergegangen werden.

In [18], [17] wird eine Erweiterung gewöhnlicher Logiksprachen um *eingebettete Implikationen* vorgeschlagen. Als eingebettete Implikationen bezeichnen wir bestimmte Implikationsformeln, die als Subgoals von Regeln oder Anfragen auftreten dürfen. Sie definieren eine *lokale* Bezugnahme auf zusätzliche externe Regel- oder Faktenmengen und können daher sowohl als Strukturierungsinstrument im Sinn eines Modulkonzepts, als auch als Mittel zur Formulierung hypothetischer Anfragen eingesetzt werden. Einen Vorschlag für eine Modulsyntax enthält [16].

10.2 Die Erklärungstools in *LOLA*

Der große Vorteil von deduktiven Datenbanksystemen, wie *LOLA*, besteht darin, daß ein Logikprogrammierer nur noch angeben muß, *was* zu berechnen ist. *Wie* die Berechnung seiner Anfrage durchgeführt wird, bestimmen Optimierer und Regelcompiler. Sie erzeugen aus dem deklarativen Logikprogramm einen prozeduralen Code einer erweiterten relationalen Algebra, der dann ausgewertet wird. Stellt sich aufgrund der Antwortrelation das Logikprogramm als fehlerhaft heraus, oder will sich der Benutzer bei einem korrekten Programm die Herleitung des Ergebnisses erklären oder tracen lassen, so sind dazu aufgrund der fehlenden sequentiellen Abarbeitung des Logikprogramms grundsätzlich andere Techniken einzusetzen als bei Tracern und Debuggern prozeduraler Programmiersprachen. Eine zusätzliche Schwierigkeit entsteht durch die Möglichkeit, rule-rewriting Techniken (wie z.B. die Magic-Set Transformation) als Optimierer einzusetzen. Dann nützt der Trace oder die Erklärung anhand des zur Ausführung gelangten Zielcodes nichts mehr, weil Rückbezüge zum ursprünglichen Logikprogramm kaum oder gar nicht mehr möglich sind. Deshalb sind Erweiterungen des Regelcompilers um eine Erklärungskomponente und des Codegenerators um Traceausgaben, wie sie den Tools für konventionelle Programmiersprachen zugrundeliegen, bei deduktiven Datenbanken nicht sinnvoll.

Für *LOLA* wurden daher ein neuer Ansatz entwickelt, der vom Originalprogramm ausgeht, und dieses geeignet transformiert, so daß ein Logikprogramm mit Erklärungsausgabe bzw. mit Traceausgabe erzeugt wird. Ein Tracer wird in [29] beschrieben. Eine eingehende Darstellung der Erklärungstools findet sich in [36].

10.3 Tupelorientierte Bottom-up-Auswertung von Logikprogrammen

Es wurden alternative Auswertungstechniken für LOLA untersucht. LOLA arbeitet mengenorientiert, d.h. die Operatoren der relationalen Algebra bekommen Mengen als Argumente und liefern als Werte wieder Mengen. Dies führt dazu, daß die Operatoren große Datenmengen ablegen müssen, die vom nächsten Operator wieder aufgenommen werden. Dieser Aufwand kann eingespart werden, wenn Tupel, die von einem Operator produziert werden, sofort vom nächsten Operator weiterverarbeitet werden.

Dies kann u.a. durch eine datenfluß-artige Abarbeitung der Operatoren erreicht werden, eine in relationalen Datenbanksystemen gängige Technik. Sie wurde im Bereich der deduktiven Datenbanken für theoretische Zwecke verwendet ([28] u.a.), insbesondere zur Beschreibung formaler Semantiken. Die hier beschriebene Technik kann auch als Anwendung und Erweiterung des Rete-Algorithmus [14] unter Verwendung einer logik-basierten Semantik aufgefaßt werden.

Für *LOLA* wurde eine datenfluß-artige Abarbeitung spezifiziert und implementiert. Die Implementation [42] wurde bereits mit grundlegenden Optimierungen versehen [13].

11 Anwendungen

Das *LOLA*-System dient als Entwicklungstool für verschiedene Anwendungen, sowohl im industriellen Bereich als auch in universitären Forschungsprojekten.

- Im CSKB (Common Source Knowledge Base) Projekt wird ein Strukturierungswerkzeug für die Bauteile eines Automobilherstellers entwickelt. Dazu wird ein objekt-orientierter Ansatz zur Repräsentation des strukturalen Wissens benützt, während die Integritätsbedingungen als Logikprogramm in *LOLA* geschrieben sind. CSKB ist ein Gemeinschaftsprojekt des Bayrischen Forschungszentrums für Wissensbasierte Systeme (FORWISS) und der ESG/FEG als Industriepartner.
- Darüberhinaus erstellt FORWISS als allgemeines Tool das objektorientierte Datenbanksystem MOOD. Während der Entwicklung von MOOD wurden große Teile zunächst in *LOLA* spezifiziert und implementiert, um schnell zu einem ersten Prototyp zu gelangen. Auch in der Endversion bleibt *LOLA* die deduktive Komponente von MOOD, insbesondere zur Bearbeitung der Integritätsbedingungen.
- Eine in *LOLA* geschriebene, vollständige Version des *LOLA*-Compilers konnte erstellt werden.
- AMOS [37], ein Expertensystem zur morphosyntaktischen Analyse althebräischer Texte ist gänzlich in *LOLA* geschrieben und wird von den Linguisten der Universität München extensiv zur grammatikalischen Analyse des gesamten Alten Testaments benutzt. Hierbei fällt nicht nur ein komplexes *LOLA*-Programm sondern auch eine sehr große Datenmenge an.
- Ein System zur Diagnose und Hilfestellung bei Fehlverhalten von Kraftfahrzeugen wurde in *LOLA* erstellt.
- Ein Prototyp eines Reiseberatungssystems ist vollständig in *LOLA* geschrieben. Dieses System dient als Beispiel für eine mittelgroße *LOLA*-Anwendung.
- Das *LOLA*-System wird seit 1989 als Werkzeug im "Expertensystem-Praktikum" der Technischen Universität München verwendet.

Darüberhinaus wird *LOLA* derzeit bereits an mehreren anderen Universitäten eingesetzt[11].

Danksagung

An dieser Stelle möchten die Autoren darauf aufmerksam machen, daß der beschriebene Entwicklungsstand des *LOLA*-Systems ohne die Mitarbeit der zahlreichen Studentinnen und Studenten, die in Form von Programmierpraktika oder Diplomarbeiten einen Beitrag zur Weiterentwicklung und/oder Implementierung des Systems geleistet haben, nicht erreichbar gewesen wäre.
Unser Dank gebührt auch den Kolleginnen und Kollegen der anderen Teilprojekte des DFG-Schwerpunktprogramms "Objektbanken für Experten" für ihre Diskussionsbereitschaft und Kooperativität.

Literatur

1. *Allegro* COMMON LISP *User Guide*, Manual, Franz Inc., Berkeley, California, 1988
2. Apt K.R., Blair H.A. and Walker A.: *Towards a Theory of Declarative Knowledge*, in: *Foundations of Deductive Databases and Logic Programming*, Minker J. (ed.), Morgan Kaufmann, Los Altos, 1987
3. Argenton H.: *Magic Set Transformation und Negation*, Diplomarbeit, Technische Universität München, 1990
4. Balbin I., Ramamohanarao K.: *A Differential Approach to Query Optimisation in Recursive Databases*, University of Melbourne, Dep. of Computer Science, Technical Report 86/7, Parkville, Australia, 1986
5. Balbin I., Port G.S., Ramamohanarao K.: *Magic Set Computation for Stratified Databases*, University of Melbourne, Dep. of Computer Science, Technical Report 87/3, Parkville, Australia, 1987
6. Bancilhon F., Ramakrishnan R.: *An Amateur's Introduction to Recursive Query Processing Strategies*, Proc. ACM SIGMOD, 1986
7. Bancilhon F. et al.: *Magic Sets and Other Strange Ways to Implement Logic Programs*, Proc. ACM SIGMOD-SIGACT Symp. on Principles of Database Systems, 1986
8. Bayer R.: *Database Technology for Expert Systems*, in: Informatik-Fachberichte 112: Wissensbasierte Systeme, Springer-Verlag, Berlin Heidelberg, 1985
9. Bayer R.: *Query Evaluation and Recursion in Deductive Database Systems*, Technische Universität München, Interner Bericht TUM-I8503, 1985
10. Beeri C. et. al.: *Sets and Negation in a Logic Database Language (LDL1)*, Proc. ACM PODS 1987, ACM, 1987, pp. 21-37
11. Beeri C., Ramakrishnan R.: *On the Power of Magic*, Proc. ACM SIGMOD-SIGACT Symp. on Principles of Database Systems, 1987
12. Date C.J.: *A Guide to THE SQL STANDARD*, 2nd edition, Addison-Wesley, 1989.
13. R. Egenter: *Magic-Set-Optimierung für die tupelorientierte Bottom-Up-Auswertung von Logikprogrammen*, Diplomarbeit, Technische Universität München, 1992
14. C. L. Forgy: *Rete: A Fast Algorithm for the Many Pattern/Many Object Pattern Match Problem*, Artificial Intelligence 19, 1982, pp.17-37

---

[11] Derzeit: La Trobe University, Melbourne, Freie Universität Berlin, Universität Karlsruhe, Universität Saarbrücken, Universität Tübingen

15. Freitag B., Kempe J.: *A Deductive Multidatabase System*, Technische Universität München, Interner Bericht, 1992

16. Freitag B.: *A Deductive Database Language Supporting Modules*, Proc. 2nd Intl. Computer Science Conference (ICSC'92) *Data and Knowledge Engineering: Theory and Applications*, Hong Kong, 1992

17. Freitag B.: *Extending Deductive Database Languages by Embedded Implications*, in A. Voronkov (Ed.): Proc. 3rd Intl. Conf. on Logic Programming and Automated Reasoning LPAR'92, St. Petersburg, Juli 1992, Springer LNCS 624, 1992

18. Freitag B.: *Module und Hypothetisches Schliessen in Deduktiven Datenbanken*, Dissertation, Technische Universität München (TUM), 1991

19. Freitag B., Schütz H., Specht G.: *LOLA - A Logic Language for Deductive Databases and its Implementation*, Proc. of the 2nd Intl. Symp. on Database Systems for Advanced Applications (DASFAA '91), Tokyo, Japan, April 1991, pp. 216 - 225

20. Freitag B.: *Bottom-Up Evaluation of Logic Queries*, Technische Universität München, Interner Bericht, 1989

21. Güntzer U., Kiessling W, Bayer R.: *On the Evaluation of Recursion in (Deductive) Database Systems by Efficient Differential Fixpoint Iteration*, Proc. 3rd Intl. Conf. on Data Engineering, Los Angeles, 1987

22. Hager J.: *Optimierung von Selektion und Existenzquantifikation in Logikprogrammen*, Diplomarbeit, Technische Universität München, 1990

23. Hanus M.: *Polymorphic Higher-Order Programming in Prolog*, Proc. of the 6th Int. Conf. on Logic Programming, Lisboa, June 1989 (MIT Press)

24. Hanus M.: *Horn Clause Programs with Polymorphic Types: Semantics and Resolution*, Proc. TAPSOFT'89, Springer LNCS 352, 1989, pp. 225-240

25. Kempe J.: *Strategien zur Auswertung von Teilen eines Logikprogramms in relationalen Datenbanksystemen – Eine Konzeption und Implementierung für das LOLA-System*, Diplomarbeit, Technische Universiät München, 1990.

26. Kempe H., Lenz Th., Freitag B., Schütz H., Specht G.: *CL/TB An Allegro Common Lisp Programming Interface for TransBase*, Technische Universität München, Interner Bericht TUM-I9106, 1991

27. Kempe J., Lenz T., Freitag B., Schütz H., Specht G.: *CL/TB - An Allegro Common Lisp Programming Interface for TransBase*, ACM SIGPLAN Notices, Vol. 26, No. 8, August 1991, pp. 60 - 69

28. M. Kifer, E. L. Lozinskii: *Implementing Logic Programs as a Database System*, Proc. Third Int. Conf on Data Engineering, Los Angeles, USA, Februar 1987, pp. 375–385

29. Lechner G.: Erstellung eines Tracers für *LOLA*-Programme, Diplomarbeit, Technische Universität München, 1991

30. Lloyd J.W.: *Foundations of Logic Programming*, Springer, 1987

31. Mycroft A., O'Keefe R.A.: *A Polymorphic Type System for Prolog*, Artificial Intelligence 23, 1984, pp. 295–307

32. Przymusinski T.C.: *On the declarative semantics of deductive databases and logic programs*, in: Minker J.,Ed.: Foundations of deductive databases and logic programming, Morgan Kaufmann,1988, pp. 193-217

33. Ramakrishnan R., Beeri C., Krishnamurthy R.: *Optimizing Existential Datalog Queries*, Proc. ACM PODS, 1988

34. Schütz H.: *R-Lisp – Eine erweiterte relationale Algebra in Lisp*, Technische Universität München, Interner Bericht TUM-I9049, 1990

35. Schütz H.: *Typisierung von LOLA-Programmen*, Technische Universität München, Interner Bericht, 1990

36. Specht G.: *Source-to-Source Transformationen zur Erklärung des Programmverhaltens bei deduktiven Datenbanken*, Dissertation, Technische Universität München (TUM),

1992

37. Specht G.: *Wissensbasierte Analyse althebräischer Morphosyntax; Das Expertensystem AMOS* EOS-Verlag, 1990
38. Specht G.: *Die Logiksprache LOLA und ihre interne Darstellung durch Relationen*, Technische Universität München, Interner Bericht TUM-I8910, 1989
39. Takashi C.: *Design Overview of the NAIL! System*, E. Shapiro (Ed.), 3rd Intl. Conf. on Logic Programming, London, Juli 1986, Springer Verlag, 1986, pp. 554-569
40. *TransBase Relational Database System, System Guide, Version 3.3*, Manual, TransAction Software GmbH, München, 1989
41. Ullman J.D.: *Principles of Database and Knowledge-Base Systems, Volume II: The New Technologies*, Computer Science Press, Rockville, 1989
42. S. Wiesener: *Bottom-Up-Kontrolle zur Auswertung von Logikprogrammen*, Diplomarbeit, Technische Universität München, 1991

OMS - Ein erweiterbares Objektmanagementsystem

Th. Bode, A. B. Cremers
Institut für Informatik III
Universität Bonn
Römerstr. 164
W-5300 Bonn

J. Freitag
Fachbereich Informatik
Lehrstuhl für Informatik VI
Postfach 500500
W-4600 Dortmund

1. Einleitung

Ein zentrales Ziel heutiger Datenbankforschung ist die Entwicklung von Datenbanksystemen für Nichtstandardanwendungen. Diese beinhalten jedoch ein breites Spektrum unterschiedlichster Anforderungen, was bei einem festen Typ- und Operationensatz bei der Modellierung anwendungsspezifischer Objekttypen zwangsläufig zu einem Mißbrauch des bestehenden Typsatzes führt (Bytecontainer). Ein solcher Typmißbrauch vermindert die Performanz des Systems in entscheidender Weise, da keine angemessenen Operationen zur Verfügung stehen. Idealerweise sollte ein modernes Datenbanksystem gezielt auf einzelne Anwendungen zuschneidbar sein (offene Architektur).

In der Zwischenzeit wurden sowohl im Aus- als auch im Inland eine Reihe unterschiedlicher Datenbanksysteme zur Unterstützung solcher Nichtstandardanwendungen konzipiert und zu einem großen Teil auch prototypisch implementiert (STARBURST [LiHa90], GRAL [Güti89], DASDBS [PSSW87, Wolf89], AIM-P [LKDP88], EXODUS [CDFG88], PRIMA [Härd88, HMMS87], PROBE [DMBC87], POST-GRES [StKe91], GENESIS [BBGS88] u. a.).

Es können drei verschiedene Entwicklungsrichtungen unterschieden werden. Erweiterbare "General-Purpose" Datenbanksysteme sollen eine einheitliche Unterstützung aller oder zumindest der wesentlichsten Nichtstandardanwendungen ermöglichen. Bei den Datenbanktoolkits steht nicht die Entwicklung eines möglichst universellen Datenbanksystems im Vordergrund, sondern es werden Grundbausteine (z.B. Bibliotheken mit unterschiedlichen Zugriffsverfahren [CDFG86]) und Werkzeuge (z.B. Parser- und Optimierer-Generatoren [CDFG86]) bereitgestellt, mit denen Spezial-Datenbanksysteme effizient konfiguriert werden können. Wie bei den Datenbanktoolkits steht auch beim Datenbankkernsystem-Ansatz (vergl. [HäRe85, PSSW87]) die effiziente Entwicklung von Spezial-Datenbanksystemen im Vordergrund. Anstatt aus einer Vielzahl vorgegebener bzw. generierter Bausteine bestehen die mit diesem Ansatz entwickelten Spezial-Datenbanksysteme aus einem universellen (offenen) Kernsystem, das ein anwendungsunabhängiges Zwischendatenmodell bereitstellt und einer je nach Anwendungsklasse unterschiedlichen Front-End-Erweiterung des Kerns, welche ein anwendungsbezogenes Spezialdatenmodell realisiert (Modellabbildung). Während der Kern die effiziente Realisierung der benötigten Basiskonzepte übernimmt, kann bei der Realisierung des anwendungsbezogenen Modells die inhärente Semantik der jeweiligen Anwendungsklasse zur Gewährleistung der benötigten Performanz ausgenutzt werden.

An der Universität Bonn beschäftigen wir uns im OMS-Projekt[1] mit der Entwicklung eines solchen Datenbankkerns. Um die der jeweiligen Anwendung inhärente Semantik nicht nur oberhalb des Systemkerns in der Modellabbildung auszunutzen, liegt unser Schwerpunkt in der Realisierung eines für die Integration anwendungsbezogener Konzepte offenen Systems.

Durch das Einführen anwendungsspezifischer Datentypen in den Kern ist es möglich, den eingangs erwähnten Typmißbrauch zu vermeiden. Darüberhinaus können bereits vorhandene Typen mit im Anwendungskontext besonders effizienten Operationen versehen und die Performanz existierender Operationen verbessert werden.

Verschiedene Arbeitsgruppen schlagen die Integration atomarer Datentypen mit Hilfe extern definierter Funktionen (EDF) vor ([LKDP88], [HSSW88], [Wolf89]). Die Wirkung dieser Funktionen ist nicht mit den Mitteln des Datenbankkerns, sondern möglichst unabhängig davon in einer modernen Programmiersprache beschrieben. Demzufolge beziehen sie sich natürlich auch nicht auf die systeminterne Darstellung der betroffenen Objekte. Diese werden vielmehr vor Funktionsausführung in eine an die Verarbeitung in der entsprechenden Programmiersprache angepaßte Darstellung transformiert. Sofern die Funktionsergebnisse im Datenbanksystem weiter verarbeitet werden sollen, muß dann eine entsprechende Rücktransformation stattfinden.

Unter Umständen kann dabei eine recht große Zahl solcher Transformationen erforderlich werden. Um dies zu vermeiden und die Performanz zu verbessern, soll OMS zusätzlich die Integration anwendungsspezifischer Typen in tiefere Systemschichten (IET: intern eingebettete Typen) ermöglichen. Im Gegensatz zu den erwähnten EDF beziehen sich deren Operationen dann nicht auf eine datenbankfremde Darstellung der Objekte, sondern bringen eine eigene, speicherungsstrukturabhängige Objektrepräsentation in das Datenbanksystem ein. Jeder IET definiert also eine für seine Objekte spezifische datenbankinterne Darstellung.

Soll die Modellierung der entsprechenden Anwendung bereits auf Ebene des Kerns optimal unterstützt werden, reicht die Integration atomarer IET nicht aus[2]. So soll OMS auch um parametrisierte IET erweitert werden können. Dies ermöglicht eine Anreicherung mit neuen Typkonstruktoren, und erlaubt auch unterschiedliche anwendungsorientierte Zugriffspfadstrukturen in den Kern einzubetten.

Eine effiziente Realisierung der Modellabbildung erfordert auf Ebene des Kerndatenmodells nicht nur die Unterstützung der erforderlichen Datentypen. Darüberhinaus sollten auch die für eine adäquate Modellierung der Anwendung benötigten Modellierungskonzepte (z.B. Objektidentität, nicht disjunkte komplexe Objekte, Vererbung u. a.) bereits im Kernsystem unterstützt werden. OMS realisiert zu diesem Zweck ein erweiterbares Basisdatenmodell, das entsprechend den Erfordernissen der Anwendung mit unterschiedlichen Modellierungskonzepten angereichert werden kann.

Das vorliegende Papier beschreibt das OMS-Kernsystem. Dabei konzentrieren wir uns auf die Darstellung der im Zusammenhang mit der Integration neuer parametrisierter IET notwendigen Konzepte. Das Einbringen neuer Modellierungskonzepte in das Datenmodell des Kerns kann hier leider nur am Rande behandelt werden[3]. Nachdem wir im nächsten Kapitel einen Überblick über die Architektur von OMS gegeben haben, gehen wir in den anschließenden Kapiteln ausführlicher auf die einzelnen Ebenen des Systems ein.

---

[1] Dieses Projekt wird durch die Deutsche Forschungsgemeinschaft (AZ.: Cr 65/5-2) gefördert.

[2] "..., in a truly extensible data model, it should be possible to define not only new types, but also new type constructors, and it should be possible to introduce support for them in the query language and throughout the system. This would greatly increase the modeling power of the DBMS; however, providing such a facility is a challenging open problem" Zitat von M. Carey und L. Haas in [CaHa90] Seite 59.

[3] Ein entsprechender Artikel ist jedoch in Vorbereitung [Bode92].

2. Systemarchitektur

Gerade die Anforderung, unabhängig voneinander realisierte IET tief in OMS einbetten zu können, beeinflußte in hohem Maße die Systemarchitektur. So besteht OMS nicht wie üblich aus Daten-, Zugriffs- und Speichersystem, sondern aus Objektmanager (erweiterbares Datensystem), Typebene, Speicherobjektebene und Speichersystem (siehe Bild 1):

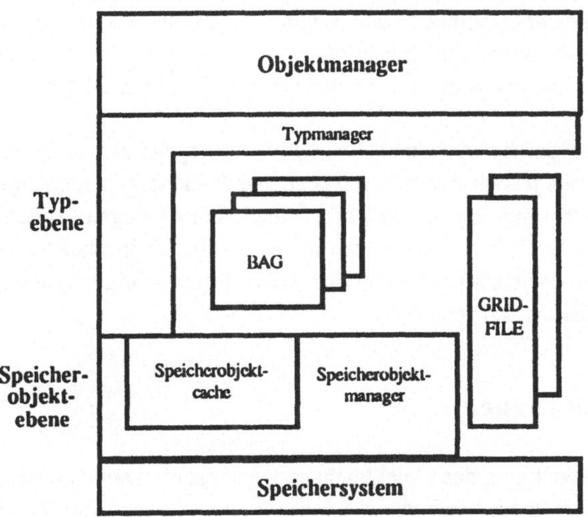

Bild 1: Die Systemarchitekur von OMS

Der **Objektmanager** realisiert das Datenmodell des OMS-Kernsystems. Als Grundlage hierfür verwendet er ein Basisdatenmodell, welches die Mächtigkeit der Typebene beschreibt und Konstrukte zur effizienten Definition und Manipulation getypter hierarchischer Objekte realisiert. Je nach den Erfordernissen der beabsichtigten Anwendung kann dieses Basismodell um anwendungsspezifische Typen und Modellierungskonzepte wie beispielsweise die Unterstützung nicht disjunkter, komplexer Objekte erweitert werden.

Die **Typebene** bildet die Schnittstelle zur Integration der IET in das System:

Durch die einzelnen <u>Typimplementierungen</u> wird eine für die Objekte des jeweiligen Typs eindeutige Speicherobjektrepräsentation als datenbankinterne Darstellung dieser Objekte festgelegt. Dadurch wird den relativ einfach strukturierten Objekten der Speicherobjektebene eine komplexe typorientierte Struktur aufgeprägt. Die Darstellung aller Objekte als Speicherobjekte erlaubt es, bei der Implementierung der einzelnen Typen das Typgeheimnis zu wahren, was insbesondere bei der Realisierung von Typkonstruktoren von entscheidender Bedeutung ist.

Der <u>Typmanager</u> verwirklicht einerseits das Interface zwischen Typebene und Objektmanager, andererseits dient er als Bindeglied zwischen den einzelnen Typimplementierungen. Er ermöglicht die Spezifikation und Ausführung komplexer Operationen auf hierarchisch strukturierten getypten Objekten. Aus Sicht der Typebene besteht kein Unterschied zwischen den im System fest vorhandenen Basistypen und später integrierten IET.

Die **Speicherobjektebene** bildet vergleichbar zum "Storage-Object-Manager" in EXODUS [CDFG86] die Basis für die Implementierung der meisten im System bekannten Typen. Dies gilt sowohl für die fest im Kern vorhandenen als auch für die später hinzugefügten atomaren und polymorphen Typen bzw. Typkonstruktoren.

Ein OMS-Speicherobjekt besteht aus hierarchisch strukturierten (heterogenen) Kollektionen ungetypter, variabel langer Bytestrings. Während es die Aufgabe des Speicherobjektmanagers ist, solche Speicherobjekte auf den Sekundärspeicher abzubilden und möglichst effizient, das heißt insbesondere wenig Seitenzugriffe, zu verarbeiten, übernimmt der Speicherobjektcache die Verwaltung temporär benötigter Speicherobjekte, für die eine Sekundärspeicherabbildung einen unnötigen Overhead darstellen würde.

Bei der Entwicklung des **Speichersystems** haben wir überwiegend auf bereits bekannte Techniken zurückgegriffen. Diese wurden jedoch erweitert. So kennt das Speichersystem nicht nur einzelne Seiten sondern unterstützt zur Speicherung sehr großer Objekte auch Seitenmengen. Außerdem können bei der Systeminstallation verschiedene Pufferverwaltungsstrategien wahlweise in das Speichersystem integriert werden. Da das Speichersystem selbst für die Integration neuer Typen wenig Bedeutung hat, verzichten wir im folgenden auf eine detailliertere Darstellung.

3. Der Objektmanager

Oberstes Ziel bei der Entwicklung des Objektmanagers war es, ein Datenmodell zu entwickeln, welches möglichst gut auf unterschiedliche Anwendungen zugeschnitten werden kann. Wie bereits in der Einleitung angedeutet erfordert dies Mechanismen zur Integration neuer Typen und insbesonders auch neuer Typkonstruktoren. Zur Vermeidung einer semantischen Lücke zwischen Datenmodell und Anwendung sollte das Objektmodell darüberhinaus je nach Anwendung mit den erforderlichen Modellierungskonzepten (wie beispielsweise zur Unterstützung von Vererbung, nicht disjunkten Objekten oder Objektidentität) anreicherbar sein.

Abstrakt gesehen beschreibt die Integration eines neuen Modellierungskonzeptes eine spezifische Erweiterung/Transformation des zugrundeliegenden Datenmodells. Eine effiziente Realisierung dieser Konzepte ist jedoch nur dann möglich, wenn auch die internen Ebenen des Datenbanksystems (hier: Typebene, Speicherobjektebene) dies geeignet unterstützen. Die Performanz einer Realisierung allein "on top" eines Datenbanksystems ist in der Regel aufgrund mangelnder Funktionalität des "Ausgangsdatenmodells" nicht ausreichend.

Die spezielle Systemarchitektur des OMS-Kernsystems erlaubt komplexe Typen und Typkonstruktoren tief in das System einzubetten. Hierdurch ist es erstmals möglich die Basisfunktionalität des Systems derart zu erweitern, daß auch neue Modellierungskonzepte (wir sprechen dann von Konzeptbausteinen) effizient unterstützbar erscheinen. So wie der Speicherobjektbegriff die Grundlage für die einzelnen Typimplementierungen darstellt, so bildet ein spezielles Datenmodell die Basis für die Realisierung der unterschiedlichen Konzeptbausteine. Bei der Übersetzung von Ausdrücken dieser Basissprache in Operationen der Typebene findet zunächst keine Optimierung statt. Zugriffspfadstrukturen und Operatoren müssen demzufolge explizit angesprochen werden. So sind beispielsweise Nested-Loop-Join und Sort-Merge-Join aus Sicht der Basissprache zwei vollständig unabhängige Operatoren und nicht zwei verschiedene Methoden zur Realisierung der allgemeineren Join Operation. Erst ein spezieller Konzeptbaustein für die Anfrageoptimierung realisiert die gewünschte Abstraktion.

Jeder Konzeptbaustein impliziert eine Anreicherung des Basismodells um neue modellierungskonzeptspezifische Sprachkonstrukte. Um ein korrektes Zusammenspiel der einzelnen Konzeptbausteine zu gewährleisten, fordern wir, daß diese Konstrukte anhand ihrer Syntax und der dem Basismodell zugrundeliegenden Semantik (Kontextbeschreibung) eindeutig dem sie realisierenden Konzeptbaustein zuordbar sind. Die einzelnen Bausteine stützen sich zur Realisierung ihrer Konzepte jeweils auf einen festen IET-Satz, die minimale Typkonfiguration dieses Bausteins, ab. Während der Übersetzung einer Anfrage transformieren sie dann den entsprechenden (Teil)ausdruck in einen äquivalenten Ausdruck der Basissprache bzw. einer durch andere Konzeptbausteine realisierten Erweiterung/Transformation davon. Konzepthierarchien sind möglich.

Dieses Basismodell beschreibt die Semantik der Typebene von OMS. Das Einbringen neuer IET in das System erfordert also eine entsprechende Erweiterung der Basissprache. Im Gegensatz zu vergleichbaren Systemen handelt es sich bei den hier möglichen Erweiterungen nicht nur um syntaktisch relativ einfach zu beschreibende Operationen (einfache Funktionen, ein oder zweistellige Operatoren) mit ausschließlich funktionaler Semantik. So wird bei der Realisierung extern definierter Funktionen eigentlich aus Sicht des Datenbanksystems kein vollständig neuer Typ definiert, sondern einem bestehenden Typ (in der Regel dem Typ Bytestring) wird lediglich durch entsprechende Operationen eine neue Semantik aufgeprägt. Gerade bei der Realisierung von Typkonstruktoren erfordert ihre komplexere unter Umständen auch prozedurale Semantik syntaktisch deutlich anspruchsvollere Beschreibungsmittel.

Damit impliziert die Integration parametrisierter IET weitreichende Anforderungen an Design und Realisierung des Basismodells sowie der entsprechenden Basissprache:

- Das Basismodell muß so gestaltet sein, daß sich selbst unterschiedlichste neue Typen und Typkonstruktoren möglichst harmonisch in den Modellrahmen einfügen.

- Beim Entwurf neuer Typen sollte sich der Typimplementierer nahezu ausschließlich an den Erfordernissen der Anwendung orientieren können. Die modell- bzw. integrationsbedingten Einschränkungen sind zu minimieren.

- Eine adäquate Notation komplexer anwendungsspezifischer Operationen kann das Einbringen völlig neuer syntaktischer Konstrukte in die Basissprache erfordern. Hierfür sind geeignete Mechanismen vorzusehen.

Im weiteren Verlauf dieses Kapitels gehen wir jetzt ausführlicher auf Sprache und Realisierung des Basismodells ein. Leider haben wir hier nicht den Raum um detaillierter auf die Realisierung neuer Konzeptbausteine und ihre Integration in das Basismodell einzugehen. Eine detailliertere Schilderung dieser Problematik wird [Bode92] zu entnehmen sein.

3.1. Das Basismodell

Beim Design des Basismodells wurde versucht, den Modellrahmen und damit die Anforderungen an die einzelnen IET möglichst einfach zu halten. So erscheint aus Sicht des Basismodells eine Datenbank als Kollektion benannter, hierarchisch strukturierter, getypter Objekte. Nicht disjunkte Objekte sollen über einen entsprechenden Konzeptbaustein eingeführt werden.

Die Basissprache ist streng getypt, so daß sich jedem (Teil-) Ausdruck bereits bei der Übersetzung ein eindeutiger Typ zuordnen läßt. Neue anwendungsbezogene Typen (Anwendungstypen) können auf Grundlage der dem System bekannten IET und bereits früher definierter Anwendungstypen definiert werden (vergl. Beispiele). Zwei Typen gelten als kompatibel, wenn sie in ihrer Struktur übereinstimmen.

Der Zugriff auf die Objekte der Datenbank erfolgt ausschließlich über Variablen bzw. deren Namen. Jede Variable ist an genau einen Typ gebunden.

- Persistente Variablen repräsentieren dauerhafte Objekte. Sie sind vergleichbar mit den Relationen des Relationalen Datenmodells, abhängig von ihrem Typ besitzen sie jedoch in der Regel komplexer strukturierte Werte.

- Zwischenergebnisse oder nur kurzzeitig benötigte Werte können in temporären Variablen abgelegt werden. Im Gegensatz zu persistenten Variablen ist deren Gültigkeitbereich auf eine "Datenbanksitzung" (Zeitspanne bis zum "Verlassen" des Datenbanksystems) beschränkt.

- Laufvariablen ermöglichen den Zugriff und die Identifikation von Objektbestandteilen (z. B. einzelnen Mengenelementen). Während persistente und temporäre Variable eine Speichersemantik tragen, besitzen Laufvariable eine Zeigersemantik. Darüberhinaus können sie vom "Benutzer" nicht explizit sondern nur implizit in Verbindung mit speziellen Operationen (z.B. Selektion) definiert werden. Ihre Gültigkeit ist dann auch an die Dauer dieser Operationen gebunden.

Um die problemlose Integration eines neuen Typs in das Basismodell zu gewährleisten, muß jeder IET mindestens folgenden Operationensatz (Implementierungsrahmen) unterstützen:

- Bei der Definition eines Typs wird implizit eine gleichnamige Funktion zur Erzeugung seiner Werte definiert. Bei anonymen Typen wird auf eine Funktion mit dem Namen des zugrundeliegenden IET zurückgegriffen (siehe Funktionen *Person* und *TUPLE* im folgenden Beispiel). Jeder IET muß hierfür eine entsprechende Basisfunktion bereitstellen. Darüberhinaus können für atomare Typen Konstanten spezifiziert werden (eindeutige Syntax!).

- Das Löschen von Werten geschieht im Basismodell mit der Funktion *DELETE(<wert>)*. Da die Semantik dieser Funktion je nach Typ variieren kann, muß hierfür jeder IET eine spezifische (interne) Delete-Operation realisieren. Beispielsweise entfernt *DELETE(<mengenelement>)* das Element aus der Menge während *DELETE(<tupleattribut>)* nicht das Attribut entfernt, sondern dessen Wert auf undefiniert setzt.

- Als Änderungsoperator unterstützt das Basismodell die Zuweisung (:=). In der Regel kann diese Operation typunabhängig (auf Speicherobjektbasis) realisiert werden. Ist dies aufgrund der speziellen Semantik eines Typs nicht ausreichend, ist auch hier eine spezifische (interne) Änderungsoperation von der Typimplementierung bereitzustellen.

- Komplexe Datenbankanfragen stützen sich vielfach auf die Gleichheit bestimmter Werte in der Datenbank. Im Basismodell läßt sich ein Gleichheitsoperator (=) für strukturierte Werte allerdings nur dann realisieren, wenn jeder beteiligte Typ/Typkonstruktor entsprechende typspezifische Gleichheitsoperatoren unterstützt.

<u>Beispiel 1:</u> Typ und Variablendefinitionen

```
TYPE Person IS TUPLE[name, vorname, adresse, gehalt]
                    (STRING,  STRING,
                    TUPLE[straße, plz, ort]
                                (STRING, INTEGER, STRING),
                    INTEGER);


VARIABLE P_temp : Person;  /* temporäre Variable */

/* Erzeugung einer neuen Person */
P_temp := Person("Heinz", "Meier",
                TUPLE[straße, plz, ort]
                            ("Naumburger Str. 6", 5303, "Bornheim"),
            50000);


PERSISTENT VARIABLE Personen : BAG(Person);
```

Beim Design des Basismodells wurde darauf geachtet, möglichst wenig Basistypen fest im Datenmodell zu verankern. Selbst so grundlegende Typen wie String, Integer, Bag[4], Tuple oder Relation sind hier nicht, wie in vergleichbaren Systemen, unverzichtbarer Bestandteil, sondern werden wie andere anwendungsspezifische Datentypen erst über spezielle IET in OMS eingeführt. Dies bedeutet eine deutliche Flexibilisierung des Gesamtsystems. So können später z. B. einzelne dieser Grundtypen leicht durch Spezialimplementierungen (z. B. mit einer höheren Rechengenauigkeit) ersetzt werden. Einzige Ausnahme bildet hier der Typ *BOOLEAN*, da sonst kein Ergebnistyp für die zwingend vorgeschriebenen Vergleichsoperationen zur Verfügung stände.

Die Darstellung des Basismodellrahmens zeigt die Freiheitsgrade bei der Realisierung anwendungsspezifischer Datentypen. Um dies noch weiter zu verdeutlichen, gehen wir im folgenden beispielhaft auf einige Operationen der Typen *TUPLE* und *BAG* genauer ein. Hierbei haben wir uns bewußt auf "Standardtypen" konzentriert, da ihre Semantik allgemein klar ist, ihre Funktionalität aber doch ausreicht, um die Mächtigkeit unseres Ansatzes exemplarisch darzustellen.

Gegeben sei eine persistente Menge von Personen (Variable *Personen* s. o.):

<u>Anfrage 1:</u> Gesucht sind Ort und Nachnamen aller Personen die nicht in Bornheim wohnen.

```
SEL_TRANS
    [RANGE i: i.adresse.ort != "Bornheim",
        TUPLE[ort, name](i.adresse.ort, i.name)]
    (Personen);
```

Der *SEL_TRANS* Operator ist eine verallgemeinerte Form der aus der relationalen Algebra bekannten Selektion und Projektion. Auf alle Elemente die das Prädikat (hier: *i.adresse.ort != "Bornheim"*) erfüllen, wird die Transformation (hier: *TUPLE[ort, name](i.adresse.ort, i.name)*) angewendet. Nur wenn diese ein definiertes Ergebnis liefert, wird eine Kopie davon in den Ergebnisbag übernommen. Sowohl das Prädikat als auch die Transformation der *SEL_TRANS* Operation können beliebig komplex werden. So ist es möglich, den gleichen Operator auch zum Löschen qualifizierter Elemente aus einem Bag zu verwenden:

---

[4] Bag steht im folgenden für Multimenge.

```
SEL_TRANS
      [RANGE i: i.adresse.ort = "Bornheim",
         DELETE(i)]
      (Personen);
```

Beachte: Das Ergebnis einer *DELETE* Operation ist nicht definiert (prozedurale Semantik), so daß hier kein Ergebnisbag aufgebaut wird.

<u>Anfrage 2:</u> Gesucht sind alle Orte zusammen mit den Vor- und Nachnamen ihrer Bewohner.

```
TYPE Name IS TUPLE[vorname, name](STRING, STRING);
TYPE Ort IS TUPLE[ort, bewohner](STRING, BAG(Name));
VARIABLE Orte : BAG(Ort);


Orte := UNIQUE
           [RANGE j: j.ort]
           (TRANSFORM
                    [RANGE i: Ort(i.adresse.ort, BAG())]
                    (Personen));

JOIN[RANGE k, l:
      k.ort = l.adresse.ort,
      INSERT(Name(l.vorname, l.name),
         k.bewohner)]
      (Orte, Personen);
```

In einem ersten Schritt werden mit Hilfe der *TRANSFORM* Operation[5] die Namen aller Orte ermittelt und mit den (noch) leeren Bags (der Bewohner) in jeweils einem Tuple zusammengefaßt . Nachdem durch *UNIQUE* die Bagelemente mit übereinstimmendem Ort jeweils auf ein Vorkommen reduziert wurden, trägt die folgende *JOIN* Operation die Vor- und Nachnamen der jeweiligen Einwohner in die unterschiedlichen Bewohnerbags der einzelnen Orte ein. Anschließend enthält die temporäre Variable *Orte* das gewünschte Resultat. Die Verallgemeinerung des Relationenjoins zu der hier verwendeten Operation erfolgte dabei analog zu der oben beschriebenen Verallgemeinerung von Selektion und Projektion.

Beachte: Obwohl die hier verwendeten Typen vollständig unabhängig voneinander bleiben, sind doch sehr komplexe Operationen möglich. Alternativ hierzu kann man natürlich auch den IET *BAG* um eine entsprechende Nestungsoperation erweitern (Performanzgewinn!).

3.2. Anfrageübersetzung

Ein Ausdruck der Basissprache bzw. der durch einzelne Konzeptbausteine erweiterten/transformierten Basissprache beschreibt eine Folge von Operationen der Typebene. Zur Spezifikation solcher komplexen Operationenfolgen ermöglicht der Typmanager den Aufbau spezieller Operatorgraphen (s. Kap. 4.1.). Die bereits geschilderte Erweiterbarkeit des Basismodells impliziert wichtige Randbedingungen für Entwurf und Realisierung eines geeigneten Compilers.

---

[5] Die *TRANSFORM* Operation entspricht der *SEL_TRANS* Operation mit Prädikat *TRUE*

- Die Syntax der Basissprache ist nicht fest. Neue Operatoren können vollständig neue syntaktische Beschreibungsmittel erfordern.

- Soll nicht für jeden Konzeptbaustein ein eigener, zwangsläufig ebenfalls erweiterbarer Compiler realisiert werden, müssen sich die entsprechenden Transformationen effizient in den Compiler des Basismodells integrieren lassen.

- Da die Beschreibung jeder IET-Operation einen spezifischen Operator(teil)graphen erfordert, muß auch die für die Codegenerierung zuständige Komponente derart modular gehalten werden, daß sie leicht an die Bedürfnisse der einzelnen IET angepaßt werden kann.

Der Versuch einer möglichst klaren Trennung zwischen Syntaxanalyse, Semantikcheck-Anfragetransformation und Codegenerierung erscheint als ein wesentliches Ziel beim Entwurf eines diesen Anforderungen entsprechenden Compilers. So besitzt der Parser in OMS kein semantisches Wissen über unterschiedliche Typen oder deren Operationen. Er arbeitet allein auf der Basis sogenannter Features. Features sind rein syntaktische Strukturen, die selbst wiederum unterschiedlichste Semantiken tragen können. So wird beispielsweise das Funktionenklassenfeature sowohl für die Definition neuer Anwendungstypen als auch für den Aufruf komplexer typspezifischer Operationen verwendet.

<u>Beispiel 2:</u> Zwei Instanzen des Funktionenklassenfeatures

> *TUPLE[straße, plz, ort](STRING, INTEGER, STRING)*
> *SEL_TRANS[RANGE i: i.adresse.ort = "Bornheim",DELETE(i)](Personen)*

Damit kann der Parser bei der Integration neuer IET unverändert bleiben, solange die bisher definierten Features, ggf. mit einer weiteren Semantik belegt, zur Behandlung der neuen Typen und ihrer Operationen ausreichen. Der Parser erzeugt zu jedem gegebenen textuellen Ausdruck der Basissprache einen verallgemeinerten, um featurespezifische Informationen angereicherten Syntaxbaum (Featurebaum).

Anschließend bestimmt der Transformer die Semantik der einzelnen Features und trägt die entsprechenden Informationen in den Featurebaum ein. Dabei ordnet er den Operatoren der Basissprache die zugrundeliegenden IET-Operationen zu und überprüft die semantische Korrektheit des vorliegenden Ausdrucks (Typcheck u. a.). Das hierzu erforderliche Semantikwissen erhält er durch die Verwendung spezieller Funktionen, die vom Parser und den einzelnen IET bereitgestellt werden. Diese steuern die Abarbeitung des Featurbaumes (featurespezifische Transformationsfunktionen) und ermöglichen die Auswahl der IET-Funktion, welche den jeweiligen Operator der Basissprache realisiert, sowie die dabei erforderliche Semantikprüfung (IET-spezifische Semantikcheckfunktionen). Eine solche Semantikcheckfunktion beschreibt die korrekte semantische Umgebung (Parametertypen, Parameterart, ...) einer konkreten IET-Funktion und errechnet abhängig davon die Semantik des Funktionsergebnisses. Auf Basis der gewonnenen semantischen Informationen führt der Transformer bei der Abarbeitung des Featurbaumes die von den unterschiedlichen Konzeptbausteinen (z. B. dem Optimierer) definierten Transformationen aus. Während er das Erzeugen eines konkreten Operatorgraphen dem dafür zuständigen Codegenerierungsmodul überläßt, werden Deklarationen nach erfolgtem Semantikcheck sofort ausgewertet und die entsprechenden Schemainformationen in den Datenbank- bzw. Typkatalog eingetragen.

Der Codegenerator durchläuft den Featuregraphen und bestimmt für jede vom Transformer ermittelte IET-Operation sowie für die unterschiedlichen Konstanten und Variablen die zugehörigen Codegenerierungsfunktionen. Diese Codegenerierungsfunktionen verbergen alles Wissen um den Aufbau der zur Realisierung der unterschiedlichen Konstrukte benötigten Operator(teil)graphen. Bei der Integration eines neuen IET in das System können die benötigten Codegenerierungsfunktionen dem Codegenerator leicht bekannt gemacht werden und ermöglichen so eine optimale Anpassung der Codegenerierung an die jeweiligen Anforderungen. Sind alle Codegenerierungsfunktionen bestimmt, wird mit ihrer Hilfe der entsprechende Operatorgraph (vergl. Kapitel 4.) erzeugt.

Die Integration eines neuen IET in das System erfordert also eine entsprechende Erweiterung des Compilers. Jeder IET muß das zur Übersetzung seiner Operationen benötigte Wissen in Form von Semantikcheck- und Codegenerierungsfunktionen bereitstellen. Werden darüberhinaus noch neue Features in die Basissprache eingeführt, sind entsprechende featurespezifische Transformationsfunktionen zu realisieren. Bei der Integration eines neuen Typkonstruktoren ist darüberhinaus auch der Typkatalog entsprechend der Struktur dieses neuen Typen zu erweitern (geeignete Schnittstellen sind vorhanden). Eine weitergehende Beschreibung des Basismodellcompilers findet sich in [HaWe91].

4. Die Typebene

4.1. Der Typmanager

Damit es bei einer späteren Erweiterung des Systems nicht zu Änderungen an bestehenden IET kommt, ist bei deren Implementierung strikt auf die Wahrung des Typgeheimnisses zu achten. Die Implementierung des IET BAG(X) darf damit keinerlei Kenntnis über die konkrete Struktur der jeweiligen Bagelemente besitzen und kann demzufolge auch nicht direkt auf diese, beispielsweise zur Auswertung eines Selektionsprädikates, zugreifen. Hierfür muß sie sich auf entsprechende Operationen des jeweiligen Elementtyps abstützen.

Die Wahrung des Typgeheimnisses bei der Realisierung der einzelnen IET bedingt die Fähigkeit von OMS, unterschiedlichste unabhängig voneinander entwickelte Funktionen zu komplexen Operationenfolgen zusammenzufassen. Zur Spezifikation solcher komplexer Operationenfolgen durch den Objektmanager erlaubt der **Typmanager** den Aufbau komplexer Operatorgraphen. Diese stellen eine konsequente Erweiterung herkömmlicher Operatorbäume dar:

- Die Ausführungsreihenfolge der den einzelnen Operatorgraphknoten zugeordneten Funktionen ist nicht fest vorgegeben, sondern jede dieser Funktionen ist selbstständig für die Aktivierung der Nachfolgerknoten verantwortlich, so daß Operationenfolgen unter Umständen auch mehrfach zur Ausführung kommen können. Die Aktivierung eventueller Nachfolgerknoten erfolgt dabei durch den Aufruf entsprechender Funktionen des Typmanagers.

- Der Datenfluß erfolgt nicht streng entgegen der Kantenrichtung im Operatorgraphen, sondern einzelne Operatorgraphknoten können entlang spezieller Nachrichtenkanten Daten austauschen.

Bei der Realisierung der einzelnen **Typimplementierungen** sind die Mechanismen des Typmanagers entsprechend zu berücksichtigen. Vereinfacht gesehen realisiert jeder IET eine Menge parametrisierter Funktionen $\{F_1,...,F_n\}$ mit:

$$F_j[P_{j1},...P_{jl}]: O_{j1},...,O_{jk} \longrightarrow O_{jE} \qquad (l, k \geq 0)$$

mit: $P_{j1},...P_{jl}$: Parameter der Funktion F_j

$O_{j1},...,O_{jk}$: Eingabeobjekte der Funktion F_j

O_{jE}: Ergebnisobjekt der Funktion F_j

Jede Funktion F_j erhält dabei ihre Eingabeobjekte durch Aktivierung der Nachfolgerknoten des ihr zugeordneten Knotens im Operatorgraphen. Zusätzlich kann F_j unter Umständen mit Hilfe des Nachrichtenkonzeptes noch Daten importieren bzw. exportieren. Aufgrund dieser Eigenschaft lassen sich die Operationen eines IET nicht alleine mit Hilfe der sie realisierenden Funktionen beschreiben, sondern die Vernetzung der ihnen zugeordneten Knoten im Operatorgraphen ist unbedingt mit zu berücksichtigen. Dabei muß die Anzahl der Nachfolgerknoten eines einer bestimmten Funktion zugeordneten Operatorgraphknotens nicht fest sein. So ist es diesen Funktionen möglich, die Anzahl der konkret vorhandenen Nachfolgerknoten zur Laufzeit zu ermitteln, und diese dann gegebenenfalls einzeln zu aktivieren (Beisp. *construct_tuple* s.u.).

Die Übergabe von Objekten zwischen den Operatorgraphknoten bzw. den jeweiligen Funktionen der einzelnen Typimplementierungen erfolgt nicht direkt, sondern ausschließlich über Handle auf die betroffenen Objekte. Ein solcher OMS-Objekthandle besteht aus einem typunabhängigen Teil, der das Objekt auf dem Sekundärspeicher (Speicherobjektcursor), im Speicherobjektcache oder direkt als C-Struktur referiert, und einem typspezifischen Teil, der optional weitere Informationen über dieses Objekt enthalten kann. Nur primitive atomare Objekte (z. B. *BOOLEAN*- oder *INTEGER*-Objekte) ermöglichen eine direkte Referierung. Alle anderen verbleiben unter der Verwaltung des Speicherobjektmanagers bzw. im Speicherobjektcache.

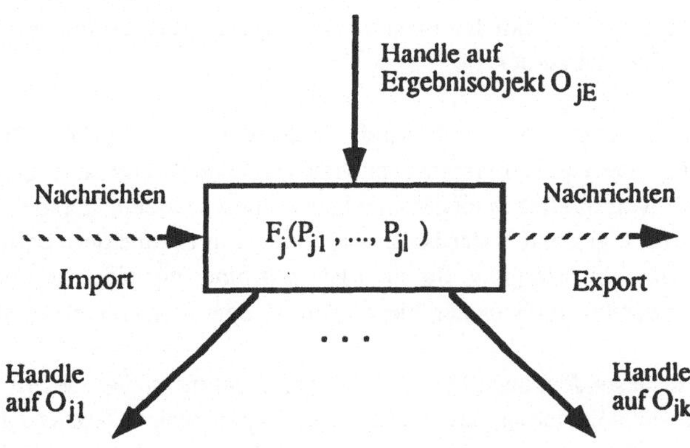

Bild 2: Ein allgemeiner Operatorgraphknoten

4.2. Typimplementierungen

Die wesentliche Eigenschaft von OMS bei der Einbettung neuer Typimplementierungen ist die Abschottung des restlichen Systems bei der Durchführung einer solchen Aufgabe. Wird ein neuer Datentyp integriert, bleibt das gesamte bereits bestehende System unangetastet. Damit eine solch komplexe Aufgabe durchführbar wird, sind eine Reihe von Richtlinien bei der Schnittstellendefinition von Typimplementierungen einzuhalten, die aber so aufgebaut sind, daß ein hoher Freiheitsgrad bei der Gestaltung neuer Datentypen erhalten bleibt. Ein Schwerpunkt in der OMS-Entwicklung ist die Öffnung für die Einbettung neuer Typkonstruktoren als IET, wobei jeder Typkonstruktor auf sämtliche dem System bekannten Typen angewendet werden kann. Gerade durch diese Eigenschaft werden herausragende Möglichkeiten zur Implementierung komplexer Objekte eingeführt.

Die mit der Einbettbarkeit von Typkonstruktoren verbundenen Probleme und der in OMS eingeschlagene Lösungsweg sind anschaulich durch die Funktion *get_attribute* illustriert, die als Bestandteil des IET TUPLE $(T_1,...,T_n)$ die Projektion auf ein einzelnes Tupelattribut realisiert. Abbildung 3A zeigt die typische Umgebung dieser Funktion in einem Operatorgraphen. Zunächst ermöglicht die uniforme Gestaltung aller IET-Funktionen ihre einheitliche Aktivierung: jede Funktion besitzt eine Parameterliste, die zur Compilezeit mit Werten belegt wird, und eine Menge von Nachfolgerknoten im Operatorgraphen. Die Parameterliste von *get_attribute* enthält hier ein einzelnes Element, nämlich die Nummer des auszuwählenden Attributes. Als Nachfolger im Operatorgraphen kann eine beliebige Funktion unterlegt werden, die ein Tupel als Ergebnis ihrer Aktivierung zurückliefert. In der Implementierung von *get_attribute* ist hier nur das Wissen eingebettet, daß ein entsprechender Nachfolger mit der erforderlichen Funktionalität existiert. Ihrerseits endet die Aktivierung von *get_attribute* mit der Weitergabe des angeforderten Tupelattributes.

Der dabei stattfindende Objektfluß in umgekehrter Richtung der Operatorgraphkanten kann dabei die strenge Trennung der Typimplementierungen nur aufrechterhalten, wenn auch eine einheitliche Darstellung dieser Objekte gefunden werden kann. Natürlich muß *get_attribute* wissen, wie die Komponente eines Tupels aufgesucht werden kann, sie darf aber kein Wissen darüber besitzen, wie die Komponente selbst dargestellt ist. Zu diesem Zweck werden in OMS alle Objekte einheitlich als sogenannte Speicherobjekte geführt, die in ihrer Gesamtheit die Sekundärspeicherdarstellung der Datenbank ausmachen. Speicherobjekte (s. Kap. 5) sind rekursiv definierte Objektbehälter, d.h., sie können sich ihrerseits wieder aus einer Menge von Speicherobjekten zusammensetzen. So teilt die Tupelimplementierung ihren Behälter nur erneut in eine Menge von Speicherobjekten auf, ohne sich selbst aber um die weitere Gestaltung der Attributbehälter, insbesondere auch deren Größe, zu kümmern. *Get_attribute* nutzt nun die Funktionen der für Speicherobjekte zuständigen Module (s. 5.1 und 5.2), um den Behälter des angeforderten Attributes aufzufinden, und liefert eine Referenz auf diesen Behälter zurück.

Dieser Objekttransfer in Form von Speicherobjektreferenzen ist ein wesentlicher Effizienzgesichtspunkt in OMS: Die in Abarbeitung eines Operatorgraphen benötigten Objekte werden so lange wie möglich bzw. wie aus Effizienzgründen sinnvoll in ihrer Speicherobjektdarstellung belassen. Gerade diese Vorgehensweise ist ein beträchtlicher Gewinn gegenüber der bei Erweiterungen in Form extern definierter Funktionen (s. Kap. 1.) notwendigen Objektübertragung. So nutzt *get_attribute* nur eine Positionierungsfunktion auf Speicherobjektebene, ohne selbst das Speicherobjekt laden oder gar konvertieren zu müssen.

Dieses Vorgehen wird insbesondere auch bei der Funktion *compare_string* des IET STRING (Bild 3B) deutlich: Sie fordert über die Aktivierung ihrer beiden Nachfolgerknoten Referenzen auf zwei Stringobjekte an. Liegen diese Strings in Speicherobjektform vor, kann der notwendige Vergleich direkt über die Speicherobjektmodule auf Speicherobjektbasis durchgeführt werden. Eine Objektübertragung, zum Beispiel in Characterarrays, ist nicht notwendig. Das zurückgelieferte Boolean ist ein Beispiel für ein Objekt, das nicht in Speicherobjektform übertragen werden muß: primitive atomare Objekte können direkt in der Form von Objektreferenzen der zugrundeliegenden Programmiersprache (hier C) ausgetauscht werden. Entsprechendes ist für die über die Nachfolgerknoten angeforderten Strings möglich, typischerweise, wenn einer der beiden Strings als Konstante einer Anfrage auftritt.

Die Anzahl der Nachfolgerknoten eines einer bestimmten Funktion zugeordneten Operatorgraphknotens muß nicht fest sein. So erhält die Funktion *construct_tuple* (siehe Bild 3C) des IET TUPLE$(T_1,...,T_n)$ durch Aktivierung aller Nachfolgerknoten eine entsprechende Anzahl Objektreferenzen. Sie liefert als Ergebnis eine Speicherobjektreferenz auf ein TUPLE-Objekt, das Kopien genau dieser Objekte als Attribute besitzt. Die Reihenfolge der Attribute entspricht dabei der Aktivierungsreihenfolge der entsprechenden Nachfolgerknoten im Operatorgraphen. Wichtig ist, daß *construct_tuple* wiederum keinerlei Kenntnisse über die Struktur der Attributobjekte benötigt: Die von den Nachfolgern gelieferten Speicherobjektbehälter werden über die Speicherobjektmodule zu einem „Tupelbehälter" zusammengesetzt.

Die Funktion *select_and_transform* (siehe Bild 3D) des IET BAG(X) stellt eine konsequente Erweiterung der aus der relationalen Algebra bekannten Selektions- und Projektionsoperatoren dar. Sie wendet auf alle Bagelemente, die ein Prädikat P erfüllen, eine Transformation T an. Als Ergebnis liefert sie einen Handle auf ein neues BAG-Objekt, das genau diese transformierten Elemente enthält. Damit das Typgeheimnis gewahrt bleibt, sind sowohl P als auch T in *select_and_transform* nicht direkt ausführbar, sondern werden durch unabhängige Operatorgraphen dargestellt. Hierzu muß nun im Gegensatz zu den bislang genannten Beispielen ein Objektaustausch, nämlich der einzelner Bagelemente, in umgekehrter Richtung, nämlich vom Vorgängerknoten (*select_and_transform*) hin zu den Nachfolgergraphen (P und T), erfolgen.

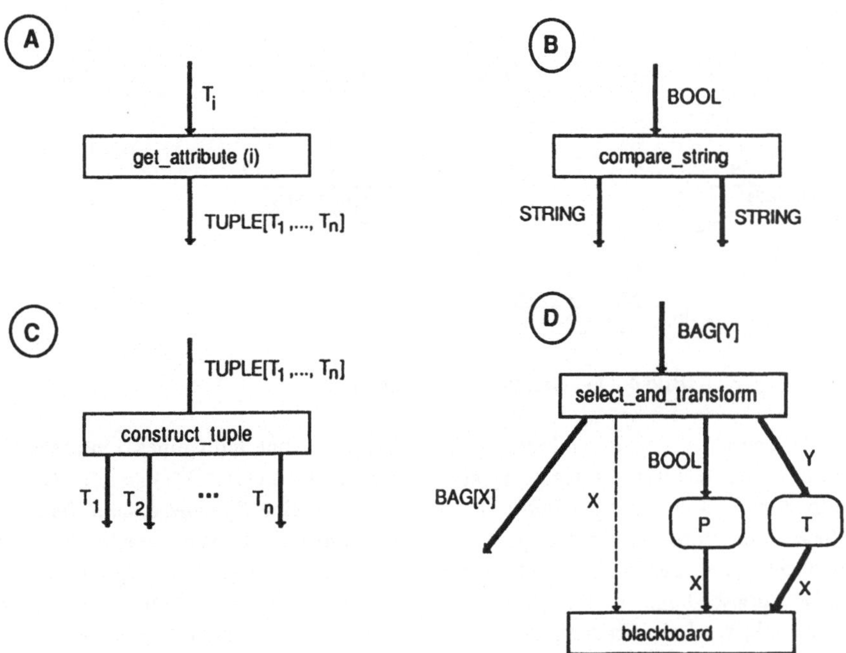

Bild 3: Einige IET-Operationen

Für solche typübergreifende Probleme hält der Typmanager zentral eine Reihe allgemeiner Funktionen bereit. Der konkrete Fall wird über die Funktion *blackboard* , die die in Kapitel 3 erwähnten Laufvariablen realisiert, gelöst. Ein *blackboard* kann über eine spezielle Nachrichtenkante (in 3D gestrichelt dargestellt) im Operatorgraphen einen Objekthandle in Form einer Nachricht empfangen. Bei ihrer Aktivierung liefert sie dann den zuletzt empfangenen Objekthandle als Ergebnis an den aufrufenden Operatorgraphknoten zurück. Das Senden einer Nachricht an ein *blackboard* entspricht also dem Ablegen einer Referenz, während das Aktivieren eines solchen Knotens dem Lesen der dort zuletzt abgelegten Referenz entspricht.

Select_and_transform erhält durch Auswertung des ersten Nachfolgers im Operatorgraphen eine Referenz auf ein BAG-Objekt. Anschließend legt sie den Handle zum ersten Bagelement im *blackboard* ab. Liefert die Aktivierung von P das BOOL-Objekt TRUE, wird auch T aktiviert und eine Kopie des dabei gelieferten Objektes in den Ergebnisbag übernommen. Dieser Vorgang wird nun wiederholt, bis alle Bagelemente ausgewertet sind. Die Semanik von T ist hier sehr weit gesteckt, zum Beispiel kann sich hinter T das Löschen der qualifizierten Bagelemente verbergen. In diesem Fall liefert T das konstante Ergebnis „undefiniert" (s. auch Kap. 3.1.), was von *select_and_transform* so interpretiert wird, daß kein Ergebnisbag zu bilden ist.

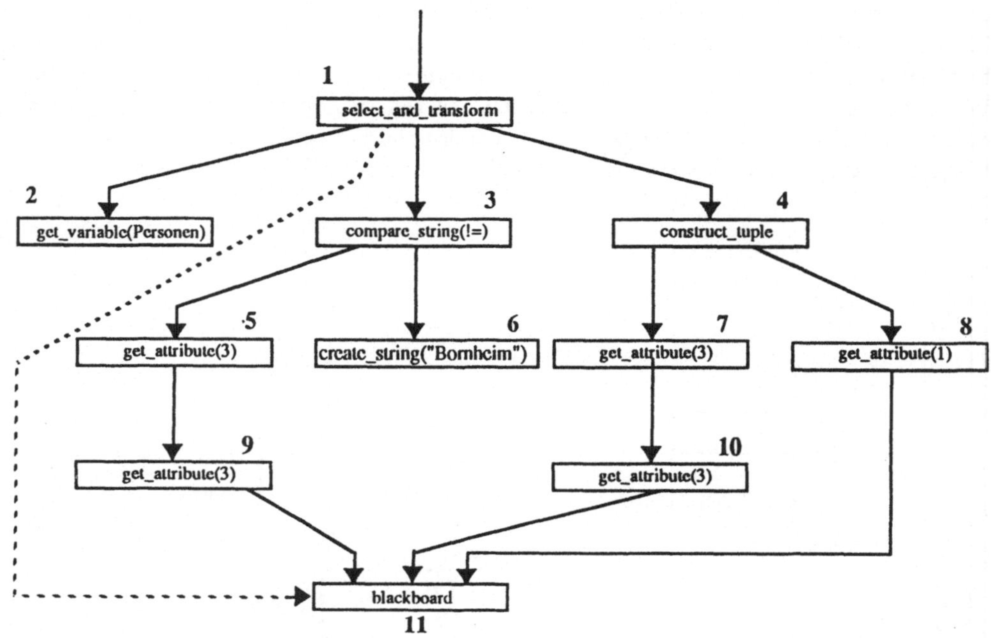

Bild 4: Operatorgraph zu Anfrage 1

Bild 4 zeigt die Kooperation der geschilderten IET-Funktionen innerhalb eines umfassenderen Operatorgraphen, der eine denkbare Übersetzung der Anfrage 1 aus Kapitel 3.1 darstellt. Die vom Typmanager realisierte Funktion *get_variable* besorgt zunächst eine Speicherobjektreferenz zur Personenmenge (persistente Variable), die dann von *select_and_transform* durchlaufen wird. Handle auf die einzelnen Personentupel werden in einem *blackboard* abglegt, und zunächst vom Teilgraphen mit der Wurzel 3, der die Selektionsbedingung „Wohnort ist nicht Bornheim" realisiert, untersucht. Liefert dieser Teilgraph TRUE zurück, wird ein Ergebnistupel, bestehend aus den Attributen Ort und Nachname, konstruiert.

Erst der Tupelkonstruktor führt hier bei der Abarbeitung des Operatorgraphen einen Objekttransfer durch. Sämtliche *get_attribute*-Knoten navigieren nur durch das ursprünglich von *get_variable(Personen)* gelieferte Speicherobjekt, das die komplette Personenmenge enthält, und auch *compare_string* führt den Strringvergleich direkt auf dem vom Knoten 5 gelieferten Speicherobjektteil, der den Ort enthält, durch. Die Tupelkonstruktion erfolgt dann im Speicherobjektcache (s. 5.2): In zwei atomaren Kopieraktionen, die über die Speicherobjektmodule ablaufen, werden die von den Knoten 7 und 8 gelieferten Speicherobjekte in den Cache übertragen, und dort über einen Speicherobjektkonstruktor zusammengefaßt. *Select_and_transform* baut schließlich durch Einfügen der von *construct_tuple* gelieferten Speicherobjektreferenzen in ein ursprünglich „leeres" Speicherobjekt die Ergebnismenge im Cache auf.

Der Graph in Bild 4 ist nicht optimal. Störend ist hauptsächlich, daß die durch die Knoten 5 und 9 implizierte Navigation in den Knoten 7 und 10 erneut durchgeführt wird. Wir werden in Kapitel 4.3 zeigen, wie durch vom Typmanager bereitgestellte Funktionen solche Ineffizienzen vermieden werden können.

In den geschilderten Beispielen wurden die Begriffe Referenz und Handle synonym verwendet, tatsächlich ist das Ergebnis einer Knotenaktivierung immer ein Handle, der zusätzlich zur Referenz einige weitere Informationen enthalten kann. Ein Beispiel für eine solche Information ist ein Flag, das anzeigt, ob das gelieferte Objekt nach Gebrauch zerstört werden darf. Dieses Flag ist u.a. wesentlich für die Effizienz der in den geschilderten Funktionen benötigten Kopieraktionen. So muß, falls T in *select_and_transform* ein temporäres, zerstörbares Bagelement liefert, unter zu Hilfenahme des Speicherobjektcaches (s. 5.2) wie im zuletzt geschildertem Beispiel nur die Referenz auf das Bagelement in das Ergebnis eingebettet werden. Falls es sich aber um ein persistentes Bagelement handelt, muß das komplette Element kopiert werden. Allerdings kann diese Kopie in einem atomaren Schritt über die Speicherobjektmodule durchgeführt werden.

Bei der Entwicklung eines neuen IET kann sich der Typimplementierer nahezu ausschließlich an den Erfordernissen einer beabsichtigten Anwendung orientieren. Es ist nur notwendig, die einheitliche Parameterübergabe an IET-Funktionen beizubehalten, und eine geeignete Speicherobjektdarstellung auszuwählen. Einige wenige Funktionen wie zum Beispiel *delete* und *replace* sind jedoch naheliegend zwingend. Trotzdem ist es nicht in jedem Fall erforderlich, eine Operation wie *delete* umständlich durch eine Navigation durch ein zusammengesetztes Objekt durchzuführen: Sind alle Komponenten eines Objektes in einem einzelnen Speicherobjekt zusammengepackt, kann das Löschen sehr viel effizienter in einem einzigen Schritt auf Speicherobjektbasis erfolgen. Es ist Aufgabe des Compilers, zu dem ja jeder IET seinen entsprechenden Teil beiträgt, die geeignete Alternative in Form eines Operatorgraphen zu erzeugen.

Wir haben die Eigenschaften der intern eingebetteten Typen in OMS anhand von Datentypen illustriert, die standardmäßig in anderen Systemen vorhanden sind. Gerade dadurch, daß ein Datentyp wie TUPLE nicht fest verdrahtet sondern in Form eines IET eingebettet ist, wird aber die angestrebte Flexibilität von OMS erreicht: Der Tupelkonstruktor kann auf alle (insbesondere auch später hinzugefügte) Datentypen angewendet werden, und seinerseits wieder in allen weiteren im System vorhandenen Typkonstruktoren Verwendung finden.

4.3. Optimierungsmöglichkeiten für Operatorgraphen

Abschließend gehen wir noch kurz auf die Optimierung von Operatorgraphen ein. Als Maß für die Effizienz eines erzeugten Operatorgraphen verwenden wir die Anzahl der Knoten, die bei seiner Auswertung aktiviert werden (mehrfach aktivierte Knoten zählen natürlich auch mehrfach). Ziel einer Operatorgraphoptimierung ist damit eine Verringerung der bei der Auswertung zu aktivierenden Knoten.

Betrachten wir den nicht optimierten Operatorgraphen in Bild 4 und untersuchen, welche seiner Knoten wie oft zur Ausführung kommen, so bemerken wir zweierlei:

- Knoten 6 kommt jedesmal bei der Auswertung des Prädikates erneut zur Ausführung. Dabei erzeugt *create_string* jeweils einen neuen String. Effizienter wäre es, nur ein einziges dieser Objekte zu erzeugen und dann wiederholt darauf zuzugreifen.

- Der Teilgraph mit den Knoten 5, 9 und 11 und derjenige mit den Knoten 7, 10 und 11 "berechnen" die gleiche Funktion und sollten demzufolge für jedes Bagelement nur einmal ausgewertet werden.

Zur Vermeidung dieser Defizite ist der äquivalente Operatorgraph aus Bild 5 zu verwenden: Die neu eingeführte *constant* -Funktion verhindert eine wiederholte Auswertung des *create_string*-Knotens. Sie besitzt ein "Gedächtnis", so daß sie nur beim ersten Aufruf ihren Nachfolgerknoten im Operatorgraphen (Hier: *create_string*) aktiviert. Später liefert sie dann den entsprechenden Objekthandle direkt, d.h. ohne vorher erneut den Nachfolgerknoten aktivieren zu müssen.

Bevor die *share_result* -Funktion das Ergebnis der Auswertung ihres Nachfolgerknoten an den aufrufenden Knoten weitergibt, legt sie den entsprechenden Objekthandle in einem speziellen *blackboard*-Knoten ab. Andere Knoten des Operatorgraphen können dann über diesen auf das entsprechende Ergebnisobjekt zugreifen.

Sowohl die *constant* - als auch die *share_result* -Funktion wird vom Typmanager bereitgestellt. Beide Funktionen lassen sich äußerst effizient implementieren und sind deshalb bei der Beurteilung der Effizienz eines Operatorgraphen zu vernachlässigen.

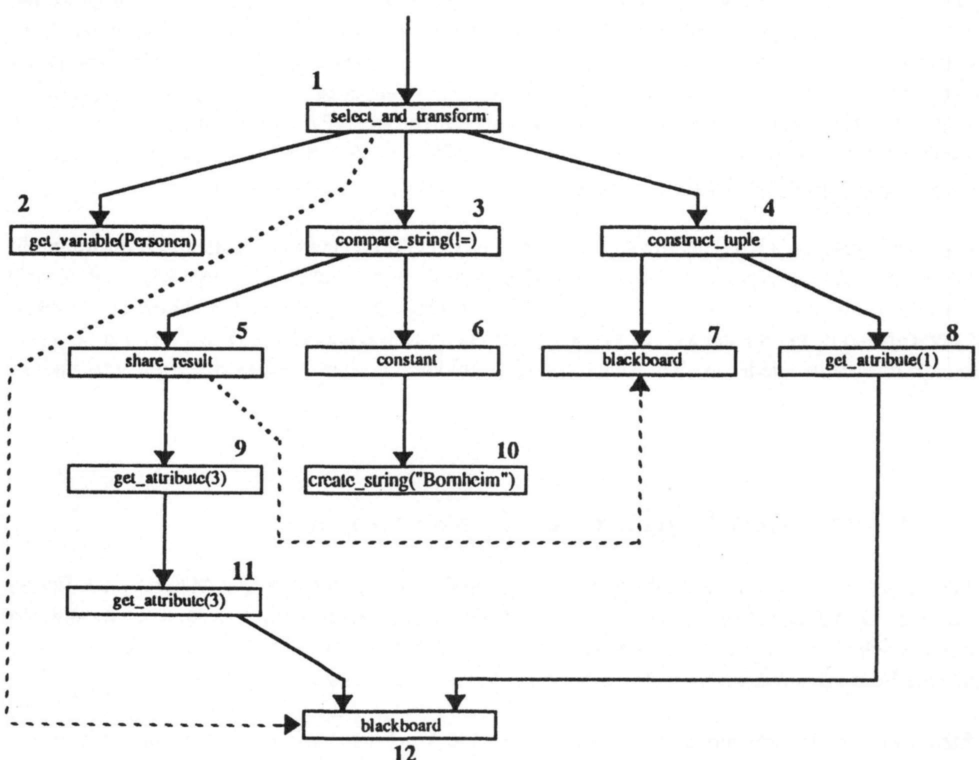

Bild 5: Optimierter Operatorgraph zu Anfrage 1

5. Die Speicherobjektebene

5.1. Der Speicherobjektbegriff

Wenn jeder IET selbst die Abbildung seiner Objekte auf den Sekundärspeicher vornimmt, hat das den Vorteil, daß jeder IET diese Abbildung den eigenen Bedürfnissen exakt angepassen kann. Allerdings reicht eine simple Abbildung eines Objektes auf eine Sekundärspeicherseite nicht aus. Es sind auch adäquate Zugriffs- und Verwaltungsinformationen aufzubauen, was mit einem entsprechenden Implementierungsaufwand verbunden ist, der für jeden Typ zu leisten wäre. Gerade die Implementierung eines Typkonstruktors wie BAG oder TUPLE würde dann auf erhebliche Schwierigkeiten stoßen, da die Komponenten jeweils eigenständig von den zugehörigen Typimplementierungen abgebildet werden müßten, um die Unabhängigkeit der Typimplementierungen aufrecht zu erhalten. Aus diesen Gründen wird die Sekundärspeicherabbildung der Objekte in einer typunabhängigen Speicherobjektebene zentralisiert. Diese Speicherobjekte haben eine Behälterfunktion für die Objekte der übergeordneten Typebene, und kommen den jeweiligen Bedürfnissen der Typebene weit näher, als es mit der direkten Verwendung von Sekundärspeicherseiten möglich wäre.

Solche Speicherobjekte sind im einfachsten Fall variabel lange, ungetypte Bytestrings. Prinzipiell läßt sich jedes komplexe Objekt durch Zerlegung in seine atomaren Komponenten in eine Menge von Bytestrings überführen. Dieses Konzept wird z.B. in EXODUS [CDFG86] verfolgt, was auch als wesentlicher Anstoß zur Entwicklung der Speicherobjektebene in OMS gedient hat. Da der Speicherobjektebene hierbei aber keine Informationen über die Zusammensetzung von Speicherobjekten zu umfassenderen Objekten vorliegen, liegt es vollständig im Verantwortungsbereich übergeordneter Schichten, ein Objekt aus den atomaren Speicherobjektbestandteilen zu rekonstruieren, was in der Regel über weitere Speicherobjekte zur Darstellung der Zusammensetzung geschehen müßte. Der sich daraus ergebene Kommunikationsaufwand zwischen den Systemschichten kann aber die Performanz nachteilig beeinflussen.

Daher ist es in OMS möglich, Speicherobjekte zu einem übergeordneten Speicherobjekt zusammenzufassen, wodurch ein zusammengesetztes Objekt in der Speicherobjektebene als ein Objekt erkannt werden kann. Die zu diesem Zweck zur Verfügung zu stellenden Speicherobjektkonstruktoren müssen zum einen mächtig genug sein, um eine einfache und effiziente Abbildung der zusammengesetzten Objekte der Typebene in Speicherobjekte zu gewährleisten. Auf der anderen Seite sollten sie nicht so speziell auf einzelne IET abgestimmt sein, daß die Einführung eines neuen IET mangels hinreichender Konzepte zu einer nachträglichen Erweiterung des Speicherobjektbegriffes führen könnte. Die Speicherobjektebene beschränkt sich daher auf einige wenige, aber sehr flexibel anwendbare Mechanismen zur Speicherobjektbildung.

Ein Speicherobjekt in OMS ist rekursiv definiert als Atom, Liste oder Menge, wobei
1. ein Atom eine ungetypte Bytefolge beliebiger Länge darstellt,
2. eine Liste eine Kollektion von Speicherobjekten, in der jedes Element anhand seiner Position innerhalb der Kollektion identifiziert wird, repräsentiert, und
3. unter einer Menge eine Kollektion von Speicherobjekten verstanden wird, in der die Identifizierung der einzelnen Elemente anhand des ersten, im Speicherobjekt auftretenden Atoms erfolgt.
Diese Definition impliziert, daß die Elemente eines Speicherobjektes unterschiedlich strukturiert sein können.

Eine Speicherobjektliste ist ideal, um Objekte der Typimplementierungen ARRAY, TUPLE und LIST auf Speicherobjekte abzubilden. Der dort benötigte Zugriff auf Komponenten, zum Beispiel auf das i-te Attribut eines Tupels, kann nun direkt durch eine Funktion *pos_subobject* der Speicherobjektebene durchgeführt werden. Der Source von *get_attribute* beschränkt sich im wesentlichen auf zwei Zeilen:

    tupel_object := < aktiviere Nachfolgerknoten im Graph > ;

    return (< pos_subobject (tupel_object.sp_reference, i) >) ;

Entsprechend kompakt können die meisten weiteren Operationen des IET TUPLE implementiert werden.

Die Speicherobjektmenge ermöglicht es der Speicherobjektebene, eine Objektmenge nach einem atomaren Schlüssel (dem identifizierenden Atom) sortiert zu halten. Auch sind die Speicherobjektmodule in der Lage, neben einer sequentiellen Verarbeitung einer Menge auch einen Zugriff auf ein einzelnes Mengenelement über den Schlüssel effizient zu gestalten. Dieser Schlüssel wird jedoch nicht in der Speicherobjektebene, sondern durch übergeordnete Ebenen vergeben. Die Abbildung von BAG-Objekten auf Speicherobjekte soll dieses Verfahren verdeutlichen. Sie ist in Bild 6 dargestellt, wobei Rechtecke Speicherobjektmengen , abgerundete Rechtecke Speicherobjektlisten und Ellipsen Atome darstellen.

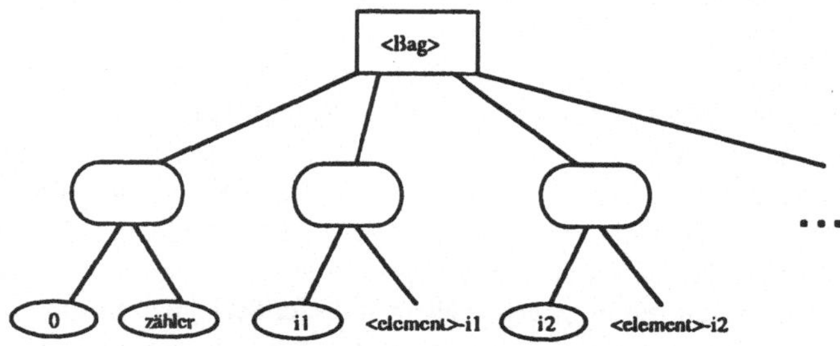

Bild 6: Die Abbildung von Bags auf Speicherobjekte

Der IET BAG bildet Multimengen auf Speicherobjektmengen ab. Wird ein neues Element in einen Bag eingefügt, vergibt der IET für dieses Element einen neuen Schlüssel. Er nutzt dazu einen Zähler, der als erste Komponente der Speicherobjektmenge abgelegt und nach jeder Einfügung inkrementiert wird. Zwischen Bag und Bagelementen wird mittels einer Speicherobjektliste eine weitere Ebene eingeschoben, um die Zuordnung des Elementschlüssels zu den Elementen darzustellen. Entsprechend wird dem Zähler die Konstante 0 hinzugefügt, um ihn eindeutig referieren zu können. Die Darstellung der Bagelemente entzieht sich der BAG-Implementierung, sie liegt in der Verantwortung des Elementtyps. Eine Darstellung des Bags als Speicherobjektliste und die damit verbundende Identifikation der Bagelemente über die Position ist hier nicht geeignet, da durch Löschungen Verschiebungen auftreten würden. Die Schlüssel können nun dazu benutzt werden, um Elemente innerhalb eines Bags an anderer Stelle, zum Beispiel in Zugriffspfaden (s. Beispiel in Kap. 6) zu identifizieren.

Es ist nun die Aufgabe der Speicherobjektebene, solche Speicherobjekte auf Seiten abzubilden und ein effizientes Navigieren durch die Objekte sowie effiziente Kopieraktionen auf Speicherobjektbasis durchzuführen. Auch sollte es möglich sein, Vergleichsoperationen der Typebene direkt auf den Speicherobjekten durchzuführen. Die Sekundärspeicherabbildung von Speicherobjekten wird vom Speicherobjektmanager (s. Kap. 5.2) wahrgenommen. Im Falle temporärer Objekt ist jedoch die Abbildung auf Seiten ein unnötiger Overhead, so daß zusätzlich ein Speicherobjektcache (s. Kap. 5.2) existiert, der Speicherobjekte in einer hauptspeicherorientierten Form führt.

Die Rollenverteilung und die Funktionalität von Speicherobjektcache und -manager kann auch grob über die folgende naheliegende Annahme über die Arbeitsweise der IET beschrieben werden: Implementierungen von Typkonstruktoren müssen zur Wahrnehmung ihrer Aufgaben bis auf die Abfrage von Verwaltungsinformationen im wesentlichen navigierende Zugriffe durchführen. Eine Ausnahme stellt hier die Bereitstellung eines kompletten Objektes als Teil eines Ergebnisses dar.

Solche Ergebnisse werden komplett im Speicherobjektcache, ggf. unter Verwendung von Speicherobjektkonstruktoren, bereitgestellt. Eine Weitergabe der Ergebnisse an einen Benutzer erfolgt über den Cache durch Navigation zur Strukturerkennung und Ausgabe der atomaren Bestandteile. Ein wesentlicher Effizienzgewinn stellt das durch die enge Verzahnung von Cache und Manager mögliche atomare Kopieren kompletter Speicherobjekthierarchieren zwischen den beiden Modulen dar. Umgekehrt zum Lesen verlaufen Änderungsoperationen: Ein neues Objekt wird sukzessive im Cache aufgebaut, und schließlich in einer atomaren Aktion in ein vom Speicherobjektmanager verwaltetes persistentes Speicherobjekt eingebracht.

Nur atomare Speicherobjekte, nie aber komplette Speicherobjekthierarchien überqueren also die Schnittstelle zu übergeordneten Ebenen.

5.2. Speicherobjektmanager und Speicherobjektcache

Die Aufgabe des Speicherobjektmanagers ist die Abbildung der persistenten Speicherobjekte auf den Sekundärspeicher. Die Abbildung muß dabei so gewählt sein, daß die Speicherobjektoperationen effizient, d. h. insbesondere unter möglichst wenig Seitenzugriffen, ausgeführt werden können. Um Ziel und Arbeitweise zu illustrieren, reicht es aus, sich auf folgende an der Schnittstelle anzubietende Operationen zu beschränken:
- Sequentieller Durchlauf durch eine Speicherobjektkollektion,
- Zugriff auf die i-te Komponente einer Speicherobjektliste,
- Zugriff auf ein Element einer Speicherobjektmenge über das identifizierende Atom,
- Kopieren einer kompletten Teilhierarchie eines Speicherobjektes in den Cache.

Eine effiziente Implementierung einer Kopieroperation erfordert, daß jede Teilhierarchie eines Speicherobjektes auf möglichst wenig Sekundärspeicherseiten abgebildet werden muß, während der sequentielle Durchlauf und der Zugriff auf eine Komponente durch geeignet geführte Adreßtabellen unterstützt werden können.

Der weitgefasste Speicherobjektbegriff impliziert, daß Speicherobjekte, die ja als Behälter für beliebig große Objektmengen dienen können, häufig einen Platzbedarf haben, der mindestens dem einer Relation in einem relationalen Datenbanksystem entspricht. Um den Aufbau der Adreßtabellen zu illustrieren, betrachten wir aber zunächst den einfachen Fall, daß ein Speicherobjekt in einer Seite Platz findet.

Abbildung 8 zeigt dann die vom Speicherobjektmanager durchgeführte Abbildung eines Speicherobjektes, das den Wert einer persistenten Variablen Angestellte mit der schrittweisen Deklaration

```
TYPE Angestellter IS
     TUPLE [PNr,Name,Anschrift]
          (STRING,STRING, TUPLE [Straße,Plz,Ort]
                              (STRING,STRING,STRING) );
     PERSISTENT VARIABLE Angestellte: SET (Angestellter);
```

enthält. PNr soll hier vereinfacht darstellen, daß die Personalnummer Schlüssel in der Angestelltenmenge ist.

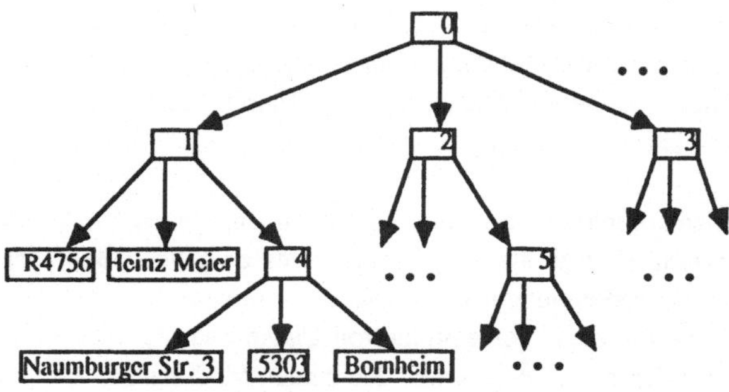

Bild 7: Baumdarstellung eines Speicherobjektes zur Variablen Angestellte

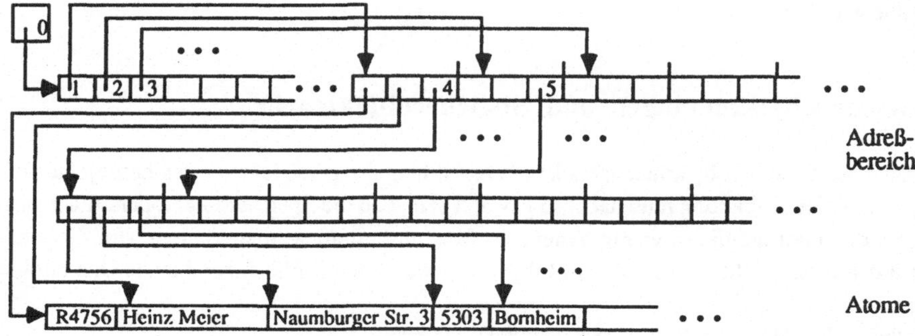

Bild 8: Abbildung des Speicherobjektes auf eine Sekundärspeicherseite

Zur besseren Lesbarkeit ist der linearisierten Speicherstruktur in Bild 8 eine baumartige Darstellung des Speicherobjektes in Bild 7 gegenübergestellt, wobei die inneren Knoten in beiden Abbildungen numeriert wurden.Der Speicherobjektmanager teilt den zur Verfügung stehenden Seitenplatz in einen Adreßbereich und einen Bereich für sämtliche Atome des Speicherobjektes. Dem hierarchischen Aufbau eines Speicherobjektes entsprechend ist auch der Adreßbereich baumartig strukturiert. Er besteht aus Einträgen, die im Falle einer Speicherobjektkollektion die Zahl der Komponenten (hier nicht dargestellt) und einen Verweis auf eine entsprechende Folge von Einträgen für die Komponenten enthalten, und die im Falle eines Atoms den zugehörigen Bytestring referieren. So existiert im Beispiel zunächst ein Eintrag, der die Zahl der Angestellten und die Adresse der Eintragsfolge für alle Angestellten enthält. Zu jedem Angestellten ist wiederum die Zahl der „Attribute" sowie ein Verweis auf die zugehörigen drei Einträge im Adreßbereich enthalten. Die ersten beiden Attribute eines Angestellten sind atomar, also werden hier Bytestrings adressiert, während im dritten Eintrag wiederum die Adreßeinträge für die Attribute des Anschrifttupels referiert werden. In allen Einträgen wird außerdem die Art des Speicherobjektes (Atom, Liste oder Menge) festgehalten.

Das Kopieren eines Teils dieses Speicherobjektes in den Cache besteht nun aus der Übertragung einer Menge von Bytestrings, die für jede beliebige Teilhierarchie immer geschlossen hintereinander stehen, und dem Aufbau einer geeigneten Adreßtabelle im Cache zur Erhaltung der Strukturinformation. Der sequentielle Durchlauf und der Zugriff auf eine i-te Komponente sind trivial, und der schlüsselorientierte Zugriff auf ein Mengenelement kann durch eine binäre Suche über dem zugehörigen Auschnitt der Adreßtabelle realisiert werden. Auch der in 4.2 angesprochene Vergleich von Atomen auf Speicherobjektbasis ist einfach realisierbar: Der Speicherobjektmanager muß im wesentlichen die Adressen der in den Hauptspeicher geladenen Atome an den anfordernden IET liefern.

Der Behandlung größerer Speicherobjekte liegt die Idee zugrunde, die Menge der Atome jeweils zusammen mit den zugehörigen Ausschnitten des Adreßbereiches auf eine Reihe von Seiten aufzuteilen, und einen geigneten Index über diese Seiten zu legen, um weiterhin einen schnellen Zugriff auf Speicherobjektkomponenten zu unterstützen. In OMS wurde dazu eine an B*-Bäume angelehnte Organisation gewählt, bei der Atome und die oben eingeführten Adreßtabellen den Inhalt der B*-Datei bilden, und die im B*-Index eingetragenen Schlüssel so aufgebaut sind, daß beim erforderlichen Zugriff auf eine Speicherobjektkomponente der Knoten in der B*-Datei aufgesucht werden kann, in dem diese Komponente beginnt.

Dazu ist es zunächst notwendig, jeden Teil eines Speicherobjektes im gesamten Objekt eindeutig zu identifizieren. Eine naheliegende Lösung ist hier die Bildung konkatenierter Schlüssel, die den Pfad von der Wurzel des gesamten Objektes zum Speicherobjektbestandteil beschreiben, was über die Konkatenation von Positionen für Listenelemente und identifizierende Atomen für Mengenelemente erreicht werden kann. So ist die Anschrift für „Heinz Meier" in Bild 7 identifiziert durch den Schlüssel R4756 • 3.

Dadurch, daß Mengen nach dem identifizierenden Atom sortiert abgelegt werden, reicht es dann mit einer geeignet definierten Ordnung auf den konkatenierten Schlüsseln aus, jeweils wie in B*Bäumen üblich einen Separator, hier eben in Form eines konkatenierten Schlüssels, zwischen benachbarten Knoten der B*-Datei zu bilden und in den Index zu schieben. Der Separator R4756 • 3 würde aussagen, daß alle Speicherobjektbestandteile, deren erster Teilschlüssel kleiner als R4756 ist oder, bei Übereinstimmung, deren zweiter Teilschlüssel kleiner als 3 ist , „links" von diesem Separator zu suchen sind.

Ist eine Speicherobjektkollektion auf mehrere Knoten zu verteilen, wird der Eintrag im Adreßbereich entsprechend oft dupliziert und der resultierende Eintrag in jedem Knoten enthält nur noch die lokale Anzahl der Komponenten. Auf diese Art wird sichergestellt, daß jede Änderung bis auf die üblichen Underflow- und Overflowbehandlungen seitenlokal bleibt. Dadurch, daß das Speichersystem Seitenmengen anbietet, die wie eine einzelne Seite behandelt werden können, ist die Knotengröße nicht mehr an eine einzelne Sekundärspeicherseite gebunden. Diese Möglichkeit wird ausgenutzt, um sicherzustellen, daß auch sehr große Atome immer vollständig in einem Knoten abgelegt sind.

Der Zugriff auf eine Speicherobjektkomponente ist nun so implementiert, daß zunächst über die Bildung eines konkatenierten Schlüssel eine Indexsuche erfolgt, bevor im ermittelten Knoten auf einfache Art und Weise der endgültige Zugriff erfolgt. Im Falle eines sequentiellen Durchlaufs kann beim Zugriff auf die nächste Komponente , falls sich diese nicht im selben Knoten befindet, ebenfalls der Index herangezogen werden. Obwohl die Dateiknoten linear verkettet sind, kann dieses zu einem Effizienzgewinn führen, da sich die zuletzt bearbeitete Komponente ja über beliebig viele Dateiknoten erstrecken kann. Schließlich können sich Kopieraktionen über mehrere, benachbarte Dateiknoten erstrecken. Da die benötigten Daten aber immer noch geschlossen, wenn auch über mehrere Seiten, gespeichert sind, ist ein Kopieren weiterhin sehr effizient durchzuführen.

Der Speicherobjektmanager enthält weitere Mechanismen zur Beschleunigung häufig zu erwartender Zugriffe auf Speicherobjekte. Zum Beispiel können aufeinanderfolgende Zugriffe auf Speicherobjekte zur Einsparung von Seitenzugriffen zusammengefaßt werden. Eine detaillierte Schilderung, die den Rahmen dieses Artikels sprengen würde, ist [Kühn92] zu entnehmen.

Wie der Speicherobjektmanager arbeitet der Cache mit Speicherobjekten, verwaltet diese aber ausschließlich im Hauptspeicher und nicht auf den Seiten des Speichersystems. Die Funktionalität von Manager und Cache stimmt überein, so daß es für die einzelnen Typimplementierungen kaum einen Unterschied macht, über welches Modul ein Speicherobjekt konkret referenziert wird. Zur Verwaltung der Speicherobjekte steht dem Cache ein Hauptspeicherbereich zur Verfügung, der in Pufferplätze unterschiedlicher Größe unterteilt ist. Ein Pufferplatz nimmt entweder ein Atom auf, oder, im Falle eines strukturierten Speicherobjektes, die Adressen der Pufferplätze, in denen die Komponenten abgelegt sind. Wie schon beim Speicherobjektmanager ist es den Typimplementierungen möglich, auf Pufferplätze mit Atomen lesend, zum Beispiel zur Durchführung von Vergleichen, direkt zuzugreifen. Eine ausführliche Beschreibung des Cache ist [Siev92] zu entnehmen.

6. Zugriffspfade

Mit der Erschließung neuer Datenbankanwendungen sind in den vergangenen Jahren ständig neue Zugriffspfadstrukturen vorgestellt worden. Es ist daher nur konsequent, wenn in OMS der Einbettung neuer Zugriffspfadstrukturen eine ebenso hohe Bedeutung zugemessen wird, wie sie der Einbettung der IET zukommt. Es liegt auch nahe, Operationen auf Zugriffspfadstrukturen genauso wie IET-Operationen in Operatorgraphen aufrufen zu können, womit sich letztendlich Zugriffspfadimplementierungen an der Schnittstelle der Typebene wie normale IET verhalten.

Abbildung 9 zeigt eine etwas vereinfachte Darstellung der Benutzung eines Zugriffspfades in einem erweiterten *select_and_transform* des IET BAG. Nach Anforderung der Multimenge über den ersten Nachfolger wird nun nicht mehr die komplette Menge durchlaufen, sondern es wird über die Funktion *range_query* einer Zugriffspfadstruktur zunächst eine Vorauswahl in Form einer Identifikatormenge zu den Bagelementen getroffen. Diese Identifikatoren stellen die von der BAG-Implementierung vergebenen Elementschlüssel dar, und werden nun von *select_and_transform* dazu benutzt, um Handle auf die zugehörigen Bagelemente im *blackboard* abzulegen, was über den Speicherobjektmanager bzw. -cache sehr effizient möglich ist.

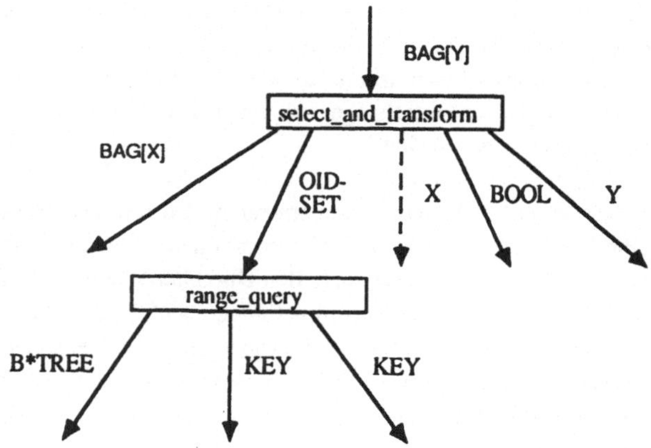

Bild 9: Die Ausnutzung eines Zugriffspfades in einem *select_and_transform*

Range_query besorgt sich zunächst einen Handle auf „ihre“ Zugriffspfadstruktur, hier einen B*-Baum, und fordert über zwei weitere Nachfolger ein Werteintervall an. Alle innerhalb dieses Intervalls im Baum gespeicherten Identifikatoren werden zu einer Menge zusammengefaßt, die in Form einer Menge von Speicherobjektatomen im Cache hinterlegt wird. Mit der Rückgabe einer Referenz auf diese Speicherobjektmenge geht die Kontrolle an *select_and_transform* zurück.

Anstelle von *range_query* kann in diesem Operatorgraphen jede andere Operation einer beliebigen Zugriffspfadstruktur eingesetzt werden, die eine Menge von Identifikatoren zurückliefert. Die flexible Benutzung von Zugriffspfadstrukturen erstreckt sich insbesondere jedoch auch auf die in ihnen repräsentierbaren Objekte, wie wir am Beispiel der B*-Baum-Implementierung in OMS aufzeigen wollen.

Ein B*-Baum implementiert eine Abbildung, die einem Wert (Schlüssel) eine Menge von Adressen (Identifikatoren) zuordnet. Die abgespeicherten Werte sind sortiert zu halten, so daß ein sequentieller Durchlauf von Objekten in Reihenfolge dieser Werte unterstützt werden kann. Ansonsten muß ein B*-Baum dem aus der Literatur bekannten Aufbau genügen. Die flexible Einsetzbarkeit der B*-Bäume in OMS drückt sich nun dadurch aus, daß die eigentliche B*-Baum-Implementierung nur diesen Aufbau leistet. So ist der Schlüsseltyp, und die Menge möglicher Schlüsseltypen kann in einem erweiterbaren System wie OMS nicht fixiert werden, nicht fest implementiert. Stattdessen wird bei Erzeugung eines neuen B*-Baumes der zu speichernde Schlüsseltyp per Parameter übergeben. Vom Schlüsseltyp wird nur gefordert, daß er eine .<.-Funktion anbieten muß.

Die Rolle der B*-Baum-Implementierung besteht darin, Bytestringcontainer anzubieten, so daß Schlüsselwerte in Form von Bytestrings abgelegt werden können. Immer, wenn bei Such- oder Änderungsoperationen Schlüsselvergleiche gefordert sind, wird dagegen die .<.-Funktion des Schlüsseltyps aufgerufen. Natürlich könnte die Verbindung zur .<.-Funktion des Schlüsseltyps erneut über einen Operatorgraphen dargestellt werden. Da jedoch diese Verbindung für einen einzelnen B*-Baum fest ist, stellt der Weg über einen Graphen einen unnötigen Overhead dar.

Ein ähnlicher Weg, wenn auch aus etwas anderen Beweggründen, wurde für Identifikatormengen eingeschlagen. Da mehrere Formen, zum Beispiel eine Integermenge, eine komprimierte Bitliste oder gar die für Speicherobjekte verwendeten konkatenierten Schlüssel, denkbar sind und auch sinnvoll erscheinen, verwaltet die B*-Baum-Implementierung hier ebenfalls nur „Container" für die Identifikatormengen. Für den Inhalt dieser Container sind sogenannte OID-Module zuständig, die über eine fest definierte Schnittstelle von allen Zugriffspfadstrukturen benutzt werden können. Erneut wird die konkret zu nutzende Darstellung bei der Erzeugung eines neuen Baumes festgelegt, und die Operationen des zuständigen OID-Moduls werden jeweils direkt aufgerufen.

Wie aus dem obigen Beispiel ersichtlich, haben die Operationen eines IET keine direkte Kenntnis über die Existenz eines Zugriffspfades zu einem Objekt. Dieses Wissen wird durch die Erzeugung eines entsprechenden Operatorgraphen, der alle durchzuführenden Operationen definiert, eingebracht. Entsprechend wird bei Änderungsoperationen, zum Beispiel dem Einfügen von Bagelementen, keine automatische Anpassung etwaiger Zugriffspfade durchgeführt. Dieses geschieht explizit durch einen den Zugriffspfad referierenden Teilausdruck der Basissprache, wodurch dann ein entsprechender Operatorgraph generiert wird.

Es ist selbstverständlich, daß Implementierungen von Zugriffspfadstrukturen zur Aufrechterhaltung ihrer bekannten Leistungsmerkmale die Sekundärspeicherabbildung nicht über den Speicherobjektmanager durchführen können sondern eine eigenständige Abbildung in Seiten durchführen müssen. Obwohl der Speicherobjektmanager eine B*-Baum-ähnliche Struktur implementiert, setzt selbst die B*-Baum-Implementierung direkt auf das Speichersystem auf. Wesentlicher Grund ist hier die wünschenswerte Flexibilität hinsichtlich möglicher Schlüsseltypen in B*-Bäumen, der Speicherobjektmanager vergleicht nur identifizierende Atome auf Bytestringbasis.Eine wenn auch geringere Rolle spielt außerdem , daß man sich im B*Baum auf flache Strukturen für Schlüssel und Identifikatoren konzentrieren kann, während Speicherobjekte beliebig tief strukturiert sein können. Eine vollständige Beschreibung zur Einbettung von Zugriffspfaden in OMS ist in [Ahle91] und [Lie92] enthalten.

7. Zusammenfassung und Ausblick

Schwerpunkt des OMS-Projektes ist der Entwurf und die prototypische Realisierung eines Datenbankkernsystems, welches für die Integration anwendungsbezogener Konzepte offenen ist. In diesem Bericht haben wir eine Systemarchitektur vorgestellt, die es erlaubt, anwendungsspezifische Datentypen so tief im Systemkern zu verankern, daß sie ihre eigene Objektdarstellung als datenbankinterne Darstellung der Objekte in das System einbringen (wir sprechen von integrierten Datentypen IET). Ein IET kann dabei nicht nur atomare sondern auch parametrisierte Typen, also Typkonstruktoren darstellen, welche uneingeschränkt auf andere, dem System bekannte Objekttypen angewendet werden können. Durch die Ineinanderschachtelung derartiger Typkonstruktoren entstehen dann auch mehrstufig zusammengesetzte Objekte. Zur Vermeidung einer semantischen Lücke zwischen Datenmodell und Anwendung sollte das Datenmodell des Kernsystems darüberhinaus je nach Anwendung mit den erforderlichen Modellierungskonzepten anreicherbar sein.

So realisiert der Objektmanager ein Basisdatenmodell, welches einerseits die Anforderungen an die unterschiedlichen IET möglichst gering hält (Modellrahmen) andererseits aber offen ist für die Integration neuer Konzeptbausteine. Jeder dieser Bausteine realisiert die Erweiterung des Basismodells um ein spezielles Modellierungskonzept wie beispielsweise die Unterstützung komplexer nicht disjunkter Objekte oder auch die Anfrageoptimierung und beschreibt die notwendigen Transformationen zur Abbildung dieser Konzepte in das Basismodell. Einzelne Konzeptbausteine können sich durchaus auf die Integration spezieller IET stützen.

Die Verwendung von IET hat gegenüber den von anderen Forschungsgruppen vorgeschlagenen Verfahren zur Integration von extern definierten Funktionen oder Typen (vergl. [LKDP88], [HSSW88], [Wolf89]) den Vorteil, daß die Objekte dieser Typen zur Verarbeitung mit typspezifischen Operationen nicht erst aus der datenbankinternen in eine typspezifische aber datenbankexterne Darstellung transformiert werden müssen.

Typimplementierungen können trotz ihrer engen Verzahnung, die mit der orthogonalen Verwendbarkeit von Typkonstruktoren einhergeht, unabhängig voneinander entwickelt werden, was Voraussetzung für sinnvolle Erweiterungsmöglichkeiten ist. Möglich ist dieses durch die allgemeine Einbettung von IET-Funktionen in Operatorgraphen: IET-Funktionen sind einheitlich parametrisiert („Parameterliste"), und der Austausch von Objekten geschieht über allgemein gehaltene Speicherobjekte. Diese Speicherobjekte stellen gleichzeitig die Form dar, in der Objekte in der Datenbank gespeichert sind. Die Notwendigkeit, solche Objekte vor dem Aufruf einer Operation aufzubereiten, entfällt. Dies ist von entscheidender Bedeutung für das Leistungsverhalten des Systems.

Ebenso offen wie für neue Typimplementierungen ist OMS für die Einbettung neuer Zugriffspfadstrukturen, die der Beschleunigung einzelner IET-Operationen dienen. Wir haben dieses am Beispiel einer Selektion für Bags illustriert. Zugriffspfadoperationen sind wie normale IET-Operationen in Operatorgraphen einsetzbar, womit eine entsprechend hohe Flexibilität erreicht wird. Durch Herauslösung der Schlüsselbehandlung aus der Zugriffspfadimplementierung ist außerdem sichergestellt, daß eine Zugriffspfadstruktur für eine breite, nicht fest vorgegebene Menge von Schlüsseltypen eingesetzt werden kann.

Speicherobjekte unterstützen die komplexe Struktur der in der Typeebene behandelten Objekte durch einfache, aber sehr flexibel einsetzbare Möglichkeiten zur Bildung hierarchisch zusammengesetzter Objekte, deren kleinste Bestandteile auf der Speicherebene natürlich Bytestrings darstellen. Der Speicherobjektmanager gewährleistet, daß beliebige Teilhierarchien eines Speicherobjektes mit möglichst wenig Seitenzugriffen verarbeitet werden können. Seine vielseitige Einsetzbarkeit beruht zu einem guten Teil darauf, daß zwar komplex gegliederte Speicherobjekte gebildet und auch sehr effizient behandelt werden können, aber alle typorientierten Strukturinformationen klar aus den Objekten dieser Ebene herausgelöst sind.

 Ein erstes Prototypsystem wurde bereits fertiggestellt . Während der größte Teil der Arbeiten an Speichersystem, Speicherobjektebene und Typebene vorerst abgeschlossen ist, beschränkt sich Funktionalität des Objektmanagers auf die Realisierung des Basismodells. Die Integration neuer IET ist möglich. Neben den Standardtypen TUPLE, BAG, SET, ARRAY, STRING, INTEGER und FLOAT sind derzeit auch zweidimensionale geometrische Datentypen (POINT, LINE, POLYGON) in das System eingebettet. Darüberhinaus sind spezielle Zugriffspfadstrukturen (LSD-TREE, GRID-FILE) sowie, zur Unterstützung der Speicherung von Logikprogrammen, der Objekttyp TERM in IET-Form implementiert (s. [BCFL90]). Zur Zeit beschäftigen wir uns intensiv mit der Realisierung und Integration erster Konzeptbausteine. So arbeiten wir einerseits an der Unterstützung nicht disjunkter Objekte, und untersuchen andererseits die Integration eines erweiterbaren, regelbasierten Optimierers.

8. Literatur

Ahle91   D. Ahlers
          Integration von Zugriffspfadstrukturen zur Unterstützung der mehrdimensionalen Suche in das
          Datenbankkernsystem OMS
          Diplomarbeit, Universität Dortmund, 1991

BBGS88   D. S. Batory, J. R. Barnett, J. F. Garza, K. P. Smith, K. Tsukuda, B. C. Twichell, T. E.
          Wise
          GENESIS: An Extensible Database Management System
          in: IEEE Trans. on Software Eng., 14:11, November 1988

BCFL90   Th. Bode, A. B. Cremers, J. Freitag, Th. Lemke
          Coupling the Complex-Relational Data Base CoReDB with the Object Management Sytem OMS
          in: Proc. Int. Conf. Data Base and Expert Systems Applications
          Vienna, 29-31 August 1990

Bode92   Th. Bode
          Das erweiterbare Objektmodell des Datenbankkernsystems OMS
          In Vorbereitung.

CAHa90   M. Carey, L. Haas
          Extensible Database Management Systems
          in: SIGMOD RECORD, 19:4, Dezember 1990

CDFG88   M. J. Carey, D. J. DeWitt, D. Frank, G. Graefe, M. Muralikrishna, J. E. Richardson, E. J.
          Shektia
          The Architekture of the EXODUS Extensible DBMS
          in: M. Stonebraker (Ed.) Readings in Database Systems, Morgan Kaufmann, 1988

DMBC87   U. Dayal, F. Manola, A. Buchmann, U. Chakavarthy, D. Goldhirsch, S. Heiler, J. Orenstein,
          A. Rosenthal
          Simplifying Complex Objects: The PROBE Approch to Modelling and Querying Them
          in: Proc. BTW 1987

Güti89   R. H. Güting
          Gral: An Extensible Relational Database System for Geometric Applications
          in: Proc. of the 15th International Conference on Very Large Data Bases, Amsterdam, August
          22 - 25, 1989

HäRe85   T. Härder, A. Reuter
Architektur von Datenbanksystemen für Non-Standard Anwendungen
in: Proc. Datenbanksysteme in Büro, Technik und Wissenschaft, Karlsruhe 1985

Härd88   T. Härder (ed.)
The PRIMA Project - Design and Implementation of a Non-Standard Database System
Universität Kaiserslautern, SFB 124, Report No. 26/88, 1988

HaWe91   R. Haacke, M. Weyrauch
Realisierung eines erweiterbaren Basismodells für das Objektbankkernsystem OMS
Diplomarbeit, Universität Dortmund, 1991

HMMS87   T. Härder, K. Meyer-Wegener, B. Mitschang, A. Sikeler
PRIMA- a DBMS Prototype Suporting Engineering Applications
in: Proc. VLDB 1987

HSSW88   L. M. Haas, H. J. Schek, P. M. Schwarz, P. F. Wilms
Incorporating Data Types in an Extensible Database Architekture
in: Proc. 3rd Int. Conf. on Data and Knowledge Bases, C. Beeri U. Dayal (eds), Jerusalem,
June 28-30, Morgan Kaufmann Publ. Inc., 1988

Kühn92   D. Kühnapfel
Die Sekundärspeicherabbildung komplexer Objekte im erweiterbaren Objektmanagementsystem
OMS
Diplomarbeit am Fachbereich Informatik der Universität Dortmund, 1992

Lie92   Sang-Tae Lie
Die Einbettung von B*-Bäumen und Hashtabellen in das erweiterbare Objektmanagementsy-
stem OMS
Diplomarbeit am Fachbereich Informatik der Universität Dortmund, 1992

LiHa90   B. Lindsay, L. Haas
Extensibility in the Starburst Experimental Database System
in: A. Blaser (Ed), Proc. International Symposium on Database Systems in the 90s, Berlin,
1990

LKDP88   V. Linnemann, K. Küspert, P. Dadam, P. Pistor, R. Erbe, A. Kemper, N. Südkamp, G.
Walch, M. Wallrath
Design and Implementation of an Extensible Database Management System Supporting User
Defined Data Types and Functions
in: Proc. of the 14th International Conference on Very Large Data Bases, Los Angeles, August
29 - September 1, 1988

PSSW87   H.-B. Paul, H.-J. Schek, M. H. Scholl, G. Weikum, U. Deppisch
Architecture and Implementation of the Darmstadt Kernel System
in: Proc. SIGMOD 1987, San Francisco, Mai 1987

Siev92   Peter Sievers
Die Entwicklung eines Speicherobjektcaches für das Datenbankkernsystem OMS
Diplomarbeit am Fachbereich Informatik der Universität Dortmund, 1992

StKe91   M. Stonebraker G. Kemnitz
The POSTGRES Next-Generation Database Management System
in: Communications of the ACM, 34:10, October 1981

Wolf89   A. Wolf
Extern definierte Datentypen und Prozeduren in DASDBS
in: Proc. BTW 1989

Kooperative Zugangssysteme zu Objektbanken

U. Güntzer [1]   R. Bayer [2]   F. Sarre [3]   J. Werner [1]   A. Myka [1]

[1] Wilhelm-Schickard-Institut   [2] Institut für Informatik   [3] iXOS Software GmbH
Universität Tübingen   Technische Universität München   Technopark
Sand 13   Postfach 20 24 20   Bretonischer Ring 12
D-7400 Tübingen   D-8000 München 2   D-8011 Grasbrunn

Zusammenfassung

In diesem Artikel werden kooperative Zugangssysteme zu Objektbanken vorgestellt, die neben
den eigentlichen Zugangsmethoden auch Werkzeuge zur Objekt–Modellierung und zur automatischen Generierung der Objektbanken und weiterer Hilfsdatenbanken zur Unterstützung der Kooperation enthalten. Das Information–Retrieval–*Management*–System TUMIS ermöglicht Design
und Administration von Information–Retrieval–Systemen für große Objektmengen und enthält
neben einer sehr effizienten erweiterten Booleschen Retrieval–Schnittstelle u.a. auch Komponenten zur Vervollständigung von Suchanfragen im mutmaßlichen Sinne der Benutzer sowie zur
Interpretation natürlichsprachlicher Anfragen. Das Hypertext–System HYPERMAN realisiert die
Aufbereitung beliebiger ASCII– und LaTeX–Texte zu Hypertexten. Eine Browsing–Komponente
ermöglicht die inhaltliche Erschließung und das Navigieren in den zugrundeliegenden Dokumenten mit Hilfe von Volltextsuche und der Verfolgung verschiedener Arten von Links, die teilweise
von der Benutzerschaft gelernt und manipuliert werden können. Über eine geeignete Kopplung
beider Systeme ist es möglich, aus einer großen Anzahl von Objekten mit TUMIS einige wenige
zu selektieren, um diese dann mit dem System HYPERMAN tiefergehend zu analysieren.

1 Einleitung

Im Teilprojekt „Kooperative Schnittstellen zur Unterstützung von Experten" wurden
Zugangssysteme zu Objektbeständen konzipiert und implementiert. Diese Systeme sind
im wesentlichen aus zwei Komponenten aufgebaut: Sie enthalten einerseits Werkzeuge
zur Modellierung der betrachteten Objekte und zur automatischen Generierung der Objektbanken sowie weiterer Hilfsdatenbanken zur Unterstützung der Kooperation. Andererseits werden kooperative Zugangsmethoden zu den Objektbanken und somit zu den
Objekten selbst unter Verwendung der erwähnten Hilfsdatenbanken bereitgestellt.

Die beiden in diesem Teilprojekt entstandenen Systeme ermöglichen verschiedene
Sichtweisen auf die Objekte:

Das Information–Retrieval–*Management*–System TUMIS (s. Abschnitt 2) ermöglicht
den Zugriff auf sehr große Objektmengen, z.B. den gesamten Karteikartenbestand einer Bibliothek. TUMIS enthält neben bequem zu bedienenden Werkzeugen für Design
und Administration der benötigten Objektbank eine erweiterte Boolesche Recherche-
Schnittstelle zur effizienten Selektion von Einzelobjekten nach den verschiedensten Kriterien, in die u.a. auch eine hochoptimierte Volltextsuche integriert ist. Gelegentliche

Benutzer des Systems, denen es nicht sinnvoll erscheint, die Abfragesprache zu erlernen und über den genauen internen Aufbau der zugrundeliegenden Objektbank Bescheid zu wissen, werden durch eine wissensbasierte Komponente zur Vervollständigung Boolescher Queries sowie eine natürlichsprachliche Anfrageschnittstelle unterstützt.

Das Hypertext–System HYPERMAN (s. Abschnitt 3) realisiert dagegen eine detaillierte Sicht auf eine kleinere Anzahl von Objekten, z.B. einen Satz von Manualen. Die Generierungs–Komponente besteht aus Tools zur Aufbereitung beliebiger ASCII– und LaTeX–Texte zu Hypertexten. Die zugehörige Browsing–Komponente ermöglicht dann u.a. mit Hilfe von Volltextsuche und der Verfolgung verschiedener Arten von Links die komfortable inhaltliche Erschließung und das Navigieren in den zugrundeliegenden Dokumenten. Durch automatische Aufbereitung der Manuale des relationalen Datenbank–Management–Systems TRANSBASE[1] wird denjenigen Benutzern von TRANSBASE–Datenbanken, die ihre Kenntnisse in der Abfragesprache und ganz allgemein über Einzelheiten des Datenbankverwaltungssystems verbessern möchten, zusätzlich ein kooperatives Zugangssystem zu beliebigen TRANSBASE–Datenbanken angeboten. Neben den TRANSBASE–Manualen wurden u.a. auch die UNIX–Manuale mit HYPERMAN aufbereitet.

Über eine Kopplung der Systeme TUMIS und HYPERMAN (s. Abschnitt 4) wurde u.a. eine *Zoom*-Funktion wie folgt realisiert: Mit TUMIS werden aus einer großen Anzahl von Objekten einige wenige selektiert und dann mit dem System HYPERMAN detailliert analysiert.

2 Das Information–Retrieval–Management–System TUMIS

2.1 Überblick

2.1.1 Problemstellung und Zielsetzung

Zur Befriedigung der ständig zunehmenden Informationsbedürfnisse und zur Bewältigung der — auch durch den Einsatz elektronischer Datenverarbeitungsanlagen — stark anwachsenden Informationsflut müssen Information Retrieval Systeme (IRS) [SaMc83] vermehrt in den verschiedensten Fachgebieten eingesetzt werden. Um dies zu erreichen, müssen solche Systeme jedoch auf mehreren Ebenen verbessert werden.

Zum einen sind der Einsatz und die Benutzung von IRS bislang sehr teuer. Derartige Datenbanken werden i.d.R. auf Mainframes betrieben, was enorme Kosten sowohl bei der Hardware– (Rechner und Hintergrundspeicher) und Software–Beschaffung als auch im laufenden Betrieb bedingt. Weiterhin erfordern die Erfassung und Aufbereitung der Informationen hohe Personalmittel; man denke z.B. an die Vorgänge der Indexierung im Bibliothekswesen oder der Wissensakquisition bei Expertensystemen. Deshalb waren Konzepte zur kostengünstigen und effizienten Realisierung von IRS unter besonderer Berücksichtigung von Hardware– und Software–Entwicklungen aufzustellen, die die Informationstechnologie in den letzten Jahren geradezu revolutionierten. Insbesondere sind in diesem Zusammenhang leistungsstarke und preiswerte graphikfähige Workstations mit multimedialen Fähigkeiten, schnelle und preisgünstige Massenspeicher im Gigabytebereich, offene Betriebssysteme (v.a. UNIX) und leistungsfähige relationale Datenbank–Management–Systeme (relDBMS) zu nennen. Die Kosten sollten darüberhinaus durch

---

[1] TM TransAction Software GmbH, München [Tran90].

eine hohe Flexibilität, d.h. eine schnelle Anpassung von IRS auf andere Fachgebiete und weitestgehende Automatisierung der Informations–Aufbereitung gesenkt werden.

Zum anderen läßt die Benutzerfreundlichkeit von IRS oft zu wünschen übrig. Man denkt dabei natürlich zunächst an die Rechercheure — die Benutzer von IRS im engeren Sinne. Diese haben nicht selten Probleme mit komplizierten und nicht genügend ausdrucksmächtigen Abfragesprachen oder sie können ein IRS nicht effektiv nützen, weil dazu Kenntnisse über seine interne Struktur notwendig wären. Auch eine mangelnde Effizienz bei der Auswertung von Suchanfragen und die Anzeige der Ergebnisinformationen in ungeeigneter Form mindern die Akzeptanz seitens der Rechercheure. Es war deshalb ein weiteres Ziel, Konzepte zur Lösung dieser Probleme zu bieten. Darüberhinaus mußten den Designern Spezifikations– und Konfigurations–Mechanismen zum Einrichten von IRS sowie den Administratoren verschiedene Werkzeuge für den laufenden Betrieb von IRS geboten werden.

2.1.2 Zeitliche Entwicklung

Seit den siebziger Jahren wurde der Literaturbestand der Fachbereichsbibliothek für Mathematik und Informatik der TU München im Online–Recherchesystem TUBIBMUE (Technische Universität, Bibliographisches IRS, München) erfaßt und zunächst auf einer TR440 und später auf einer CYBER–Großrechenanlage zur Verfügung gestellt. TUBIBMUE war der Ausgangspunkt für die im Jahre 1989 begonnene Entwicklung des Information–Retrieval–*Management*–Systems (IRMS) TUMIS (Technische Universität München bzw. später Tübinger Meta Informations System; s. [Wer92]).

Bei der Portierung von TUBIBMUE auf UNIX–Workstations unter Einsatz des relDBMS TRANSBASE ergaben jedoch erste Versuche inakzeptabel lange Laufzeiten für Rechercheanfragen [Vogl89]. Erst die Verwendung von Relationen außerhalb der klassischen Normalformentheorie konnte sehr schnelle Antwortzeiten gewährleisten [Baue90]. Zudem wurde von der eigentlichen Aufgabe, lediglich das IRS TUBIBMUE zu portieren, abstrahiert und dazu übergegangen, ein *Metakonzept* für beliebige IR–Anwendungen zu entwickeln [Hart90], das es ermöglicht, IRS entsprechend unterschiedlichster Maßgaben individuell aufzubauen und über einheitliche System–Schnittstellen zu verwalten.

Seit März 1990 steht das Literatur–Recherche–System TUBIBMUE mit mittlerweile über 170.000 Zitaten aus dem Bereich der Informatik als TUMIS–*Applikation* über das INTERNET zur Verfügung [KWG91].

Das TUMIS–System wurde in der Folge um diverse Update–Operatoren ([Mäde90], [Bryc91]), eine natürlichsprachliche Benutzerschnittstelle ([WeGü89], [Sker90], [Redl91]) und um Komponenten zur Volltextsuche und zur wissensbasierten Query–Interpretation [Möße91] ergänzt. In jüngster Zeit wurde das System TUMIS zu X–TUMIS erweitert ([WeGü92a], [WeGü92b]), welches nun auch die Möglichkeit bietet, Faksimiles von Dokumenten zu verwalten und mit Hilfe des X–Fenstersystems über ein Rechnernetz zu transportieren und darzustellen.

2.1.3 Architektur

Das in der Programmiersprache C implementierte und auf UNIX–Workstations lauffähige IRMS TUMIS basiert auf dem relDBMS TRANSBASE; als Datenbank–Schnittstelle wurde ESQL verwendet. Wie Abbildung 1 verdeutlicht, enthält TUMIS Werkzeuge für *Designer*

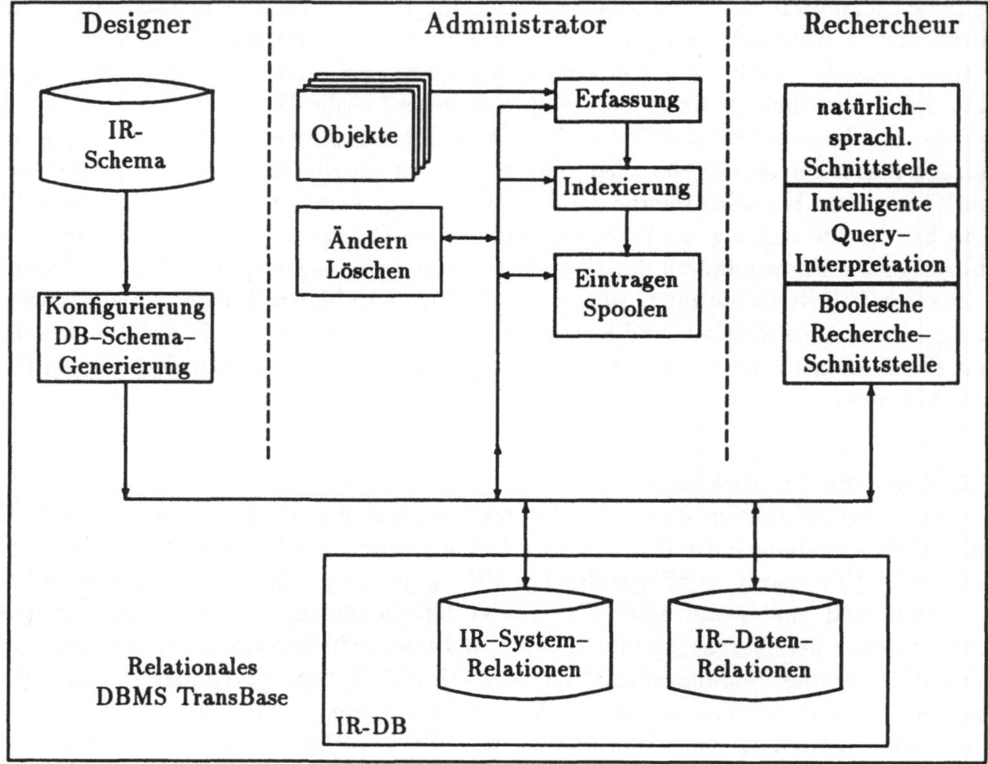

Abb. 1. Architektur des IRMS TUMIS

zum Spezifizieren und Einrichten von IR–Datenbanken, für *Administratoren* zur Gewährleistung des laufenden Betriebes von IR–Datenbanken und für die Benutzer im engeren Sinne, die *Rechercheure*. Diese Werkzeuge werden in den folgenden Abschnitten erläutert.

2.2 Design und Administration von TUMIS–Applikationen

2.2.1 IR–Schema

Da TUMIS ein *Meta*–System ist, müssen zunächst Spezifikationsmechanismen zur *Generierung* von IRS zur Verfügung gestellt werden. Der Designer erzeugt dazu das *IR–Schema* in Form mehrerer Tabellen:

1. In der ersten Tabelle werden *Hierarchiebeziehungen* zwischen *Objekttypen* ausgedrückt (z.B. besteht ein Buch aus Buchkapiteln[2]). Man spricht in diesem Zusammenhang von *Vaterobjekten* und den zugehörigen *Sohnobjekten*. Entsprechende Referenzen aufeinander heißen *Vaterverweis* bzw. *Sohnverweis*. Der das Boolesche Retrieval erweiternde Sohnverweisoperator '@' dient dazu, zu einem Vaterobjekt alle

---

[2] Alle Beispiele beziehen sich auf TUBIBMUE.

Söhne zu ermitteln; er ermöglicht es somit, Attribute von Vater– auf Sohnobjekte zu vererben. So erbt z.B. ein Buchkapitel i.a. die Autoren des Buches, in dem es enthalten ist.

2. Für jeden in dieser ersten Tabelle angegebenen Objekttyp wird in der *Tabelle der Objekttypen* festgelegt, welche notwendigen und optionalen Kategorien er besitzen muß bzw. kann (z.B. ist bei Buchkapiteln die Angabe eines Titels notwendig, die Angabe von erster und letzter Seite innerhalb des Buches dagegen optional).

3. In der *Kategorie-Tabelle* werden die *Kategorien* einer Anwendung näher spezifiziert. Z.B. besitzt die Kategorie *Autor* die Kurzbezeichnung *AU*, ist *Mehrfach*kategorie und *Anfrage*kategorie und wird nicht zur Extraktion von Stichworten herangezogen.

4. In der *Ausgabe-Tabelle* werden verschiedene Ausgabeformate der Objekte über die auszugebenden Kategorien und deren Reihenfolge definiert.

5. In weiteren optionalen Tabellen kann der Designer *Meta-Kategorien* definieren, die dem Rechercheur die Suche eines Deskriptors in mehreren Kategorien gestattet (z.B. *Urheber* für die Suche in den Kategorien *Autor* und *Herausgeber*), sowie *Kategorie-Verwandtschaften*, die das System ggf. veranlassen, die Suche auf verwandte Kategorien auszudehnen (z.B. Keywords und Stichworte, also vom Autor bzw. vom System vergebene inhaltliche Deskriptoren).

2.2.2 Konfigurierung und Generierung von IRS

Nach Aufstellung des IR–Schemas führt der Designer einen Konfigurationsdialog mit dem System durch, in dem u.a. folgende Fragen geklärt werden: Bezeichnung der Applikation, des Host–Rechners und der Träger–Datenbank; Eingabe von Hotline, Benutzerkennungen und Passwörter; Spezifikation der Funktionalität: Ermöglichung von Ad–Hoc SQL–Queries, natürlichsprachlicher Schnittstelle, Volltextsuche usw.

In Abhängigkeit von den Schematabellen und dem durch die Beantwortung dieser Fragen fixierten Anforderungsprofil ermittelt das System dann eine möglichst gute *Variante* zur Abbildung des IR–Schemas auf ein relationales Schema. Die verfügbaren Varianten unterscheiden sich hinsichtlich Retrievalmächtigkeit, Laufzeitverhalten und Speicherplatzbedarf. In bestimmten Varianten können durch Verwendung von NF2–Relationen hervorragende Zeiten bei der Auswertung von Suchanfragen erzielt werden: Invertierte Listen werden nicht in herkömmlichen binären Relationen abgespeichert (optional können auch solche Schema–Varianten erzeugt werden), vielmehr wird jedem Suchbegriff die *Menge* der Nummern seiner Trefferobjekte als sog. Objektnummernmenge *direkt* zugeordnet und zwar entweder in Form einer, in einem String kodierten, geordneten Folge von Objektnummern oder in Form eines, in einem String kodierten, Bitvektors, je nachdem, welche Darstellungsart weniger Platz benötigt ([Fuch85], [Baue90]; vgl. hierzu auch die Vorgehensweise in [FaJa92]).

Der große Vorteil dieser Datenstruktur gegenüber einer rein relationalen Schemavariante liegt auf der Hand: Anstatt jeweils Paare *(Deskriptor,Objektnummer)* abzuspeichern, sind die Nummern aller Objekte, in denen ein Deskriptor auftritt, in einer Nummernfolge oder einem Bitvektor kodiert. Tritt nun ein Suchbegriff in 50.000 Objekten auf, braucht man nicht mehr auf 50.000 Tupel zuzugreifen, sondern nur auf die wenigen, in denen der zugehörige Bitvektor verteilt ist (bei TUBIBMUE sind das maximal 8); die deutlich größeren Tupel fallen dabei kaum ins Gewicht. Die Verteilung auf mehrere Tupel ist nicht mehr nötig, wenn das zugrundeliegende relDBMS über BLOBs (binary large objects) verfügt, wie etwa das relDBMS TRANSBASE ab Version 3.4.

Als Folge der kodierten Repräsentation von Objektnummernmengen ergibt sich, daß man zur Verknüpfung zweier solcher Mengen herkömmliche Datenbankoperationen nicht mehr verwenden kann (in TRANSBASE z.B. *union*, *intersect* und *diff*), sondern TUMIS-eigene Prozeduren bereitstellen muß, die allerdings wesentlich effizienter arbeiten als die entsprechenden Datenbankfunktionen.

Im Anschluß an den Konfigurationsdialog wird ein passendes Schema in der zugrundeliegenden Träger-Datenbank angelegt. Alle relevanten Konfigurationsinformationen, insbesondere also das IR-Schema selbst, werden in IR-System-Relationen — einer Erweiterung des *data dictionaries* der Träger-Datenbank — eingetragen.

2.2.3 Administration

Der Administrator (Betreiber) ist für die Erfassung und Indexierung von Daten, sowie für Eintrag, Löschen und Ändern von Objekten in TUMIS-Datenbanken zuständig. Hierfür stehen ihm folgende Werkzeuge zur Verfügung:

1. *Erfassung*: Neben einem Programm zur Erzeugung von objekttypspezifischen Erfassungsmasken, die dann mit jedem Texteditor ausgefüllt werden können, existieren Filter zur Transformation verschiedener Formate in das TUMIS-Erfassungsformat (z.B. für electronic mail).

2. *Indexierung*: Durch die Auswahl mehrerer Stichwörter soll ein Objekt möglichst treffend charakterisiert werden, was eine der Grundvoraussetzungen für eine erfolgreiche Recherche ist. Diesen Vorgang bezeichnet man als *Indexierung*. Am genauesten, aber auch am teuersten, ist eine manuelle Indexierung durch einen Experten. In TUMIS wird dagegen eine vollautomatische bzw. semiautomatische Indexierung durchgeführt. Bei der ersten Methode werden alle Begriffe in die Menge der Stichworte aufgenommen, die nicht Elemente einer *Stoppwortliste* sind, in der Trivialwörter wie Präpositionen, Artikel, Bindewörter etc. enthalten sind. Die zweite Methode extrahiert dagegen nur solche Begriffe und Phrasen, welche bereits in einem Lexikon enthalten sind. Letzteres kann z.B. durch Aufnahme der von Autoren vergebenen Keywords vollautomatisch ergänzt werden, es sind aber auch Erweiterungen auf Grund der Interaktion mit dem Administrator und durch Beobachtung der Rechercheure möglich.

3. *Datenbankeintrag*: Neben einem *Eintrageoperator* für Einzelobjekte steht auch ein *Spooloperator* bereit, der durch Verlagerung von Aktionen aus der Datenbank hin zu UNIX-Files, Parallelisierung und Einsatz von mehreren Workstations deutlich schneller arbeitet. Z.B. ist der Neuaufbau der TUBIBMUE-Datenbank mit über 170.000 Literaturzitaten auf einem Netz von 6 SPARCstations unterschiedlicher Leistungsfähigkeit in weniger als einer Stunde möglich, das ist 400 mal schneller als mit dem Eintrageoperator.

4. *Ändern und Löschen*: TUMIS stellt nicht nur Werkzeuge zum Ändern und Löschen von Einzelobjekten zur Verfügung, sondern auch Tools zur datenbankweiten String-Substitution (z.B. zur Tippfehler-Korrektur).

2.3 Abfrage in TUMIS–Datenbanken

2.3.1 Syntax von Suchanfragen

Der Zugriff auf die in einer Datenbank gespeicherten Objekte ist mit den TUMIS–
Rechercheoperatoren möglich. Neben einer zeilenorientierten Schnittstelle mit Boolescher
Abfragesprache steht auch eine graphikorientierte Oberfläche bereit.

Eine *Anfrage* (*Query*) setzt sich zusammen aus sogenannten *Suchanfrageatomen*, die
mittels Boolescher Operatoren miteinander verknüpft werden können. Die meisten Atome
bestehen aus einem Kategoriebezeichner, einem Trennzeichen (':') und einem oder mehreren Deskriptoren (Suchbegriffen). Neben herkömmlichen Anfragen[3], wie z.B.

> *au:knuth, sw:{compiler,parser}* oder *ej:[1980,1985]*

ist auch die Verwendung von Distanzangaben in Deskriptoren erlaubt:

> *ab:object %2 database %3 system*

Besonders hervorzuheben ist die Volltext–Suche:

> *vt: %processing*

Die Kategorie *vt* ist als Metakategorie realisiert und ermöglicht die Suche in den Kategorien *Titel*, *Abstract* und *Keyword*. Je nach Bedarf können verschiedene Volltext-
Kategorien vom Designer eingeführt werden, die sich auf beliebige Stringkategorien beziehen können (z.B. auch auf die Kategorie *Autor*). Im angegebenen Beispiel ist eine Suffix-
Suche realisiert, bei der z.B. auch die Deskriptoren *text-processing* und *preprocessing*
berücksichtigt werden, falls sie in der IR–Datenbank vorhanden sind.

Deskriptoren dürfen an beliebiger Stelle (also auch links und in der Mitte) mit dem
Zeichen '%' trunkiert werden. Man beachte den Unterschied zwischen dem Trunkierungs-
zeichen '%' und Distanzangaben wie z.B. '%3'. Groß– und Kleinschreibung sind während
der Recherche irrelevant.

Das Ergebnis einer solchen atomaren Suchanfrage ist eine Objektnummernmenge.
Kombiniert man mit einem der Booleschen Operatoren *oder* ('+'), *und* ('*') bzw. *und-
nicht* ('/') mehrere atomare Anfragen zu einer *komplexen* Query, wie z.B. in

> *au:Knuth * (sw:tex + vt: %processing) / ej:1985*   (Q)

so werden die Ergebnismengen der einzelnen Atome unter Berücksichtigung der üblichen
Operatorpräzedenzen entsprechend vereinigt, geschnitten oder die Differenz daraus gebildet. Durch Klammerung von Teilen der Query kann eine andere Bindung erzwungen
werden. Die stärkste Bindung besitzt ein, das Boolesche Retrieval erweiternder, deduktiver Operator, der einstellige *Sohnverweisoperator* '@', der eine Objektnummernmenge
um evtl. zugehörige Sohnobjekte erweitert, z.B. liefert die Anfrage

> *@au:knuth * ot:buka*

alle Buchkapitel (Objekttyp *buka*) des Autors *Knuth*.

2.3.2 Auswertung von Suchanfragen

Unter der Auswertung einer Suchanfrage ist die Bestimmung derjenigen Objekte zu verstehen, die die Bedingungen der Suchanfrage erfüllen. Da jedes Objekt in der aktuellen
IR–Datenbank durch eine eindeutige Nummer repräsentiert wird, genügt die Berechnung
der zugehörigen Objektnummernmenge.

---

[3] Die in den Beispielen verwendeten Kategoriebezeichnungen erklären sich wie folgt: Autor,
Stichwort, Erscheinungsjahr, Abstract.

Wurde das IR–Schema auf ein klassisches relationales Schema abgebildet, so kann eine Boolesche Anfrage direkt in eine SQL–Query übersetzt und vom relDBMS ausgewertet werden. Die Autoren–Relation hat in diesem Fall z.B. folgenden Aufbau:[4]

REL_AU (AU:string, ONR:integer)

Dieses Verfahren hat sich jedoch als sehr ineffizient herausgestellt: Zum einen benötigen die Anfragerelationen beinahe doppelt soviel Platz wie die Rohdaten (188% bei TUBIBMUE). Zum anderen können die Antwortzeiten durchaus im Minutenbereich liegen, v.a. wenn nach Deskriptor–Infixen oder –Suffixen gesucht wird. Darüberhinaus ist dieses Verfahren bei Verwendung von Distanzmaßen nicht mehr praktikabel.

Eine sehr effiziente Auswertung von Suchanfragen kann jedoch mit einem Datenbank–Schema erzielt werden, das im wesentlichen wie folgt aufgebaut ist:

1. Für jede in der Kategorietabelle als *Anfrage*kategorie deklarierte Kategorie (z.B. *au*) wird eine NF2–Anfragekategorie erzeugt, die jedem Deskriptor die Menge seiner Trefferobjekte in Form einer Nummernfolge oder eines Bitverktors direkt zuordnet (s.o.). Somit können atomare Teilqueries mit exakten oder rechts trunkierten Deskriptoren (Präfixsuche), die sich auf Anfragekategorien beziehen, sehr effizient ausgewertet werden. Der Platzverbrauch für diese Relationen liegt im Falle von TUBIBMUE bei 66% des Rohdatenbestandes.
2. In einer weiteren NF2–Relation mit demselben Aufbau werden N–Gramme (Wortfragmente der festen Länge N) zu den Einträgen *aller String*kategorien zusammen mit den zugehörigen Treffermengen gehalten. Bei TUBIBMUE hat sich $N=3$ als ausreichend herausgestellt; der Platzverbrauch beträgt in diesem Fall 58% des Rohdatenbestandes. Mit Hilfe dieser Relation können atomare Teilqueries, die sich auf Nicht–Anfragekategorien vom Typ String beziehen (z.B. *Abstract*) oder beliebig (also sogar vorne) trunkierte Deskriptoren oder Deskriptoren mit Distanzangaben enthalten, ebenfalls effizient evaluiert werden:
Nach Ermittlung der N–Gramme zum gegebenen Deskriptor (z.B. enthält der Deskriptor *%processing* die 3–Gramme *pro, roc,...,ing*) wird eine *Kandidatenmenge* bestimmt, die aus allen Objekten besteht, die alle diese N–Gramme an beliebiger Stelle und in beliebiger Reihenfolge enthalten. Danach wird das Auftreten des Deskriptors in der geforderten Kategorie (hier *ab*) mittels einer erweiterten Version eine Pattern–Match– (PM–) Algorithmus von Aho und Corasick [AhCo75] in allen Kandidatenobjekten untersucht. Da diese Pattern–Match–Phase v.a. wegen der notwendigen Hintergrundspeicherzugriffe sehr zeitintensiv ist, wird in verschiedenen Optimierungsschritten versucht, die Kandidatenmengen zu reduzieren.

Die Auswertung von Suchanfragen vollzieht sich deshalb in vier Schritten, die am Beispiel der Suchanfrage (Q) (s. Abschnitt 2.3.1) erläutert werden:

1. Zunächst wird ein Operatorbaum aufgebaut (aus der Teilquery *vt:%processing* wird ein sog. PM–Knoten erzeugt, der im weiteren Verlauf der Auswertung mit dem PM–Algorithmus abgearbeitet wird; vgl. Schritt 1 in Abb. 2).
2. Dann erfolgt die Berechnung aller Kandidatenmengen K_i und die Berechnung der Treffermengen T_i zu allen Unterbäumen des Operatorbaums, die keine PM-Knoten

---

[4] *ONR* steht für Objektnummer.

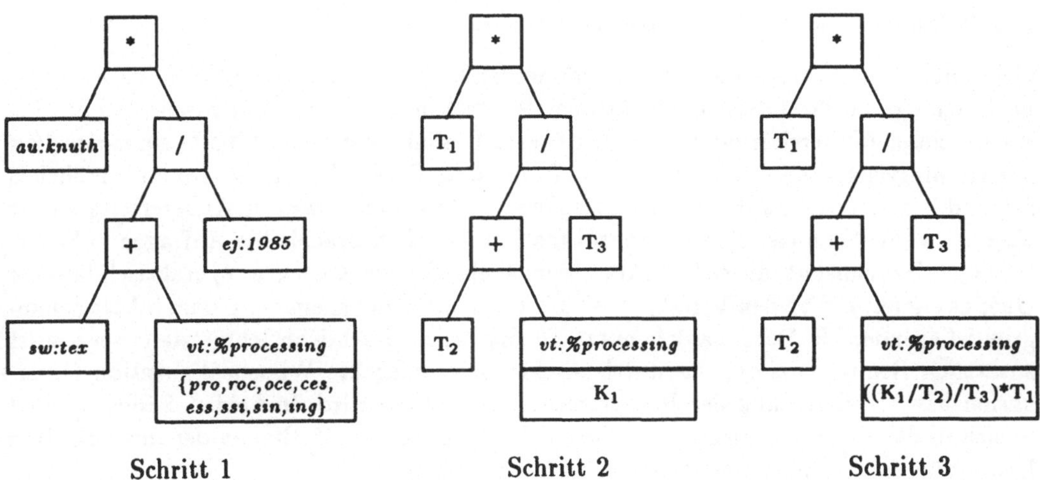

Schritt 1   Schritt 2   Schritt 3

Abb. 2. Beispiel zur Operatorbaum–Auswertung

enthalten (vgl. Schritt 2 in Abb. 2). Hierfür stehen sehr effiziente Boolesche Operationen zur Verknüpfung von Objektnummernmengen in Nummernfolgen/Bitvektor-Repräsentation zur Verfügung. Wenn der Operatorbaum nur noch aus einem Knoten besteht, so ist die Treffermenge ermittelt.

3. Nun wird versucht, Kandidatenmengen unter Anwendung diverser Optimierungsregeln zu reduzieren (vgl. Schritt 3 in Abb. 2).

4. Nach Berechnung der *Treffer*menge zu einem der PM-Knoten mit der kleinsten Kandidatenmenge fährt der Auswertungsalgorithmus bei Schritt (2) fort.

Nach Auswertung jeder Suchanfrage erhält der Benutzer ein Feedback, das u.a. die Trefferanzahl, die Anzahl der tatsächlich in der Anfrage berücksichtigten Deskriptoren (wichtig bei trunkierten Deskriptoren) und auf Wunsch auch diese Deskriptoren selbst enthält.

Die Auswertungszeiten für Suchanfragen, die keine PM-Knoten im Operatorbaum erforderlich machen, liegen im Sekundenbereich. Die Auswertungsgeschwindigkeit bei PM-Knoten liegt auf einer SUN SPARCstation2 bei etwa 100 Objekten pro Sekunde bei einer durchschnittlichen Objektgröße von 400 Bytes; dies entspricht etwa dem Umfang einer Karteikarte im Katalog einer Bibliothek.

2.3.3 Objektausgabe und Rechercheparameter

Aufgrund des Feedbacks kann der Rechercheur entscheiden, ob er sich die Trefferobjekte in einem der in den Ausgabetabellen definierten Formate anzeigen läßt. Er kann aber auch die Suchanfrage vorher noch verändern, z.B. durch zusätzliche Einschränkungen oder durch Veränderung der Parameter zur Steuerung der Queryinterpretation (s. Abschnitt 2.4.1).

2.4 Wissensbasierte Query–Interpretation

Gelegentliche Benutzer von IRS sind oft weder bereit, die Abfragesprache zu erlernen, noch kennen sie die internen Strukturen des IRS in ausreichendem Maße, um zu den gewünschten Rechercheergebnissen zu gelagen. Deshalb wurden in TUMIS einerseits Verfahren integriert, die syntaktisch korrekt formulierte Boolesche Queries im mutmaßlichen Sinne des Rechercheurs ergänzen und auswerten (*do what I mean*). Andererseits wurde aber auch eine Schnittstelle zur Transformation natürlichsprachlicher Anfragen in Boolesche Queries realisiert, die sich darüber hinaus sehr gut zur Korrektur syntaktisch falscher Queries eignet. Bei beiden Verfahren wird Wissen aus dem Schema und dem Inhalt der zugrundeliegenden IR–Datenbank benutzt. Die natürlichsprachliche Schnittstelle verwendet zusätzlich Benutzerwissen, das durch direkte bzw. indirekte Wissensakquisition (Interaktion bzw. Beobachtung der Benutzerschaft) erworben wird. In beiden Fällen handelt es sich in der Regel um unsicheres Wissen. Deshalb werden Methoden der quantitativen Deduktion zur Verarbeitung dieses Wissens eingesetzt.

2.4.1 Vervollständigung Boolescher Queries

In TUMIS stehen verschiedene Möglichkeiten bereit, Boolesche Queries so zu verändern, daß sie der Intention des Rechercheurs vermutlich besser entsprechen. Es handelt sich dabei stets um Maßnahmen, die den Recall erhöhen, da bei TUMIS–Applikationen davon ausgegangen wird, daß die Rechercheure lieber selber die weniger relevanten Dokumente selektieren, als sehr relevante Objekte nicht nachgewiesen zu bekommen. Diese Query–Vervollständigung vollzieht sich auf drei Ebenen:

1. *Deduktiver Operator*: Eine Analyse von mehreren tausend Suchanfragen an TUBIBMUE ergab, daß die meisten Benutzer den Sohnverweisoperator '@' nicht geeignet einzusetzen wissen. Deshalb wurde ein Regelwerk entwickelt, welches — basierend auf dem IR–Schema — den deduktiven Operator ergänzt, wenn er nötig oder hilfreich ist.
2. *Kategorie–Verwandtschaften*: Bei Bedarf kann die Suche automatisch auf die vom Designer als verwandt definierten Kategorien ausgedehnt werden.
3. *Verwandte Deskriptoren*: Die Suche kann mit folgenden Methoden auf verwandte Deskriptoren erweitert werden: automatische Trunkierung, Rückführung von Keywords auf Stammformen und Ergänzung phonetisch ähnlicher Deskriptoren (Soundex– und Phonem–Verfahren). Besonders wichtig ist in diesem Zusammenhang der Einsatz von Thesauri. Zu diesem Zweck wurde TUMIS mit dem System TEGEN [JüGü88] gekoppelt, das durch Auswertung von Suchanfragen weitgehend automatisch einen Thesaurus generiert und diesen für Recherchen bereitstellt.

2.4.2 Natürlichsprachliche Anfrage–Schnittstelle

Das Verfahren zur Übersetzung natürlichsprachlicher Anfragen in Boolesche Queries arbeitet in drei Schritten:

1. Zunächst werden alle relevanten Teile einer eingegebenen natürlichsprachlichen Anfrage daraufhin untersucht, ob sie in irgendeiner Kategorie der zugrundeliegenden IR–Datenbank vorkommen, ob es sich um Funktionswörter (z.B. Konjunktionen), die

für die Ermittlung von Booleschen Operatoren wichtig sind, oder um Stoppwörter handelt. Die relevanten Teile erhalten dann die Bezeichner der entsprechenden Kategorien als Typen zugeordnet. Durch die nachfolgende Auflösung von möglichen Mehrdeutigkeiten entsteht eine eindeutig typisierte Query.

2. Daraus werden im nächsten Schritt alle zugehörigen Booleschen Queries deduziert. Für diesen Vorgang ist zusätzliches Wissen nötig, welches angibt, wie die bereits erwähnten Funktionswörter (z.B. _ und _, entweder _ oder _) in Boolesche Queries zu übersetzen sind. Die bei dieser Deduktion auftretenden Mehrdeutigkeiten (soll z.B. *und* in die Boolesche Verknüpfung *and* oder *or* übersetzt werden?) werden durch Rückgriff auf Wissen geklärt, das bei früheren Systembenutzungen (auch anderer Benutzer) erworben wurde.

3. Falls die vollkommene Aufklärung der Mehrdeutigkeiten nicht gelingen sollte, tritt das System in einen Interaktionsprozeß mit dem Benutzer ein. Dabei werden die ermittelten Booleschen Queries wieder in natürliche Sprache zurückübersetzt und dem Rechercheur zur Auswahl angeboten. In einem Lernprozeß wird Wissen akquiriert, das später wieder verwendet werden kann. Konkret wird dabei der Zusammenhang zwischen dem der eindeutig typisierten Query zugrundeliegenden Muster und der vom Benutzer ausgewählten Booleschen Query erlernt. Somit werden Rückfragen an die Benutzerschaft immer seltener, je länger sich das System im Einsatz befindet.

2.5 X–TUMIS

Verschiedene Entwicklungen der jüngsten Zeit (z.B. schnelle Scanner und zuverlässige OCR–Software) führten zu der Idee, TUMIS zu einem Analyse–, Retrieval– und Präsentations–System für Dokumente auszubauen: X–TUMIS (e<u>x</u>tended <u>TUMIS</u> bzw. <u>TUMIS</u> unter dem <u>X</u>-Fenstersystem). Ein ähnliches System, das allerdings auf reiner Volltext-Suche basiert, eine typische Client/Server-Datenbank-Architektur vorsieht und somit die Installation von speziellen Datenbank-Softwarekomponenten bei jedem Endbenutzer voraussetzt, wird in [Baye91] vorgestellt.

2.5.1 Funktionale Spezifikation

Das System X–TUMIS erlaubt es, auch bei sehr umfangreichen Dokumentbeständen, folgende Aufgaben durchzuführen:

1. *Analyse und Repräsentation*: Die Dokumente werden zunächst durch Scannen *digitalisiert* und komprimiert in Dateien oder Datenbanken abgelegt[5]. Dann wird mittels OCR-Software eine den Dokumenten entsprechende ASCII-Darstellung erzeugt, die als Basis für die Volltext-Recherche und die möglichst automatische Gewinnung von Informationen fungiert, die die Objekte formal beschreiben oder deren inhaltliche Erschließung ermöglichen (Kategorisierung). Diese Daten liegen nun in einer Form vor,

---

[5] Für Dokumentbestände bis etwa 50.000 DIN–A4–Seiten reicht bereits eine Magnetplatte heutiger Kapazität aus; dabei wurde ein Verbrauch von 40 KB pro Seite veranschlagt (Auflösung *100 dpi*, komprimiert nach CCITT Group 4). In der Regel werden aber Jukebox–Systeme mit magneto–optischen Platten benötigt. Die Dokumentenechtheit kann durch den Einsatz von WORM-Platten garantiert werden.

die den Eintrag in eine IR–Datenbank durch die entsprechenden Werkzeuge des Systems TUMIS erlaubt. Um den Zusammenhang zwischen den digitalen Abbildern und den derart aufbereiteten Daten herzustellen, wird die *Adresse* der Abbilder (z.B. ein Filename oder ein Datenbank–Identifikator) zu den Objekt–Daten hinzugefügt (vergleichbar mit der Signatur in einer Bibliothek).

2. *Retrieval*: Die verschiedenen Rechercheschnittstellen von TUMIS stehen in ihrer vollen Funktionalität zur Verfügung.

3. *Transport und Präsentation*: Der Einsatz des X–Fenstersystems eröffnet die Möglichkeit, an jedem Arbeitsplatzrechner, der über ein Computernetz mit dem Datenbank-Server kommunizieren kann, nicht nur zu recherchieren, sondern auch die Abbilder der Dokumente zu betrachten, ohne daß hierfür zusätzliche Software (außer X) nötig wäre.

2.5.2 Einsatzmöglichkeiten

Der Einsatz von X–TUMIS setzt eine Hardware–Konfiguration voraus, die im wesentlichen aus folgenden Komponenten aufgebaut ist: Ein *lokales Netzwerk*, z.B. Ethernet, erlaubt Recherchen von allen *Arbeitsplatzrechnern* dieses Netzes. Wegen der Verwendung des X–Fenstersystems werden keine dedizierten Rechercheterminals benötigt. Dasselbe gilt für externe Recherchen, falls der Zugang zu *externen Netzen*, z.B. dem INTERNET, gewährleistet ist. Im Zentrum steht als X–TUMIS–*Datenbank-Server* eine UNIX–Workstation, die gleichzeitig auch als Erfassungsrechner und herkömmlicher Arbeitsplatzrechner benutzt werden kann. Als Hintergrundspeicher werden einerseits *Magnetplatten* (für die schnelle Ermittlung von Treffermengen) und andererseits Laufwerke bzw. *Jukeboxen* für optische Speichermedien (für die Faksimiles der Originaldokumente) benötigt. Weiterhin ist ein *Erfassungsrechner* mit angeschlossenem *Scanner* erforderlich.

Mit X–TUMIS erhalten z.B. Bibliotheken die Möglichkeit, ihren gesamten Dokumentbestand für Online–Volltext–Recherchen mit der Möglichkeit der Faksimile–Präsentation zur Verfügung zu stellen oder auch nur Titel– und Abstractseiten zu verwenden. Es können auch bereits vorhandene Karteikartenbestände benutzt werden. In einer Büroumgebung könnte X–TUMIS für Volltext–Recherchen auf dem gesamten Schriftverkehr eingesetzt werden. Das Ausmaß der Erfassung hängt u.a. von den Wünschen der Bibliothek (oder des Büros), evtl. geltenden Lizenzbestimmungen bzgl. der betrachteten Dokumente und den vorhandenen Mitteln für Hardware (v.a. für Hintergrundspeicher) ab.

Bisher wurden X–TUMIS–Applikationen für die Referate des *Zentralblatts für Mathematik und ihre Grenzgebiete* [ZBL31] sowie für Karteikarten des *Südwestdeutschen Bibliotheksverbundes* (SWB–Verbund) prototypisch realisiert.

3 Das Hypertext-System „HyperMan"

3.1 Überblick

3.1.1 Zeitliche Entwicklung

Die Entwicklung des HYPERMAN–Systems wurde 1989 an der Technischen Universität München begonnen und ab Mitte 1991 an der Eberhard–Karls–Universität Tübingen fortgesetzt. Dabei wurde zunächst einmal ein Prototyp eines graphischen Browsers entworfen, der es ermöglichte, auf UNIX-Manuale zuzugreifen, wobei auf der Benutzerseite die Betonung darauf lag, die Verfolgung von Links und das Absetzen von Volltextsuchen zu ermöglichen ([SaGü89], [Hahn89]).

Erweitert wurde dieser Prototyp im folgenden Jahr auf der Generierungsseite um Tools, die die Aufbereitung beliebiger ASCII– und LaT$_E$X–Texte zu Hypertexten unterstützen ([SSG90], [SaGü90], [Fich90]). Die Einsatzfähigkeit dieser Tools wurde anschließend durch die Aufbereitung der Manuale des relationalen Datenbank–Management–Systems TRANSBASE [Tran90] unter Beweis gestellt. Diese Manuale wurden im folgenden den Studenten der jeweiligen Datenbankpraktika an der TU München und an der Universität Tübingen praktikumsbegleitend zur Verfügung gestellt. Ebenfalls der Generierungskomponente zuzuordnen ist ein Anfang 1991 implementiertes Tool, das es dem System ermöglicht, aus den Aktionen der Benutzer zu lernen und die Hypertexte entsprechend der gewonnenen Erkenntnisse selbsttätig zu modifizieren ([SGMJ92], [MSG92], [MGS92]).

Die graphische Benutzeroberfläche erfuhr in den Jahren 1990 und 1991 wesentliche Erweiterungen durch die Einführung von Tools zur umfassenden Manipulation von Links, zur flexibleren und benutzerfreundlicheren Gestaltung von Volltextsuchen und auch vage zielgerichteten Suchen, zur Erzeugung von Annotationen, zur graphischen Darstellung der Dokumentstruktur und zur Vernetzung und gleichzeitigen Handhabung mehrerer Hypertexte (siehe [SMS92]).

3.1.2 Architektur

Die interne Datenverwaltung des HYPERMAN–Systems basiert auf dem relationalen Datenbank–Management–System TRANSBASE, das einen flexiblen und koordinierten (Schreib- und Lese-) Zugriff auf die von dem Hypertextsystem benötigten Daten erlaubt. Dabei werden die Daten verschiedener Dokumente in getrennten Datenbanken gehalten (siehe Abbildung 3). Um einerseits jedoch auch hypertextübergreifend arbeiten zu können und andererseits eine redundante Speicherung von Daten, die allen Dokumenten gemeinsam sind, zu vermeiden, wird die übergreifende Verwaltung aller Hypertexte durch eine sogenannte Meta–Datenbank realisiert.

Aufsetzend auf der SQL–Schnittstelle (Linkmodul „tbx") von TRANSBASE wurden in der Sprache C unter SunOS verschiedene Module realisiert, die die für die aktuelle Aufgabe relevanten Daten aus der betreffenden Datenbank abfragen und die Verwaltung dieser Daten im Hauptspeicher übernehmen. Beispiele für derartige Module sind ein Knotenmanager („NodeMan"), der die Verwaltung der Hypertextknoten übernimmt und ein Spoolmanager („SpoolMan"), der das effiziente Eintragen von Daten in die Hypertextbasis realisiert. Bei der Realisierung dieser Module wurde konsequent darauf geachtet, daß das System mehrbenutzerfähig ist, d.h. daß sowohl gleichzeitiges Lesen als auch gleichzeitiges Schreiben von Daten aus der Datenbank bzw. in die Datenbank vom System unterstützt wird.

Die Fensterverwaltung des Systems wird in der aktuellen Implementierung von Sun-View, d.h. einem kernel–basierten Fenstersystem, übernommen[6]. Die damit realisierte Benutzeroberfläche ermöglicht zum einen eine sehr übersichtliche Darstellung der Dokumente und zum anderen einen komfortablen Zugriff seitens der Benutzer, die — abgesehen von wenigen Ausnahmen (Volltextsuchen, Annotationen) — das System mit Hilfe einer

---

[6] Eine Portierung des Systems auf das X–Fenstersystem ist geplant.

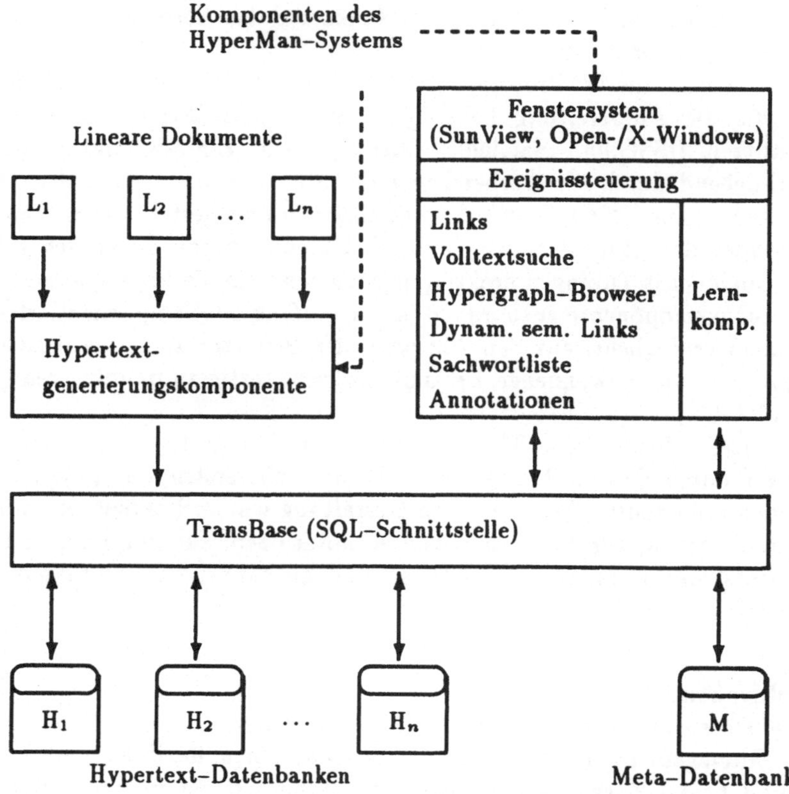

Abb. 3. Architektur des HYPERMAN-Systems

Maus bedienen können. Die bei der Arbeit mit dem System vom Benutzer ausgelösten Ereignisse (z.B. Mausklicks) werden vom Event–Handler des SunView–Systems registriert,
sequentialisiert und an die entsprechenden Module weitergeleitet. Innerhalb dieser Module findet dann die eigentliche Interpretation der Ereignisse statt und wird — falls nötig
— die Reaktion durch das HYPERMAN-System angestoßen.

3.2 Die Generierungskomponente des HyperMan–Systems

Neben der graphischen Oberfläche, die den für den Benutzer unmittelbar sichtbaren Teil
des Zugangssystems darstellt, ist ein wichtiger Bestandteil des HYPERMAN-Systems eine
spezielle Komponente, die es gestattet, das in linearer Form vorhandene Textmaterial
fast völlig automatisch zu Hypertext aufzubereiten. Diese Hypertextgenerierungskompo-
nente wurde so ausgelegt, daß Texte verschiedenster Sorten ohne oder nur mit sehr wenig
zusätzlichem Programmieraufwand in eine Hypertextstruktur konvertiert werden können.

Um dieser Aufgabe gerecht zu werden, wird die Generierungskomponente neben dem eigentlichen Eingabetext mit einer Textstrukturbeschreibung versorgt. In einem zweistufigen Prozeß werden dann durch eine Partitionierungsmethode zunächst Hypertextknoten erzeugt, die anschließend mit Hypertextlinks vernetzt werden.

3.2.1 Textpartitionierung und Knotengenerierung

Zur Verarbeitung des Eingabetextes wird ein Parser eingesetzt, der sich nach einer formalen Textstrukturbeschreibung richtet. Während der Eingabetext gemäß der Strukturbeschreibung partitioniert wird, steuern Aktionen des Parsers die Knotengenerierung und die Erzeugung von sequentiellen und hierarchischen Links, mit deren Hilfe man den Originaltext nach Abschluß der Knotengenerierung rekonstruieren könnte. Die ursprüngliche sequentielle Struktur des Textes geht mit der Partitionierung also nicht verloren.

Da ein Parser gewöhnlich nur Token und keine Zeichen verarbeitet, wird ihm ein Scanner vorgeschaltet. Die Aufgabe des Scanners ist es, strukturrelevante Elemente in dem Zeichenstrom des gegebenen Textes zu erkennen und entsprechende Token für den Parser zu erzeugen. *Wie* strukturrelevante Elemente aussehen, kann mit regulären Ausdrücken formal spezifiziert werden. Hält man sich dabei an eine spezielle Syntax, läßt sich aus diesen regulären Ausdrücken mit Hilfe des UNIX-Werkzeugs „lex" automatisch ein Scanner erzeugen.

Zur Beschreibung der logischen Textstruktur dient hingegen eine kontextfreie Grammatik. Liegt diese Grammatik in „yacc"-Syntax vor, kann der Parser automatisch mit Hilfe des Parsergenerators „yacc" unter UNIX erzeugt werden. So ist es verhältnismäßig einfach, nicht nur verschiedene Dokumente, die derselben Grammatik genügen, sondern auch Dokumente verschiedener Textsorten zu verarbeiten, da lediglich die beiden formalen Beschreibungen für Scanner und Parser angepaßt werden müssen und nicht die von „lex" bzw. „yacc" in die Sprache C umgesetzten Scanner und Parser selbst.

Die einzelnen Knoten, die während der Partitionierung erzeugt werden, werden in der Datenbank redundant abgespeichert: Zum einen als Ganzes, um eine rasche Darstellung am Bildschirm zu gewährleisten, und zum anderen aufgelöst in einzelne Wörter, Sätze und Abschnitte, um ein effizientes Volltext-Retrieval sicherzustellen. Die auf diese Weise erreichte Performance rechtfertigt den erhöhten Platzbedarf auf der Datenbankseite.

3.2.2 Linkgenerierung

Für einen ersten Überblick über die Linkgenerierung ist es hilfreich, sich klarzumachen, daß Links zu folgenden drei Zeiten erzeugt werden können:

1. Während der Knotengenerierungsphase (statisch)
2. Nach Abschluß der Knotengenerierung (statisch)
3. Während der Benutzersitzungen (dynamisch)

Um die Verfahren zur Hypertextgenerierung durchschaubar zu halten, ist es zweckmäßig, *während* der Knotengenerierung (Punkt 1) auch tatsächlich nur diejenigen Links zu generieren, die mit der Knotengenerierung in direktem Zusammenhang stehen. Dabei handelt es sich ausschließlich um strukturbeschreibende Links, also um solche, die die sequentielle und hierarchische Struktur des Eingabetextes widerspiegeln. Bedingt durch das besondere Verfahren der Knotengenerierung im vorausgehenden Abschnitt, sind sie bereits als „Nebenprodukt" angefallen.

Zum Zeitpunkt 2 lassen sich dann einerseits bereits im Text vorhandene (explizite) Querverweise für den elektronischen Hypertext nutzbar machen, andererseits im Text verborgene (implizite) Querbezüge aufspüren und als Hypertextlinks einrichten, indem sowohl die Struktur, als auch der Inhalt des gegebenen Textes ausgenutzt wird.

Während der Benutzersitzungen (Punkt 3) können dann sowohl maschinell erzeugte, eventuell unsichere Links bestätigt oder abgelehnt, als auch neue Links gewonnen werden. In vielen Fällen wird es auch möglich sein, dem Benutzer eine Rückfrage zu ersparen und allein aus einer Folge von Aktionen etwas über die Qualität von vorhandenen Links zu erfahren oder sogar neue Links zu erlernen (siehe Abschnitt 3.4).

Das im HYPERMAN-System implementierte Linkgenerierungsverfahren, das Links zum Zeitpunkt 2 (siehe oben) erzeugt, läßt sich in zwei Schritte gliedern:

1. Identifizieren von Linkquellen und Linkzielen;
2. Geeignetes Zuordnen von Linkquellen zu Linkzielen und Eintragen entsprechender Verweise in die Datenbankrelation für Links.

Besondere Beachtung wurde in der Linkgenerierungskomponente dem Thema „semantische Links" gewidmet. Die Aufgabe, semantische Links zu generieren, besteht darin, verwandte Textstücke (z.B. in der Größe eines Absatzes) in dem gegebenen Text zu finden. Um mit Hilfe eines Rechners Aussagen über den Verwandtschaftsgrad von Textstücken machen zu können, ist es zweckmäßig, einen Algorithmus einzusetzen, der ausgehend von zwei Texten als Eingabe einen (numerischen) Ähnlichkeitswert produziert. In diesem Zusammenhang ist es weder möglich noch nötig, daß der Algorithmus den Text inhaltlich „versteht", so daß hier in Zukunft statt über die „Verwandtschaft" von Textstücken besser über die „Ähnlichkeit" von Textstücken geredet werden sollte. Mit gut entwickelten syntaktisch basierten Methoden, die größtenteils aus dem Information-Retrieval-Bereich übernommen werden können, lassen sich mit vertretbarem Aufwand sehr brauchbare Ergebnisse erzielen (vgl. [SaGü91], [SaBu88]).

Da natürlichsprachliche Texte nicht direkt miteinander verglichen werden können, muß sich der Vergleich auf charakteristische Mengen von Informationseinheiten stützen. Diese Informationseinheiten werden durch ein Indexierungsverfahren gewonnen und üblicherweise durch Einzelbegriffe des Textes gebildet. Zur Diskussion steht, ob auch (Nominal-) Phrasen benutzt werden sollen. Die Tatsache, daß Einzelbegriffe oft nicht spezifisch genug sind, um den Inhalt eines Textstücks eines technischen Textes zu beschreiben, legt nahe, Phrasen in dem Indexierungsverfahren zu berücksichtigen. Da in den seltensten Fällen für einen gegebenen Text ein vollständiges Phrasenlexikon zur Verfügung steht, muß vor dem eigentlichen Indexierungsschritt die Menge aller für die Indexierung zuzulassenden Indexierungsterme (Einzelbegriffe und Phrasen) bestimmt werden.

Das Verfahren zur Generierung von semantischen Links gliedert sich daher in folgende Schritte:

1. Festlegen der für den Indexierungsprozeß zuzulassenden Indexierungsterme;
2. Gewinnen einer für jedes Textstück charakteristischen Menge von Deskriptorklassen;
3. Gewichten der Deskriptorklassen;
4. Berechnen von Ähnlichkeiten zwischen Textstücken;

5. Generieren von semantischen Links zwischen Textstücken mit hohem Ähnlichkeitswert.

Die einzelnen Verfahrensschritte, die sich auf Methoden der Textfilterung, der Wortreduk-
tion und der Wortgewichtung stützen, kamen zum Teil schon in den sechziger Jahren für
den automatischen Indexierungsprozeß in Information-Retrieval-Systemen zum Einsatz.
Neu ist jedoch, verfeinerte Varianten dieser Techniken für die automatische Generierung
von Links in Hypertextsystemen zu benutzen.

Der Hauptgrund, warum man optimistisch sein kann, daß dieser Ansatz brauchbare
Ergebnisse liefert, ist darin zu sehen, daß lediglich versucht wird, verwandte Textstücke
innerhalb eines (relativ) engen Kontextes eines insgesamt logisch zusammenhängenden
Textes zu finden. Das Argument wird dadurch verstärkt, daß es um die Strukturanreicherung von Texten geht, die von ein und demselben Autor oder denselben Autoren erstellt
worden sind und die daher durch einheitlichen Sprachstil und gleichbleibende „Informati-
onsdichte" geprägt sind. Die hier auftretende Fragestellung ist somit eine andere, als (zum
Beispiel) die Ähnlichkeit unter Dokumenten in einer Bibliotheksumgebung festzustellen
oder zwischen Dokumenten und Suchanfragen.

Selbst wenn Links generiert werden, die nicht den Vorstellungen des Benutzers entsprechen, ist der Einsatz eines Verfahrens zur vollautomatischen Erzeugung von Links
aus folgenden Gründen gerechtfertigt:

- Links können durch den Benutzer implizit oder explizit bewertet und „falsche" Links
  infolge eines Lernprozesses entfernt werden (siehe Abschnitt 3.4).
- Die Verfolgung eines „falschen" Links kann aufgrund der Leistung heutiger Worksta-
  tions extrem schnell und mit sehr wenig Aufwand rückgängig gemacht werden.
- Sollte der Benutzer zu dem Schluß kommen, daß ihm ein oder mehrere semantische
  Links nicht weitergeholfen haben, kann er in dem HYPERMAN–System — wenn er den
  Aufwand nicht scheut — immer noch eigene Suchbegriffe per Mausklick selektieren,
  diesen Begriffen manuell Gewichte zuweisen und eine Suche nach den ähnlichsten
  Textstücken absetzen (siehe Abschnitt 3.3.5).

3.3 Die Browsing–Komponente des HyperMan–Systems

3.3.1 Hypertextauswahl

Um mit dem HYPERMAN–System arbeiten zu können, muß der Anwender festlegen,
auf welche Dokumente er während einer Sitzung zugreifen möchte. Dies kann entweder
zum Zeitpunkt des Aufrufs durch Angabe entsprechender Parameter oder während der
Sitzung über ein Hypertextauswahlfenster (siehe Abb. 4 Mitte), geschehen. Nachträgli-
che Änderungen dieser Arbeitsumgebung können während einer HYPERMAN–Sitzung
jederzeit vorgenommen werden.

3.3.2 Volltextsuche

Unverzichtbarer Bestandteil eines „Informationssytems" wie HYPERMAN ist eine Komponente, die die Möglichkeit der Volltextsuche bietet. Im HYPERMAN–System besteht
eine Volltextsuche grundsätzlich aus den folgenden vier Teilen:

1. Festlegen des Suchraums
   Der Benutzer kann einen Bereich (Hypertexte und Hypertextknoten) festlegen, auf
   den sich seine Suche beziehen soll.

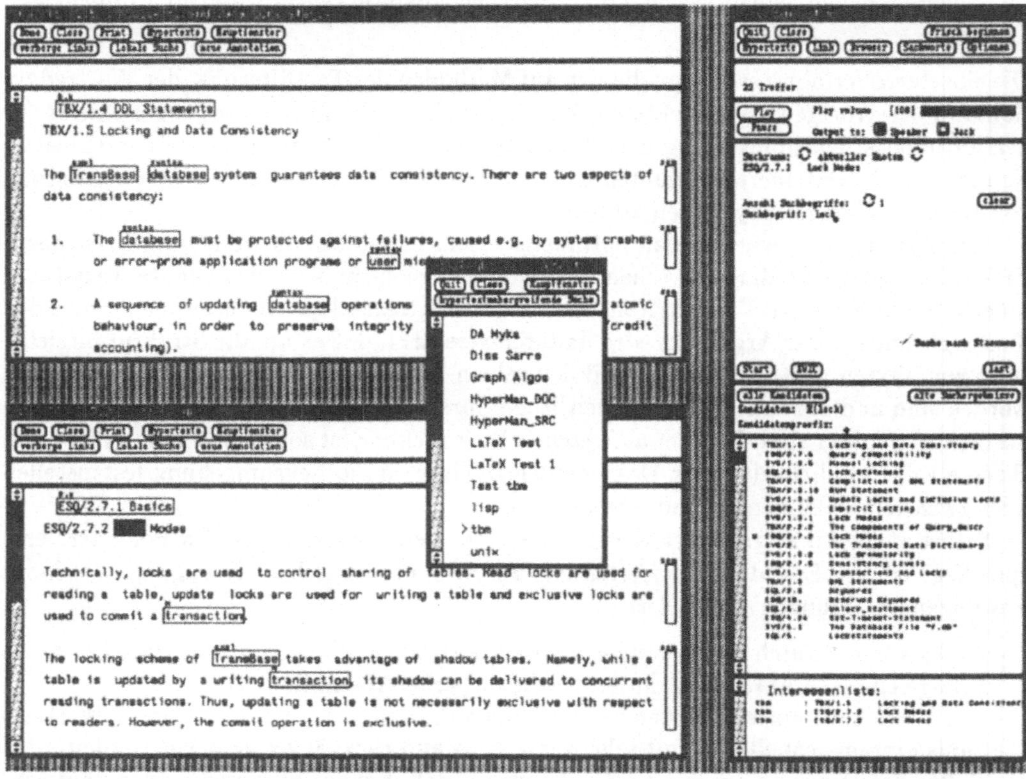

Abb. 4. Die wichtigsten Fenster des HYPERMAN–Systems: Hypertextauswahlfenster (Mitte), Hauptfenster (rechts) und zwei Textviewer (links oben und unten)

2. Eingabe der Suchbegriffe

   Vom Benutzer können im Suchfenster (siehe Abb. 4 rechts oben) ein oder zwei Suchbegriffe für seine Volltextsuche spezifiziert werden, wobei ein Suchbegriff entweder ein einzelnes Wort oder eine Phrase, d.h. ein aus mehreren (logisch zusammenhängenden) Wörtern bestehender Begriff wie z.B. „update lock", sein kann. Darüberhinaus kann der Benutzer durch die Verwendung von Wildcards erforderlichenfalls eine Präfix-, Substring- oder Suffixsuche einleiten.

3. Einstellen der Suchoptionen im Suchfenster

   Die Art der Optionen ist abhängig von der Anzahl der vom Benutzer verwendeten Suchbegriffe. Bei Suchen mit zwei Suchbegriffen kann z.B. eingestellt werden, ob die Suchbegriffe gemeinsam in einem Satz, Absatz oder in einem Abschnitt vorkommen sollen.

4. Starten der Suche

   Nachdem der Benutzer seine Suchkriterien spezifiziert hat, kann die Suche abgesetzt werden.

Die Resultate der Suche werden in der sog. Kandidatenliste (siehe Abb. 4 rechts unten) aufgelistet. Auf Wunsch kann eine Darstellung der Resultate aber auch in einem sog. KWIC–Fenster erfolgen, das auf die im Bibliothekswesen bekannte KeyWordInContext–Darstellung zurückgegreift. Dabei werden alle Treffer einer Suche mit einem Suchbegriff in ihrem Kontext, d.h. zusammen mit der sie einschließenden Zeile, angezeigt.

Führt eine Suche zu keinem Ergebnis, dann wird ein durch das System erlernter Thesaurus zu Rate gezogen, mit dessen Hilfe Terme gefunden werden können, die mit dem zunächst eingesetzten Suchbegriff verwandt sind (vgl. [SGMJ92]).

3.3.3 Knotenauswahl

Um auf die Ergebnisse einer Suche zugreifen zu können, kann der Benutzer aus der Menge der gelieferten Knoten einzelne auswählen und in sog. Textviewern (siehe Abb. 4 links) am Bildschirm anzeigen lassen. Diese Auswahl geschieht über die im vorigen Abschnitt bereits erwähnte Kandidatenliste, über das KWIC–Fenster oder über den sog. Hypergraph–Browser.

Die Kandidatenliste enthält entweder alle Knotenüberschriften eines Hypertextes oder — nach vorheriger Suche — die Überschriften derjenigen Knoten, die sich bei der entsprechenden Suche qualifiziert haben. Das Anklicken einer Überschrift löst das Öffnen eines Viewers aus, in dem der Inhalt des entsprechenden Knotens angezeigt wird. Dasselbe Ergebnis erhält man durch Anklicken der entsprechenden Textzeile im KWIC–Fenster.

Der Hypergraph–Browser dient zunächst einmal der Visualisierung der hierarchischen Struktur eines Hypertexts in Form eines Baumes. Darüberhinaus kann in ihm, wie in der Kandidatenliste, ein beliebiger Knoten angeklickt und damit dessen Inhalt dargestellt werden.

3.3.4 Linkkonzept

Zentraler Bestandteil eines Hypertextsystems sind die Links, die es einem Benutzer ermöglichen, implizit und explizit im Text vorhandene Verweise einfach und schnell nachzuvollziehen. In HYPERMAN kann ein Link grundsätzlich als Verweis von einer Text- bzw. Bildstelle auf eine zugehörige Information aufgefaßt werden. Anders als bei vielen anderen Hypertextsystemen muß diese zugehörige Information jedoch nicht wiederum aus einem Text- oder Bildbereich bestehen. Das Ziel eines Links kann nämlich auch ein anderer Hypertext, eine Audio–Aufzeichnung oder sogar eine andere Applikation sein (z.B. kann dadurch auch die Verbindung mit einer Online–Datenbank hergestellt werden). Aus diesem Grund ist es sinnvoll, bei HYPERMAN die folgende Sichtweise einzunehmen: ein Link besteht aus Linkquelle (einem Dokumentausschnitt) und einer der Linkquelle angehefteten Aktion, die durch Anklicken der Linkquelle ausgelöst wird. Durch die Unterscheidung verschiedener Aktionsarten bzw. Informationstypen kann man nun die Links entsprechend ihrer Arten bzw. Typen (vgl. [Kuhl91]) klassifizieren. Beispiele für Linkarten sind:

- *Links auf einen Knotenausschnitt*;
- *Audio–Links* lösen das Abspielen einer Audio–Aufzeichnung aus;
- *Executable Links* bewirken das Absetzen eines Kommandos in einer separaten Shell;
- *Flexible Links* lösen eine Volltextsuche aus und passen sich auf diese Weise flexibel an die aktuelle Hypertextbasis an, da sich die Hypertextbasen zum Zeitpunkt der

Linkgenerierung und zum Zeitpunkt der Linkverfolgung unterscheiden können. Das hat zur Folge, daß das Linkziel derartiger Links nicht fest vorgegeben ist, sondern erst während der Linkverfolgung bestimmt wird.

Beispiele für Linktypen sind je nach Textsorte:

- *Hierarchische Links* verweisen auf Knoten, die — entsprechend der Knotennumerierung des Ausgangsdokuments — hierarchisch untergeordnet sind;
- *Explanation-Links* verweisen auf zusätzliche Erläuterungen der Linkquelle;
- *Syntax-Links* verweisen auf Textstellen, in denen die Syntax des in der Linkquelle angegebenen Ausdrucks beschrieben wird;
- *Semantische Links* (siehe Abschnitt 3.2);
- *Call-Links* verweisen von der Deklaration von Prozeduren bzw. Funktionen auf die entsprechenden Aufrufstellen (in Programmquellen).

Um eine individuelle Gestaltung von Hypertexten zu ermöglichen, wird in dem HYPERMAN-System darüberhinaus die Vergabe von Linkrechten praktiziert. Somit ist es nur denjenigen Benutzern erlaubt, einen Link zu verfolgen bzw. zu ändern, die die entsprechenden Rechte dazu besitzen.

Dementsprechend besteht die manuelle Linkgenerierung, die es einem Benutzer ermöglicht, die Menge der maschinell generierten Links nach seinen eigenen Vorstellungen zu erweitern, aus den folgenden Phasen:

1. Festlegen des Linkquellenbereichs;
2. Festlegen von Linkart und Linktyp;
3. Festlegen des Linkziels (d.h. der auszuführenden Aktion);
4. Festlegen der Linkrechte.

3.3.5 Suche nach verwandten Textstellen

Häufig befindet sich ein Benutzer in der Situation, daß er mit den aktuell am Bildschirm dargestellten Informationen noch keine vollständigen Antworten auf seine Fragen findet und er sich aus diesem Grunde zusätzliches relevantes Material anzeigen lassen möchte. Führen dabei strukturelle und andere explizite Links nicht zum gewünschten Erfolg, können eigene Suchbegriffe für eine Volltextsuche angegeben werden. Nachteil der in Abschnitt 3.3.2 dargestellten Volltextsuche ist — zumindest wenn es um die Suche nach verwandten Textstücken geht —, daß der Benutzer ziemlich exakte Vorstellungen vom Ziel seiner Suche haben muß. Um aber auch vage zielgerichtete Suchen in HYPERMAN zu ermöglichen, wurden die nachfolgend beschriebenen Teilkomponenten realisiert.

Eine *Sachwortliste* liefert dem Benutzer Hinweise darauf, welche Begriffe innerhalb eines bestimmten Hypertextes eine Rolle spielen. Sie bildet damit das Gegenstück zum Index eines Buches. Durch Anklicken eines darin enthaltenen Begriffs erhält der Benutzer diejenigen Knoten, die den entsprechenden Begriff bzw. flektierte Formen davon enthalten.

Die in Abschnitt 3.2 erläuterten *semantischen Links* ermöglichen es einem Benutzer, diejenigen Textpassagen zu finden, die zu einem Ausgangstextstück die größte Ähnlichkeit aufweisen.

Eine ähnliche Zielsetzung wie die semantischen Links weisen die *dynamischen semantischen Links* dahingehend auf, daß auch dabei Textstücke gefunden werden sollen, die mit einem Ausgangstextstück verwandt sind. Während jedoch der Benutzer bei der Generierung semantischer Links keinerlei Steuerungsmöglichkeiten besitzt, basiert die Generierung dynamischer semantischer Links weitgehend auf den vom Benutzer vorgenommmen Spezifikationen und erfolgt innerhalb einer HYPERMAN-Sitzung:

1. Der Benutzer wählt diejenigen Wörter innerhalb eines Knotens aus, die für ihn relevant sind.
2. Anschließend vergibt der Benutzer Gewichte an die von ihm ausgewählten Terme.

Mit Hilfe der gewichteten Terme werden dann diejenigen Abschnitte aus der Hypertextbasis herausgefiltert, die zum Anfragevektor die größte Ähnlichkeit aufweisen. Diese Abschnitte werden dem Benutzer innerhalb eines speziellen Mehrfachlinkauswahlfensters angeboten.

Um nachfolgenden Benutzern zusätzliche Hilfestellungen geben zu können, werden sämtliche einmal generierten dynamischen semantischen Links in der Hypertextbasis gespeichert und sind danach zusammen mit den normalen semantischen Links verfügbar.

3.3.6 Annotationskonzept

Gerade weil HYPERMAN kein Autorensystem ist, ist es notwendig, auf andere Weise Notizen von Benutzern, d.h. Text- oder Audio-Annotationen, zu ermöglichen. Derartige Anmerkungen eines Benutzers können sowohl privater Natur, als auch von allgemeinem Interesse sein. Aus diesem Grund können im HYPERMAN-System an beliebige Stellen eines Hypertexts Annotationen angeheftet werden, wobei eine Annotation — analog zur Linkverwaltung — nur von dem Teil der Benutzerschaft gelesen/gehört bzw. verändert werden kann, dem vom Autor die entsprechenden Rechte zugestanden wurden (siehe [Schu90], [Salz91]).

3.4 Die Lernkomponente des HyperMan–Systems

Da das maschinelle Erzeugen von Hypertext-Links einerseits stets mit einem gewissen Unsicherheitsfaktor behaftet ist und andererseits die Linkgenerierungskomponente nicht alle erdenklichen Querbezüge in einem Hypertext aufspüren kann, wurde die Schlußfolgerung gezogen, daß sich ein Hypertext *dynamisch* den Bedürfnissen seiner Benutzer anpassen sollte. Diese Anpassung sollte möglichst nicht ausschließlich benutzerspezifisch erfolgen, sondern das System sollte einerseits Wissen über die Qualität von Links erwerben und andererseits von allen Benutzern gute Suchbegriffe, neue Zusammenhänge oder bewährte Pfade lernen, um nachfolgende (unter Umständen unerfahrene) Benutzer unterstützen zu können.

Ausgehend von diesen Gedanken wurde in das HYPERMAN-System eine Lernkomponente integriert. Diese Komponente zieht Rückschlüsse aus dem Verhalten der einzelnen Benutzer und modifiziert — bei mehrdeutigen Interpretationen des Benutzerverhaltens nach Rückfrage — den zugrundeliegenden Hypertext entsprechend (d.h. die Linkmenge, die Sachwortliste und den Thesaurus).

Dieses allgemeine Prinzip des maschinellen Lernens durch Benutzerbeobachtung ist nicht neu: Bereits in der Information-Retrieval-System-Komponente TEGEN (siehe

[GJSS89]), ebenfalls an der Technischen Universität München entwickelt, wurden Lernregeln implementiert, mit deren Hilfe Thesauruseinträge gewonnen werden konnten.

Da in dem HYPERMAN-System die Volltextsuche auch durch einen Thesaurus unterstützt wird, bot es sich an, einige TEGEN-Lernregeln mit Modifikationen in das HYPERMAN-System zu übernehmen. Diese Lernregeln stellen sicher, daß der Thesaurus mit kontinuierlicher Systembenutzung ständig wächst und somit für die Benutzerschaft eine immer größere Hilfe darstellt.

Beim Aufstellen von Regeln für das Erlernen von Links wurde von den in einer reinen Beobachtungsphase gewonnenen Erkenntnissen hinsichtlich des Benutzerverhaltens ausgegangen. Diese Erkenntnisse beruhen auf Untersuchungen der dabei angefallenen Daten, aus denen Rückschlüsse auf immer wiederkehrende Aktionenabfolgen gezogen werden konnten, die zur Durchführung von bestimmten Informationssuchen erforderlich sind. Dies war besonders wichtig, um der Zielsetzung gerecht zu werden, Informationssuchen von Benutzern durch Links abzukürzen.

Aktionenabfolgen, die den Untersuchungen zufolge am ehesten einer in sich abgeschlossenen Informationssuche zuzuordnen sind, wurden dann in Regeln umgesetzt und durch zusätzliche Kriterien ergänzt, die notwendig sind, um die Zusammengehörigkeit von aufeinanderfolgenden Aktionen besser zu gewährleisten. Zu derartigen Kriterien gehören u.a. Zeitschranken, die sicherstellen, daß zwei Aktionen nur dann als zusammengehörig betrachtet werden, wenn zwischen ihnen keine allzu große zeitliche Lücke entstanden ist. Eine detaillierte Darstellung des maschinellen Lernens im allgemeinen und des Erlernens von Links im speziellen findet sich in [Myka91].

Sowohl beim Erlernen von Begriffsbeziehungen, als auch beim Erlernen von Links wird eine erlernte Beziehung nicht sofort als endgültig, sondern zunächst als provisorisch betrachtet. Im Gegensatz zum Erlernen von Begriffsbeziehungen scheitert jedoch beim Erlernen von Links die Verifikation einer Beziehung zwischen Textstücken durch mehrmalige (indirekte) Akquisition, da die Komplexität einer Hypertextstruktur ein wiederholtes Auftreten einer Recherche–Situation wenig wahrscheinlich erscheinen läßt. Stattdessen werden provisorische Links — abgesehen von einer Markierung, die sie für den Benutzer als „provisorisch" ausweist — als völlig gleichberechtigt mit allen anderen Links dargestellt. Zusätzlich werden bei provisorischen Links aber — wie auch bei anderen unsicheren Links — durch implizite und explizite Benutzerrückkopplung Hinweise auf die Gültigkeit bzw. Ungültigkeit der gespeicherten Zusammenhänge gesammelt und zur Verifikation bzw. Falsifikation herangezogen.

3.5 Einsatzmöglichkeiten des HyperMan-Systems

Auf Grund der in HYPERMAN zur Verfügung stehenden Generierungskomponente ergeben sich zahlreiche Einsatzmöglichkeiten des Systems, wenn es darum geht, einen komfortablen Zugang zu Dokumenten zu bieten. Dabei ist man nicht auf Dokumente beschränkt, die üblicherweise als Nachschlagewerke verwendet werden, wie z.B. die Manuale eines Datenbank-Management-Systems. Vielmehr ist es auch möglich, Texte aufzubereiten und zu verwalten, die nur sehr wenig mit einem Nachschlagewerk gemeinsam haben. Als Beispiel kann hierbei die gemeinsame Verwaltung von Programmquellen und deren Dokumentation genannt werden, die es u.a. einem Programmierer gestattet, sich in kurzer Zeit einen Überblick über ein bestehendes System zu verschaffen, sowie Einblick in die Funktionsweise spezieller Systemkomponenten zu bekommen (siehe [SMG92]).

Eine Einschränkung weist das bestehende System dahingehend auf, daß zur Zeit nur maschinell lesbare Dokumente von HYPERMAN verarbeitet und verwaltet werden können. Somit ist es zwar möglich, gescannte und mit entsprechender OCR–Software vorbereitete Dokumente in das System zu integrieren, dabei muß aber auf deren ASCII-Repräsentation zurückgegriffen werden. Da ein Autor von gedruckten Publikationen jedoch auch einen Teil der Informationen, die er zu vermitteln sucht, mit Hilfe von Layout und Fonts codiert, ist es nötig, bei der Analyse derartiger Dokumente Layout- und Fontinformationen zu berücksichtigen und bei der Darstellung der Dokumente mit Hilfe von HYPERMAN die Faksimile–Versionen zu benutzen.

4 Kopplung von TUMIS und HyperMan

4.1 Ziele der Kopplung

Ziel der Kopplung von TUMIS und HYPERMAN sollte ein System sein, das zum einen das Durchmustern und Filtern von großen Objektmengen und zum anderen das „Zoomen" auf als relevant erkannte Elemente dieser Menge erlaubt. Übertragen auf das Modell einer Bibliothek kann dabei TUMIS als elektronischer Bibliothekar gesehen werden, der bei der Auswahl von relevanten Objekten behilflich ist und diese Objekte — auf Benutzerwunsch — an HYPERMAN übergibt. HYPERMAN bildet dann zusammen mit den von TUMIS gelieferten Objekten ein intelligentes Dokument, in dem der Benutzer seine Informationssuche auf detaillierter Ebene fortsetzen kann.

Was spricht für ein derartiges zweistufiges System, das zwischen der Auswahl und der Inspektion von Dokumenten unterscheidet?

1. Eine Realisierung als einstufiges System, in dem die Menge aller Dokumente als ein einziger riesiger Hypertext behandelt wird, fördert die Desorientierung der Benutzer, die in einem derartigen System kaum den Überblick bewahren können. Ein zweistufiges System bietet den Benutzern ein Modell (*Bibliothek*), das sie aus eigener Erfahrung kennen und mit dem sie bereits gelernt haben umzugehen.

2. Ein zweistufiges System steht nicht im Widerspruch zum Modell eines einzigen Hypertexts, wie es von T. Nelson im Projekt „Xanadu" entwickelt wird (siehe [Nels88]), sondern bietet eine Ergänzung dazu: das Dokument-Retrieval-System sorgt dafür, daß ein Benutzer einen geeigneten Einstiegspunkt in die — untereinander vernetzte — Menge von Dokumenten erhält. Danach kann er in diesem Geflecht wie in einem einzigen Hypertext navigieren.

3. Im Hinblick auf den relativ teuren Transport von nicht–lokalen Dokumenten über das Netz sollte eine vorläufige Sichtung des insgesamt verfügbaren Materials mit Hilfe eines Dokument-Retrieval-Systems vorgenommen werden.

Der Einsatz dieses Systems ist aber nicht allein auf die Verwaltung von Dokumenten beschränkt. Denkbar ist z.B. auch eine Verwaltung von Software–Bibliotheken bzw. Software–Repositories, um bei einer Programmierarbeit auf vorhandene Bausteine zurückgreifen zu können. Der Benutzer würde somit zunächst spezifizieren, welche Eigenschaften der benötigte Code aufweisen muß und würde daraufhin diejenigen *Module* erhalten, in denen sich die für ihn relevanten Code–Teile befinden. Eine Sichtung dieser Module und der zugehörigen Dokumentationen kann wiederum mit dem Hypertext-System vorgenommen werden, das es in besonderem Maß ermöglicht, die *Strukturen* eines Codes zu inspizieren und damit zu überprüfen, ob der Code den an ihn gestellten Anforderungen entspricht.

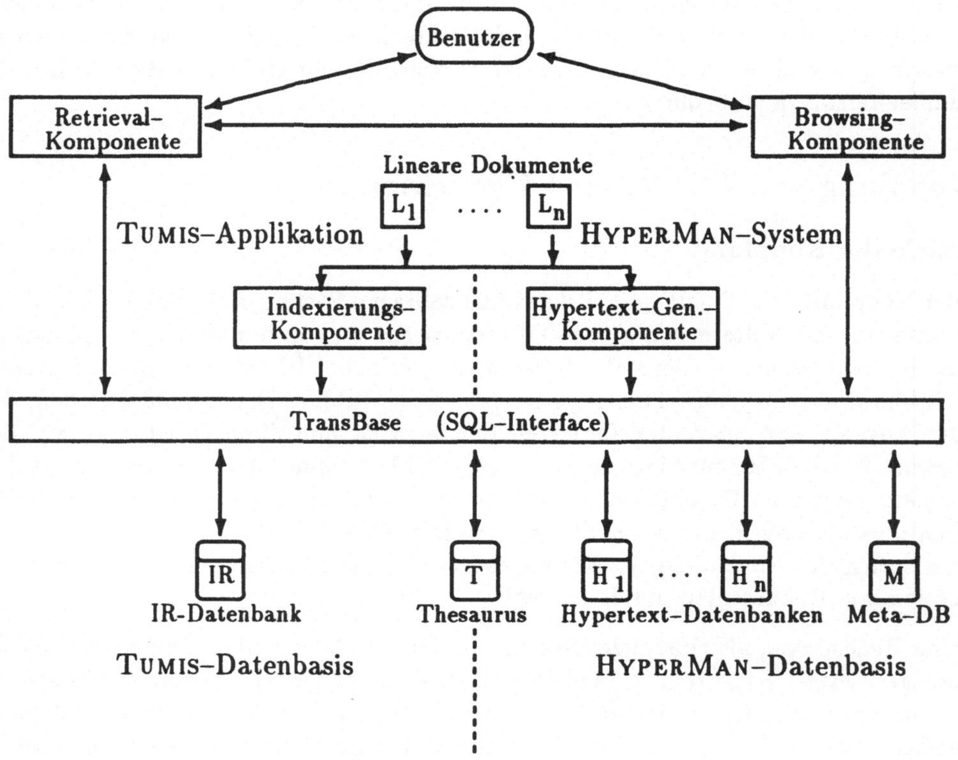

Abb. 5. Kopplung von TUMIS und HYPERMAN

4.2 Architektur des Gesamtsystems

Die beiden Teile des Gesamtsystems, ein als TUMIS–Applikation realisiertes Dokument-Retrieval–System und das Hypertext-System HYPERMAN arbeiten eigenständig und kooperieren durch wechselseitigen Aufruf (siehe Abbildung 5). Das bedeutet auch, daß die beiden Teilsysteme nicht hierarchisch angeordnet sind, sondern gleichberechtigt nebeneinander stehen. Dadurch kann der Benutzer von HYPERMAN aus auch auf die TUMIS-Applikation zugreifen bzw. es können in den durch das Hypertextsystem verwalteten Dokumenten sogar Links generiert werden, die Suchanfragen in dem Dokument-Retrieval-System initiieren.

Als Verwaltungseinheit (Objekt) innerhalb der TUMIS-Applikation wurde ein Hypertextknoten (siehe Abschnitt 3.2) festgelegt, d.h. Recherchen innerhalb des Dokument-Retrieval-Systems liefern als Ergebnis eine Menge von Hypertextknoten, aus der der Benutzer diejenigen Knoten auswählt, die ihm als Ausgangspunkt für weitere Recherchen dienen sollen. Um ein rasches Navigieren zu gewährleisten, werden die durch das Dokument-Retrieval-System gefundenen Knoten bei der Darstellung als Hypertext zusammen mit den Dokumenten geladen, in denen sie enthalten sind.

Zusätzlich existiert eine lose Kopplung beider Teilsysteme über eine Thesaurus-Datenbank, mit deren Hilfe gleichermaßen Suchen im Dokument-Retrieval- und im Hypertext-System, sowie zukünftig auch der Indexierungsprozeß unterstützt werden. Diese Datenbank wird mit Lernergebnissen gefüllt, die sowohl aus den Recherchen innerhalb des Dokument-Retrieval-Systems, als auch aus HYPERMAN-Sitzungen gewonnen werden ([GJSS89], [SGMJ92]).

5 Ausblick

Über die hier realisierte Kopplung hinaus gibt es viele weitere sinnvolle Möglichkeiten der Integration von TUMIS und HYPERMAN, von denen einige im folgenden kurz angesprochen werden sollen:

- Verwaltung von Online-Datenbanken
  Mit Hilfe von HYPERMAN könnten mehrere TUMIS-Applikationen verwaltet und die Zusammenhänge zwischen den Applikationen einem Benutzer sichtbar gemacht werden. HYPERMAN könnte dann in der Rolle eines *Information-Brokers* gesehen werden, der bei der Vermittlung einer geeigneten Datenbank behilflich ist und die Verbindung zu der relevanten Online-Datenbank herstellt. Darüberhinaus kann mit HYPERMAN in diesem Fall ein komfortables Hilfesystem zur Verfügung gestellt werden, das etwa bei Fragen hinsichtlich der Query-Syntax oder des verwendeten Klassifikationssystems vom Benutzer zu Rate gezogen werden kann.
- Einsatz von HYPERMAN-Techniken in TUMIS-Applikationen
  Die innerhalb von HYPERMAN bekannten semantischen Links könnten auch in TUMIS eingesetzt werden, um eine Erhöhung des Recalls zu erreichen. Somit wäre es möglich, einem Benutzer nicht nur die Objekte als Ergebnis seiner TUMIS-Query anzubieten, die genau den in der Booleschen Query formulierten Ansprüchen genügen, sondern auch Objekte, die einen hohen Verwandtschaftsgrad zu derartigen Objekten aufweisen.
- Einsatz von TUMIS zur Verbesserung der Suchmöglichkeiten in HYPERMAN
  Der TUMIS-Rechercheoperator kann verwendet werden, um die von HYPERMAN angebotenen Suchmöglichkeiten zu erweitern. Um diese Funktionalität gewinnbringend verwenden zu können, müßten neben Textknoten auch Links als Objekte von TUMIS verwaltet werden. Auf diese Weise wäre es möglich, Struktursuchen bzw. allgemein komplexe Suchanfragen abzusetzen, z.B. eine Suche nach allen Knoten, zu denen Explanation-Links führen, in deren Linkquelle der Begriff „TransBase" vorkommt.

Danksagung

Die Autoren danken M. Kempf für viele hilfreiche Ideen und Diskussionen sowie allen beteiligten Studenten, ohne die die Durchführung des Projekts nicht möglich gewesen wäre.

Literatur

[AhCo75]   Aho, A.V.; Corasick, M.J.: *Efficient string matching: An aid to bibliographic search.* Communications of the ACM, 18(6), S. 333–340, 6 1975.

[Baue90]   Bauernfeind, H.: *Effizienzsteigernde Maßnahmen für die Abarbeitung von Recherchen in TUMIS.* Diplomarbeit, Technische Universität München, Mai 1990.

[Baye91]   Bayer, R.: *OMNIS/MYRIAD — Vorreiter einer neuen Generation von Bibliothekssystemen.* Arbeitspapier, Technische Universität München, 1991.

[Bryc91]   Brychcy, T.: *Paralleler Aufbau von Datenbanken für das IRMS TUMIS in einem LAN.* Fortgeschrittenenpraktikum, Technische Universität München, 1991.

[FaJa92]   Faloutsos, Ch.; Jagadish, H.V.: *Hybrid index organization for text databases.* In: A. Pirotte, C. Delobel, and G. Gottlob (Hrsg.): Proceedings of the 3rd International Conference on Extending Database Technology, Springer–Verlag, Lecture–Notes 580, 1992, S. 310–327.

[Fich90]   Fichtl, M.: *Knoten- und Linkgenerierungstechniken in den Hypertextsystemen „HyperMan" und „HyperTEX".* Diplomarbeit, Technische Universität München, Juli 1990.

[Fuch85]   Fuchs, M.: *Konzeption von Bibliotheks- und Bibliotheksverbundsystemen.* Dissertation, Technische Universität München, 1985.

[GJSS89]   Güntzer, U.; Jüttner, G.; Seegmüller, G.; Sarre, F.: *Automatic Thesaurus Construction by Machine Learning from Retrieval Sessions.* Information Processing & Management, Vol. 25, No. 3, 1989, S. 265–273.

[Hahn89]   Hahn, A.: *Entwurf und Implementierung einer hypertext-ähnlichen Oberfläche für die UNIX-Manuale als Beispiel einer kooperativen Benutzerschnittstelle.* Diplomarbeit, Technische Universität München, Nov. 1989.

[Hart90]   Hartinger, H.: *Entwurf und Implementierung von Schemagenerator und boolescher Rechercheschnittstelle für das IRMS TUMIS.* Diplomarbeit, Technische Universität München, Mai 1990.

[JüGü88]   Jüttner, G.; Güntzer, U.: *Methoden der Künstlichen Intelligenz für Information Retrieval.* Saur Verlag, München, 1988.

[Kuhl91]   Kuhlen, R.: *Hypertext. Ein nicht-lineares Medium zwischen Buch und Wissensbank.* Springer–Verlag, 1991.

[KWG91]   Kempf, M.; Werner, W.; Güntzer, U.: *Das Information-Retrieval-System TUBIBMUE — Benutzermanual für die Recherche in der Literaturdatenbank TUBIBMUE.* TUM–INFO, Technische Universität München, April 1991.

[Mäde90]   Mädel, Th.: *Konzept und Implementierung von Recherche-Erweiterungen, Änderungs- und Lösch-Operator für das IRMS TUMIS.* Diplomarbeit, Technische Universität München, Nov. 1990.

[MGS92]   Myka, A.; Güntzer, U.; Sarre, F.: *Monitoring User Actions in the Hypertext System "HyperMan".* Erscheint in: Proceedings of the ACM SIGDOC '92, Oct. 13–16, 1992, Ottawa, Canada.

[Möße91] Mößel, M.: *Entwurf und Implementierung von Methoden zur intelligenten Query-Interpretation und Freitextsuche im IRMS TUMIS.* Diplomarbeit, Technische Universität München, Nov. 1991.

[MSGS91] Myka, A.; Sarre, F.; Güntzer, U.; Salzberger Th.: *HyperMan — ein kooperatives Zugangssystem zu Hypertext-Datenbanken.* Tagungsband der „Hypertext und Hypermedia 1992", 14.–16.Sept. 1992, München, Informatik-Fachberichte, Springer-Verlag.

[MSG92] Myka, A.; Sarre, F.; Güntzer, U.: *Rule-Based Machine Learning of Hypertext Links.* Erscheint in: Upravlyaemye Sistemy i Machiny, Kiew, 7/8 1992.

[Myka91] Myka, A.: *Dynamische Hypertextlinks in dem System „HyperMan".* Diplomarbeit, Technische Universität München, Mai 1991.

[Nels88] Nelson, T.H.: *Managing Immense Storage.* Byte, Jan. 1988, S. 225–238.

[Redl91] Redlich, R.: *Konzept und Implementierung einer Systemkomponente zur wissensbasierten Query-Vervollständigung für das IRMS TUMIS.* Diplomarbeit, Technische Universität München, Jan. 1991.

[SaBu88] Salton, G.; Buckley, C.: *Term-Weighting Approaches in Automatic Text Retrieval.* Information Processing & Management, Vol. 24, No. 5, 1988, S. 513–523.

[SaGü89] Sarre, F.; Güntzer, U.: *Einsatz von Hypertextsystemen für Dokumentationen technischer Systeme am Beispiel der UNIX-Manuale.* In: Heuer, A.; Kupka, I.: Interaktive Schnittstellen für Informationssysteme, GI-Fachtagung, Technische Universität Clausthal, Nov. 1989, Notizen zu Interaktiven Systemen, Heft 18, S. 133–148.

[SaGü90] Sarre, F.; Güntzer, U.: *Einsatz des Hypertextsystems „HYPERMAN " für Online-Datenbank-Manuale.* In: Gloor, P.A. ; Streitz, N.A. (Hrsg.): Hypertext und Hypermedia, Informatik-Fachberichte 249, Springer-Verlag, 1990, S. 112–123.

[SaGü91] Sarre, F.; Güntzer, U.: *Automatic Transformation of linear Text into Hypertext.* Proceedings of the International Symposium on Database Systems for Advanced Applications (DASFAA '91), Tokyo (Japan), April 2–4, 1991, S. 498–506.

[Salz91] Salzberger, Th.: *Integrierte Verwaltung von Text-, Grafik- und akustisch-orientierten Hypertexten in dem System „HYPERMAN ".* Diplomarbeit, Technische Universität München, November 1991.

[SaMc83] Salton, G.; McGill, M.J.: *Introduction to Modern Information Retrieval.* McGraw-Hill, 1983.

[Sarr91] Sarre, F.: *Zur Generierung von Hypertextstrukturen aus linearen Texten durch Partitionierung und Strukturanreicherung.* Dissertation, Technische Universität München, Juli 1991.

[Schu90] Schultz, H.: *Volltext-Retrieval im Hypertextsystem „HyperMan" und ein Konzept zur Verwaltung von Annotationen im Mehrbenutzerbetrieb.* Diplomarbeit, Technische Universität München, Nov. 1990.

[SGMJ92] Sarre, F.; Güntzer, U.; Myka, A.; Jüttner, G.: *Maschinelles Lernen von Relationen für Thesauri und Hypertext.* Kognitive Ansätze zum Ordnen und Darstellen von Wissen, Fortschritte in der Wissensorganisation, Band 2, INDEKS Verlag, 1992, S. 265–276.

[Sker90] Skersies, M.: *Entwicklung und Implementierung einer adaptiven Komponente zur Analyse natürlichsprachlicher Anfragen an das IRMS TUMIS.* Diplomarbeit, Technische Universität München, Nov. 1990.

[SMG92] Sarre, F.; Myka, A.; Güntzer, U.: *Hypertext for Software Engineering: Automatic Conversion of Source Code and its Documentation into an Integrated Hypertext.* Erscheint in: Proceedings of the 3rd International Conference on Database and Expert Systems Applications — DEXA '92, Valencia, Sept. 2–4, 1992, Springer-Verlag.

[SMS92]   Sarre, F.; Myka, A.; Salzberger, Th.: *Die Benutzerschnittstelle des HyperMan-Systems*. Bericht des Wilhelm–Schickard–Instituts, Universität Tübingen, WSI-92-3, Feb. 1992.

[SRS91]   Schönauer, Th.; Rössler, N.; Sarre, F.: *Aufbereitung von Programmierhandbüchern zu Hypertext am Beispiel des IF/Prolog-Referenzmanuals*. IF/Prolog Newsletter, Vol. 6, Ausg. 1, Juli 1991, S. 8–13.

[SSG90]   Sarre, F.; Seidt, M.; Güntzer, U.: *HyperT$_E$X— A System for Automatic Creation of Hypertext-Textbooks from Linear Texts*. In: Tjoa, A.M.; Wagner, R. (Hrsg.): Proceedings of the International Conference on Database and Expert Systems Applications — DEXA '90, Vienna, August 29–31, 1990, Springer–Verlag, S. 62–68.

[Tran90] *TransBase Relational Database System, Version 3.3*. Programming Interface, System Guide, TB/SQL Reference Manual, TBI Manual, UFI User's Guide. TransAction Software GmbH, D–8000 München, 1990.

[Vogl89] Vogl, W.: *Entwurf und Implementierung eines Information Retrieval Systems mit boolescher Rechercheschnittstelle auf einem relationalen Datenbanksystem*. Diplomarbeit, Technische Universität München, Mai 1989.

[WeGü89] Werner, J.; Güntzer, U.: *Einsatz von Lernmethoden zur Query-Vervollständigung*. In: Heuer, A.; Kupka, I.: Interaktive Schnittstellen für Informationssysteme, GI-Fachtagung, Technische Universität Clausthal, Nov. 1989, Notizen zu Interaktiven Systemen, Heft 18, S. 93–112.

[WeGü92a] Werner, J.; Güntzer, U.: *X-TUMIS — Ausbau des Information-Retrieval-Management-Systems TUMIS für Analyse, Retrieval und Präsentation von Dokumenten*. Universität Tübingen, WSI-92-4, 1992.

[WeGü92b] Werner, J.; Güntzer, U.: *X-TUMIS: A step towards a true electronic library*. Erscheint in: Proceedings of the Information Technology for Training and Education Conference (ITTE92), Brisbane, Australia, Sept. 1992.

[Wer92]   Werner, J.: *Konzepte zur Erhöhung von Funktionalität, Benutzerfreundlichkeit und Effizienz in Information Retrieval Systemen*. Dissertation in Vorbereitung.

[WGB92]   Werner, J.; Güntzer, U.; Brychcy, T.: *Audio-Mail — Eine zweckmäßige Kombination aus gesprochener Sprache, E-Mail und Datenbanken*. Universität Tübingen, WSI-92-1, 1992.

[ZBL31]   *Zentralblatt für Mathematik und ihre Grenzgebiete — Mathematics Abstracts*. Heidelberger Akademie der Wissenschaften und Fachinformationszentrum Karlsruhe, 1931 ff.

KRISYS - a KBMS Supporting the Development and Processing of Advanced Engineering Applications

S. Deßloch, T. Härder, F.-J. Leick, N.M. Mattos[1]
University of Kaiserslautern, CS Department
P.O.Box 3049, 6750 Kaiserslautern, Germany
e-mail: {dessloch,haerder,leick}@informatik.uni-kl.de

Abstract

In order to support non-standard database applications and, in particular, advanced engineering applications, enhanced DBMSs have to supply not only semantically enriched data and knowledge modeling concepts, but also means for constructing an application model in a stepwise, incremental way. The Knowledge Base Management System KRISYS, which is presented in this paper, has been developed along these lines. We give an overview of the system architecture and the individual components, illustrate the application design methodology supported by the system, and demonstrate the applicability of KRISYS in an advanced CAD framework. Additionally, we emphasize the need of refined concepts for efficient application processing in workstation/server architectures and sketch a processing model for such an environment.

1. Introduction

In the last years, substantial research efforts in the area of Database Management Systems (DBMS) have been conducted to support advanced or so-called non-standard database applications. As a representative of this application class, one can consider engineering applications like computer-aided design (CAD) systems. Such applications pose strong requirements w.r.t. data modeling and management facilities, which are additionally increased by current activities to develop better and more flexible (so-called advanced or intelligent) CAD systems [AtHV89, GR89, YG89]. Such systems should

- be capable of controlling the overall design process including multiple design steps,
- provide system-enforced checking of complex integrity constraints even across design steps, as well as
- exhibit some kind of active system behavior and a more intelligent user interface which support the design work in various ways, for example by
  - providing appropriate design hints for the design engineer,
  - deriving conceivable (or relevant) problem solutions, and
  - delivering adequate diagnostic information at all stages of the design process.

Clearly, database technology should be used to support such advanced CAD systems, because

- CAD applications are typically data-intensive,
- control of design steps at a fairly detailed level requires a sufficiently precise system model of the design object which supports uniform handling of all aspects of object representation, and
- a unique and non-redundant representation of design objects serves as an effective way to integrate all components participating in a CAD system and to preserve integrity constraints during the entire design.

Of course, there are more arguments in favor of the use of a DBMS such as management of persistent data, failure recovery, concurrency control in a multi-user environment, etc.

---

1. The current address of Mr. Mattos is: IBM Santa Teresa Laboratory, 555 Bailey Av., San Jose - CA - 95150, USA, e-mail: mattos@stlvm14.vnet.ibm.com.

However, current DBMS do not support the following modeling concepts, which are indispensable in obtaining more semantic expressiveness and reaching the desired active behavior:

- Abstraction concepts [BMW84,Br81,Ma88a,SS77] are primarily important for the support of a semantically enriched object description. Additionally, they define means for object organization which, in turn, can be used to describe distinct application aspects. This is done, however, in an integrated way.
- There is a need for the integration of behavior into the application model in the form of procedural attributes, user-defined functions, or methods [At89,MMM92]. Such procedures can be used to describe actions in which application objects are involved, thereby permitting the integration of application-oriented operations into the system.
- Reasoning facilities [DK76,Fr86] are necessary to deal with incomplete specifications as well as to control the overall application process, thereby also providing the necessary active system behavior.

The enhancement of DBMS with the above mentioned modeling concepts resulting in so-called Knowledge Base Management System (KBMS) [BM86,Ma91a,ST89] is currently a topic of active research. In such a system, pieces of applications in form of user-defined functions, methods on abstract data types, abstraction relationships, and inference rules are moved inside the KBMS for better performance and higher flexibility. As a result, KBMS support object-oriented models and rules, both in terms of query language extensions and internal system support[1].

However, we regard the provision of the above described modeling concepts alone as not sufficient. In order to be suitable for the development of complex non-standard applications, a KBMS additionally has to act as **a modeling tool,** supporting the interactive and stepwise construction and development of knowledge bases (KBs). The above modeling concepts should be applicable in a dynamic way, allowing the application designer to explore different modeling alternatives and iteratively extend, restructure, refine, and validate the KB (i.e., the application model) in the sense of a rapid prototyping approach [MM89].

Finally, the overall architecture of a KBMS should be suitable for workstation/server environments, which can be regarded as a typical run-time environment for non-standard applications [DFMV90, HHMM88, KDG87, Ma91b]. Therefore, locality of reference should be exploited as far as possible; buffering objects close to the application seems to be the only means to achieve efficient object references. Also, coupling some kind of 'DBMS' and 'XPS' components in existing architectures is responsible for cumbersome handling and for quite poor performance in most cases [Ma90]. For this reason, the integration of XPS and DBMS techniques in an effective way is one of the main issues to be addressed.

In this paper, we describe how the above requirements are satisfied by the KBMS KRISYS (_K_nowledge _R_epresentation and _I_nference _Sy_stem), thereby describing the general course of our project. In Sect. 2, we sketch an overall view of our system architecture and give a description of its main components. KRISYS has been completely implemented [Kr89] and several applications have been developed in order to validate the concepts incorporated in the system. Sect. 3 focuses on the functionality of KRISYS as a modeling tool and illustrates how the modeling concepts can be applied to support intelligent CAD as one of the implemented applications. Based on experiences and results from these applications we have performed an evaluation of KRISYS from different points of view. As a result of this evaluation, presented in Sect. 4, we formulate some additional system requirements, which lead to an improved system architecture for KRISYS which is currently implemented. This new architecture is described in Sect. 5. Summary and outlook are given in Sect. 6.

2. Overview of the System Architecture

From a conceptual point of view, there are three orthogonal ways of looking at KBMS [BL86,Ma88b], corresponding to the three different aspects of the construction and utilization of applications: the needs of the ap-

---

1. In our definition, KBMS are therefore more general than object-oriented DBMS (OODBMS) [At89, MMM92,Ni89, SS90a, SS90b] w.r.t. modelling concepts and functionality.

plications (i.e., knowledge manipulation means for solving problems), knowledge engineering support (i.e., modeling concepts for KB construction), and suitable resources and implementation aspects (i.e., mechanisms for efficiently coping with knowledge storage and retrieval). Thus, KBMS should incorporate different features in order to be able to fulfil the requirements involved with these three different viewpoints. The support of these three classes of requirements leads to a natural division of KBMS architecture in three layers, which we denote application, engineering, and implementation layer, respectively, where the corresponding features are specifically considered (Fig. 1a).

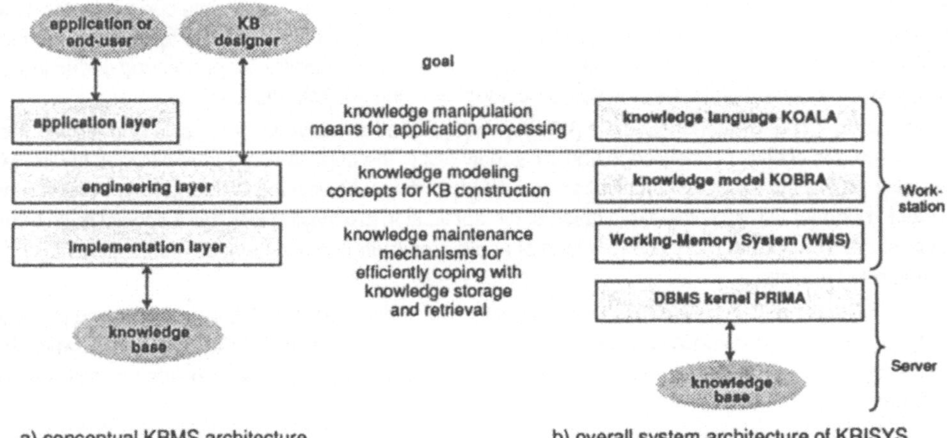

a) conceptual KBMS architecture   b) overall system architecture of KRISYS

Fig. 1: The KRISYS approach towards KBMS

This three level approach only shows the general guidelines for the realization of a KBMS. In order to derive the overall architecture of such systems, we also have to consider the run-time requirements and the processing environment. Particularly, KBMS architectures should fit into a workstation/server environment with decentralized and autonomous processors. As a consequence, all questions related to 'coupling' system components should be carefully considered when designing KBMS. The closer the 'coupling' between server and workstation, the more they will mutually influence one another, for example via communication delays, network congestion, and failure dependence. Thus, the only reasonable approach is the use of loosely coupled system components relying on interfaces that minimize communication traffic and KB accesses. This approach has to be accompanied by the support of a high degree of locality of reference (e.g., by using main memory data structures) on the workstation side for performance reasons.

One step towards achieving this latter goal is taken by integrating an object buffer into the workstation component [HHMM88]. An object buffer can be exploited to temporarily maintain relevant KB contents. Updates can be accumulated and the propagation to the server can be deferred until the end of a modeling or processing step. This will substantially reduce the number of calls to the DBMS kernel, the path length when accessing the objects of the KB, the number of I/O operations, as well as transfer overhead between server and workstation. However, the use of an object buffer is not the only means for minimizing workstation/server communication: an appropriate interface between server and workstation plays a crucial role in the design of a KBMS since the functionality provided at the server side influences the amount of processing that will be performed at both server and workstation. We argue that the 'borderline' between the two components has to be placed in the implementation layer so that most of the semantics provided by the KBMS (available only in the engineering and application layers) remains on the workstation side.

Architecture of KRISYS

Reflecting the considerations discussed so far, KRISYS is architecturally divided into four different components (Fig. 1b) [Ma88b].

- The **application layer** corresponds to the external interface of the system where objects (or knowledge) are viewed in an abstract and functional manner. This interface is defined by the powerful query and manipulation language KOALA [DLM90], that keeps the application programs independent from the internal representation of the underlying knowledge model. They interact with the system only by means of 'ask' and 'tell' operations to retrieve information and assert the truth of (pieces of) knowledge within the KB respectively, thereby provoking modifications.

- The mixed knowledge representation framework provided for the KB designer is defined by the KOBRA knowledge model, corresponding to the **engineering layer**. KOBRA offers flexible constructs for describing the application domain, such as mechanisms for integrating behavior into the application model, abstraction concepts for organizational purposes, general reasoning facilities for performing deductions, and several constructs for maintaining the semantic integrity of the KB [MM89,De91].

- The task of the Working-Memory System (WMS) [LM89] placed on the workstation side is to efficiently cope with storage and access of knowledge and the supply of it to the engineering and application layers. Moreover, it is responsible for all communication and data transfer tasks with the DBMS kernel. For this reason, the most important aspect is the exploitation of the application processing locality. A special main memory structure, the Working Memory (WM), a kind of application buffer, is maintained, which temporarily holds the requested objects.

- The DBMS kernel PRIMA [HMMS87,Hä88] located at the server concentrates on efficient and reliable KB management. It provides application independent data management functions at its interface, which is determined by the MAD model [Mi89a]. Together with the WMS, the DBMS kernel builds up the **implementation layer** (Fig. 1).

In the following, we will describe the system components in more detail.

2.1 KOBRA

The KOBRA knowledge model [Ma91a] provides an object-centered representation of the application world, supporting the specification of descriptive, organizational, and operational knowledge in an integrated manner. That is, all these kinds of knowledge are incorporated in one basic concept, called **schema** (not to be confused with a DB-schema), which is used to represent entities of the world to be modeled. A schema (or object) is uniquely identified by a name (i.e., object-identifier), and contains a set of attributes to describe its characteristics. Attributes are used for the representation of properties of a schema and of its relationships to other schemata (**slots**) as well as for the description of behavioral aspects of an entity (**methods**). In order to characterize an object in more detail, attributes can be further described by **aspects** (possible-values and cardinality specification, etc.). An example description of a schema is given in Fig. 2. The object 'mercedes-500' has slots such as 'price' or 'has-motor', as well as methods (e.g., 'order'). The slot 'price' is further described by a 'possible-values' aspect and 'unit' as a user-defined aspect.

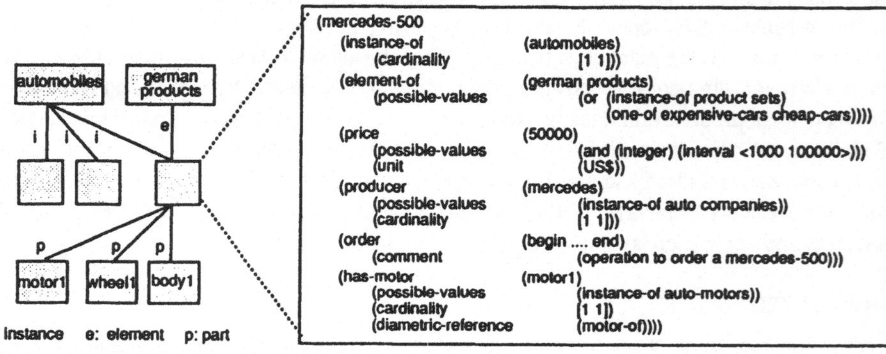

Fig. 2: Example description of the schema 'mercedes-500'

For object structuring, KOBRA supports the abstraction concepts of classification, generalization, association, and aggregation [Ma88a] which are incorporated into the model by means of special, system-controlled attributes. That is, these concepts are seen as special, predefined relationships between objects, defining the overall organization of a KB as a kind of complex network of objects. Hence, each schema can be related to other schemata by means of any abstraction concept. Classification/generalization as well as association and aggregation form a directed acyclic graph rooted in a system-defined schema. Since each schema can be a node in each of these graphs, the KB can be seen as the superposition of three graphs. The same object can, for example, represent a class with respect to one object and a set or even an instance with respect to another. In other words, KOBRA supports an *integrated view of KB objects*, i.e., there are no separate representations for sets, classes, instances, or complex objects. For example, 'mercedes-500' in Fig. 2 is at the same time an instance of 'automobiles', an element of 'german products' and an aggregate consisting of 'motor1', 'body1', and 'wheel1'. Therefore, the separation of data and meta-data, which is a characteristic of existing data models, is eliminated in KOBRA so that meta-information is integrated into the KB [MM89].The semantics of the abstraction concepts are guaranteed by **built-in reasoning** facilities and **integrity constraints**, which are described in more detail in Sect. 3.

The KOBRA model provides additional means for maintaining the **semantic integrity** of a KB [De91]. In order to specify constraints for *attribute value consistency*, the possible values and cardinality aspects can be used to restrict the value domain and number of values allowed for an attribute. Arbitrarily complex constraints can be realized using the *demon concept*, allowing the attachment of procedures to attributes, which are (similar to triggers in DBMS) automatically activated when the attributes are accessed. The demon concept supports the specification of constraints of arbitrary scope and allows to incorporate flexible reactions on constraint violations. Additionally, the KOBRA model regards *methods as units of integrity*, similar to transactions in DBMS. If an integrity violation occurring during the execution of a method cannot be resolved, a roll-back operation is initiated for the method. Roll-back continues in a cascading manner up to the top level of the (arbitrarily nested) method invocation, unless it is requested within a method to handle integrity violations internally. If so, the roll-back operation is terminated at this point, and control is returned to this method.

KOBRA provides one further concept for the specification of operational knowledge: **general reasoning facilities**. They are supported by *rules* defined in terms of conditions (if-part) and actions (then-part), which are specified by means of KOALA predicates. Rules can be flexibly grouped together into rule sets according to reasoning tasks. KOBRA provides methods for forward and backward reasoning which are activated with respect to such rule sets. In order to influence the course of inference processes, the user can specify flexible control parameters, like conflict resolvers, search strategies, termination conditions.

2.2 KOALA

KRISYS provides KOALA, a high-level, descriptive language for retrieving and manipulating KB contents, as its user and application interface. Due to the space restrictions of this paper, we can only present some example statements in order to give a small impression of the language. A detailed description is given in [DLM90].

Information is retrieved from a KB using the ASK statement. For example, the statement

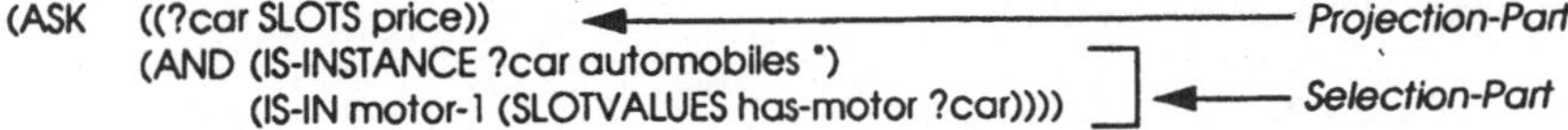

retrieves the names and prices of all instances of 'automobiles', which have 'motor1' as motor. The selection part of the ASK statement is expressed as a formula using logical connectives and predefined predicates (e.g., IS-INSTANCE) and functions (e.g., SLOTVALUES) that embody the semantics of the KOBRA model. **Set-oriented queries** are specified by using so-called query variables (e.g., ?car) in the selection formula, which are then instantiated during query evaluation. The variables may be used in the **projection clause** in order to precisely describe the desired information.

It is also possible to specify **implicit and explicit joins** in a selection by nesting SLOTVALUE-functions respectively using more than one query variable. Furthermore, queries may be formulated using **additional logical connectives** (disjunction, negation), **quantifiers**, as well as special predicates and functions for expressing **(generalized) transitive closure** queries.

The TELL statement is used to manipulate KB contents. For example, the statement

```
(TELL   (IS-ELEMENT ?car expensive-cars 1)  ◄─────────── Assertion-Part
        WHERE
        (AND (IS-INSTANCE ?car automobiles *)┐
             (> (SLOTVALUE price ?car) 20000)))┘ ◄─────── Selection-Part
```

will make sure that all cars costing more than 20.000 dollars are direct elements of the set 'expensive-cars'. Again, **set-oriented changes** are easily achieved using corresponding query variables in the selection and the assertion part. Note that changes are not specified in terms of insert, update, and delete operations, but in a **state-oriented** manner by describing the goal state of the KB in the assertion part. It is the task of the system to figure out how to achieve this goal. For example, the above query may involve the insertion of objects into a set, as well as the creation of the object 'expensive-cars' if it does not exist already. Moreover, (parts of) the goal state may already be contained in the current state (before the execution), so there might be no changes necessary at all. Thus, state-oriented changes free the user or application from knowing the exact state of the KB. This is especially important for the execution of rules (which are also defined using KOALA), since the state of the KB in which they will be applied during the inference process is usually not exactly known at the time of their specification. However, only a subset of KOALA can be used to describe the goal-state in the TELL statement so that ambiguities can not arise.

TELL statements may also contain **multiple assertions** within the same statement. Additionally, it is possible to **access meta-information** within both ASK and TELL statements through special predicates and functions. This allows the usage of KOALA for the design and reorganization of the KB, which will be one of the topics of Sect. 3, and significantly extends the expressive power of the query language, allowing, for example, **qualified projection** and **higher-order queries**.

2.3   The DBMS Kernel PRIMA

Short notes on MAD

The DBMS kernel chosen for KRISYS, named PRIMA, PRototype Implementation of the MAD model, was developed for supporting applications that require a suitable representation of complex objects, i.e., those whose inner structures (the components) are also objects of the DB [Hä88,HMMS87]. The basic modeling constructs of the MAD (Molecule Atom Data) model [Mi89a] are called atoms, which, in analogy to tuples in the relational model, are composed of attributes and have their structure determined by an atom-type. Atoms possess an identifier which is used for a *direct and symmetric representation of relationships* (1:1, 1:n, n:m) by means of links, providing a view of the DB as a complex *network* of atoms. For each specified link, there is always a corresponding back-reference in the related atom, whose mutual referential integrity is automatically maintained by the system. *Complex objects* are dynamically defined by the specification of so-called molecules as a graph having atoms as nodes and relationships (i.e., links) as edges. Thus, molecules are *dynamically derived views* of the atom network.

The mapping scheme of KRISYS

MAD enables the mapping of KOBRA knowledge structures in an effective and straightforward manner [Mi88,Ma90]. From the description of KOBRA, one may observe the occurrence of only three different constructs in our knowledge representation framework: *schemata*, representing real world objects, *attributes*, expressing their properties and relationships, and *aspects*, describing the attributes. The corresponding MAD schema contains three atom-types (corresponding to 'Schema', 'Attribute', and 'Aspects' respectively) connected via the references (i.e., relationships) has_attributes and has_aspects[1]. The MAD schema diagram shown in Fig. 3 presents a graphical view of these atom-types and their interconnections.The attributes expressing abstraction relationships are not represented as ordinary 'attributes' but as recursive MAD references (e.g., 'has_subclasses', 'is_subclass_of', 'has_instances', etc.) involving the atom-type 'schema'.

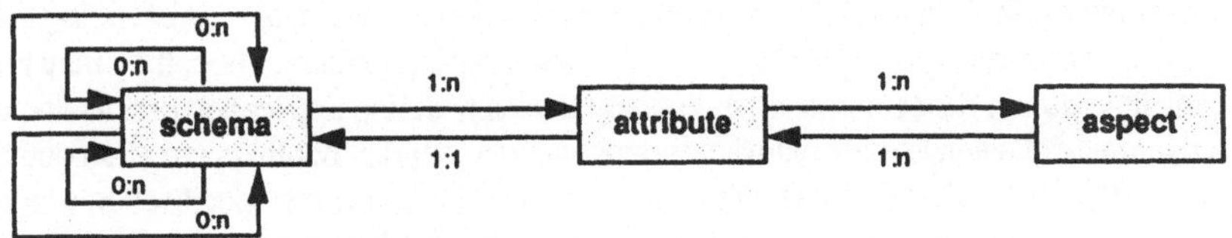

Fig. 3: MAD-schema diagram

Within this mapping scheme, the expressiveness of the MAD model is exploited in several ways. From a structural point of view, a schema is composed of attributes, which, in turn, consist of aspects, leading to their internal representation as *complex object* (Fig. 4a). Second, one may note that schemata possess predefined attributes expressing organizational axes (such as 'instance-of' for classification and 'subclass-of' for generalization) representing *symmetric n:m relationships* (Fig. 4b) between schemata (back references are 'has-instances' and 'has-subclasses' respectively). These relationships are especially important because they provide different ways to organize schemata into *network hierarchies* (Fig. 4c). For the construction of such hierarchies, one might have to *recursively* follow a particular relationship in order to structure schemata of a higher level (Fig. 4d). Finally, one may observe that during the manipulation of a schema, a kind of *dynamic view* of this object is defined since always only a part of an abstraction hierarchy is considered (in Fig. 4e, one is 'viewing' the properties of amphibian vehicles considering their characteristics of either a land-vehicle or a watercraft).

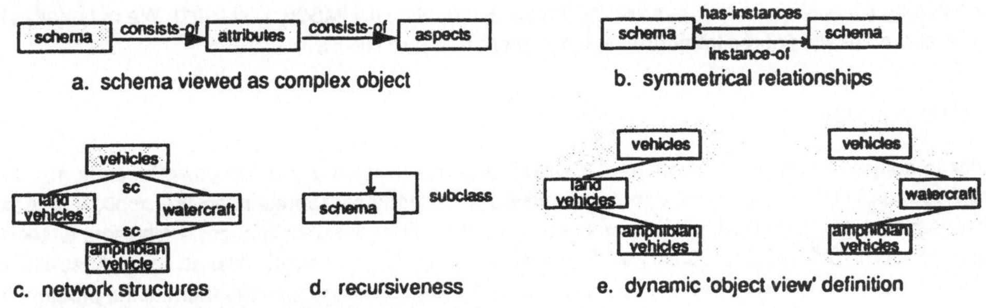

Fig. 4:KOBRA constructs from a structural point of view

From the description above, we conclude that the constructs offered by MAD allow an accurate and suitable mapping of object-oriented structures. In a similar way, the recursiveness and the dynamic complex-object concept of the MAD model are extensively exploited to yield a direct and natural transformation of KOBRA operations (see [DHMM89, Ma91a] for details).

2.4 The Working-Memory System (WMS)

The task of the WMS [LM89] is the support of a processing model based on the 'nearby application locality' concept. The WMS provides two mechanisms in order to fulfil this task.

Firstly, it maintains the WM, which temporarily holds the objects requested by the application, thereby avoiding long execution paths of KB accesses (involving workstation/server communications) as well as time-consuming requests to secondary storage. The WM provides an environment for the embedding of MAD structures and offers direct access to the stored objects at costs comparable to a pointer-like access, so that they can be easily and efficiently manipulated by the upper layers of KRISYS.

---

1. The MAD schema can be seen as a kind of meta-schema, reflecting the basic modelling concepts of KOBRA, and not the application domain (i.e., specific classes, sets, etc.)

Secondly, the WMS exploits the concept of processing contexts representing the knowledge needed during a specific application processing phase. In principle, contexts are composed of several KB objects (in general of different types) and objects may be elements of several contexts. They have to be defined by the KB designer and are represented explicitly as KOBRA schemata and specified by means of KOALA, being therefore totally independent of the chosen mapping mechanism to the MAD representation. Thus, they may be specified or deleted at any time during KB construction or even dynamically during application processing without additional costs. A dynamic definition is particularly important because needed contexts are often established on the basis of the results of preceding processing phases. The WMS exploits the specification of a context to generate a complex set-oriented access to the kernel to fetch required objects and store them in the WM. So, most or perhaps all objects referenced during a processing phase of the application are found in the WM, so that only a few or no further calls to the kernel are necessary. At the end of the processing phase, the corresponding context is then discarded from the WM and the context requested by the following phase is loaded.

3. Application Development with KRISYS

After giving an overview of the KRISYS architecture and the different layers of the system, we will now concentrate on issues related with application development. Since one of the major goals in developing KRISYS was to provide not only a system for data/knowledge management tasks but also a modeling tool for application and KB development, we will first sketch the overall design methodology supported by the system. Several application systems have been realized with KRISYS in order to validate the concepts provided by the system. A main focus w.r.t. the application area was the development of advanced CAD systems for architectural design [DHMM89, MDL91] as well as technical modeling [DHMS90, DHMS91]. We will briefly sketch the main characteristics of the latter and how it is supported by KRISYS.

3.1 Methodology

In order to support complex applications, OODBMS and KBMS usually provide powerful semantic data or knowledge modeling concepts that can be employed for adequately representing the application domain. When describing the real world, people apply some *abstractions* (classification, generalization, association, and aggregation) [BMW84,Br81,SS77] to organize their knowledge in some desired form. Abstraction enables one to suppress specific details of particular objects, emphasizing those pertinent to the problem or the view of information at hand. It is therefore the fundamental tool for organizing knowledge and one of the most important constructs to be supported by any data or knowledge model. For this reason, the KOBRA model provides an integrated view of such abstraction concepts [Ma88a].

However, KRISYS not only provides means for adequately describing the application domain, but also supports interactive and *incremental* application development through its design methodology. The **integrated meta-information** (e.g., class or set descriptions, etc.) facilitates dynamic modifications or extensions for restructuring or refinement of the model of the application domain.

At the heart of this process are, again, the abstraction concepts, which, in contrast to existing DB design techniques, advocate modeling in a stepwise fashion. That is, at each step, only some parts of the problem are considered, others are deferred to some later step [BMW84]. In KRISYS, the modeler may take advantage of the semantics provided by the abstraction concepts [Ma88a,RHMD87] in order to facilitate his or her task by

- exploiting **built-in reasoning facilities** to make deductions about the structure of objects and the organization of the KB, and

- relying on semantic **integrity constraints** inherent in the abstraction concepts, which are dynamically enforced by the system.

As the designer extends and modifies the KB during application development, the build-in reasoning facilities are dynamically activated by the system in order to reflect the consequences of design operations and control the consistency of the design.

The best known of these reasoning facilities, *inheritance*, is built into the classification and generalization concepts, and allows the system to reason about the structure of classes and instances based on the definition of their (super-) classes. Reasoning on association hierarchies is at first provided by the so-called *membership stipulations*, i.e., properties that an object must satisfy in order to be added to the group of elements of a set. Also, the values of *set properties*, i.e., properties that describe the characteristics of the group of elements as a whole (e.g., average price of vehicles), can be inferred from the elements' attributes. In the aggregation, reasoning is performed based on the specification of the so-called *implied predicates*, i.e., predicates expressing monotonically increasing or decreasing properties on the aggregation hierarchy (e.g., the weight in the decomposition hierarchy of a car). The reasoning facilities described above can also be viewed as mechanism for undertaking the maintenance of the structural and semantic integrity of the KB [De91]. For example, inheritance is employed to ensure that each instance or subclass has, at least, the attributes and satisfies the constraints prescribed by its superclasses.

Incremental application development

When diagnosing weaknesses and deficiencies of the developed KB, the application designer can go back to some of the developing phases either to conceptualize, structure, or refine some further aspects of the application world previously introduced into the KB, leading to an incremental, evolutionary development. *Refinements* or changes of existing specifications can be achieved using KRISYS operations to define and delete aspects, membership stipulations, and implied predicates. The designer may also restrict or generalize them, or even move them up and downwards in the corresponding hierarchies. For example, in Fig.5c a constraint was added, restricting the possible values for the producer of the motor to 'mercedes'. *Restructurings* and *redesigns* are accomplished by operations that extend or partially rebuild abstraction hierarchies or create/remove attributes. (See, for example, Fig. 5a and 5b). But even for these significant changes, KOBRA provides direct functionality to achieve such reformulations and keeps the KB correct with respect to the involved built-in reasoning facilities and integrity constraints. Also, correct information previously introduced into the KB will be preserved. For example, when 'hovercraft' is placed at its new position (see Fig. 5b), none of its attributes, values, and constraints, received because it is a vehicle, will be lost.

Additional means for incremental application development provided by KRISYS are, for example, simulation of rule-based inference processes, error handling inside of methods, stepwise rollback of the execution of demons, rules, and methods, trace facilities, definition of break conditions, etc.

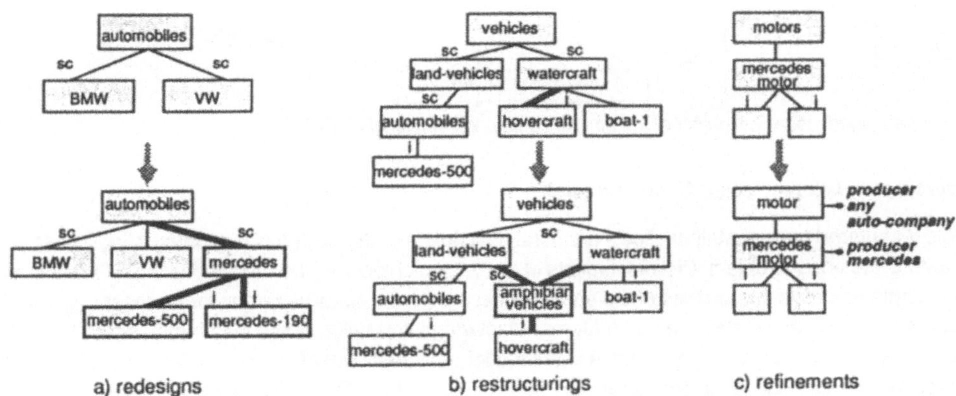

Fig. 5: Examples of knowledge reformulations

Summarizing, KRISYS puts special emphasis on a complete support of abstraction concepts in order to use their semantics as a basis for drawing conclusions about the objects and for maintaining the integrity of the KB. This is one of the most important aspects that differentiates KRISYS from existing knowledge engineering tools like ART [Wi84], KEE [FK85,Fi88], KNOWLEDGE CRAFT [FWA85], LOOPS [BS83,SB86], etc., as well as from existing DBMS. These systems either neglect the existence of some of these concepts or make a kind of 'hodgepodge' with their semantics (see [MM89] for details). KRISYS on the other hand keeps a clear separation of these concepts, but exploits its underlying semantics to use them as a powerful modeling tool, enabling the process of application development to be easier, more flexible, and more consistent.

3.2 Supporting an Intelligent CAD Application with KRISYS

Using KRISYS, we have implemented an advanced CAD system supporting technical modeling operations in the area of shaft design reflecting the requirements of intelligent CAD systems already presented in the introduction. Our description will not provide the reader with a complete overview of this system since we have only picked a few examples to illustrate the features of KRISYS. (We refer to [DHMS90, DHMS91] for a better overview of this application). In Fig. 6 we illustrate the product model of this application, showing some relevant information for the functional design. To get a more structured view of the product model, it is commonly separated into several partial models, from which the most important ones (for our discussion) are the following:

- load model representing functional structures and physical principles. It describes, for example, the points of power or torque transmission that correspond to associated technical elements like shoulders, bearings, feather keys, etc.

- technical model containing the technical topology, kinetics of technical objects, assembly structures, etc.

- geometrical model describing the product geometry and topology.,

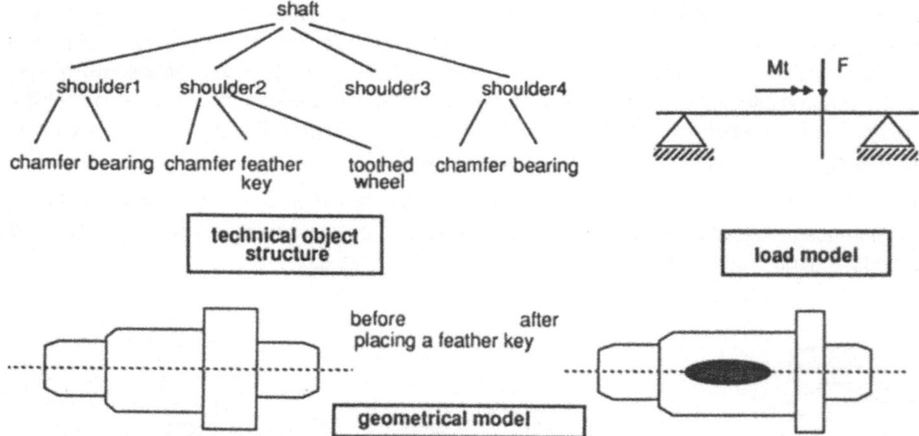

Fig. 6: Load model, technical object structure and geometrical model of a shaft

Supporting an integrated application model

An object-centered representation allows a natural description of the design object, integrating all aspects of the product into one KB-object. Distinct aspects of the design object may be modeled using different abstraction concepts or distinct hierarchies of the same concept (e.g. one class hierarchy for representing geometrical, another for functional, and a last one for manufacturing information about the object), which has the advantage that they are easily distinguishable in the model. An integration of all aspects into one object is easily achieved by interconnecting the corresponding hierarchies [DHMM89]. Fig. 7 shows an integrated view of the technical object 'shaft 47' using the abstraction concepts of aggregation, generalization, and classification.

93

Integrating behavior into the application model

Operations and actions in which objects are involved are included in a schema description as procedural attributes (i.e., methods). Imagine, for example, the design process of a shaft. Such an application can make use of methods for implementing an operation to place a feather key (Fig. 6). By doing so, the corresponding method will be activated by the application program upon request of the designer via a graphical interface. Implemented as a method of the appropriate object (i.e., the technical aggregate), it is performed in several different steps, making use of further (internal) methods in order to achieve its tasks. The end-user of the system is, however, not directly concerned with such internal operations.

Maintaining the semantic integrity

A significant part of the application world semantics is embodied in restrictions of and dependencies between certain aspects of the world. As already outlined in Sect. 2, KRISYS provides several mechanisms for explicitly describing integrity constraints and integrating them into the application model. Fig. 7 gives an example, which refers to the object 'shaft 47'. Every shaft has exactly one length and one diameter, which is expressed through the value '[1 1]' of the cardinality aspect. Using the 'possible-values' aspect, one can state that the value of these two attributes must be of type real and greater than 0. This aspect can also be used to ensure (similar to the referential integrity in DBMS) that the values of the slot 'load-scheme-points' always reference an actual instance of the class 'points'.

More complex integrity constraints are expressed using **demons** and/or **rules**. For example, our application has to consider important technical constraints in order to prevent collisions among different technical functional elements after having successfully chosen an appropriate feather key and placed it in the corresponding shoulder. For this purpose, a demon is automatically activated to propagate further changes inside and outside of the technical model at the time when the corresponding relationship between the shoulder and the feather key is actually fixed. As a consequence, neighboring shoulders are correspondingly shortened or lengthened in order to keep the whole shaft under the required specification.

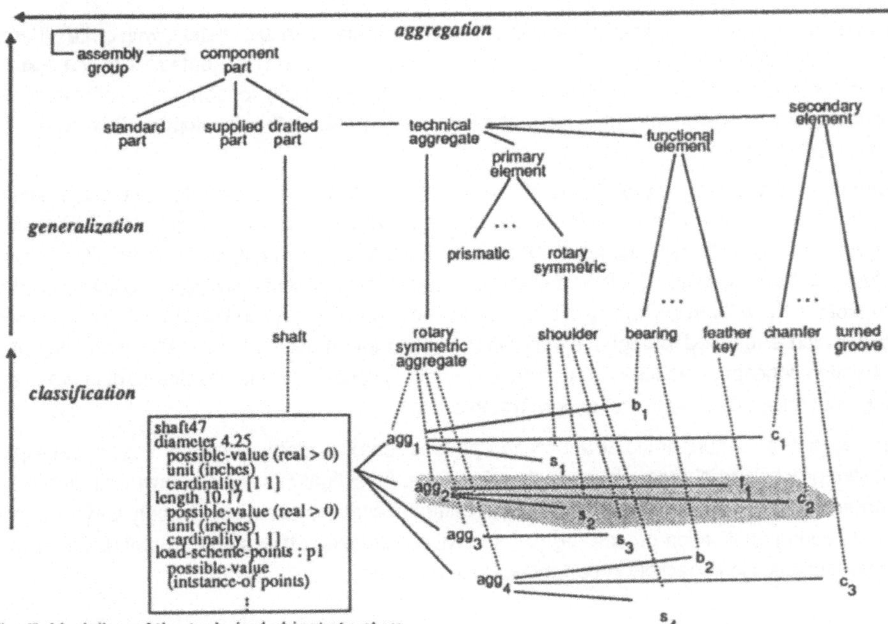

Fig. 7: Modeling of the technical object structure

Supporting an active system behavior

Demons and rules are also used to achieve an active system behavior. An intelligent CAD system should support and guide the user throughout all design phases, suggesting alternative product designs or possible solutions to his/her design requirements [DHMM89]. For example, we apply heuristic rules to perform the selection of a feather key. The heuristic rules express a lot of knowledge of the designer about the dependencies among shaft, feather key, power feed, etc. Thus, the slot values of the chosen feather key (height, length, strength, etc.), which are unknown at the beginning, are determined or calculated by the activation of rules during this selection process. To achieve this goal, the heuristic rules also trigger the execution of demons and make use of some methods to carry out mathematical computations which are relevant for their inference process.

Extending the integrated application model

A last important issue is related to the notions of extensibility. Since KRISYS does not differentiate between information and meta-information describing the application model, all information is contained in the KB and may be modified. It is therefore easy to keep track of changes in the application environment because the application model can be conveniently extended or changed.

4. An Evaluation of the KBMS KRISYS

Besides the intelligent CAD system described in the previous section, quite a few other applications [Rh89, Mi89b, Re90, Th90, Kr90, Mö91]have been implemented on top of KRISYS in order to validate the concepts incorporated in the system. Our experiences gained with these applications have allowed a thorough evaluation of KRISYS which will be summarized in the following. The results of this evaluation mainly consolidate our approach concerning the overall architecture, modeling concepts, functionality, etc., but also give rise to additional requirements in order to improve the system, which will be summarized at the end of the section.

4.1 Application 'Phases'

At least two different 'phases' can be distinguished in the life-cycle of an application, with quite different characteristics. In the **modeling phase**, a KB is constructed which reflects an adequate model of the application world. The process of KB construction is a rather complex task, especially for complex applications, which is usually performed in an incremental manner. In the **processing phase**, the developed KB is used in order to fulfill the corresponding tasks.

DBMS normally only support the processing phase, i.e., they only provide means for an efficient and reliable management of the DB (even those DBMS which offer a powerful data model, e.g., OODBMS or NDBMS). KRISYS, however, supports both phases mentioned above thereby providing not only data/knowledge management facilities but also means for incremental application development allowing for dynamically changing the structure of the KB without losing any information already specified even in the case of complex redesigns. This feature, which is reached through the integration of meta-information into the KB and an integrated view of the abstraction concepts, has turned out to be absolutely necessary for the development of complex applications (e.g., advanced CAD systems, expert systems, etc.).

Despite this advantage of supporting all application 'phases', one can identify shortcomings in the exploitation of the different processing characteristics of these phases. Investigations have shown that during KB construction operations provoking changes in the KB structure occur very often, but are only very rare (or do not happen at all) during application processing (i.e., the KB structure is rather stable) [Sch91]. The exploitation of these characteristics is especially important w.r.t the mapping.

4.2 Mapping

The chosen mapping of KOBRA knowledge structures to MAD is based on the principle constructs of the knowledge model. It is independent from the structure of the KB, i.e., how the objects are organized into hierarchies by means of the abstraction concepts. All objects of the KB are treated in an uniform manner as structures consisting of a set of attributes which, in turn, are composed of a set of aspects. This mapping is well suited for the modeling phase during which structural changes occur very often. Modeling operations do not require changes in the MAD schema, but only the insertion, deletion or modification of tuples in one (or several) of the atom-types concerned. Therefore, the mapping supports the flexibility required during the modeling phase very well.

As mentioned above (Sect. 4.1), this flexibility is no longer required during the application processing. In this phase objects are often selected as a whole in order to store them in the WM and written back into the KB later on. However, this operation causes some overhead since each object must be constructed from its components (attributes and their aspects) each time, leading to a rather complex query even if the object is selected by the object identifier. Therefore, more specific mappings should lead to significant gains in performance. Naturally, in order to exploit such specific mapping schemes, the MAD schema and the corresponding transformation process of KOBRA objects to MAD atoms must not be fixed to a certain mapping scheme, but has to be tailored to the structures and the processing characteristics of the applications. Our investigation of the applications developed with KRISYS has shown that the structure of their KBs differ very much (e.g., in the number of hierarchies, the kind of abstraction hierarchies (generalization, association, aggregation), their height, their shape (only trees or even graphs), in the distribution of the instances in the hierarchy, etc.) [Sch91, Ma91b]. Furthermore, the processing characteristics of the applications are also very different (e.g., the processing paradigm (object-oriented, data-driven, rule-based, hybrid), the use of context definitions, the kinds of queries, frequency of updates, existence of schema evolution, etc.). For these reasons, the necessity to provide an 'application-oriented' DB schema with the corresponding mapping process for the processing phase of an application becomes apparent.

In order to generate such an application-oriented and consequently efficient mapping scheme, one has to extend the development phase of an application by a further phase. During this phase, KRISYS should analyze the structure of the KB as well as the processing characteristics of the application to derive an adjusted MAD schema. Finally, the KB can be transformed.

4.3 Application Buffer

The use of an application buffer leads to significant performance improvements[1] and is, therefore, suitable to speed-up application processing. However, a detailed analysis of the interaction between the WMS and the engineering layer, especially during application development, as well as the KOALA Processing System (KPS) w. r. t. query processing shows some drawbacks caused by the current realization of the WMS.

First of all, the internal representation of the objects stored in the WM is similar to the DBMS representation of the objects in the KB. Therefore, no transformation is needed, when objects are stored in the WM or written back into the KB. However, the engineering layer needs a different representation of the objects especially during the modeling activities. For this reason, the objects stored in the WM have to be converted into the required format each time they are accessed by the engineering layer of KRISYS, leading to some loss in performance. Since there are multiple accesses to the same objects, it is better to store the objects in a representation suitable for the processing of the engineering layer.

Furthermore, there is no direct representation of the hierarchies formed by the abstraction concepts inside the WM. The attributes used to represent these hierarchies are treated as 'normal' attributes. As a consequence, traversing a hierarchy can not be supported efficiently by the WMS (e.g., the inheritance of a newly

---

1. We have measured an acceleration of application runtime of a factor of 10 - 20.

defined attribute to all subclasses and instances of an object or the selection of all instances of a class and its subclasses). The engineering layer has to 'derive' the hierarchy each time such operations occur. Therefore, the WMS should provide operations to navigate through abstraction hierarchies. In order to support the processing during the modeling phase. The representation of the abstraction attributes has to support these operations by means of main-memory links to objects.

Finally, the interaction with the KPS can be improved. During query processing, the KPS has to represent the results of a subquery or an intermediate result (i.e., sets of qualified objects or parts of them). Since the WMS does not support the representation of such object sets, the KPS has to maintain structures containing copies of the qualified objects or object parts leading to a redundant representation of objects on the workstation side. In order to avoid this redundancy and to better support query processing, the WMS should provide structures for the representation of intermediate results by means of pointer-like references to the qualified objects in the WM and operations for such structures.

4.4 Processing Contexts

The concept of processing contexts and its exploitation through the WMS leads to a further reduction of the number of calls to the DBMS kernel PRIMA as well as the application runtime as shown by our measurements [Ma91a]. Nevertheless, there are several drawbacks w. r. t. the concept of contexts mainly concerning the definition of contexts. KRISYS requires the application designer to specify the contexts explicitly, because he/ she seems to be the person who knows about the required objects. However, the investigations of our applications have shown, that contexts are not used at all or only rather rarely. We observed that the designers do not use this concept, because they do not know exactly which objects are required in the next phase of the problem solving process. Furthermore, the timing of the specification of contexts is rather difficult. When defining the contexts during the modeling of the application, they have to be adapted each time the algorithm is changed during reformulations and redesign. However, the definition of contexts after finishing the modeling phase requires an additional deep analysis of all parts of the applications. On the other hand, the specification of the rules, demons, methods, queries contains information about the objects needed for their execution. For these reasons, we require that KRISYS extracts such implicit contexts itself from these specifications in order to exploit them for improving the application processing.

4.5 Query Language and Query Evaluation

KOALA, the interface language of KRISYS, provides means for retrieving and changing KB contents in a *declarative, set-oriented* manner. We value this property, which is often neglected in object-oriented DBMS, as absolutely necessary for supporting efficient application processing in a KBMS framework. Not for nothing, it was one of the features that made relational DBMS a success. One of KOALA's main advantages, however, compared with relational query languages is the support of an *integrated access to meta-information* in addition to the usual 'instance' information. KOALA therefore not only reflects the philosophy of the KOBRA model to integrate meta-information in the KB, allowing its use also for KB design and reorganization purposes, but also significantly extends the expressiveness of usual query languages [DLM90].

An additional key advantage of KOALA is the support of *state-oriented changes*, which resembles the basis for an integrated approach to the definition of rules and queries, and has shown to be very useful in the development of knowledge-based systems [DLM90,Rh89].

Despite the advantages described above, which are related to the language itself one can locate shortcomings when analyzing the evaluation process of KOALA queries. Besides the fact that our prototypical implementation of the language does not rely on an algebraic framework, the main problems arise in the interaction with the server component. Objects, or sets of objects are always requested from the server on the basis of their schema names (i.e., object identifiers). This is sufficient for some types of queries, but definitely too inefficient for others, since objects to be transferred cannot be qualified descriptively. In order to improve the query evaluation process, it is necessary to extend the interface between workstation and server, allowing the *delegation of (sub-) queries* to the server in order to restrict the amount of information to be transmitted, thereby also increasing the exploitation of the query facilities provided by the PRIMA system. Obviously, this delegation can be achieved more easily in an algebraic framework for query processing.

Note, however, that due to the semantic differences of KOBRA and MAD, queries usually cannot be delegated completely. Also, when following this new approach, a lot of difficulties come up concerning update operations on WM objects, which cause inconsistencies between the WM and the server DB that might lead to incorrect results of delegated subqueries. Solving these difficulties is much more complex than in our first approach.

Related to the discussion about processing contexts in Sect. 4.4, an interesting observation arises. Independent of user-defined processing contexts, which are usually quite large, queries (or subqueries) implicitly define (smaller) contexts, which contain their results. Since query evaluation should, of course, *exploit processing contexts* in order to avoid unnecessary delegation of subqueries to the server, these implicitly defined contexts which can be declaratively described by the subqueries themselves, should be maintained explicitly by the context manager as a basis for query optimization. Therefore, contexts should be understood not only as units of transfer between the server and the workstation, but also as a *declarative description of the WM contents* used by the optimizer, and additionally as a means (for query evaluation) to access the objects of a context in the WM.

4.6 Modeling

A key requirement addressed by KBMS (or 'future DBMS' in general) is the support of modeling constructs for *representing descriptive, operational, and structural aspects* of the application domain to provide neutral and powerful modeling capabilities. This requirement is clearly fulfilled by the KOBRA model. Especially important in this context is the *complete and consistent support of all four abstraction concepts*, since they naturally match the abstractions usually applied during application or KB design. All modeling concepts provided by KRISYS are intensively used in the developed applications.

We have observed in the various applications developed with KRISYS that a 'typical' KBMS application w.r.t. the operational constructs used does not exist. The provision of several concepts (i.e., methods, demons, and rules), which allows *programming by different paradigms* or styles, was therefore a correct decision.

However, there are also drawbacks involved in this variety of concepts, if we look at it from the viewpoint of integrity maintenance. Besides the constraints inherent in the abstraction concepts, KRISYS provides special aspects as well as demons and rules for controlling the integrity of the KB. Each mechanism has its own notion of event, condition, reaction, and activation/checking time. Besides the lack of orthogonality in these concepts, this makes it hard to model an application (from the point of view of integrity) and keep an overview of the involved constraints. Furthermore, especially demons offer only a low-level, implementational view of constraints. Additionally, KRISYS provides not enough flexibility when looking at activation time, reaction on integrity violations, or priorities/importance of constraints. In order to eliminate these drawbacks, a *uniform language for modeling constraints* should be introduced, which offers an implementation independent view and provides the required flexibility. Consequently, it is necessary to introduce a new component into the system, implementing the functionality of a *constraint manager* in order to realize the above mentioned flexibility (e.g., by analyzing and storing events, etc.).

4.7 Overall System Architecture

Considering the functionality provided by KRISYS, the system consists of several *hierarchically ordered layers*, thereby following general design rules known from existing DBMS. The architectural components naturally reflect the requirements from different points of view when looking at KBMS, realizing well-defined interfaces to provide modularity, data independence and extensibility in the various layers.

As already mentioned, the KRISYS architecture is divided in two main parts. On the server side, MAD treats knowledge structures simply as a kind of network of complex objects to be consistently, reliably, and efficiently managed. At the workstation side, these structures obtain semantics, known only by the KOBRA model, remaining, for this reason, outside the server. Consequently, the KOBRA model is not bounded by the semantics provided by the MAD model, being able to come nearer to the application semantics by offering a rich and powerful spectrum of concepts for application modeling and processing. This partitioning is further favored by the set orientation of the MAD interface and the locality preservation of the WMS, both minimizing workstation/ server communication. Additionally, the loose coupling greatly facilitates failure isolation. This is a very critical design objective, because a large number of users may be affected by any kind of failure and because work with advanced interactive applications is typically a long-term activity.

Considering the constructs underlying KOBRA at the workstation and the MAD model at the server, it should become clear that KOBRA is located at a higher semantic level than MAD. Upon realizing the existence of this gap in the KRISYS architecture, one would directly come up with the idea of enhancing MAD with KOBRA semantics, thereby equalling both models to eliminate such a gap. By placing the 'borderline' between workstation and server on the enhanced MAD interface, all the functionality of KOBRA would be completely delegated to the server, otherwise KOBRA semantics would have to be duplicated at the workstation (implying that the MAD enhancement is meaningless). Such a complete delegation would hopelessly overload the server component of KRISYS with additional processing since the maintenance of abstraction concepts, the execution of their built-in reasonings, the evaluation of methods, demons, and rules are now completely undertaken by the server. Processing at the workstation would be limited to a minimum, leading to a more or less centralized system architecture that neglects the advantages provided by workstation/server environments. Hence, efforts to equal MAD and KOBRA do not promise to offer solutions.

When examining a partial delegation of KOBRA features, other problems arise, which either restrict the flexibility of application processing at the workstation or lead to additional transfer of objects and communication overhead. (For a detailed discussion of this topic see [De91]).

Therefore we conclude, that the *semantic gap* existing in the KRISYS architecture is not a mismatch but only a *natural reflection of the stepwise abstraction process realized at each layer of our system*. (For more details, see [Ma91b].)

4.8 A Summary of the Suggested Improvements

Although the above evaluations consolidate our main design decisions, it gives rise to additional requirements, which have to be fulfilled in order to improve KRISYS w.r.t. knowledge modeling and processing issues. In a refined version, the system should support

* a *flexible mapping approach*, allowing to generate optimized, application-dependent mapping schemes,
* *semantically enhanced WM representation* suitable for navigating through abstraction hierarchies as well as set-oriented processing,
* *system-defined* and *system-derived processing contexts* for improving workstation/server interaction,
* *dynamic delegation of (sub-) queries* to the server component in order to pre-select the objects to be transferred,
* a *declarative description of WM contents* as the basis for exploiting locality of reference during query processing, as well as
* a *uniform language for modeling constraints*, which offers an implementation independent view and provides increased flexibility.

5. The New KRISYS Architecture

In order to fulfil the requirements and follow the suggestions for improvements formulated in the last section, we are currently developing a new version of the KBMS KRISYS. These activities have in some parts led not only to a reconception of system components considering their functionality and implementation, but also to architectural refinements resulting in the separation of system tasks into different components at certain levels. This is illustrated in Fig. 8, which presents the new KRISYS architecture (Fig. 8b), relating it to the old one (Fig.8a), which had already been introduced in Sect. 2.

At the implementation layer, the former WMS is now divided into three components: The *Working Memory* is seen as a passive application buffer controlled by the *Context Manager*, which is keeping a declarative description of the WM contents and is responsible for loading and unloading sets of objects into or from the WM. In order to transfer objects between the server and workstation components, the Context Manager interacts with the *Mapping System*, which transforms objects from MAD to KOBRA structures (and vice versa). This component is also responsible for generating an appropriate mapping scheme for the processing phase of an application. At the engineering layer, the *Constraint Manager* appears as an additional component besides the *KOBRA model*. It performs all activities related to checking or maintaining the semantic integrity of the KB. The application layer is still resembled by the *KOALA Processing System*, which has, however, been refined w.r.t. its implementation and interaction with the other components.

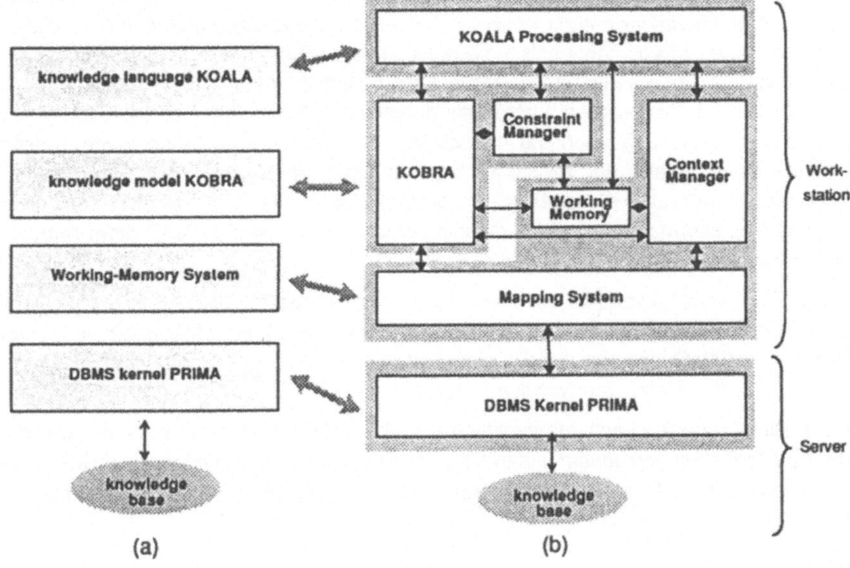

Fig. 8: A Refined View of the New KRISYS Architecture

In the following, we will give an overview of the tasks of each component and sketch the overall processing model we intend for the new system architecture, showing the interaction of the different parts of the system during query processing.

Mapping System

The mapping system realizes the flexible mapping approach, i.e., it allows for the generation of optimized, application-dependent mapping schemes and their utilization during application processing. This task can be divided into 3 independent subtasks:

- the generation of an optimized mapping for a specific application,

- the transformation of delegated subqueries of KOALA into queries of the PRIMA kernel with regard to the current mapping and
- the adaptation of the mapping in the case of changes of the KB structure (schema evolution).

These 3 tasks are realized by means of different components of the mapping system (Fig. 9).

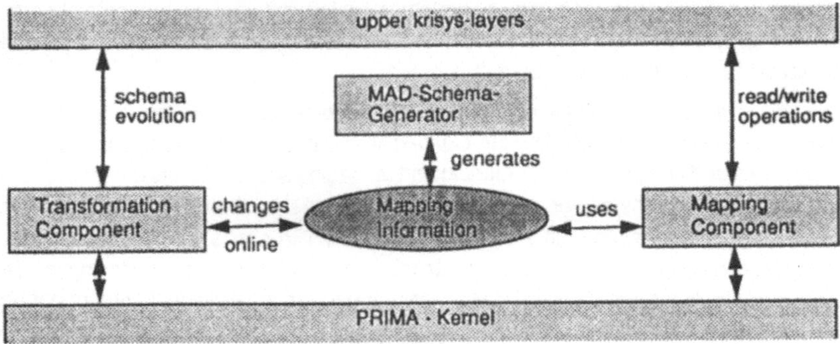

Fig. 9: Refined View of the Mapping System

The generation of an optimized mapping for an application is performed by the *MAD-Schema-Generator* [Su91, Kn92]. Because of the various criteria which can influence the mapping and the exponential number of possible mapping schemes this component is realized as a rule-based systems. In fact, it is itself an application of KRISYS which exploits the rule-based mechanisms provided by the KOBRA model to generate a tailored mapping scheme. For this purpose it uses information about the structure of the KB as well as the processing characteristics of the application and interacts with the knowledge engineer whenever necessary to get additional, relevant information for making its decisions (e.g., the number of expected instances per class, elements per set, the relevance of membership stipulations for access purposes, etc.). Beside the MAD schema, it also generates information about the mapping of classes and sets to MAD atom-types, the so-called *mapping information*.

The *mapping component* [Sch91] allows for the delegation of queries, specified by means of a powerful subset of the KOALA, to PRIMA. It uses the mapping-information provided by the MAD-Schema-Generator to generate an appropriate MQL-Query when read or write operations occur. Furthermore, it provides the functionality to estimate the cost of statement execution.

In the case of operations provoking schema evolution (i.e., the definition or deletion of classes, sets, attributes, etc.) the *transformation component* updates the mapping information concerned as well as the DB schema. When changes in the DB schema occur, it transforms the stored data into the new format.

Working Memory

The general task of the Working Memory (WM) in the new architecture remains the same: to support near-by-the-application locality of processing, when accessing KOBRA objects currently referenced by the application. However, the new WM provides optimized data structures and increased functionality in order to efficiently support this task [La91]. It

- provides data structures and operations for effectively representing, accessing and modifying schemata,
- supports pointer-like navigational access or traversal of (schemata in) abstraction hierarchies, as well as
- allows for efficient set-oriented processing of schemata by the KOALA Processing System through so-called access sequences (AS), combining functions similar to DB scan-operations with main-memory index facilities.

Although the WM provides basic functions for modifying its contents (i.e.,inserting or removing schemata), buffer management is to a large extent performed by the Context Manager.

Context Manager

Compared to the old architecture, the notion of a context, and therefore also the functionality of the context manager, is extended significantly [St92]. In the new architecture, a context is seen as a

- *unit of transfer between server and workstation:* These units will not only be specified explicitly, but to a large extent be defined or generated by the system based on implicit processing information. Here, the exploitation of contexts inherent in the processing of queries (i.e., the results of subqueries delegated to the server) is of great importance. The context manager has to control the loading and unloading of contexts (i.e., sets of schemata) to/from the WM and is also responsible for choosing contexts to be discarded from the WM due to lack of main memory space.
- *unit of description for WM contents:* As the context manager installs the results of subqueries (mainly selections) delivered by the server in the WM, it keeps the selection conditions of the subqueries, thereby obtaining step by step a declarative description of the WM contents. The declarative WM description is an important source of information during query processing for determining subqueries that need not be delegated to the server, thereby avoiding unnecessary server calls and exploiting processing contexts. For this purpose, the context manager has to provide special context inferencing capabilities.
- *unit of access for application processing:* The context manager not only keeps the descriptions of the contexts installed in the WM, but also organizes the schemata of the contexts in access sequences (i.e, special main-memory data structures), so that a context can be efficiently exploited by the query processor.

KOBRA

The KOBRA component provides to the other components (mainly the query processing system) a basic set of functions for modifying and retrieving information in the WM on a 'per object' basis. This functionality, which includes reading/changing attribute values, object creation/deletion, connection/disconnection of abstraction relationships, method execution, etc., incorporates the semantics of the KOBRA knowledge model.

The knowledge model as such supports means for specifying integrity constraints not present in the old architecture. Special attention is given to

- explicit representation of constraints,
- increased flexibility w.r.t. reactions on violations, scope, importance, etc., and
- the generalization of activation time from immediate/deferred activation to arbitrary levels

within a uniform language framework. Additionally, constraints may be viewed and described at different levels of detail, separating specification from implementation, and permitting the coexistence of alternative realizations for the same constraint.

Constraint Manager

The task of maintaining KB consistency according to the specified constraints is fulfilled by an additional component, the constraint manager. Based on events reported by the KOALA processing system or the KOBRA component (e.g., atomic write/read operations, begin/end of composed activities, etc.), the constraint manager initiates actions to ensure consistency, or stores the events for later (deferred) activation. Moreover, the creation, deletion, or modification of constraints is reported to this component.

Additionally, the constraint manager provides information about the existence of (certain types of) constraints to the query processing system, which can be exploited during the generation of an efficient execution plan.

KOALA Processing System

The execution of queries in the new KRISYS version is based on an algebraic framework [Hä91, Ro92]. The KOALA Processing System accepts a KOALA statement, transforms it into an algebra graph, performs rewrite optimizations, and generates a plan operator graph (i.e., execution plan), which can then be compiled and executed.

In general, two basic alternatives exist for evaluating the algebraic operations of a query: The operation can either be executed at the workstation (i.e., on the WM contents) or can be delegated to the server. These alternatives can be described through different types of plan operators (e.g, 'buffer select', and 'DBMS select') in the execution plan. Obviously, the evaluation of a query should exploit the WM contents as much as possible. In order to reach this goal, the query optimizer closely interacts with the context manager (and also with the constraint manager) to find out which parts of the query should be performed at which 'location'.

Interaction of System Components During Query Processing

In the following, we illustrate the main ideas of the processing model in the new KRISYS architecture by sketching the interactions and dependencies between the different system components during query evaluation.

After submitting a query to the *KOALA processing system*, it is transformed into an algebra graph, on which rewrite optimizations are performed. In this phase, the optimizer will interact with the *constraint manager* in order to gain information about intensionally defined data involved in the query (e.g., virtual attributes, or sets with their elements characterized by membership stipulations). If the intensional information is specified using KOALA (i.e., it does not involve any procedural computations), the definition can be used by the optimizer to rewrite the selection in a way similar to view substitutions in relational systems.

In the next step, an appropriate execution plan will be generated. At this stage, the query optimizer has to find out, which parts of the query can be executed on the WM contents and which have to be delegated, in order to generate the appropriate plan operators. Its decisions will be mainly based on two information sources. On one hand, parts of the query probably cannot be delegated to the server due to the 'semantic gap' (e.g., selections involving method calls or activation of constraints which require complex computations). The appropriate information about constraints is, again, provided by the *constraint manager*. On the other hand, a subquery need not to be delegated, if the contents of the WM are sufficient for its evaluation. The required information is given by the *context manager*, which analyzes the descriptions of the contexts it has already installed in the WM for this purpose, and presents execution alternatives. In order to choose between different alternatives, the optimizer of course needs an estimation of their execution costs. When considering the delegation of subqueries, the mapping scheme chosen for the current application plays a very important role. Therefore, the context manager enriches its description of execution alternatives with cost estimations provided by the *mapping system*, before passing it to the optimizer.

After the generation of an appropriate execution plan, the query can be evaluated. The execution of WM plan operations of course requires the interaction with the *working memory*. Since the WM operators appearing as leaves of the plan operator graph have to rely on contexts residing in the WM, the *context manager* provides for each operator the initial access to the associated context. The functionality required to implement the operations performed on the WM objects during the execution of the plan operator (e.g., accessing attributes in select operations) is provided by the *KOBRA* component.

The execution of DBMS plan operators is performed in several stages. First of all, the *mapping system* has to be consulted to produce an equivalent server DML operation based on the information of the actual mapping scheme. This DML operation is sent to the server for execution, and the result of the query is then returned to the mapping system, which transforms it into the WM representation (i.e., KOBRA objects). Finally, the resulting objects are passed to the *context manager*, which inserts them into the WM, registers the result of the delegated subquery as a new context and provides access to it for the subsequent plan operators.

The plan execution is continued in the above described manner and finally completed by returning the result of the query to the user or application.

6. Conclusions and Outlook

The Knowledge Base Management System KRISYS has been developed to bridge the gap between existing database technology and complex non-standard database applications, especially from the area of advanced engineering systems. KRISYS has been completely implemented and several application systems from different areas have been built to evaluate the system. Based on this evaluation and the experiences gained with the implementation of KRISYS, we can formulate the following guidelines for the conception and realization of KBMS, or extended DBS in general, thereby also summarizing the main results of our work in the KRISYS project.

Knowledge Modeling:

- A KBMS should support adequate means for the representation of descriptive, operational, and organizational aspects of the application domain. The concepts of objects with declarative attributes as well as methods, demons, rules, and the abstraction concepts (i.e., classification, generalization, association, and aggregation) are key candidates for reaching this end.

- In order to represent complex dependencies within the application domain, a uniform and flexible language for modeling constraints has to be provided within the knowledge modeling framework, which offers an implementation independent view.

- KBMS have to act not only as management systems but also as modeling tools, providing means for stepwise, iterative application development. The integration of meta-information into the KB and the dynamic support of the abstraction concept semantics through built-in reasoning facilities are prerequisites for reaching this goal.

Knowledge Manipulation:

- Declarative, set-oriented access to KB through a powerful query language is indispensable.

- Integrated access to meta-information in queries or updates is necessary for using the query language for modeling purposes, and strongly desirable for increasing its expressive power.

- The support of state-oriented changes is required as the basis for the definition of rules and queries within the same language framework.

Knowledge Maintenance:

- Efficient and reliable KB management can be effectively supported within the overall system architecture by the 'neutral' services of a DBMS component. DBMS kernel systems (e.g., the PRIMA system) are ideal candidates for this task, because they already provide increased functionality and data modeling capabilities aiming at the support of non-standard applications.

- A flexible mapping scheme has to be provided where individual optimized mappings for representing objects of the knowledge model as DB structures can be generated in a system-supported way after the development phase of a KB is completed in order to improve the performance of the overall application.

The above guidelines are independent of the hardware environment, for which the KBMS is intended. However, since *workstation/server environments* have emerged as typical environments for non-standard applications, especially for engineering systems, the overall architecture of a KBMS should fit into the appropriate processing scheme. The results of our investigations have shown that, in order to achieve a loose coupling of system components and exploit processing locality, the following guidelines should be taken:

- In the overall system architecture, most of the semantics of the KBMS, especially operational concepts like methods or rules, have to be supported at the workstation. Consequently, additional functionality (e.g., query and rule processing, integrity maintenance) has to be provided at the workstation. Otherwise, the server would be hopelessly overloaded with application processing tasks, neglecting the advantages of workstation-oriented processing capabilities offered by the hardware environment.

- In order to reduce the interaction between workstation and server, a main-memory application buffer has to be introduced at the workstation. Such a component is necessary to exploit the locality of references during application processing, reducing the path length of KB access operations. Additional reduction of communication overhead can be achieved through the concept of processing contexts allowing to specify sets of required objects that are fetched with a single server call.

- The data structures of the application buffer should be semantically enhanced and optimized in order to allow almost pointer-like access to objects during application processing.

- For optimizing information transfer between server and workstation, a set-oriented, declarative interface between these components has to be provided, allowing the dynamic delegation of (sub-) queries to the server component in order to pre-select required information.

- A predicative description of the application buffer contents has to be maintained in order to provide an adequate framework for exploiting locality of reference during set-oriented query processing.

Our future work will mainly address the detailed conception and the realization of an improved KRISYS architecture, which has been designed following the above guidelines. Concerning the processing model of the new system version, we will also concentrate on the exploitation of parallelism during query processing, for example by introducing an asynchronous interface between workstation and server [Th92]. Additional research will be performed in order to support efficient rule processing and integrate advanced reasoning facilities (e.g., default and probabilistic reasoning) into the system.

Acknowledgments

We would like to thank M. Scholl, M. Strobel, J. Thomas, and the editors for their useful hints and comments on a previous version of this paper.

References

At89 Atkinson, M., et.al.: The Object-Oriented Database Manifesto, in Proc. First Int. Conf. on Deductive and Object-Oriented Databases, 1989, Kyoto, Japan, pp.40-57.

AtHV89 Akman, V., ten Hagen, P.J.W., Varkamp, P.J. (eds.): Intelligent CAD Systems, II, Springer-Verlag, London, Paris, Tokyo, 1989.

BL86 Brachman, R., Levesque, H.: The Knowledge Level of KBMS, in: [BM86], pp. 9-12.

BM86 Brodie, M.L., Mylopoulos, J. (eds.): On Knowledge Base Management Systems (Integrating Artificial Intelligence and Database Technologies), Topics in Information Systems, Springer-Verlag, New York, 1986.

BMW84 Borgida, A., Mylopoulos, J., Wong, H.K.T.: Generalization/Specialization as a Basis for Software Specification, in: On Conceptual Modelling (Perspectives from Artificial Intelligence, Databases, and Programming Languages), Topics in Information Systems, (eds.: Brodie, M.L., Mylopoulos, J., Schmidt, J.W.), Springer-Verlag, New York, 1984, pp. 87-114.

Br81 Brodie, M.L.: Association: A Database Abstraction for Semantic Modelling, in: Proc. 2nd Int. Entity-Relationship Conference, Washington, D.C., Oct. 1981.

BS83 Bobrow, D.G., Stefik, M.: The LOOPS Manual, Xerox PARC, Palo Alto, CA, 1983.

De91 Deßloch, S.: Handling Integrity in a KBMS Architecture for Workstation/Server Environments, in: Proc. GI-Fachtagung "Datenbanksysteme in Büro, Technik und Wissenschaft", Kaiserslautern, März 1991, Hrsg. H.-J. Appelrath, Informatik-Fachberichte 270, Springer-Verlag, S.89-108.

DFMV90 DeWitt, D.J., Futtersack, P., Maier, D., Velez, F.: A Study of Three Alternative Workstation Server Architectures for Object-Oriented Database Systems, in Proc. 16th VLDB Conf., Brisbane, Australia 1990.

DHL∗92 Deßloch, S., Härder, T., Leick, F.J., Mattos, N.M., Laasch, Ch., Rich, Ch., Schek, H.J., Scholl, M.: COCOON and KRISYS - A Survey and Comparison, ZRI-Report, University of Kaiserslautern, 1992.

DHMM89 Deßloch, S., Härder, T., Mattos, N., Mitschang, B.: KRISYS: KBMS Support for Better CAD Systems, in: Proc. 2nd International Conference on Data and Knowledge Systems for Manufacturing and Engineering, Gaithersburg - Maryland, Oct. 1989, pp.172-182.

DHMS90 Deßloch, S., Hübel, C., Mattos, N., Sutter, B.: KBMS Support for Technical Modeling in Engineering Systems, in: Proc. 3rd International Conference of Industrial and Engineering Applications of Artificial Intelligence and Expert Systems, Charleston - South Carolina, July 1990, pp. 790-799.

DHMS91 Deßloch, S., Hübel, C., Mattos, N., Sutter, B.: Handling Functional Constraints of Technical Modeling Systems in a KBMS Environment, in: International Journal of Systems Automation: Research and Applications (SARA), 1, 1991,pp. 347-367.

DK76 Davis, R., King, J.: An overview of production systems, in Elcock, E., Michie, D. (eds.): Machine Intelligence, Wiley, New York, pp. 300-332, 1976.

DLM90 Deßloch, S., Leick, F.J., Mattos, N.M.: A State-oriented Approach to the Specification of Rules and Queries in KBMS, ZRI-Report 4/90, University of Kaiserslautern, 1990, submitted for publication.

Fi88 Filman, R.E.: Reasoning with Worlds and Truth Maintenance in a Knowledge-based Programming Environment, in: Communications of the ACM, Vol. 31, No. 4, April 1988, pp. 382-401.

Fr86 Frost, R. A.: Introduction to Knowledge Base Systems, Collins, London, 1986.

FK85 Fikes, R., Kehler, T.: The Role of Frame-based Representation in Reasoning, in: Communications of the ACM, Vol. 28, No. 9, Sept. 1985, pp. 904-920.

FWA85 Fox, M., Wright, J., Adam, D.: Experience with SRL: an Analysis of a Frame-based Knowledge Representation, Technical Report CMU-CS-81-135, Carnegie-Mellon University, Pittsburgh 1985.

GR89 Grabowski, H., Rude, S.: Intelligent Cad-Systems based on Technical Associative Modelling, in: Straßer, W., Seidel, H.P.(eds.): Theory and Practice of Geometric Modeling, Springer, 1989, pp.451-467.

Hä88 Härder, T. (ed.): The PRIMA Project : Design and Implementation of a Non-Standard Database System, SFB 124 Research Report No. 26/88, University of Kaiserslautern, Kaiserslautern, 1988.

Hä91 Hänsel, E.: Query Processing in the Knowledge Base Management System KRISYS (in German), Undergraduation Final Work, University of Kaiserslautern, Kaiserslautern - Germany, July 1991.

HHMM88 Härder, T., Hübel, C., Meyer-Wegener, K., Mitschang, B.: Processing and Transaction Concepts for Cooperation of Engineering Workstations and a Database Server, in: Data and Knowledge Engineering, Vol. 3, 1988, pp. 87-107.

HMMS87 Härder, T., Meyer-Wegener, K., Mitschang, B., Sikeler, A.: PRIMA - A DBMS Prototype Supporting Engineering Applications, in: Proc. 13th VLDB Conf., Brighton, UK, 1987, pp. 433-442.

Kn92 Knapmeyer, Ch.: Optimization of the Database Mapping in the KBMS KRISYS Using Load Information (in German), Undergraduation Final Work, University of Kaiserslautern, Kaiserslautern - Germany, June 1992.

Kr89 The KBMS Prototype KRISYS - User Manual, Version 2.3, Kaiserslautern, West Germany, 1989.

Kr91 Kraft, S.: An Analysis of some existing Systems supporting knowledge modeling (in German), Undergraduation Final Work, University of Kaiserslautern, Kaiserslautern - Germany, February 1991.

KDG87 Küspert, K., Dadam, P., Günauer, J.: Cooperative Object Buffer Management in the Advanced Information Management Prototype, Proc. 13th VLDB Conf., Brighton, England, Sept. 1987, pp. 483-492.

La91 Langkafel, D.: A Component for Graph-oriented Management of Knowledge Base Contents (in German), Undergraduation Final Work, University of Kaiserslautern, Kaiserslautern - Germany, June 1991.

LM89 Leick, F.J., Mattos, N.M.: A Framework for an Efficient Processing of Knowledge Bases on Secondary Storage, in: Proc. of the 4th Brazilian Symposium on Data Bases, Campinas-Brazil, April 1989.

Ma88a Mattos, N.M.: Abstraction Concepts: the Basis for Data and Knowledge Modeling, in: 7th Int. Conf. on Entity-Relationship Approach, Rom, Italy, Nov. 1988, pp. 331-350.

Ma88b Mattos, N.M.: KRISYS - A Multi-Layered Prototype KBMS Supporting Knowledge Independence, in: Proc. Int. Computer Science Conference - Artificial Intelligence: Theory and Application, Hong Kong, Dec. 1988, pp. 31-38.

Ma90 Mattos, N.: An Approach to DBS-based Knowledge Management (invited talk), in: Proc. 1st Workshop "Information Systems and Artificial Intelligence", Ulm - West Germany, March 1990.

Ma91a Mattos, N.M.: An Approach to Knowledge Base Management - Requirements, Knowledge Representation, and Design Issues -, Doctoral Thesis, University of Kaiserslautern, Computer Science Department, Kaiserslautern, Lecture Notes in Artificial Intelligence, Vol. 513 , Springer, 1991.

Ma91b Mattos, N.M.: KRISYS - a KBMS Supporting Development and Processing of Knowledge-based Applications in Workstation/Server Environments, ZRI-Bericht 5/91, Universität Kaiserslautern, submitted for publication.

MDL91 Mattos, N.M., Deßloch, S., Leick, F.-J.: A Knowledge-based Approach to Intelligent CAD for Architectural Design, in: Proc. IEA/AIE'91 - 4th International Conference on Industrial and Engineering Applications of Artificial Intelligence and Expert Systems, Kauai, Hawaii, June 1991, S. 409-418.

Mi88 Mitschang, B.: Towards a Unified View of Design Data and Knowledge Representation, in: Proc. of the 2nd Int. Conf. on Expert Database Systems, Tysons Corner, Virginia, April 1988, pp. 33-49.

Mi89a   Mitschang, B.: Extending the Relational Algebra to Capture Complex Objects, in: Proc. of the 15th VLDB Conf., Amsterdam, 1989, pp. 297-306.

Mi89b   Michels,M.: The KBMS KRISYS from the viewpoint of Diagnosis XPS (in German), Undergraduation Final Work, University of Kaiserslautern, Kaiserslautern - Germany, March 1989.

MM89   Mattos, N.M., Michels, M.: Modeling with KRISYS: the Design Process of DB Applications Reviewed, in: Proc. the 8th Int. Conf. on Entity-Relationship Approach, Toronto - Canada, Oct. 1989, pp. 159-173.

MMM92   Mattos, N.M., Meyer-Wegener, K., Mitschang, B.: Grand Tour of Concepts for Object-Orientation from a Database Point of View, to appear in: Data and Knowledge Engineering.

Mö91   Möllenkamp, H.: Knowledge based Support for the estimation of immovables, application anlysis, conception and prototypical implementation (in German), Undergraduation Final Work, University of Kaiserslautern, Kaiserslautern - Germany, December 1991.

Ni89   Nierstrasz, O.M.: A Survey of Object-Oriented Concepts, in: Kim, W., Lochovsky, F.H. (eds.): Object-Oriented Concepts, Databases, and Applications, ACM Press, New York, 1989.

Re90   Reinert, J.: A Model for the Representation of static and dynamic aspects for CAD Design (in German), Undergraduation Final Work, University of Kaiserslautern, Kaiserslautern - Germany, February 1990.

Rh89   Rheinberger, B.: A XPS for travel guidance as application of the KBMS KRISYS (in German), Undergraduation Final Work, University of Kaiserslautern, Kaiserslautern - Germany, March 1989.

Ro92   Rocha, R. P. da: Transformation and Rewrite in the Query Processing System of the KBMS KRISYS (in Portuguese), Master Thesis, CPGCC, UFRGS, Porto Alegre, Brasil, May 1992.

RHMD87   Rosenthal, A., Heiler, S., Manola, F., Dayal, U.: Query Facilities for Part Hierarchies: Graph Traversal, Spatial Data, and Knowledge-Based Detail Supression, Research Report, CCA, Cambridge, MA, 1987.

Sch91   Schulte, D.: An Approach to Flexible Mapping of Knowledge Models to Data Models (in German), Undergraduation Final Work, University of Kaiserslautern, Kaiserslautern - Germany, June 1991.

St92   Strobel, M.: Conception of a Component for Context Management in the KBMS KRISYS (in German), Undergraduation Final Work, University of Kaiserslautern, Kaiserslautern - Germany, June 1992.

Su91   Surjanto, B.: Conception and Implementation of a knowledge based system for the generation of an application oriented DB schema for a KRISYS KB (in German), Undergraduation Final Work, University of Kaiserslautern, Kaiserslautern - Germany, October 1991.

SB86   Stefik, M., Bobrow, D.G.: Object-Oriented Programming: Themes and Variations, in: AI-Magazine, Vol. 6, No. 4, Winter 1986, pp. 40-62.

SS77   Smith, J.M., Smith, D.C.P.: Database Abstractions: Aggregation and Generalization, in: ACM Transactions on Database Systems, Vol. 2, No. 2, June 1977, pp. 105-133.

SS90a   Schek, H.-J., Scholl, M.H.: Evolution of Data Models, in Database Systems of the 90's, Lecture Notes in Computer Science 466, (Ed. A. Blaser), Springer verlag, Berlin, 1990, pp. 135-153.

SS90b   Scholl, M.H., Schek, H.-J.: A synthesis of complex objects and object orientation, Proc. IFIP TC2 Conf. on Object Oriented Databases: Analysis, Design & Construction (DS-4), Windermere, U.K., North-Holland, 1990.

ST89   Schmidt, J.W., Thanos, C. (ed.): Foundations of Knowledge Base Management, Topics in Information Systems, Springer-Verlag, 1989.

Th90   Thomczyk, Ch.: A Design XPS for the KBMS KRISYS (in German),Undergraduation Final Work, University of Kaiserslautern, Kaiserslautern - Germany, January 1990

Th92   Thomas, J.: An Approach to Parallelism in KRISYS, ZRI-Report 1/92, Department of Computer Science, University of Kaiserslautern, March 1992.

Wi84   Williams, C.: ART the Advanced Reasoning Tool: Conceptual Overview, Inference Corporation, Los Angeles, 1984.

YG89   Yoshikawa, H., Gossard, D. (eds.): Intelligent CAD, I, North-Holland, Amsterdam, 1989.

LILA: Semantik, Optimierung und Prototyp einer regelbasierten Anfragesprache für das EXTREM-Modell

*Holger Riedel** und *Andreas Heuer*

Institut für Informatik, TU Clausthal
Erzstr. 1, DW-3392 Clausthal-Zellerfeld
E-mail:{*inhr,inah*}@ibm.rz.tu-clausthal.de

LIVING IN A LATTICE (LILA) ist die regelbasierte Anfragesprache im objektorientierten Datenbanksystem OSCAR, das an der TU Clausthal realisiert wird. Hier geben wir einen Überblick über das Projekt, das während der letzten drei Jahre im Rahmen des SPP „Objektbanken für Experten" von der DFG gefördert wurde.

1 Einleitung

Ein Schwerpunkt der Datenbankforschung in den letzten Jahren stellt die Entwicklung objektorientierter Datenbanksysteme dar. Während zuerst die Modellierung komplexer Anwendungen im Vordergrund stand und zur Entwicklung verschiedener semantischer und objektorientierter Datenmodelle geführt hat, richtet sich das Interesse nun darauf, wie man diese Konzepte zu einem vollständigen Datenbanksystem ausbauen kann. Einen besonderen Schwerpunkt bildet dabei die Entwicklung von Anfrage- und Manipulationssprachen, die den Zugriff auf die Strukturen des Datenmodells ermöglichen.

1.1 Das OSCAR-Projekt

OSCAR (Object management System Clausthal, Approach: Relational) ist das Projekt und der Prototyp für ein objektorientiertes Datenbanksystem, das am Institut für Informatik an der Technischen Universität Clausthal entwickelt wird. Ausgangspunkt ist das strukturell objektorientierte Datenmodell EXTREM. Hierfür werden Anfrage- und Manipulationssprachen entwickelt, die die modellinhärenten Eigenschaften unterstützen. Dabei wurde besonders untersucht, inwieweit die Eigenschaften relationaler Sprachen, wie die Betrachtung von Mengen und die Orthogonalität der Operatoren, auf objektorientierte Sprachen übertragen werden können und welche Möglichkeiten zusätzlich durch die Berücksichtigung der impliziten Integritätsbedingungen vorhanden sind. Weitere Schwerpunkte im OSCAR-Projekt bilden die graphische Unterstützung der Benutzer sowie die Entwicklung adäquater Speicherstrukturen, wobei besonders die Umsetzung mittels eines relationalen DBMS untersucht und für die Entwicklung des Prototyps benutzt wurde.

Im Rahmen des LILA-Projektes, das seit Mai 1990 für drei Jahre von der Deutschen Forschungsgemeinschaft im Schwerpunktprogramm „Objektbanken für Experten"

---

* Die Arbeit von Herrn Riedel wurde von der DFG unter der Projekt-Nr. He 1768/3-2 gefördert.

gefördert wird, wurde nun untersucht, in welcher Weise logikbasierte Anfragesprachen in das objektorientierte Paradigma integriert werden können. Dabei standen die folgenden Probleme im Vordergrund:

- Definition einer objektorientierten Semantik für eine Regelsprache, die die Konzepte des EXTREM-Modells unterstützt.
- Konzeption einer Auswertungsstrategie unter Berücksichtigung der OSCAR-Objektalgebra.
- Untersuchung der Optimierungsstrategien für die Regelsprache.
- Übersetzung und Prototyp-Implementierung der Objektalgebra.
- Implementierung einer wertbasierten Regelsprache auf geschachtelten Relationen.

1.2 Anforderungen an logikbasierte Anfragesprachen

Eines der wesentlichen Kriterien für die Leistungsfähigkeit eines Datenbanksystems ist die Mächtigkeit seiner Anfragesprachen. Hierbei wurden in den letzten Jahren verschiedene Kriterienkataloge [HS91d, YO91] erarbeitet, die unter anderem die folgenden Punkte enthalten:

- *Adäquatheit*: Die Konzepte des Datenmodells sollen voll unterstützt werden.
- *Orthogonalität*: Die Elemente der Sprache sollten frei kombiniert werden können, um auch komplexe Anfragen einfach formulieren zu können.
- *Mengenorientierung*.
- *angemessene Mächtigkeit*: Alle „relevanten" Anfragen können gestellt werden.
- *deklarative Sprache*: Die Semantik ist in einer Logik fundiert und enthält keine zusätzlichen Konstrukte (wie Schleifen oder "Cut"), die das Formulieren von Anfragen durch den Zwang zum Navigieren erschweren.
- *deduktive Sprache*: Durch die Einbettung in die Logik ist es möglich, Anwendungen zu unterstützen, die intelligentere Verfahren zur Ableitung von Informationen benötigen.
- *effiziente Auswertbarkeit*.

Unter den verschiedenen Sprachparadigmen (wie etwa SQL-basierte Sprachen, Algebren, Kalküle) wurden in den vergangenen Jahren besonders regelbasierte Sprachen untersucht, die viele der angegebenen Kriterien erfüllen. Dabei hat sich für relationale Datenbanken die Einbettung in die Prädikatenlogik erster Stufe bewährt, die neben der logikbasierten Spezifikation von Anfragen mit dem Fixpunktsatz von Tarski auch eine operationale Möglichkeit enthält, Anfragen mengenorientiert auszuwerten. Hierbei beschränkte sich die Untersuchung im wesentlichen auf die Sprache Datalog, die aber für objektorientierte Datenmodelle nicht adäquat ist.

Es hat sich in den letzten Jahren gezeigt, daß Anfragesprachen, die bestimmte objektorientierte Konzepte unterstützen, Schwierigkeiten haben, diese in eine deklarative Semantik zu integrieren, da eine Axiomatisierung dieser Konzepte mittels der Prädikatenlogik erster Stufe nicht möglich ist. Zu den kritischen objektorientierten Konzepten [Ull91] gehören die Unterscheidung zwischen Objekten und Werten, die Ausprägung der Objektidentität und ihre Verwendung in der Vererbungshierarchie wie auch die Unterstützung komplexer Attribute, etwa Mengen oder ADTs. Dies bedingt, daß man entweder auf eine logikbasierte Semantik verzichtet und im wesentlichen eine operationale Semantik angibt (wie etwa bei IQL [AK89]), oder aber höhere Konstrukte nur in eingeschränkter Form in die Anfragesprachen integriert. Hierfür sind insbesondere O-Logic [Mai86, KW89] und F-Logic [KL89, KLW90] bekannte Repräsentanten. Ein besonderes Problem stellen dabei Nullwerte dar. Diese wurden in F-Logic ursprünglich benutzt, um Inkonsistenzen oder nicht vorhandene Informationen zu modellieren. Für eine logikbasierte Semantik muß dann ein Domänenverband betrachtet werden, der die Nullwerte für inkonsistente oder undefinierte Informationen als größtes bzw. kleinstes Element enthält (wie im Kalkül von Bancilhon und Khoshafian [BK89]). Die Erweiterung der Semantik von Anfragesprachen um die Nullwerte (etwa bei Selektionen oder Joins) erweist sich aber als umständlich und aufwendig, so daß darauf in der aktuellen Version von F-Logic [KLW90] verzichtet wurde.

1.3 Die Regelsprache LILA

LILA (LIving in a LAttice) ist die regelbasierte Anfragesprache für OSCAR. Sie wurde von A. Heuer und P. Sander entwickelt und 1991 veröffentlicht [HS91c, HS91a, HS91b].

Durch die Syntax der Sprache kann in homogener Weise auf die Strukturen des EXTREM-Modells zugegriffen werden. Dabei unterstützt das EXTREM-Modell u.a. die Trennung von Objekten von ihrem Zustandstyp, der aus einfachen Attributen (mit den Domänen *int*, *string*,...), benutzerdefinierten ADTs, Methoden und Typkonstruktoren (wie Tupel, Mengen oder Listen) aufgebaut wird. Objekte werden in Klassen gesammelt, die in einer Vererbungshierarchie angeordnet werden. Eine konsistente Instanz ist eine Datenbank, die jedem Objekt einer Klasse einen eindeutigen Zustand zuordnet und die Objekte gemäß der Vererbungshierarchie den Klassen zuordnet. Hierfür liefert die Anwendung der Regeln stets eine Menge von Objekten mit einem lokalen Zustandstyp. Diese Objekte werden abgeleiteten Klassen zugeordnet, die wie Basisklassen in den Klassenverband eingeordnet werden. Dadurch können abgeleitete Klassen die Attribute und Methoden von Basisklassen erben.

Es wird zwischen objekterhaltenden und objektgenerierenden Regeln unterschieden. Bei objekterhaltenden Regeln werden bereits vorhandene Objekte ausgewählt und ein neuer Zustandstyp bestimmt. Bei objektgenerierenden Regeln werden neue Objekte erzeugt, deren Identität von Attributwerten abhängig ist.

Durch die Möglichkeit der Rekursion können auch komplexere Anfragen, wie etwa die Bestimmung kürzester Wege für Reiseverbindungen, gestellt werden, während der logikbasierte Formalismus einen freien Aufbau der Regeln ermöglicht und die Semantik durch minimale Modelle bzw. Fixpunkte charakterisiert wird. Dabei wurden sowohl die Konstruktion komplexer Attribute wie auch die Vermeidung von Inkonsistenzen durch die Betrachtung geeigneter Objektrelationen berücksichtigt. Auf den Objektrelationen wird dazu eine partielle Ordnung definiert, die die Mengenkonstruktion ermöglicht. Das Problem der Inkonsistenzen wird dadurch vermieden, daß nur Regelprogramme betrachtet werden, die für beliebige Datenbankinstanzen konsistent sind. Da hierfür bei rekursiven Programmen nur hinreichende Kriterien angegeben werden können, werden Inkonsistenzen auch zur Laufzeit durch die Semantik von LILA aufgezeigt.

Von besonderer Bedeutung ist die Auswertbarkeit von LILA durch die operationalen Möglichkeiten von OSCAR. Hierbei wurde insbesondere die Objektalgebra betrachtet, die einen mengenwertigen Zugriff auf die Objektinstanz ermöglicht und durch die internen Zugriffsstrukturen von OSCAR unterstützt wird. Dabei wurde auch untersucht, in wieweit Optimierungskonzepte für relationale Sprachen in LILA umgesetzt werden können, bzw. welche neuen Techniken entwickelt werden können.

1.4 Überblick über diesen Beitrag

In Kap. 2 stellen wir die Konzeption von OSCAR vor. Dabei gehen wir besonders auf das Datenmodell EXTREM, die Objektalgebra ABRAXAS und die Prototypimplementierung auf Basis des RDBMS IRIS ein. Die Regelsprache LILA wird ausführlich in Kap. 3 erklärt, wobei neben der Kernsprache auch die Erweiterung auf nichtmonotone Konzepte wie Mengenvergleiche und das Problem der auftretenden Inkonsistenzen berücksichtigt werden. Die Möglichkeiten zur Auswertung von LILA unter Berücksichtigung der Objektalgebra werden in Kap. 4 dargelegt. Dabei wird besonders die Anwendbarkeit von Optimierungstechniken für rekursive Regeln in LILA untersucht und die Erfahrungen mit einer wertbasierten Regelsprache, die auf geschachtelten Relationen beruht, diskutiert.

2 OSCAR: Architektur und Anfragesprachen

In diesem Kapitel geben wir einen Überblick über die Konzeption und Prototypimplementierung von OSCAR. Einen globalen Überblick gibt der erste Abschnitt, während die für das LILA-Projekt wichtigen Aspekte und Bereiche, die im Rahmen dieses Projektes realisiert wurden, in den weiteren Abschnitten erläutert werden.

2.1 Der Aufbau des OSCAR-OODBMS

OSCAR wird zur Zeit in C/C++ auf 386/486-Prozessoren unter SCO-UNIX realisiert. Wesentliche Komponenten sind zur Zeit die Schemadefinition (EDEL: Extrem DEfinition Language) sowie die Sprachkomponenten. Hier werden neben LILA besonders die Objektalgebra ABRAXAS und O^2QL, das SQL-kompatibel ist und zusätzlich die Konzepte des EXTREM-Modells unterstützt, entwickelt.

Zusätzlich können zu jeder Klasse auch Methoden angegeben werden, die in MEDEL (MEthod DEfinition Language) im Stile von C++ definiert werden.

Die Benutzerschnittstelle wird unter OSF/Motif entwickelt und unterstützt die Definition des Schemas und der Anfragen. Die Verwaltung von OSCAR geschieht über die Metaebene [GH92], die ebenfalls in EXTREM modelliert ist. Neben der Definition von Datentypen, Klassen und Anfragen wird hier auch die interne Speicherorganisation verwaltet. Die interne Ebene (CLOPS: Clausthal Large Objects Persistent Storage) ermöglicht die Benutzung verschiedener Speicherungsformen. So können alle komplexen Attribute aufgelöst und verteilt gespeichert werden, wodurch etwa Selektionen auf strukturierten Werten ggf. besser unterstützt werden können. Alternativ können auch Teile von komplexen Attributen kompakt gespeichert und zusätzliche Indexstrukturen aufgebaut werden. Diese werden durch einen Objektpuffer im Arbeitsspeicher unterstützt, wobei bestimmte Operationen der Objektalgebra schon beim Laden der Objekte in den

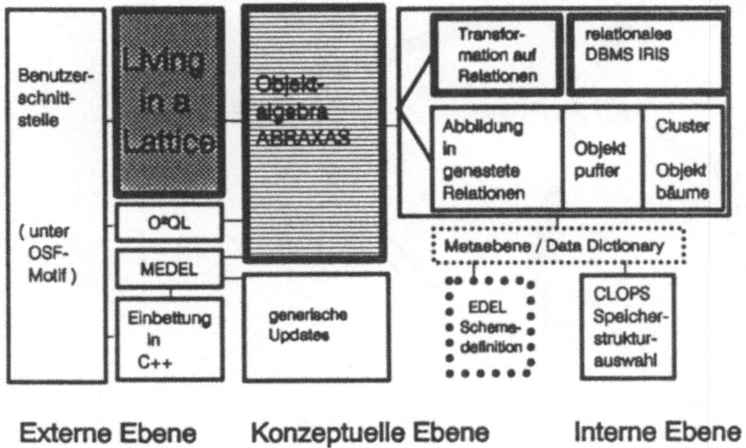

Abb. 1. Der Aufbau von OSCAR

Objektpuffer ausgewertet werden. Für die Prototypimplementierung sind besonders die Konzepte für eine Schnittstelle zum relationalen DBMS IRIS, das ebenfalls in unserer Gruppe entwickelt wurde, untersucht worden. Die Struktur der aktuellen Konzeption zeigt Abb. 1.

2.2 Das strukturell objektorientierte Datenmodell EXTREM

Anwendungen für OSCAR werden mit den Konzepten des strukturell objektorientierten Datenmodells EXTREM [Heu88, HH91] modelliert, das im Stile des Beeri-Modells [Bee90] die Unterscheidung zwischen (ggf. strukturierten) Werten und Objekten, die in Klassen zusammengefaßt werden, unterstützt. In einer IS_A_Hierarchie können Klassen durch Generalisierung und Spezialisierung angeordnet werden.

EXTREM hat eine graphische Notation, die bei der interaktiven Entwicklung von Datenbankschemata benutzt werden kann, sowie eine Darstellung in Form von NF^2-Relationen, die besser zur Beschreibung der Instanzen geeignet ist. Eine Einführung gibt das folgende Beispiel.

Beispiel 1 Abb. 2 und Abb. 3 zeigen die Klassenhierarchie und das Datenbankschema unserer Beispielanwendung. Es enthält die *abstrakten* Klassen *Person*, *Stadt* und *Firma*. Die Instanzen dieser Klassen sind disjunkt und Objekte werden durch generische Update-Operationen hier erzeugt. Weitere Klassen können durch Spezialisierung (wie *HiWi*) bzw. durch Generalisierung (z.B. *Budget*) gebildet werden. Die zugehörigen Instanzen sind dann eine Teilmenge des Durchschnitts (bzw. der Vereinigung) der Objekte der eingehenden Klassen. Jeder Klasse wird ein lokaler Zustandstyp zugeordnet, der aus einfachen Attributen (vom Typ *int, string, ...*), Mengen- und Tupelkonstruktoren und

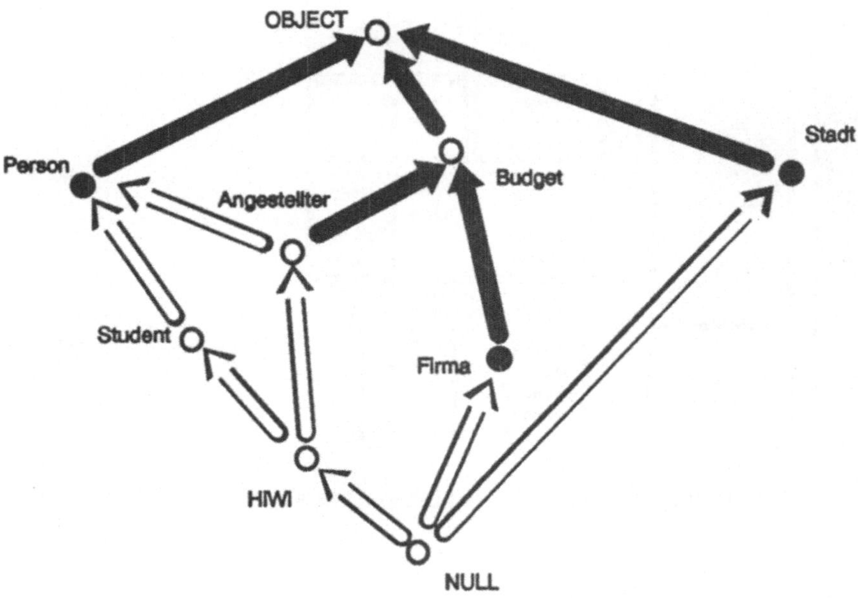

Abb. 2. Die Klassenhierarchie

aus objektwertigen Attributen bestehen kann. Weiterhin können auch benutzerdefinierte ADTs und klassenspezifische Methoden verwendet werden.

So hat *Firma* das Mengenattribut *Belegschaft*, das aus *Mitarbeiter*tupeln besteht, wobei ein Tupel aus der objektwertigen Komponente *Ang_Inf*, dem String *Tätigkeit* und dem Integer *Einstufung* besteht. □

Ein EXTREM-Schema erfüllt globale Azyklitätsbedingungen, wobei durch die Vererbung eine Hierarchie beschrieben wird. Diese wird zu einem Klassenverband erweitert, indem zusätzliche Klassen eingefügt werden, insbesondere die Klasse *OBJECT*, die alle Objekte enthält und die in unserem Beispiel eine Generalisierung der Klassen *Person*, *Stadt* und *Budget* ist, und die Klasse *NULL*, die i.a. leer ist und in unserem Beispiel eine Spezialisierung der Klassen *HiWi*, *Firma* und *Stadt* ist. Hierdurch können abgeleitete Klassen auch bei Mehrfachvererbung Attribute und Methoden nichttrivial von anderen Basisklassen erben [HS91a].

Eine Datenbankinstanz kann durch eine Menge von (erweiterten) NF^2-Relationen dargestellt werden, wobei jeder Klasse eine Relation zugeordnet wird. Dabei gibt es ein gesondertes Surrogatattribut, das die Objektidentifikatoren enthält. Diese werden systemintern generiert und sind von außen weder sichtbar noch direkt manipulierbar. Eine Beispielinstanz für *Firma* ist in Abb. 3 dargestellt.

2.3 Die Objektalgebra ABRAXAS

Die grundlegende Anfragesprache von OSCAR ist die Objektalgebra. Diese liefert stets eine Menge von Objekten, so daß komplexe Anfragen aus einfachen aufgebaut werden können.

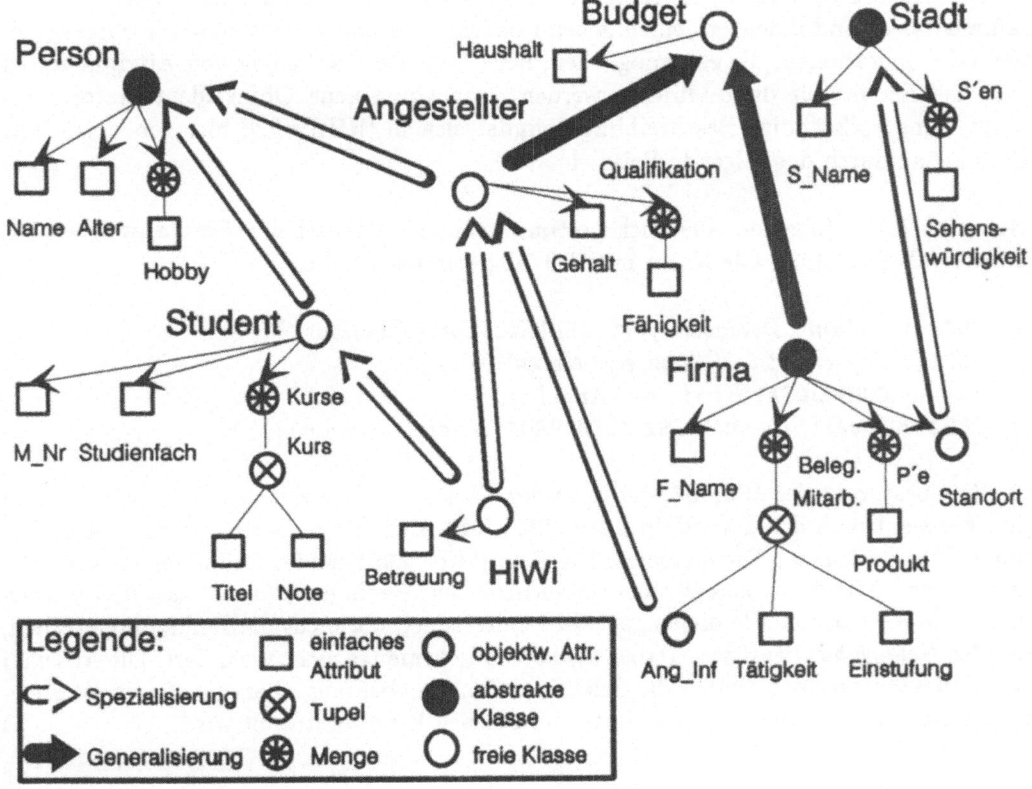

Abb. 3. Das EXTREM_Schema

Firma	F_Name	Belegschaft			Produkte	Standort
		Mitarbeiter			Produkt	
		Ang_Inf	Tätigkeit	Einstufung		
δ_1	A_Firma	β_{21}	Geschäftsführer	82	Schrank	ε_{35}
		β_{34}	Personalverwaltung	84	Marmortisch	
		β_{42}	Produktionsleiter	86	Vitrine	
		β_{61}	Qualitätssicherung	56		
		β_{34}	Vertrieb	70		
δ_{17}	B_Firma	β_{21}	Vorstand	81	Sitzbank	ε_{92}
		β_{134}	Tischler	82		
		β_{71}	Organisation	84		
..						

Abb. 4. Die Instanz von *Firma*

Die Algebra enthält objekterhaltende Operationen, die vorhandene Objekte neu zusammenfassen und ihnen ggf. einen neuen (lokalen) Zustand zuordnen, sowie objektgenerierende Operationen, die es ermöglichen, neue Objekte – abhängig von Attributwerten – zu definieren. Für diese Objekte werden dann völlig neue Objektidentifikatoren erzeugt. Eine vollständige Beschreibung befindet sich in [HHRW92], hier geben wir eine Einführung durch das folgende Beispiel.

Beispiel 2 Der folgende Ausdruck bestimmt für jede Clausthaler *Firma*, welche Mitarbeiter als Studenten alle Kurse mit '1.0' abgeschlossen haben:

```
PROJ [F_Name, Belegschaft]( SEL[Standort='Clausthal'](
REST[Belegschaft :  ∀ Kurse :  Note='1.0']((
Firma COMP_JOIN[S_Inf  ←  Ang_Inf] (
PROJ[Kurse](Student) ISA_JOIN PROJ[Name](Person))))).
```

Hier bestimmt der **ISA_JOIN** Objekte der Klasse *Student* mit den Attributen *Name* und *Kurse*. Durch den darauffolgenden **COMP_JOIN** wird in *Firma* das Attribut *Ang_Inf* durch (*Name*,*Kurse*)-Tupel ersetzt. Die Restriktion **REST** wertet Bedingungen auf mengenwertigen Attributen gemäß einer (quantifizierten) Bedingungsformel aus. Hier werden durch die Restriktion alle diejenigen Mitarbeitertupel, die nicht die Bedingung erfüllen, aus der *Belegschaft* entfernt. Dabei wird die Objektmenge nicht verändert. Die Auswahl von Objekten geschieht durch die Selektion **SEL**, die ebenfalls über eine Bedingungsformel, die auch die komplexen Attribute einschließen kann, bestimmt wird. $\square$

Weitere objekterhaltende Operationen sind die Mengenoperationen (auf den Objektmengen), Änderungen des Zustandtyps durch **CHANGE**, etwa durch Nesten bzw. Entnesten von Mengen, sowie die Umbenennung **REN**. Wichtig ist auch das **INVERT**, womit die Beziehung zwischen Klassen und ihren Komponentenobjekten umgekehrt wird. So liefert *Firma* **INVERT**[*Standort*] *Stadt* die Menge der Städte, die als *Standort* geführt werden.

Ein Beispiel für eine objektgenerierende Operation ist **GPROJ**[*Produkt*](*Firma*). Jedem auftretenden Produkt wird ein neues Objekt zugeordnet, dessen Identität, in der relationalen Instanz durch einen neuen Objektidentifikator repräsentiert, vom System vergeben wird. Wichtig ist auch das (objektgenerierende !) **CROSS**, welches das Kreuzprodukt von Objektmengen liefert.

Die Anwendung einer Objektalgebra-Operation liefert stets eine konsistente Objektmenge, d.h. eine gültige Instanz im EXTREM-Modell. Inkonsistenzen entstehen dadurch, daß einem Objekt durch eine Operation mehrdeutige oder fehlende Information zugeordnet wird. Dann müssen die Objekte mit ihrem Zustand dem Ergebnistyp entsprechend bestimmt werden. Dies geschieht bei den Operatoren der Objektalgebra in unterschiedlicher Form. Ein Beispiel ist die Vereinigung zweier verschiedener Instanzen der Klasse *Person*. Objekte, denen in den Instanzen verschiedene Namen zugeordnet wurden, werden im Ergebnis nicht berücksichtigt. Dagegen werden unterschiedliche *Hobbies* durch eine Vereinigung der Werte berücksichtigt. Diese Konfliktlösung läßt sich durch eine geeignete partielle Ordnung über den Objektinstanzen formalisieren, wie es auch in LILA geschieht (s. Kap.3).

2.4 Die Prototypimplementierung

Zur Zeit wird ein Prototyp von OSCAR erstellt, wobei auf eine vollständige Neuimplementierung des Datenbankkerns verzichtet wurde. Stattdessen werden die Konzepte von EXTREM und den Anfrage- und Updatesprachen auf Relationen und die Relationenalgebra des relationalen DBMS IRIS abgebildet. Diese Vorgehensweise erfüllte auch den Zweck, die grundsätzlichen Möglichkeiten bei der Verbindung objektorientierter und relationaler Datenbanken zu untersuchen und mit den Ergebnissen anderer Forschungsgruppen (etwa [TS91, PV92]) zu vergleichen.

Abbildung des Datenmodells auf Relationen. Bei der Umsetzung des Datenbankschemas wird jeder EXTREM-Klasse sowie jedem Mengen- oder Listenattribut jeweils eine Relation zugeordnet. Dabei werden Tupelattribute eliminiert und jede Menge durch ein künstliches Attribut identifiziert. So wird *Firma* durch die Relationen *Firma=(Firma, F_Name, Belegschaft, Produkte, Standort)*, *Produkte=(Produkte, Produkt)* und *Belegschaft=(Belegschaft, Ang_Inf, Tätigkeit, Einstufung)* dargestellt. Die zusätzlichen Informationen, wie etwa die Tupelattribute, werden in der Metaebene verwaltet, die auch auf Relationen abgebildet wird.

Abbildung der Operationen auf die Relationenalgebra. Bei der Auswertung objektalgebraischer Ausdrücke wird der Anfragebaum, ggf. nach geeigneten Optimierungen, in relationenalgebraische Ausdrücke umgeformt. Da die Objektalgebra keine „Kopie" der Relationenalgebra ist, sind bei der Auswertung eines Objektalgebra-Operators i.a. mehrere Operationen auf der relationalen Ebene auszuführen. Desweiteren mußte die Relationenalgebra um zwei Operatoren – *mgleich* und *cod* – erweitert werden, um die Verwaltung der Objekt- und Mengenidentifikatoren zu kontrollieren. *Mgleich* ordnet gleichen Mengen denselben Identifikator zu, wodurch Duplikate bei Projektionen und anderen Operationen entfernt werden können. Durch *cod* werden neue Identifikatoren erzeugt, die bei objektgenerierenden Operationen benötigt werden. Weiterhin wird *cod* benutzt, um Konflikte aufzulösen, wenn durch eine Operation (etwa bei Mengenoperationen) Mengenattribute vereinigt werden.

Bewertung der Vorgehensweise. Die Benutzung eines relationalen DBMS ermöglichte uns eine rasche Realisierung eines Prototyps. Die dabei angewandten Übersetzungstechniken haben aber gezeigt, daß die Nachbildung auf Relationen eine nur unzureichende Unterstützung der komplexen Strukturen des EXTREM-Modells bedingt, da die vorhandenen Zugriffstechniken keine semantische Optimierung ermöglichen.

Der Prototyp stellt somit eine Implementierung eines objektorientierten Datenbankentwurfs für RDBMS dar, wobei zusätzlich auch die Anfrage- und Updatesprachen unterstützt werden. Die dabei auftretende Komplexität der Anfrageauswertung ist zum Teil durch die Mächtigkeit der Algebra bestimmt, da z.B. komplexe Mengenvergleiche unterstützt werden, aber ebenso durch die benutzte Übersetzungsstrategie.

Zur Entwicklung eines objektorientierten DBMS wird diese Vorgehensweise aber nicht akzeptabel sein, da die modellinhärenten Schlüssel- und Integritätsbedingungen durch die

Objektidentität in einer vollständig objektorientierten Implementierung berücksichtigt werden können.

Ein weiteres Problem bei der Auswertung ist die Abarbeitung der Anfragen auf mengenwertigen Attributen. Durch die Aufsplittung in Relationen gehen einige Möglichkeiten zur Reduktion der Plattenzugriffe verloren, die bei einer kompakteren Speicherung etwa gemäß den Single-Scan-Anfragen in DASDBS/COCOON [SPSW90] abgearbeitet werden könnten.

Die Konzeption einer solchen Speicherorganisation erfolgte außerhalb des LILA-Projektes und wird gerade implementiert. Praktische Aussagen, in wieweit die Auswertung der Objektalgebra hierdurch verbessert wird, können daher noch nicht gemacht werden.

3 LILA: Syntax, Semantik und Erweiterungen

Hier geben wir einen Einblick in die Struktur und die formale Semantik von LILA. Dabei sollen exemplarisch die Eigenschaften von LILA aufgezeigt werden. Eine umfassende Darstellung von LILA ist in [HS91b] enthalten.

3.1 Syntax und Semantik

Bei der Betrachtung von Regelsprachen für Objektmodelle war es in vielen Ansätzen von Vorteil, die Semantik in der Weise zu definieren, daß das Ergebnis als Relation aufgefaßt werden kann. Dadurch konnten die grundlegenden Resultate für relationale Sprachen auch für diese Sprachen genutzt werden. Allerdings sind diese Sprachen nicht adäquat, weil sie bei der Betrachtung der Anfrageergebnisse nur einen wertbasierten Bezug zur Datenbank herstellen können. Dadurch können orthogonale Anfragen, die zusätzlich auf die Objektstruktur aufbauen, nicht oder nur umständlich formuliert werden. LILA dagegen ist orthogonal. Das Ergebnis eines Regelprogrammes besteht stets wieder aus Objekten, die die Anforderungen des EXTREM-Modells erfüllen. Um die Semantik von LILA dennoch exakt in modelltheoretischer Weise charakterisieren zu können, werden Verbandsstrukturen betrachtet, die sich auf die Anordnung der Instanzen einer Klasse (sog. Objektrelationen) und auf die Vererbung in der Klassen/Typstruktur des EXTREM-Modells (der Klassen/Typ-Verband) beziehen. Im Gegensatz zu Sprachen, die die Konstruktion neuer Typstrukturen, etwa die Bildung neuer Mengen, nur prozedural beschreiben, kann dies durch die Objektrelationen in monotoner Weise beschrieben werden. Durch den Klassen/Typ-Verband können Anfrageergebnisse automatisch integriert werden.

Die formale Struktur von LILA. Grundlage von LILA sind die Konzepte der logischen Programmierung basierend auf der Prädikatenlogik. Da die Struktur des EXTREM-Modells (aus relationaler Sicht) eine Erweiterung um komplex strukturierte Attribute, der Trennung von Objekten und Werten und der Vererbung von Attributtypen ist, wurden die Terme zu Objekttermen erweitert, die einen homogenen Zugriff auf die Elemente von EXTREM ermöglichen. Grundlegende Elemente sind typgebundene Konstanten und Variablen, die auch über einen komplexem Typ bzw. einer Objektmenge (also einer Instanz einer Klasse) definiert sein können. Objektterme sind zulässig, wenn sie die Typstruktur des EXTREM-Schemas respektieren.

Beispiel 3 Für die Klasse *Firma* stellt etwa

$$Firma[O_F](\text{'B\_Firma'}, B, \{P\}, Stadt[O_S](\text{'Clausthal'}, S))$$

einen zulässigen Objektterm dar, wobei O_F eine Variable für die Referenz auf Objekte der Klasse *Firma* und 'B_Firma' eine Konstante für *F_Name* ist. Die Variable B ist mengenwertig, so daß ihr eine Menge von *Mitarbeiter*-Tupeln zugeordnet werden kann, während durch P auf ein einzelnes *Produkt* zugegriffen wird. Der $Stadt[O_S](...)$-Objektterm ist zulässig für *Standort*, da *Standort* ein objektwertiges Attribut ist. □

Es wird in Objekttermen auf Werte und Objekte in unterschiedlicher Weise zugegriffen. Während Werte durch Konstanten und Variablen bestimmt werden können, ist bei Objekten nur ein referenzierter Zugriff durch die Objektvariablen möglich. Aus Objekttermen können Objektregeln gebildet werden, die abgeleitete Klassen definieren. Dabei können mehrere und rekursive Regeln eine abgeleitete Klasse bestimmen, wobei der Kopf der Objektregel ein zulässiger Objektterm für diese Klasse sein muß. Der Rumpf der Regel besteht aus einer Konjunktion von Objekttermen, wobei zusätzlich auch Bedingungen an die auftretenden Variablen integriert werden können.

Die Semantik der Objektregeln. Die Semantik der Objektregeln ist formal über die gültigen Belegungen der Variablen bzgl. der vorhandenen Datenbankinstanz definiert, d.h. eine Belegung der Variablen eines Objektterms mit Werten der zugehörigen Domänen beschreibt ein Objekttupel. Wenn die Belegung zulässig ist, ist das Objekttupel aus der Datenbankinstanz herleitbar, wobei eine partielle Ordnung $\preceq$ über den Objektrelationen betrachtet wird, die die Teilmengenordnung auf Mengenattributen erster Stufe respektiert. Durch $\preceq$ werden Mengen nicht als atomare Werte behandelt, sondern es ist möglich, für ein Objekt bei einem Mengenattribut auf einzelne Elemente der Menge bzw. auf eine Teilmenge zuzugreifen. Dies ist wichtig, um in LILA die Konstruktion neuer Mengen für ein Objekt zu ermöglichen. Die Problematik der Berücksichtigung von Mengen in LILA wird in Kap. 3.3 und ausführlich in [HS91b] diskutiert.

Beispiel 4 Der Objektterm

$$Firma[O_F](\text{'B\_Firma'}, B, \{P\}, Stadt[O_S](\text{'Clausthal'}, S))$$

erzeugt aus gültigen Variablenbelegungen diejenigen Objekttupel, die für die Firma 'B_Firma' die Variable O_F mit dem zugehörigen Identifikator, B mit einer Teilmenge ihrer Belegschaft, P mit einem Produkt, O_S mit dem Identifikator und S mit einer Teilmenge der Sehenswürdigkeiten von 'Clausthal' instanziieren. □

Ergibt die Belegung der Variablen eine gültige Belegung aller Objektterme des Rumpfes, so beschreiben die Belegungen der Variablen im Kopf, die auch im Rumpf vorkommen müssen, die Objekttupel für die abgeleitete Klasse. Genau ein Objekttupel wird erzeugt, wenn durch die Belegung ein konsistentes Objekt beschrieben wird. Dabei können Inkonsistenzen dadurch auftreten, daß für ein Objekt als Zustand eines einfachen Attributes mehrere Werte abgeleitet werden. Diese abgeleiteten Objekttupel werden in folgender Weise zu der Semantik des Programmes hinzugefügt:

– Falls das Objekttupel bzgl. $\preceq$ kompatibel ist, d.h. es stimmt auf allen flachen Attributen mit der bisherigen Objektinstanz überein, dann ist das Objekt auch in der neuen Instanz enthalten, wobei auf den Mengenattributen eine Vereinigung der bisherigen Variableninstanziierungen stattfindet.

– Falls es einen Konflikt auf einem konkreten Attribut gibt, wird das Objekt aus der gültigen Instanz entfernt und in einer zusätzlichen Klasse IC für inkonsistente Objekte gesammelt.

Ist das Regelprogramm rekursiv, wird die Anwendung der Regelinstanziierung solange angewendet, bis keine zusätzlichen Regelkopfinstanziierungen mehr möglich sind.

Ist das Programm für eine Datenbankinstanz konsistent (also $IC = \emptyset$), so ist die Reihenfolge der Auswertung für die Regeln und die Variablenbelegungen unerheblich, d.h. das Ergebnis ist eindeutig definiert. Ansonsten verliert das Programm seine logikbasierte Semantik und das Ergebnis kann von der Reihenfolge der Auswertung abhängen.

Deshalb sollen in OSCAR nur Anfragen benutzt werden, die global konsistent sind, d.h. vor der Auswertung sollen Anfragen, die inkonsistente Ergebnisse liefern könnten, zurückgewiesen werden. Allerdings ist dies bei der Berücksichtigung rekursiver Programme i.a. nicht entscheidbar, so daß wir daran arbeiten, für die Konsistenz hinreichende Bedingungen anzugeben. Die Zusicherung der Konsistenz ist auch für die Auswertung von Bedeutung (s. Kap. 4), da einige Optimierungsverfahren nur bei Konsistenz angewendet werden können.

Beispiel 5 Die folgende Regel bestimmt Firmen mit ihrem Namen und ihrem Standort, wenn es dort eine Holzkirche gibt.

$$H\_Firma[O_F](FN, N) : -$$
$$Firma[O_F](FN, B, \{P\}, O_S), Stadt[O_S](N, S), \text{'Holzkirche'} \in S.$$

Diese Regel ist objekterhaltend, da im Kopf für H_Firma durch die Objektvariable O_F auf Firmen zugegriffen wird, die bereits in der Klasse $Firma$ enthalten sind. Deswegen kann H_Firma als Spezialisierung von $Firma$ in den Klassenverband integriert werden und Attribute und Methoden von $Firma$ und $Budget$ erben.

Eine weitere Möglichkeit stellen objektgenerierende Regeln dar. Dadurch können Objekte, abhängig von Attributwerten, neu erzeugt werden. So bestimmt

$$F\_Produkt[gen(P)](P, \{FN\}) : -Firma[O_F](FN, B, \{P\}, S).$$

für jedes in einer Firma produzierte Produkt ein Objekt, dem der Produktname sowie die Namen der Firmen, die es produzieren, zugeordnet werden. Die Objektidentität wird über den Funktionsausdruck $gen(P)$ eindeutig bestimmt, d.h. der Produktname ist ein Schlüssel für $F\_Produkt$. Klassen mit neu erzeugten Objekten werden immer parallel zu den bisherigen Klassen und als Spezialisierung der Klasse $OBJECT$ integriert. Natürlich können durch weitere (objekterhaltende) Regeln auch abgeleitete Klassen als Spezialisierung von $F\_Produkt$ bestimmt werden. $\square$

An die Objekterzeugung werden noch einschränkende Bedingungen gestellt. So kann die Identität nur durch sog. Schlüsselattribute beschrieben werden, also durch nichtstrukturierte, atomare Attribute. Dies entspricht den Schlüsselattributen, die für EXTREM erlaubt sind. Weiterhin müssen alle Regeln für eine abgeleitete Klasse durchgehend objekterhaltend bzw. -generierend sein, um die Einordnung wie im letzten Beispiel vornehmen zu können.

3.2 Das Auffinden von Inkonsistenzen und die Einordnung in den Klassenverband

Ein besonderes Problem für objektorientierte Anfragesprachen ist die weitere Behandlung des Anfrageergebnisses im Rahmen der Konzepte des Datenmodells.

Für LILA stellt sich nun die Frage, ob ein Anfrageergebnis konsistent ist, d.h. ob es eine Objektrelation mit dem Identifikator als Schlüssel bildet, und ob diese abgeleitete Klasse in den Klassenverband integriert werden kann. Wie die Definition der Semantik zeigt, haben wir eine zusätzliche Klasse *IC* benutzt, um inkonsistente Objekte zu filtern. Es wäre natürlicher, wenn wir Inkonsistenzen vermeiden könnten, und nur widerspruchsfreie Anfragen zulassen würden. Dies ist aber bei rekursiven Programmen nicht entscheidbar, da dieses Problem auf das sog. FD-FD-Implikationsproblem für relationale Sprachen zurückgeführt werden kann [HS91b, HY90], wobei beim FD-FD-Implikationsproblem die Frage beantwortet werden soll, welche funktionalen Abhängigkeiten im Ergebnis einer relationalen Anfrage gelten. Deshalb arbeiten wir an hinreichenden Kriterien, um Konsistenz zuzusichern, wobei wir aber zur Zeit auch für nichtrekursive LILA-Programme noch keine vollständige Charakterisierung angeben können.

Ein weiteres Problem ist die richtige Einordnung des Anfrageergebnisses in den Klassen/Typ-Verband. LILA-Anfragen sollen möglichst „nahe" bei den zugehörigen Basisklassen eingeordnet werden, damit auch weitere Attribute und Methoden vererbt werden können. Deshalb wird jeder Basisklasse ein *Cluster* zugeordnet, der neben der Basisinstanz auch die Instanzen enthält, die Einschränkungen der Objektmenge bzw. des Zustandstyps sind. Hierdurch kann ein ABRAXAS- oder LILA-Ergebnis, das nur von einer Klasse abhängig ist, in den zugehörigen Cluster eingeordnet werden, während es bei multiplen Abhängigkeiten gemäß der Verbandsstruktur einem Cluster zugeordnet wird. Dabei werden ggf. auch neue Cluster im Klassen/Typ-Verband erzeugt [HS91a].

Beispiel 6 Ein einfaches Beispiel ist der Objektalgebra-Ausdruck *Person* ISA_JOIN *Student*. Das Ergebnis kann in den Cluster von *Student* eingeordnet werden. □

3.3 Erweiterungen für LILA

Die Definition der Semantik von LILA berücksichtigt Einschränkungen, die sich aus der Einbettung in die Prädikatenlogik erster Stufe ergeben. Das Problem besteht darin, daß bei vorhandener Rekursion die Monotonie bzgl. der partiellen Ordnung $\preceq$ zugesichert werden muß. Deshalb sind Mengenvergleiche und Negation in der Kernsprache [HS91b] nicht enthalten.

Mengenvergleiche. In der LILA-Kernsprache kann nur auf Elemente eines Mengenattributes zugegriffen werden. Mengenvergleiche (wie etwa Teilmengenbeziehungen, Gleichheit von Mengen) sind aber nicht zugelassen. Dies ist darin begründet, daß derartige Mengenvergleiche nicht monoton sind und dann rekursive Regelprogramme keine deklarative Semantik hätten.

Bei der Erweiterung von LILA werden derartige Mengenvergleiche nur in eingeschränkter Form zugelassen, indem gefordert wird, daß die Regelprogramme bzgl. Mengenvergleiche stratifiziert werden, d.h. Klassen, die sich gegenseitig durch rekursive Regeln definieren, werden in einem Stratum zusammengefaßt. Innerhalb derjenigen Strata, die nichtrekursiv sind, können dann auch Mengenvergleiche benutzt werden.

Diese Form der Stratifizierung ist aber problematischer als die Stratifizierung für die Negation in Datalog-Programmen. Während in Datalog-Programmen durch die Stratifizierung ein bestimmtes kleinstes Modell ausgezeichnet wird, bedeutet in LILA die Betrachtung von stratifizierten Mengenvergleichen, daß für mengenwertige Attribute in den verschiedenen Strata ggf. verschiedene Instanzenverbände (s. auch [San92]) benutzt werden.

Die Betrachtung von Mengenvergleichen erfordert es, daß Mengen als atomare Werte aufgefaßt werden, während durch die partielle Ordnung $\preceq$ die Teilmengenbeziehung zwischen Mengen explizit benutzt wird, um neue Mengen aufzubauen.

Diese Vorgehensweise ist nicht unproblematisch, da vorausgesetzt wird, daß der Ersteller der Regeln sich über den modularen Charakter dieser Regelprogramme im klaren ist. Durch die partielle Ordnung $\preceq$ können prinzipiell keine Mengenvergleiche unterstützt werden, da durch die Teilmengenbeziehung auf Mengenattributen stets auch auf die Teilinstanzen Bezug genommen werden kann. Obwohl jedes Stratum eine logikbasierte Semantik hat, ist es möglich, daß die Semantik des Gesamtprogramm nicht eindeutig in modelltheoretischer Weise charakterisiert werden kann. Eine eingehende Diskussion der Problematik befindet sich in [HS91b].

Negation in LILA-Programmen. Die Mächtigkeit von Datalog-Programmen kann erweitert werden, wenn man auch negierte Prädikate, die durch eine geeignete Vervollständigung semantisch erklärt sind, im Rumpf der Regeln zuläßt. Die Definition der Semantik erfordert dann die Betrachtung von stratifizierten Programmen, wobei im Unterschied zur Integration von Mengenvergleichen auch die globale Semantik einen (nicht notwendigerweise den einzigen) kleinsten Fixpunkt beschreibt.

Die Betrachtung eines geeigneten Negationskonzeptes für LILA wird dadurch erschwert, daß zwischen Werten und Objekten unterschieden wird. Da Objekte in der Semantikbeschreibung nur referenziert werden können und die Identifikation systemabhängig ist, ist die Betrachtung eines Komplementes bzgl. der vorhandenen Objektdomäne nicht sinnvoll. Da im Gegensatz zu [SÖ91] auch dem Komplement einer Objektrelation ein Zustandstyp zugeordnet werden soll, müssen die Objekte des Komplements eindeutig instanziiert werden. Deshalb können in LILA nur Komplemente bzgl. der Instanz eines Clusters gemacht werden. Die Semantik eines negierten Objektterms sind die Objekte des durch den Zustandstyp referenzierten Clusters, die nicht in dieser Klasse enthalten sind. Eine weitergefaßte Semantik unter Betrachtung allgemeiner NF^2-Relationen ist unter Ausnutzung boolescher Verbände möglich [San92], kann aber nicht mit der Objektalgebra bestimmt werden.

4 Auswertungsstrategien für LILA

Neben der Bestimmung einer adäquaten Semantik ist für LILA besonders die Auswertung von Anfragen an ein Regelprogramm problematisch. Dies ist darin begründet, daß die grundsätzlichen Auswertungsmöglichkeiten, die sich aus der Definition der Sprache ergeben, zumeist mit den operationalen Konzepten des Datenbanksystems nicht effizient in Einklang gebracht werden können [Rie91]. So können für Logiksprachen wie Datalog prinzipiell zwei Strategien betrachtet werden, eine topdown-orientierte Verfolgung im Stil der PROLOG-Resolution und die Bottomup-Auswertung, die auf dem Fixpunktsatz von Tarski beruht und eine Umsetzung von Regeln in die Anfragesprache des Datenbanksystems benötigt. Hierbei ist die Bottomup-Auswertung für DBMS natürlicher, da sie von der mengenorientierten Unterstützung für Standardanfragen profitiert und bei Verzicht auf Rekursion direkt umgesetzt werden kann. Ein Problem der Bottomup-Auswertung bei Rekursion ist die Berechnung überflüssiger Zwischenergebnisse, die zur Bestimmung des Endergebnisses bzw. einer speziellen Anfrage nicht (mehr) benötigt werden. Hier bieten Techniken für spezielle Anfragen (evtl. mit einer „One-tuple-at-a-time"-Strategie) bessere Möglichkeiten der Optimierung. Die Möglichkeiten bzw. die Kombination dieser Techniken wurden besonders für Datalog untersucht (einen Überblick gibt [BR89]).

Innerhalb des LILA-Projektes haben wir untersucht, in wieweit daraus effiziente Auswertungsstrategien für LILA entwickelt werden können. Dabei lag der Schwerpunkt auf der Kombination mit den Elementen der Objektalgebra (s. Kap. 2.3), die einen effizienten, mengenorientierten Zugriff auf EXTREM-Instanzen ermöglicht. Aufbauend auf einer Grundauswertung wurde auch untersucht, wie die Optimierungstechniken „Berechnung der effektiven Zuwächse" oder „partielle Auswertung von Anfragen durch Propagation der Konstanten" anwendbar sind.

In diesem Beitrag geben wir einen Überblick über die auftretenden Probeme, während man eine vollständige Darstellung der Auswertung in [HR92] finden kann.

4.1 ABRAXAS als Grundlage der LILA-Auswertung

Grundlage der Bottomup-Auswertung ist die Abbildung der Regeln für eine spezielle Anfrage auf Objektalgebra-Ausdrücke, die dann optimiert und ausgewertet werden. Bei rekursiven Programmteilen werden die Ausdrücke iterativ angewandt.

Das Hauptproblem der Übersetzung liegt dabei auf der Umsetzung einzelner Regeln. Die Ergebnisse verschiedener Regeln oder der iterativen Stufen bei rekursiven Berechnungen können durch die ABRAXAS-Vereinigung zusammengefaßt werden, die die partielle Ordnung $\preceq$ auf den Objektrelationen in gleicher Weise wie LILA respektiert.

Als Erweiterung der Datalog-Übersetzung in die Relationenalgebra muß die Umformung strukturierter Termen berücksichtigt werden, die zulässig für mengen- bzw. objektwertige Attribute sind oder gemäß der Klassenhierarchie auf vererbte Informationen zugreifen.

Zusätzlich muß berücksichtigt werden, daß die Semantik von LILA „objektweise" erklärt wurde, während durch die Objektalgebra stets eine Menge von Objekten instanziiert wird. Ein weiteres Problem bildet die unterschiedliche Behandlung von „inkonsistenten" Objekten. In LILA werden inkonsistente Objekte bei der Konstruktion der Instanziierungen des Regelkopfes entfernt. Die gültigen Variableninstanziierungen des

Regelrumpfes sind nach Definition konsistent, da die Semantik des Rumpfes keine Objektrelation beschreiben muß. Die Umsetzung in mehrere Objektalgebraoperatoren ist problematisch, da durch die Anwendung eines Objektalgebraoperators stets eine konsistente Objektmenge erzeugt wird. Dabei werden durch die Semantik der Operationen inkonsistente Objekte entfernt. Durch diese Einschränkungen können wir auch nur eine Teilmenge von LILA-Regeln in ABRAXAS übersetzen.

Das Inkonsistenz-Problem für LILA hat auch Auswirkungen auf die Anwendbarkeit bekannter Datalog-Optimierungsverfahren, die zum Teil nur bei konsistenten Regeln möglich sind (Kap. 4.4).

Der strukturierte Regelgraph. Zur Übersetzung in die Objektalgebra und für die Optimierung werden die Objektregeln in einen strukturierten Regelgraph umgesetzt, der die Termstruktur und die Beziehungen über Variablen unterstützt.

Durch eine mehrstufige Aufteilung werden die verschiedenen Objektbeziehungen repräsentiert:

- Auf der *Komponentenebene* werden zu einem einfachen Objektterm die vorhandenen Bedingungen an lokale Attribute, also der Vergleich mit einer Konstanten oder zwischen verschiedenen Attributen, festgelegt.
- Die *Literalebene*: Einem Literal einer Regel werden alle Terme für die vorhandenen Komponentenobjekte mit den zugehörigen Abhängigkeiten zugeordnet.
- Auf der *Unit-Ebene* werden Literale, die das gleiche Objekt durch eine gemeinsame Objektvariable darstellen, zusammengefaßt.
- Auf der *Regelebene* werden die Abhängigkeiten zwischen den verschiedenen Units, sowie zwischen dem Rumpf und dem Regelkopf festgelegt.

Die mehrstufige Konstruktion spiegelt die unterschiedlichen Arten wider, wie durch LILA bzw. die Objektalgebra Objektbeziehungen unterstützt werden. Eine Komponente entspricht dem Zugriff (einschl. lokaler Bedingungen) auf eine Klasse. Auf der Literalebene werden alle Komponentenbeziehungen (also COMP_JOINs), die in einem Objektterm enthalten sind, erfaßt, während auf der Unitebene durch (1-1)-ISA_JOINs Informationen für ein Objekt erfaßt werden. Die Regelebene entspricht den globalen Abhängigkeiten, die normalerweise in einem Regelgraphen für relationale Sprachen dargestellt werden und die seitens der Objektalgebra nur durch Kreuzprodukte umgesetzt werden können.

Iterative Auswertung der Objektalgebra. Aus dem Regelgraphen können die benötigten Objektalgebra-Ausdrücke direkt erzeugt werden. Ebenso ist es möglich, einige Optimierungen vorzunehmen, um die Auswertung zu vereinfachen. Das Optimierungsproblem läßt sich in folgende drei Teile aufgliedern:

- Objekt-Abhängigkeiten: Welches Objekt im Regelkopf instanziiert wird, wird (bei objekterhaltenden Regeln) durch das Auftreten einer Objektvariablen bzw. (im objektgenerierenden Fall) durch Variablen der *gen*-Funktion festgelegt.
- Regelkopf-Rumpf-Abhängigkeiten: Jede Kopfvariable wird durch eine Referenz im Rumpf bestimmt. Tritt die Kopfvariable im Rumpf mehrfach auf, genügt es, <u>eine</u> optimale Kopf-Rumpf-Abhängigkeit anzugeben.

– Bedingungs-Abhängigkeiten: Durch Variablen, die im Rumpf einer Regel mehrfach vorkommen, werden verschiedene Selektionen bzw. Restriktionen beschrieben. Tritt eine Variable n-mal auf, so können maximal $n \cdot (n-1)/2$ binäre Vergleiche hergeleitet werden, von denen aber maximal nur n-1 Vergleiche ausgewertet werden müssen.

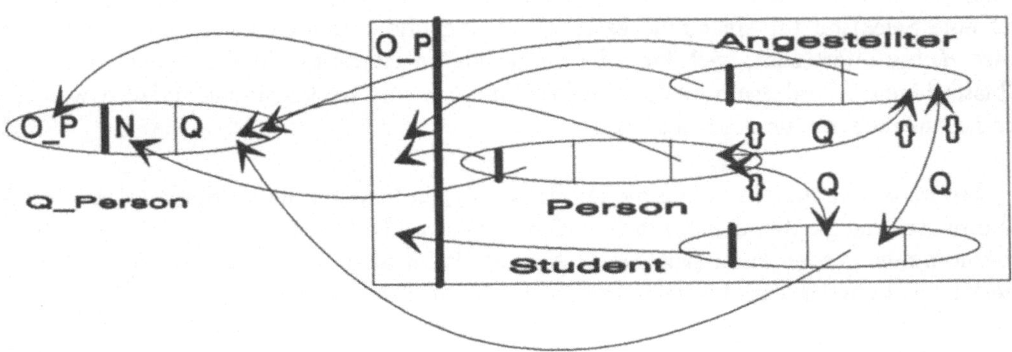

Abb. 5. Ein Regelgraph

Beispiel 7 Die folgende Regel bestimmt diejenigen Personen, deren Studienfach auch als Fähigkeit und Hobby berücksichtigt werden.

$$Q\_Person[O_P](Q\_Name : N, Q\_Menge : \{Q\_Wert : Q\}) : -$$
$$Person[O_P](N, A, \{Q\}), Angestellter[O_P](G, \{Q\})), Student[O_P](M, Q, K).$$

Der zugehörige Regelgraph (Abb. 5) beschreibt die auftretenden Objektabhängigkeiten (für O_P) und Bedingungs- und Kopf-Rumpf-Abhängigkeiten von Attributen, die durch mehrfache Variablenbelegungen referenziert werden, hier also *Studienfach*, *Fähigkeit*, *Hobby* und Q_Wert für Q, sowie *Name* und Q_Name für N. Die Instanz für Q_Person ergibt sich aus den Objekten, die in *Person*, *Angestellter* und *Student* enthalten sind und für die Q_Name und Q_Menge gemäß den sich ergebenenden Bedingungen bestimmt werden können. N wird dann mit dem Namen dieser Objekte instanziiert. Q ist eine Stringvariable, die mit den gültigen Werten aus den drei Zugriffen des Regelrumpfes instanziiert werden kann. Die sich ergebenden Werte werden für jedes Objekt in der Menge Q_Menge gesammelt. Da hier Q auch von dem Studienfach desjenigen Objektes, das im Kopf der Regel bestimmt wird, abhängt, ist Q_Menge in diesem Beispiel stets eine einelementige Menge. □

Für die Auswertung ist es notwendig, eine kostenminimale Menge von Bedingungs- und Kopf-Rumpf-Abhängigkeiten anzugeben, die die Semantik der Regeln voll bestimmen. Dabei muß berücksichtigt werden, daß diese beiden Optimierungsprobleme nicht unabhängig voneinander sind. Durch die Festlegung der Kopf-Rumpf-Abhängigkeiten müssen alle Bedingungen, die mengenwertige Attribute einschränken, nur bei den ausgewählten Attributen ausgewertet werden. Andererseits ist es sinnvoll, die Kopf-Rumpf-Abhängigkeiten gemäß der vorhandenen Speicherung auszuwählen, da dann komplexe Strukturen direkt in das Ergebnis übernommen werden können.

Beispiel 8 In Beispiel 7 sind die drei Objektterme für *Person, Angestellter* und *Student* jeweils Literale in der Unit für O_P. Die Literale enthalten keine Zugriffe auf Komponenten-Objekte, so daß diese nur durch ISA_JOINs verbunden werden. Für N, das sich nur aus *Name* ergibt, und Q, für das eines der drei Attribute *Hobby, Fähigkeit* bzw. *Studienfach* ausgewählt werden kann, müssen die Kopf-Rumpf-Abhängigkeiten festgelegt werden. Gemäß den Auswertungskriterien ist *Studienfach* zu bevorzugen, weil dies auf eine Selektion für ein einfaches Attribut abgebildet werden kann. Als Alternative wäre *Hobby* interessant, weil dann die ausgewählten Attribute für *Q_Person* im selben Cluster lägen. Allerdings muß dann auf *Hobby* noch eine Restriktion ausgeführt werden, die i.a aufwendiger als die Selektion ist.   □

Ein weiteres Problem stellen die impliziten Typänderungen durch die Wahl der Kopf-Rumpf-Abhängigkeiten dar. Einfach ist der elementare Fall, wenn der Typ eines Attributs übernommen werden kann (wie bei *Q_Name*). Wird aber bei mengenwertigen Termen die Mengentiefe der Variable geändert, so entspricht dies einer Nestung bzw. Entnestung.

Beispiel 9 Wird *Q_Menge* aus *Hobbies* bestimmt, so sind keine Typänderungen nötig. *Q_Person* kann dann durch eine Restriktion der *Hobbies* bestimmt werden:

$Q\_Person=$ REN$[Q_Name \leftarrow Name, Q_Menge \leftarrow Hobbies, Q_Wert \leftarrow Hobby]($
PROJ$[Hobbies, Name]($
REST$[Hobbies : Hobby = Studienfach \land \exists\ Qualifikation :\ Fähigkeit = Hobby\ ]($
Person ISA_JOIN *Angestellter* ISA_JOIN *Student*$)))$

wobei *Q_Name* und *Q_Menge* durch Projektion und Umbenennung bestimmt werden. Wird stattdessen *Studienfach* benutzt, um *Q_Menge* zu bestimmen, muß diese abschließend neu erzeugt werden:

$Q\_Person=$ CHANGE$[Q_Wert$ NEW_SET $Q\_Menge](($
REN$[Q_Name \leftarrow Name, Q_Wert \leftarrow Studienfach]($PROJ$[Studienfach, Name]($
SEL$[\exists\ Hobbies: Hobby=Studienfach \land$
$\qquad \exists\ Qualifikation: Fähigkeit=Studienfach]($
Person ISA_JOIN *Angestellter* ISA_JOIN *Student*$)))))$.

Hier erzeugt die Restrukturierung CHANGE eine neue (einelementige) Menge *Q_Menge*.

□

Im letzten Beispiel ist die Veränderung des Zustandstyp unproblematisch, da keine Inkonsistenzen auftreten können. Dies passiert, wenn man die aktuelle Regel umformuliert.

Beispiel 10 Durch die Regel

$Q\_Person[O_P](Q\_Name : N, Q\_Wert : Q) :-$
$\qquad Person[O_P](N, A, \{Q\}), Angestellte[O_P](G, \{Q\}), Student[O_P](M, Q, K)$

wird in *Q_Wert* **ein** konkreter Wert abgeleitet. Wird dieser über eine Restriktion von *Hobbies* berechnet, muß abschließend *Hobbies* aufgelöst werden. Da die Typumformungen der Objektalgebra nicht instanzenabhängig sind, kann nicht berücksichtigt werden, daß in dem konkreten Beispiel nur einelementige Mengen aufgelöst werden, weshalb hier die Entnestung objektgenerierend wäre. Es ist zu beachten, daß diese Regel nur durch den *Student*-Zugriff konsistent ist. Wird dieser entfernt, so daß nur noch ein existenzgebundener Zugriff auf *Fähigkeit* und *Hobby* vorgenommen wird, ist die Regel i.a. inkonsistent.

□

Der Objektalgebra-Ausdruck liefert stets die Menge der durch die Regel konsistent erzeugten Objekte. Bei der Vereinigung mit Ergebnissen von anderen Regeln und (bei rekursiven Regeln) mit den Zwischenergebnissen aus vorhergehenden Iterationsschritten werden Objekte, für die durch die Vereinigung ein inkonsistenter Zustand entstehen würde, durch die Semantik der (objekterhaltenden) Vereinigung entfernt. Zur Filterung dieser Objekte werden bei einer erweiterten Auswertung diese Objekte zusätzlich bestimmt und in der Klasse *IC* als inkonsistente Objekte gespeichert, wobei dann auf die Konstruktion des Zustandstyps verzichtet wird. Dabei wird ausgenutzt, daß bei der eingeschränkten Menge von LILA-Regeln, die in die Objektalgebra umgesetzt werden, die Anwendung einer einzelnen Regel keine Inkonsistenzen liefern kann.

Beispiel 11 Die Regel aus Beispiel 7 ist konsistent. Deswegen muß *IC* nicht berechnet werden. Dagegen ist

$$Q\_Person[O_P](Q\_Name : N, Q\_Wert : Q) : -$$
$$Person[O_P](N, A, \{Q\}), Angestellte[O_P](G, \{Q\})$$

nicht konsistent, da im Kopf der Regel für *Q_Wert* ein konkreter Wert gefordert wird, während durch den Regelrumpf i.a. mehrere Werte abgeleitet werden können. In einem nichtrekursiven Programm wird diese Regel von dem LILA-Parser zurückgewiesen, da keine eindeutige Bindung für Q vorhanden ist. In einem rekursiven Programm ist der *IC*-Anteil von dieser Regel

$$PROJ[](Q\_Person) \text{ MINUS } PROJ[](Person \text{ ISA\_JOIN } Angestellter).$$

□

4.2 Die Bedeutung der Rekursion in LILA

Ein besonderes Merkmal regelbasierter Anfragesprachen besteht in der Möglichkeit, daß man in einfacher Form rekursive Zusammenhänge formulieren kann, wie etwa die transitive Hülle oder die Bestimmung kürzester Entfernungen. Bei der Auswertung werden dann die benötigten Informationen iterativ aufgebaut. Da dies in Datalog immer den Zuwachs an Tupeln für die intensionalen Klassen bedeutet, können Optimierungsverfahren stets versuchen, nur die notwendigen Tupel herzuleiten. In LILA dagegen können durch die Rekursion auch Zuwächse auf Attributebene berechnet werden, so daß das Hinzufügen neuer Informationen eine Reorganisation der bisherigen, abgeleiteten Objekttupel erfordert. Dieses Problem könnte dadurch umgangen werden, daß man LILA-Regeln auf Datalog abbildet und mit den klassischen Techniken auswertet. Allerdings werden die Regelprogramme schnell sehr aufwendig und erfordern objektgenerierende Regeln, wo die Auswertung nicht die semantischen Optimierungen (Kap. 4.5) umsetzen kann. Außerdem werden alle komplexen Attributstrukturen auf flache Relationen abgebildet, wodurch eine effiziente Auswertung erschwert wird (s. Kap. 2.4).

Da das Grundauswertungsschema durch seine Verankerung in der Fixpunkttheorie vollständiger Verbände auch wechselseitige Rekursion unterstützt, ist die Auswertung i.a. sehr ineffektiv. Es hat sich aber schon bei der Untersuchung von Sprachen wie $\mathcal{LDL}$ ([NT89]) und Datalog gezeigt, daß die meisten in Datenbankanwendungen relevanten Anfragen durch eingeschränkte Regeln beschrieben werden können. Die wichtigste Klasse bilden lineare Regeln, die sich dadurch auszeichnen, daß in jeder Regel im Rumpf nur maximal ein zum Regelkopf wechselseitig rekursiver Zugriff auftritt.

Da in LILA im Gegensatz zu Datalog nicht nur die globale Objektmenge manipuliert werden kann, sondern auch auf mengenwertigen Attributen von abgeleiteten Klassen rekursive Berechnungen möglich sind, muß man bei LILA *strikt lineare* Regeln betrachten, die dadurch ausgezeichnet sind, daß sie linear sind und maximal ein Mengenattribut rekursiv bestimmen.

Beispiel 12 Wir betrachten eine zusätzliche, abgeleitete Klasse P, die die Attribute P_A_1, P_A_2 und P_A_3 hat, von denen P_A_2 und P_A_3 mengenwertig sind. P sei außer durch verschiedene nichtrekursive Regeln auch durch die Regel

$$P[O\_P](P\_A_1 : N, P\_A_2 : H, P\_A_3 : \{N_2\}) : -$$
$$Person[O_P](N, \{h\}), P[O_{P_1}](N_1, \{h\}, \{N_2\}), Person[O_{P_2}](N_2, H).$$

bestimmt. Diese Regel ist linear in P, aber sie ist nicht strikt linear, da die Mengenattribute P_A_2 und P_A_3 jeweils durch die rekursive Regel verändert werden. $\square$

4.3 Effiziente Berechnung von Zuwächsen

Die Auswertung einer rekursiven Anfrage durch die Standardauswertung ist dahingehend ineffektiv, daß Zwischenergebnisse zu verschiedenen Zeitpunkten reproduziert werden.

Für Datalog konnte formal untersucht werden, wie nur die effektiven Zuwächse berechnet werden können ([Bay85, Ban86, BR89]). Allerdings ist diese Vorgehensweise nur bei linearen Regeln effektiv, da dann die Differenzenberechnung direkt aus der Standardauswertung bestimmt werden kann.

Beispiel 13 Bei der Auswertung der Regel aus Beispiel 12 können nicht die direkten Zuwächse aus der vorhergehenden Iteration benutzt werden, da die Werte von P_A_2 und P_A_3 voneinander abhängig sind. Deshalb würde eine Auswertung, die für P nur die aktuellen Zuwächse berücksichtigt, nicht die vollständige Semantik dieser Regel bestimmen.

$\square$

Bei LILA kann die direkte Verwendung der aktuellen Zuwächse nur bei strikt linearen Regeln angewandt werden. Problematisch bei der Zuwachsberechnung ist die Erfassung der „neuen" Information. Da bei der Berechnung der effektiven Zuwächse die Differenz zwischen den aktuellen Regelergebnissen und den bisher abgeleiteten Daten betrachtet wird, geht an dieser Stelle auch die Größe der bisherigen Objektrelation ein. Dies hat sich auch bei der Untersuchung des Differenzenverfahrens für die Regelsprache NaLogo! (s. Kap. 4.8) als kritisch erwiesen, da bei strukturierten Zustandstypen die Abbildung auf die Relationenalgebra zu aufwendig ist. Effektiver wird das Differenzenverfahren in LILA, wenn die CLOPS-Speicherstrukturen dahingehend benutzt werden, daß die Ableitung neuer Informationen durch einen übergeordneten Index verwaltet werden kann und nicht durch die Objektdifferenz **EXCLUDE** ausgedrückt werden muß.

4.4 Anfragegesteuerte Auswertung

Ein Vorteil regelbasierter Anfragen besteht darin, das ein einmal formulierter Sachverhalt in verschiedener Form durch eine Anfrage benutzt werden kann. Dabei ist es wichtig, daß diese partiellen Anfragen effektiv unterstützt werden können und nicht das komplette Ergebnis der Regeln bestimmt werden muß. Dies setzt voraus, daß die Einschränkungen der Anfrage in dem Regelprogramm umgesetzt werden. Bei rekursiven Programmen besteht das Problem darin, daß zu restriktive Einschränkungen die Berechnung des Anfrageergebnisses verhindern. So werden beim Magic-Set-Verfahren [BMSU86, CGT90, BR91] zusätzliche Zwischeninformationen durch automatisch erzeugte Regeln bestimmt, während bei statischen Filterungsmethoden [KL90] versucht wird, die vorhandenen Konstanten vor der Auswertungsphase in den Berechnungsplan zu integrieren.

Es hat sich nun gezeigt, daß die Übertragung solcher Konzepte auf LILA problematisch ist, wenn die Konsistenz der Regeln nicht zugesichert werden kann. Dann scheitert sogar die direkte Einsetzung von gegebenen Selektionsfiltern. Liegt aber globale Konsistenz vor, können (unstrukturierte) Konstanten auch in die Berechnung integiert werden, wobei dies dann den günstigen Fällen bei Magic Sets bzw. statischen Selektionsfiltern entspricht.

Nicht möglich ist die Integration von Konstanten in Objekttermen über strukturierten Attributdomänen, weil dann die Konstanten nicht in elementare Selektionen (oder Restriktionen) umgesetzt werden können, sondern gemäß der partiellen Ordnung $\preceq$ interpretiert werden müssen.

4.5 Reduktion von LILA-Regeln

Eine besondere Optimierungsmöglichkeit für LILA bieten die EXTREM-inhärenten Integritätsbedingungen. Diese können ausgenutzt werden, wenn ein Regelprogramm logisch vereinfacht werden soll [Rie92]. Dies ist sinnvoll, wenn das Regelprogramm unüberschaubar wird bzw. durch Erweiterung des EXTREM-Schemas oder für spezielle Anfragen neue Abhängigkeiten entstehen. In einem LILA-Programm können zwei Gruppen von Abhängigkeiten ausgenutzt werden. Einerseits bestimmt das EXTREM-Schema Abhängigkeiten der Attribute von ihren Klasse, da der Zustandstyp funktional an die Objekte gebunden ist. Zusätzlich beschreibt die Vererbungshierarchie die Instanzenabhängigkeiten, die zwischen den Klassen gelten. Andererseits sind in einem LILA-Programm Abhängigkeiten zwischen den Variablen und den Attributtypen der zugehörigen Klassenzugriffe enthalten. Ein äquivalentes, aber kürzeres Regelprogramm kann dadurch erzeugt werden, daß aus durch die vorhandenen Abhängigkeiten Variablen unifiziert werden und redundante Zugriffe aus den Regeln entfernt werden. Eine Variation dieses Algorithmus' kann benutzt werden, um inkonsistente Regeln zu erkennen. Im Gegensatz zu ähnlichen Techniken für relationale Sprachen [JK84, Klu88] sind diese Ersetzungen aber heuristisch, d.h. wir können die Minimalität des Regelprogrammes nicht zusichern. Dies ist darin begründet, daß durch den Ersetzungsalgorithmus berücksichtigt werden muß, daß das ursprüngliche Programm Inkonsistenzen enthalten könnte. Ein weiteres Problem bildet die Betrachtung der Abhängigkeiten über mengenwertigen Attributen, die gemäß $\preceq$ nur existentiell quantifiziert sind und somit nicht in die Herleitung neuer Abhängigkeiten integriert werden können.

4.6 Die Verwendung einer Minimalalgebra

Wie die vorab beschriebenen Möglichkeiten zur Auswertung zeigen, sind besonders die Restrukturierung der Objekte und die damit verbundene Konsistenzfrage problematisch. Dies kann umgangen werden, wenn man abgeleitete Klassen nur objekterhaltend definiert und ein leerer Zustandstyp betrachtet wird, d.h. durch LILA-Programme werden nur neue Objektmengen zusammengestellt. Dann kann in Anfragen nur auf die Komponenten, die zu diesen Objekten in Basisklassen enthalten sind, zugegriffen werden. Da der leere Zustandstyp (trivialerweise) immer konsistent ist, kann diese Klasse von LILA-Anfragen vollständig durch ABRAXAS-Ausdrücke charakterisiert werden, wobei nur (optimiert auswertbare) Selektionen und Restriktionen gegen Basisklassen den Zustandstyp benutzen, während Mengenoperationen und JOINs nur noch auf Objektmengen arbeiten.

Um unter diesen Umständen vernünftige Anfragen stellen zu können, ist es notwendig, bei Anfragen an ein Regelprogramm den Zustandstyp zu spezifizieren, d.h. für die durch das Regelprogramm spezifierten Objekte kann durch eine Referenzierug auf die Basisinstanz ein Ausgabetyp erstellt werden. Dabei muß beachtet werden, daß bei Anfragen, die auf Zugriffen in abgeleitete Klassen aufgebaut sind, nur die Objektmenge dieser Subanfragen benutzt werden kann. Die dadurch erzwungenen Einschränkungen in der Mächtigkeit von LILA und die Trennung von Anfragen und Regelprogramm sind die Nachteile, die für die effizientere Auswertung in Kauf genommen werden müssen.

4.7 Ausnutzung der CLOPS-Speicherstrukturen

Die bisherigen Optimierungsmöglichkeiten berücksichtigen nur die logische Struktur der Objektregeln, aber nicht, wie die auszuwertenden Objektalgebra-Ausdrücke bei den vorliegenden Speicherstrukturen umgesetzt werden können. Bei der Prototypimplementierung kann durch die Abbildung auf relationale Konzepte eine Ausnutzung der vorhandenen modellinhärenten Integritätsbedingungen nur auf logischer Ebene geschehen, etwa die notwendigen Umformungen im Rahmen der Objektalgebra. Dagegen können durch Einbeziehung der CLOPS-Speicherstrukturen auch komplexere Auswertungstechniken benutzt werden. So müssen die Berechnungsergebnisse nicht explizit gespeichert werden, sondern können durch zusätzliche Indexstrukturen [LLOH91] aus dem bisherigen Datenbestand referenziert werden. Diese Vorgehensweise ist besonders dann effektiv, wenn man sich wie in Kap. 4.6 auf abgeleitete Klassen einschränkt, die einen leeren Zustandstyp haben.

4.8 Erfahrungen mit dem NaLogo!-Prototyp

Während LILA in OSCAR die objektorientierten Konzepte des EXTREM-Modells voll unterstützt, haben wir außerdem für unser RDBMS IRIS die Regelsprache NaLogo! (Nested Approach to a LOGic for Objects) entwickelt. Dabei enthält IRIS als Erweiterung eine Algebra für geschachtelte Relationen, die auf flache Relationen umgesetzt wird. Im Unterschied zu LILA ist NaLogo! wertbasiert und unterstützt nur geschachtelten Relationen. Schon diese einfache Sprache ist im Gegensatz zu Datalog nicht mehr monoton, so daß durch die Kombination von Rekursion, Mengenkonstruktion und Mengenvergleichen Regelprogramme geschrieben werden können, die eine mehrdeutige Semantik haben und bei denen die operationale Auswertung nicht die erwarteten Ergebnisse liefert. Allerdings können durch die Einschränkung auf stratifizierte Programme, die Rekursion und Mengenvergleiche trennen, eindeutige Ergebnisse und deren Auswertung zugesichert werden. Für diesen Prototyp wurden das Differenzenverfahren, Magic-Sets und der LDML-Algorithmus von V. Brosda [Bro86] realisiert. Die ersten Erfahrungen mit diesen Verfahren bestätigen, daß diese Techniken, die nur die logische Struktur eines Regelprogrammes berücksichtigen, für die Auswertung von LILA unter der Berücksichtigung der CLOPS-Speicherstrukturen unzureichend sind.

5 Zusammenfassung und Ausblick

Im Rahmen des OSCAR-Projektes haben wir ein Datenbanksystem konzipiert, das durch sein Datenmodell EXTREM und die Anfrage- und Manipulationssprachen die Anforderungen [Bee90] an ein OODBS erfüllt. Im LILA-Teilprojekt wurde eine regelbasierte Anfragesprache realisiert, die zur Definition von Anfragen und Sichten benutzt werden kann. Durch die Berücksichtigung einer logikbasierten Semantik und mit der Möglichkeit zur Formulierung rekursiver Zusammenhänge kann LILA auch direkt für den Aufbau von komplex strukturierten Anwendungssystemen benutzt werden. Die Bestimmung des Ergebnisses einer Anfrage erfolgt durch die Umsetzung in die Objektalgebra, die hierfür weiterentwickelt wurde. Bestimmte Probleme bei der Konzeption der Objektalgebra wurden mit der Gruppe von M.H. Scholl (jetzt Ulm, [HS91d, TS91]) diskutiert. Die Analyse der Optimierungsmöglichkeiten hat ergeben, daß relationale Techniken nur bedingt für LILA eingesetzt werden können, da eine gute Optimierung auch die EXTREM-inhärenten Eigenschaften ausnutzen muß.

Auf der Basis eines RDBMS wurden OSCAR und LILA als Prototyp implementiert. Dabei wurden Übersetzungstechniken erarbeitet, die die objektbasierte Semantik der Objektalgebra und von LILA auf die relationale Ebene übertragen. Hierbei hat sich gezeigt, daß prinzipiell das EXTREM-Modell und seine Anfrage- und Manipulationssprachen mit relationalen Techniken erfaßt werden können, aber eine effiziente Implementierung nur durch eine neue Objektspeicherverwaltung mit einem leistungsfähigen Objektpuffer realisiert werden kann.

Durch die bisherigen Resultate im LILA-Teilprojekt haben sich weitere Fragestellungen ergeben, die im weiteren untersucht werden sollen.

So unterstützt LILA in seiner gegenwärtigen Form durch seine logikbasierte Semantik noch nicht umfassend den Zustandstyp der Objekte. Es muß untersucht werden, inwieweit ADTs und die Auswertung von Methoden integriert werden können, wobei besonders die

Konsistenz der Semantik und die Integration in das Auswertungskonzept problematisch sind, wenn Aspekte wie Monotonie, Terminierung und eine deklarative Semantik zugesichert werden sollen. Hier soll auf die Braunschweiger Spezifikationstechniken (G. Saake, [Saa91]) aufgesetzt werden.

Damit werden auch die Grenzen der Modellierung mittels relationaler Konzepte erreicht sein, so daß die Konzeption von adäquaten Speicherstrukturen und die Unterstützung der Auswertung durch den Objektpuffer untersucht werden müssen. Der LILA-Formalismus kann dazu verwendet werden, um die Optimierungsmöglichkeiten in einem OODBMS formal zu charakterisieren. Wichtig wird dabei besonders die Analyse der Konsistenzkriterien sein, wie die einführende Diskussion der Optimierungsmöglichkeiten zeigte.

Einen weiteren Schwerpunkt bildet die Betrachtung von LILA im Zusammenhang mit der Konzeption interoperabler Systeme, wobei OSCAR die Verwaltung des Datenbestandes übernimmt. Dabei vergleichen wir die Möglichkeiten und auftretenden Probleme mit relationalen Datenbanksystemen (INGRES, IRIS) bzw. dem OODBMS ObjectStore. Ein Projekt untersucht zur Zeit die Verwendung von OSCAR für das Graphiksystem CHARM [GE90, EGH92]. Weitere Ansatzpunkte ergeben sich durch Projekte unseres Institutes für Expertensysteme in den Werkstoffwissenschaften [Rie90] bzw. medizinischen Informationssystemen.

Danksagung. An dieser Stelle danken wir Jutta Göers, Peter Sander und Uwe Wiebking für ihre konzeptionellen Beiträge zur Entwicklung von OSCAR, den Studenten der Projektgruppe Relationale Objektbanksysteme (insbesondere Ralph Busse, Michael Kern und Joachim Kröger) für die Realisierung des Prototyps, und Jan van den Bussche, Jan Paredaens, Gunter Saake und Marc Scholl für Diskussion, Kommentare und Anregungen, sowie Rudolf Bayer, Günter Specht, Heribert Schütz und Jutta Göers für ihre Anmerkungen zu diesem Artikel.

Literatur

[AK89] S. Abiteboul und P. Kanellakis. Object identity as a query language primitive. In *Proc. ACM SIGMOD Conference on Management of Data*. ACM New York, 1989.

[Ban86] F. Bancilhon. Naive evaluation of recursively defined relations. *[BM86]*, Seiten 165–178, 1986.

[Bay85] R. Bayer. Query evaluation and recursion in deductive database systems, 1985. unveröffentlichtes Manuskript.

[Bee90] C. Beeri. A formal approach to object-oriented databases. *Data and Knowledge Engineering*, Seiten 353–382, 1990.

[BK89] F. Bancilhon und S. Khoshafian. A calculus for complex objects. *Journal of Computer and System Sciences*, 38:326–340, 1989.

[BM86] L. Brodie und J. Mylopoulos, Herausgeber. *On Knowlegde Base Management Systems*. Springer, 1986.

[BMSU86] F. Bancilhon, D. Maier, Y. Sagiv, und J.D. Ullman. Magic sets and other strange ways to implement logic programs. In *Proc. ACM SIGMOD Conference on Management of Data*, Seiten 1–15. ACM New York, 1986.

[BR89] F. Bancilhon und R. Ramakrishnan. An amateur's introduction to recursive query processing strategies. *[MB89]*, Seiten 376–430, 1989.

[BR91]   F. Bancilhon und R. Ramakrishnan. On the power of magic. *Journal of Logic Programming*, 10:255–299, 1991.

[Bro86]   V. Brosda. *Some problems according to rule based query languages.* Informatik-Bericht 86/4, Institut für Informatik, TU Clausthal, 1986.

[CGT90]   S. Ceri, G. Gottlob, und L. Tanca. *Logic Programming and Databases.* Springer, 1990.

[DKM91]   C. Delobel, M. Kifer, und Y. Masunaga, Herausgeber. *Proc. 2st International Conference on Deductive and Object-Oriented Databases, München.* Springer, Dezember 1991. LNCS 566.

[EGH92]   K. Ecker, J. Göers, und R. Hirschberg. CHARM II : an alternative approach for geometric modeling. In *CAD'92.* Springer, 1992.

[GE90]   J. Göers und K. Ecker. A CHARMing method for modeling of graphical objects with EXTREMe object base support. In K. Dittrich und H. Thoma, Herausgeber, *Perspektiven der Datenbank-Technik: Forderungen der Praxis – Ansätze der Forschung*, 1990.

[GH92]   J. Göers und A. Heuer. Definition and Application of Metaclasses in an Object-Oriented Database Model, 1992. zur Veröffentlichung eingereicht.

[GHS91]   J. Göers, A. Heuer, und G. Saake, Herausgeber. *Proceedings of the 3rd Workshop on Foundations of Models and Languages for Data and Objects.* Informatik-Bericht 91/3, Institut für Informatik, TU Clausthal, 1991.

[Heu88]   A. Heuer. *Exakte Charakterisierung eines semantischen Datenmodells und seiner Operationen durch relationale Konzepte.* Dissertation, Institut für Informatik, TU Clausthal, 1988.

[HH91]   A. Heuer und C. Hörner. *EXTREM – The structural part of an object-oriented database model.* Informatik-Bericht 91/5, Institut für Informatik, TU Clausthal, Oktober 1991.

[HHRW92]   A. Heuer, C. Hörner, H. Riedel, und U. Wiebking. *Syntax, Semantics, and Evaluation of the EXTREM Object Algebra.* Institut für Informatik, TU Clausthal, 1992. in Vorbereitung.

[HR92]   A. Heuer und H. Riedel. Evaluation of the LILA rule language, 1992. zur Veröffentlichung eingereicht.

[HS91a]   A. Heuer und P. Sander. Classifying object-oriented query results in a class/type lattice. In *Proceedings of the 3rd Symposium on Mathematical Fundamentals of Database and Knowledge Base Systems, Rostock, MFDBS 91*, Band 495 aus *Lecture Notes in Computer Science*, Seiten 14–28. Springer, Mai 1991.

[HS91b]   A. Heuer und P. Sander. *The LIVING IN A LATTICE Rule Language.* Informatik-Bericht 91/4, Institut für Informatik, TU Clausthal, September 1991. wird in *Data and Knowledge Engineering* veröffentlicht.

[HS91c]   A. Heuer und P. Sander. Preserving and generating objects in the LIVING IN THE LATTICE rule language. In *Proceedings of the 7th International IEEE Conference on Data Engineering, Kobe*, Seiten 562–569, April 1991.

[HS91d]   A. Heuer und M.H. Scholl. Principles of object-oriented query languages. In *GI-Fachtagung Datenbanksysteme für Büro, Technik und Wissenschaft, BTW 91, Kaiserslautern*, Band 270 aus *Informatik-Fachberichte*, Seiten 178–191. Springer, Maerz 1991.

[HY90]   R. Hull und M. Yoshikawa. ILOG: Declarative Creation and Manipulation of Object Identifiers. In *Proceedings of the 16th VLDB Conference*, Seiten 455–468, 1990.

[JK84]   D.S. Johnson und A. Klug. Testing containment of conjunctive queries under functional and inclusion dependencies. *Journal of Computer and System Sciences*, 28:167–189, 1984.

[KL89]   M. Kifer und G. Lausen. F-logic: A higher-ordered language for reasoning about objects, inheritance and scheme. In *Proc. ACM SIGMOD Conference on Management of Data*, Seiten 134–146. ACM New York, 1989.

[KL90]   M. Kifer und E.L. Lozinskii. On compile-time query optimization in deductive databases by means of static filtering. *ACM Transactions on Database Systems*, 15(3), September 1990.

[Klu88]   A. Klug. On conjunctive queries containing inequalities. *Journal of the ACM*, 35(1):146–160, 1988.

[KLW90]   M. Kifer, G. Lausen, und J. Wu. *Logical Foundations of Object-Oriented and Frame-Based languages*. Technischer Bericht, Universität Mannheim, Juni 1990.

[KW89]   M. Kifer und J. Wu. A logic for object-oriented logic programming (Maier's O-logic revisited). In *Proc. ACM SIGACT/SIGMOD Symp. on Principles of Database Systems*, Seiten 379–393. ACM New York, 1989.

[LLOH91]   C.C. Low, H. Lu, B.C. Ooi, und J. Han. Efficient access methods in deductive and object-oriented databases. In *[DKM91]*, Seiten 68–84, 1991.

[Mai86]   D. Maier. *A logic for objects*. Technical report, Oregon Graduate Center, November 1986.

[MB89]   J. Mylopoulos und L. Brodie, Herausgeber. *Readings in Artificial Intelligence and Databases*. Morgan Kaufmann, 1989.

[NT89]   S. Naqvi und S. Tsur. *A logical language for data and knowldege bases*. Computer Science Press, 1989.

[PV92]   J. Paredaens und D. Van Gucht. Converting Nested Algebra Expressions into Flat Algebra Expressons. *ACM Transactions on Database Systems*, 17(1):65–93, Maerz 1992.

[Rie90]   H. Riedel. Datenbankeinsatz im Informationssystem Keramik. In *Workshop: Wissensverarbeitung in der Technik, Lessach*, 1990.

[Rie91]   H. Riedel. Efficient rule processing in object models (working group). In *[GHS91]*, 1991.

[Rie92]   H. Riedel. Möglichkeiten der Optimierung logikbasierter Anfragen im OSCAR-OODBMS. In *GI-Workshop: Grundlagen von Datenbanken, Barsinghausen*, 1992.

[Saa91]   G. Saake. Descriptive specification of database object behaviour. *Data and Knowledge Engineering*, 6:47–73, 1991.

[San92]   P. Sander. Boolean Lattices of Nested Relations as a Foundation for Rule-based Database Languages. *Data and Knowledge Engineering*, 8(2):93–130, 1992.

[SÖ91]   D.D. Straube und M.T. Özsu. Execution plan generation for an object-oriented data model. In *[DKM91]*, Seiten 43–67, 1991.

[SPSW90]   H.-J. Schek, H.-B. Paul, M.H. Scholl, und G. Weikum. The DASDBS project: Objectives, experiences, and future prospects. *IEEE Transactions on Knowledge and Data Engineering*, 2(1):25–43, 1990.

[TS91]   M. Tresch und M.H. Scholl. Implementing an object model on top of commercial database systems. In *GI-Workshop: Grundlagen von Datenbanken, Volkse 1991*, Seiten 111–116, 1991.

[Ull91]   J.D. Ullman. A comparison of deductive and object-oriented database systems. In *[DKM91]*, Seiten 263–277, 1991.

[YO91]   L. Yu und S. Osborn. An evaluation framework for algebraic object-oriented query models. *Proceedings of the IEEE International Conference on Data Engineering*, Seiten 670–677, 1991.

Expertenkooperation in Objektbanken für Entwurfsanwendungen

Matthias Jarke

Lehrstuhl für Informatik V
RWTH Aachen
Ahornstr. 55, W-5100 Aachen

Thomas Rose

Department of Computer Science
University of Toronto
Toronto, Canada M5S 1A4

Entwurfsdatenbanken müssen nicht nur die Entwurfsobjekte verwalten, sondern sollen auch Entwicklungsprozesse in heterogenen Mensch-Maschine-Umgebungen unterstützen. Dabei spielen Aspekte der Teamarbeit wie Informationsaustausch, Konflikt und Vereinbarung eine zentrale Rolle. Diese Arbeit liefert einen Beitrag zur konzeptuellen Modellierung derartiger Systeme durch Kombination von Techniken der Meta-Datenverwaltung mit dem entscheidungs-orientierten Prozeßmodell CAD^o. Implementierungen wichtiger Teilaspekte und deren Integration im deduktiven Objektbanksystem ConceptBase wurden in den Anwendungsbereichen Software- und Hypertextentwicklung erprobt.

1 Einleitung

Entwurfsanwendungen im Software Engineering, beim elektronischen Publizieren oder im ingenieurwissenschaftlichen Bereich stellen vielfältige Anforderungen an Technologie und Funktionalität von Objektbanken.

Eine erste Aufgabe ist die angemessene Modellierung der Entwurfsobjekte (Spezifikationen, Produkte, Dokumentation, usw.) und ihre effiziente Verwaltung in Client-Server-Architekturen. Ausgehend von Kritik am relationalen Datenmodell sind verbesserte Datenmodelle im Hinblick auf eine *Objektzentrierung* entwickelt worden, unterstützt durch abstrakte Datentypen und durch objektorientierte oder semantische Datenmodelle. Im Vordergrund stehen die Identifikation dieser Objekte, die Verfeinerung und Strukturierung ihrer Repräsentation, und ihre Verflechtung.

Wird die Objektzentrierung nur auf die Produkte einer Entwurfsumgebung angewendet, so sind wesentliche Teile des Entwurfsprozesses von der Modellierung ausgeschlossen. Entwurfsobjektbanken haben explizit eine *änderungsorientierte Modellierung* zu unterstützen. Für Datenbanksysteme bedeutet dies einen wesentlichen Schritt, da die Änderungsverwaltung nicht mehr durch eine Transaktionskomponente abgewickelt wird, die extern und invariant zum konzeptuellen Anwendungsmodell ist. In der Änderungsverwaltung sind insbesondere Anforderungen der Teamarbeit zu berücksichtigen, die in heutigen Informationssystemen weitgehend ignoriert werden. Dazu sind einerseits die zu ändernden Objekte, andererseits die ändernden Prozesse und Teams zu betrachten.

Die *Objektverwaltung* muß Dienstleistungen zur Erzeugung, Analyse, Komposition und Evolution derjenigen Objekte anbieten, die sie versteht; dies können Dateien, strukturierte Dokumente oder konzeptuelle Modelle sein. Da zur Erzeugung der Objekte häufig externe Werkzeuge verwendet werden, muß die heterogene Werkzeugintegration unterstützt werden (vgl. etwa PCTE [THOM88]). Die Evolution der Werkzeuge erfordert die Erweiterbarkeit des Datenmodells, damit für die neuen Werkzeuge auch eine formale Semantik definiert werden kann. Die Objektkomposition wird in dateibasierten Umgebungen durch Konfigurationsmanagement unterstützt. Neuere Datenbanken bieten hierfür entweder direkt komplexe Objekte oder deren implizite Modellierung durch Ableitungsregeln bzw. Funktionen an (vgl. IRIS [LK86], CACTIS [HK87], PRIMA [HMM*87]). Die Evolution wird in Objektbanken wie DAMOKLES [DGL86] und ORION [BCG*87] durch Versionsmodelle dokumentiert, wobei der Begriff der Version meist mit einer speziellen Vererbungssemantik erklärt wird.

In der Diskussion von Funktionalitäten hat sich eine Differenzierung nach Benutzerperspektiven als hilfreich erwiesen [BFW92, MBJ*90]. Versionsmodelle, wie etwa in [KATZ90] diskutiert, bieten zunächst eine Plattform für das verteilte Management von Versionen. Dies entspricht der Perspektive eines Technologie*produzenten*. Ein Software-Produzent, also ein Technologie*nutzer*, steht vor dem Problem, Varianten seines Produkts für verschiedene Kunden zu pflegen, zu aktualisieren und zu verteilen. Ihn interessiert das Verteilmanagement, insbesondere wie dessen Organisation in seine Entwicklungsaktivitäten eingebettet werden kann und wie verschiedenen Versionen effizient zusammengestellt werden können. Schließlich definiert das Projektmanagement Versionen als Meilensteine in der Zielerreichung und legt Maßnahmen zur Korrektur von Planabweichungen fest.

Versionen und Konfigurationen sind somit nicht nur Eigenschaften von Objekten, sondern können auch aus Sicht der *Prozeßmodellierung und Teamarbeit* interpretiert werden. Hierzu bedarf es allerdings einer etwas differenzierteren Begriffsbildung. Teamarbeit ist stets eine Gratwanderung zwischen Konsens und Konflikt. Sie bedarf der Konsenbildung, um praktische Fortschritte zu machen. Technisch kommt dies in der Fortentwicklung von Objekten durch Revision sowie durch die Bildung konsistenter Konfigurationen zum Ausdruck, in denen Beiträge vieler Teammitglieder integriert werden. Teamarbeit bedarf aber auch der nebenläufigen und alternativen Fortentwicklung und der Handhabung der damit entstehenden Konflikte. Konflikte entstehen zum einen durch die Parallelität der Fortentwicklung und zum anderen durch die Realisierung divergierender Anforderungen und Ziele für ein Objekt. Sie sind nicht nur ein unvermeidliches Übel, sondern die wichtigste Quelle für Diversität und damit Kreativität.

Die meisten Prozeßmodelle stellen entweder die Aktivitäten oder die Produkte des Prozesses in den Vordergrund. In der *aktivitätsorientierten Modellierung* werden Aktivitäten weitgehend unabhängig von ihrem Inhalt terminlich geplant und überwacht. Als Beispiele sei das bekannte "Wasserfall"-Schema der Softwareentwicklung genannt, in dem jeweils nur die Art der Ein- und Ausgabedokumente, nicht aber deren Inhalte festgelegt sind. Derartige Prozeßmodelle lassen sich beispielsweise durch Petrinetze formal beschreiben. Die *produktorientierte Modellierung* berücksichtigt zusätzlich die inhaltliche Spezifikation der Produkte; ein Beispiel ist die in Frankreich entwickelte REMORA Methodik [RR82]. Beide Ansätze bieten wenig Handhabe, die in Teams typischen Arbeitsabläufe adäquat zu integrieren.

In dieser Arbeit verwenden wir demgegenüber eine *entscheidungsorientierte Modellierung*. Die Grundidee ist, daß der Entwurfsprozeß durch Gruppenentscheidungen gesteuert wird, die lediglich durch eine vorgegebene Methodik und durch die Menge der bekannten Entscheidungsalternativen kontrolliert werden. Hieraus resultiert eine Vielfalt möglicher Modelle und Werkzeuge.

In der DAIDA-Software-Entwicklungsumgebung [JR88] und in OICSI [GR90] wird ein triggerähnliches Konzept zur *Kennzeichnung und Aktivierung von Entscheidungsalternativen* verwendet, welches die Situationsabhängigkeit von Entscheidungen ausnutzt. Entscheidungsalternativen werden durch ein Tripel

<Situation, Bedingung, Aktion>

gekennzeichnet, der Benutzer muß dann nur noch zwischen anwendbaren Aktionen wählen. In den Projekten REMAP [DJ88] und im Software-Technologie-Programm der MCC [PB88] wird die *Dokumentation von Entwurfsentscheidungen und ihren Begründungen* zum Zwecke der Wiederverwendung betont. Eine dritte Gruppe schließlich versucht, den *Entscheidungsfindungsprozeß* selbst zu unterstützen (z.B. gIBIS [CB88] und MEDIATOR [JJS87]).

Unser Ziel war es, all diese Ansätze in einer entscheidungsorientierten Modellierungsumgebung zu integrieren und dann das integrierte Modell durch Spezialisierung auf verschiedene wichtige Aufgabenbereiche zu validieren. Grob vereinfacht sieht unser Teamarbeitszyklus wie folgt aus:

- Entscheidungen werden durch *Argumentation im Entwurfsteam* vorbereitet. Wesentliche Argumente werden als Begründung der Entwurfsentscheidung gespeichert und dienen später als Erklärungskomponenten in der Wartungsphase der Entwurfsprodukte.

- Teamentscheidungen werden arbeitsteilig umgesetzt. Steuerung und Dokumentation erfolgen durch *Vereinbarungsprotokolle*, deren Grundlagen aus der Theorie der Sprechakte stammen, die aber vom Team den jeweiligen Bedürfnissen dynamisch angepaßt werden können.

- Soweit Entscheidungen nicht die interne Arbeitsorganisation des Teams betreffen, führen sie zur Evolution von Entwurfsobjekten entsprechend einer Methodik, die weitgehend von der Anwendungsdomäne abhängt und daher hier nicht weiter betrachtet wird. Diese Evolution wird im Einzelnen durch *Abhängigkeiten zwischen Beschreibungen* der Ein- und Ausgabe dokumentiert. Von besonderer Bedeutung sind Entscheidungstypen, welche das parallele Arbeiten von Teilgruppen oder Individuen repräsentieren, und solche, welche die Integration geplanter und ungeplanter Beiträge aus der Gruppe unterstützen. Wir bezeichnen diese beiden Typen als *Versionierungs- und Konfigurierungsentscheidungen.* Um sie adäquat zu unterstützen, wird ein Objektmodell benötigt, welches versionierte und konfigurierte Objekte auf konzeptueller Ebene abzubilden vermag. Da Gruppen und ihre Aufgaben hierarchisch aufgebaut sein können, muß dies natürlich auch für die erstellten Objekte und für die Transaktionsverwaltung gelten.

- Konflikte können in allen drei oben genannten Entscheidungsphasen auftreten. Das Modell sollte Konflikte erkennbar und für die weitere Gruppenarbeit fruchtbar machen. Nach den Merkmalen, woran Konflikte erkannt werden, unterscheiden wir zwei Arten: *Technische Konflikte* ergeben sich aus Verletzungen von Integritätsbedingungen der Entwicklungsumgebung, Entwicklungsmethodik oder auf konkreten Projektspezifikation. *Soziale Konflikte* drücken sich in Bezügen der versandten Nachrichten untereinander aus. Natürlich sind die Übergänge zwischen beiden Arten fließend; die Unterscheidung bezieht sich eher auf die zur Konflikterkennung notwendigen Mechanismen, als daß sie einen Anspruch auf vollständige sozialwissenschaftliche Adäquatheit stellt.

Die Realisierung eines solchen Modells erfordert die Kombination von Objektbanktechnologien mit strukturierter elektronischer Post und Realzeitkonferenzen für die Gruppenkommunikation. Sie hat damit auch softwaretechnische Integrationsanforderungen zu berücksichtigen. Entwurfsaktivitäten finden an verschiedenen Arbeitsplätzen in einem Netz statt und werden durch lokale Objektverwaltungssysteme unterstützt. Die Aufgabe einer Entwurfsobjektbank ist es, diese verteilten Aktivitäten zu dokumentieren und zu koordinieren. Aufgrund des großen Bestandes an vorhandener Software kann nicht von einheitlichen Datenmodellen ausgegangen werden. Heterogene Informationsressourcen sind dem Team gemeinsam zugänglich zu machen. Existierende Standards, wie etwa CDIF, bieten nur unvollständige Lösungen, da sie auf den reinen Dokumentaustausch beschränkt sind. Die Integration erfordert hingegen ein *formales Metamodell*, mit dem konzeptuelle Modelle verschiedener Anwendungen beschrieben werden können. Das Metamodell ermöglicht Interoperabilität auf der Ebene der Spezifikationen [WWR*91] mit dem Ziel, einerseits die Semantik eines korrekten Austauschs formal zu beschreiben und andererseits die Abbildung auf die Ebenen des physischen Datenaustauschs weitgehend zu automatisieren.

Abschnitt 2 stellt unser Lösungskonzept vor, in dessen Mittelpunkt ein entscheidungsorientiertes Metamodell für die Entwurfsprozeßverwaltung namens CAD[O] steht; wesentlich ist aber auch eine erweiterbare Objektbanksprache, mit der dieses Modell formalisiert und implementiert werden kann. Abschnitt 3 beschreibt die Validierung von CAD[O] durch die exemplarische Modellierung verschiedener Aspekte der Gruppenunterstützung. Abschnitt 4 zieht einige Schlußfolgerungen.

2 Konzept eines Entwurfsmetamodells

In diesem Abschnitt beschreiben wir die allgemeine Modellierungsumgebung, in die das Modell der
Teamarbeit eingebettet werden soll. Zuerst diskutieren wir die grundsätzliche Rolle der Metamodellierung
in Entwurfsobjektbanken (oft auch Repositories genannt [SAGA90]), dann geben wir einige formale
Anforderungen an eine Metamodellierungssprache an und zeigen, wie diese von der Sprache Telos
[MBJ*90] erfüllt werden. Diese Grundlagen versetzen uns in die Lage, ein prozeßorientiertes Metamodell
zu definieren, welches die Idee der Entscheidungsorientierung ausnutzt, um Objektverwaltungs- und
Kommunikationsaspekte der Teamarbeit in Entwurfsobjektbanken zu integrieren.

2.1 Metamodellierung und Repositories

Bild 1 zeigt das Grundprinzip der Metamodellierung am Beispiel der Integration zweier Teilsysteme,
eines Buchführungsprogramms und einer relationalen Personaldatenbank. Zum Verständnis rufe man sich
zunächst die Modellierung einzelner Teilsysteme ins Gedächtnis. Auf der untersten Ebene ist die Vielzahl
konkreter Unternehmensdaten und Abläufe (z.B. einzelne Buchungsvorgänge oder Personaldaten)
dokumentiert. Diese Abläufe folgen Schemata, die auf der zweiten Ebene beschrieben werden, z.B.
bestimmte Buchungsregeln oder Personaldateien. Auf der dritten Ebene wird schließlich die Sprache
festgelegt, in der die Schemata beschrieben werden, das Prinzip der doppelten Buchführung und das
relationale Datenbankmodell. Diese Sprache ist normalerweise nicht veränderbar.

Die Idee der Metamodellierung ist es nun, die verschiedenen zunächst formal nicht miteinander
verträglichen Darstellungsformen dadurch zu integrieren, daß der Abstraktionsgrad der Darstellung um
eine Ebene angehoben wird. Die Dateninhalte der Meta-Objektbank (des Repositories) beschreiben die
Schemata der einzelnen Teilsysteme. Diese Beschreibung folgt einer Spezifikation der den Teilsystemen
zugrundeliegenden Datenmodelle in einer einheitlichen Repräsentation. Diese mittlere Ebene des
Repository-Aufbaus bildet damit in ihrer Gesamtheit ein formales Modell der Entwurfsumgebung. Auf
der obersten Ebene definiert das Repository-Datenmodell die Sprache, in der die einzelnen Modelle der
Umgebung einheitlich beschrieben und damit vergleichbar gemacht werden können.

Insgesamt ergeben sich vier Schichten, die der Information Resource Dictionary-Standard IRDS als
Schemabeschreibungssprache, Entwurfsschema, Entwurfsdaten und Produktionsdaten bezeichnet.

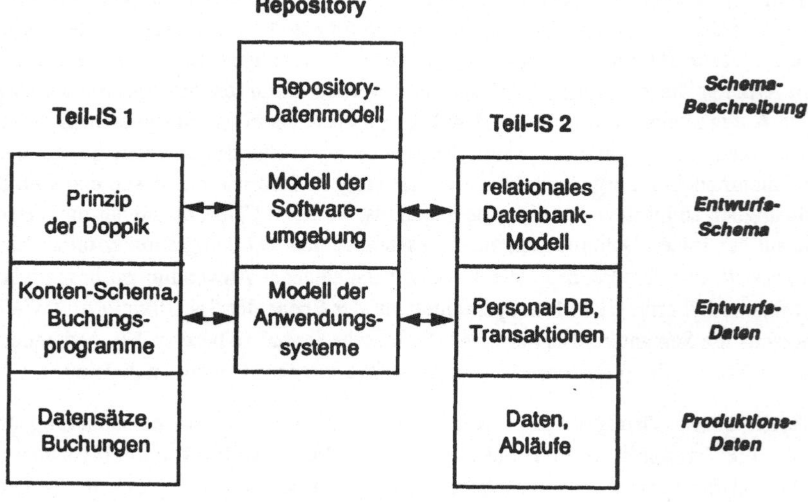

Bild 1: Grundschema der Metamodellierung in Entwurfsobjektbanken

Für unsere Zwecke muß das Repository-Datenmodell zwei Anforderungen erfüllen. Zum einen muß seine Sprache *formale Konstrukte* anbieten, die eine Metamodelldefinition mit reichhaltiger Semantik ausstatten, für die aber auch eine effiziente Realisierung dieser Semantik bekannt ist. Zum anderen sollte es eine geeignete *Ontologie* vorgeben — ein Gerüst von Grundbegriffen, die geeignet sind, Entwurfsumgebungen nicht nur objektorientiert, sondern auch prozeß- und teamarbeitsadäquat zu beschreiben. Beide Aspekte spielen insbesondere dann eine Rolle, wenn die Entwurfsumgebung selbst nicht statisch ist, sondern in ihren Sprachen, Methoden und Werkzeugen einer ständigen Evolution unterliegt.

2.2 Formale Anforderungen an eine Modellierungssprache für die Systemintegration

Die Definition einer Arbeitsumgebung, in der Modelle von Entwurfsumgebungen erstellt, analysiert und weiterentwickelt werden können, verlangt ein formales und automatisch unterstützbares Metamodell, mit der Modelle mit ihrer intendierten Bedeutung in den Entwurfsprozeß eingebracht werden können. Sind bei jeder Änderung erst umfangreiche Anpassungen oder Erweiterungen der Objektbanksoftware erforderlich, so ist kaum eine Akzeptanz bezogen auf Weiterentwicklung und Anpassung der ursprünglich unterstützten Modelle zu erwarten, und die konzeptuelle Distanz zwischen Datenbank und Entwurfsumgebung wird sich mit der Evolution der letzteren rasch vergrößern.

Natürlicher Ausgangspunkt der Gestaltung solcher Modellierungssprachen sind die heute in der Systemanalyse verwendeten Konzepte zur Objekt- und Prozeßmodellierung. In der Softwareentwicklung sind dies vor allem das Entity-Relationship-Modell zur Datenmodellierung [CHEN76] und Datenflußdiagramme zur strukturierten Prozeßmodellierung [DEMA78].

Das E-R-Modell bietet als Metakonstrukte Entitäten, ihre Attribute und ihre Rollen in Beziehungen an. Damit läßt sich nur eines der grundlegenden Abstraktionsprinzipien partiell darstellen, die Aggregation von atomaren Attributen zu Entitäten und deren einstufige weitere Aggregation zu Beziehungsobjekten. DAMOKLES [DGL86] führte zwei allgemeinere Abstraktionsprinzipien in die Datenbankpraxis ein. Zum einen können Beziehungen wiederum als Entitäten aufgefaßt werden, die in Beziehungen höherer Ordnung eingehen können, so daß sich schrittweise beliebig komplexe Objekte zusammensetzen lassen. Umgekehrt wird damit eine schrittweise Zerlegung und bessere Verständlichkeit großer Systeme erreicht. Zum anderen können Entitäten in *Spezialisierungsbeziehungen* zueinander stehen; dies ermöglicht kompakte Beschreibungen ähnlicher Entitätenklassen aufgrund der Möglichkeit, Eigenschaften von Oberklassen auf Unterklassen zu vererben.

Es fehlt noch die für Repositories typische Unterscheidung geschichteter Metaebenen (vgl. Bild 1). Die *Klassifikationsabstraktion* verwendet die jeweils übergeordnete Ebene als Typsystem für die darunterliegende und ermöglicht es damit, spezialisierte Subsprachen des Meta-Datenmodells in der Sprache selbst zu definieren. Man bezeichnet diese wichtige Eigenschaft als *Erweiterbarkeit der Modellierungssprache*. Außer zur Werkzeugintegration dient sie vor allem als Grundlage von Referenzmodellen, die in bestimmten Anwendungsdomänen (z.B. Versicherungen, Banken, CIM) als Hilfsmittel für standardisierte Repositorystrukturen dienen.

Graphische Editoren wie MetaEdit [SLT*91] erlauben es dem Benutzer, dynamisch Metamodelle zu definieren und deren Grundkonzepten graphische Symbole zuzuordnen, die anschließend in konkreten Entwicklungsprozessen automatisch verwendet werden. Nur in sehr eingeschränktem Umfang kann man den graphisch definierten Symbolen auch eine formale Semantik zuordnen und damit ihre korrekte Verwendung garantieren. Im Datenbankbereich sind jedoch mit dem Konzept der *Integritätsbedingungen* und der aus Expertensystemen entlehnten *Deduktionsregeln* relativ mächtige Spezifikationskonzepte entstanden, für die auch effiziente Implementierungstechniken bekannt sind.

Die Modellierungssprache *Telos* [MBJ*90] kombiniert Regeln und Integritätsbedingungen mit Abstraktionsprinzipien, um so eine umfassende Modellierungsumgebung mit solider semantischer

Grundlage zu schaffen[1]. Bild 2 illustriert die genannten Modellierungskonzepte am Beispiel der Telos-Definition von Datenflußdiagrammen. Es werden die drei Abstraktionsprinzipien *in* für Klassifikation, *isA* für Spezialisierung, *attribute* für Aggregation sowie Integritätsbedingungen verwendet; *this* ist eine abkürzende Schreibweise für eine beliebige Instanz der gerade definierten Klasse.

Die Erweiterbarkeit der Sprache wird durch Abkürzungen (sog. Attributkategorien) für Metaintegritäts-bedingungen ermöglicht, wie etwa `necessary` für notwendig und `single` für einwertig. Die korrekte Benutzung dieser Attribute kann der Benutzer durch Integritätsbedingungen und deduktive Regeln in der Sprache selbst spezifiziert.

Bild 2 zeigt die Spezifikation derartiger Bedingungen für Subprozesse in Datenflußdiagrammen. `Node`, `Process`, `Datastore` und `Dataflow` führen zunächst nur ein strukturelles Schema ein. Die Integritäts-bedingung `balancing` spezifiziert die korrekte Nutzung dieser Struktur. In Unterprozessen sind nur Ein- und Ausgaben zulässig, die auch im Hauptprozeß auftreten (Datendekomposition sei hier vernachlässigt). Erweiterte E-R-Modelle, wie PCTE, bieten zwar auch Metaattribute wie `necessary` und `single`, aber deren Bedeutung ist Handbüchern zu entnehmen und nicht benutzerdefinierbar.

```
Individual Node in Object with
    attribute
        input: Dataflow;
        output: Dataflow
    rule
        deriveInput: $ forall i in this.input exists n in Node, o in n.output
                        (n.o = i) $
end
Individual Process isA Node with
    necessary
        input: Dataflow;
        output: Dataflow
    attribute
        subprocess: Process
    constraint
        balancing: $   this.input = this.subprocess.input and
                       this.output = this.subprocess.output $
end

Individual Datastore isA Node ...

Individual Dataflow in Object with
    necessary, single
        start: Node
    necessary
        target: Node
    constraint
        outputStarts: $ this in this.start.output $
        inputTarget: $ this in this.target.input $
end
```

Bild 2: Formale Definition von Datenflußdiagrammen in Telos (vereinfacht)

---

[1] Im DEED-Projekt [LMN*92] wurde eine ähnliche Sprache als Grundlage einer erweiterbaren Modellierungs-umgebung, ebenfalls mit graphischer Benutzerschnittstelle, entwickelt. Ziel ist dort vor allem die Validierung von Anforderungsanalysen.

2.3 Ein Metamodell für die Prozeßunterstützung im Team

Als Werkzeug für die Analyse und Gestaltung von Entwurfsprozessen kann das Metamodell nur dienen, wenn es sich nicht auf die Darstellung der Objekte (also der Zustände des Entwurfsprozesses) beschränkt, sondern bereits in seinen Grundstrukturen veränderungsorientiert ist. Im Software Engineering hat sich eine Klassifikation von Prozeßmodellen nach der Granularität der betrachteten Arbeitseinheiten durchgesetzt, der auch hier gefolgt werden soll:

- *Entwickeln im Kleinen* beschreibt die zahlreichen, mit speziellen Verfahren erarbeiteten Detailveränderungen innerhalb einzelner Teilsysteme.

- *Entwickeln im Großen* faßt das Repository als Objekt- und Prozeßverwaltungssystem auf, dessen Hauptaufgabe das effiziente Management von Versionierungen (als abstraktes Konzept für Veränderungen) und Konfigurierungen (Integration von Teilergebnissen) ist.

- *Entwickeln in der Gruppe* versteht das Repository als Kommunikationsmedium, über das Ideen, Aufgaben und Ergebnisse des Gestaltungsprozesses zwischen Interessenten aus im Prinzip beliebigen Welten der Entwicklung ausgetauscht werden können.

Bild 3 zeigt das Metamodell CAD°, welches die verschiedenen Sichten auf den Entwurfsprozeß über ihre Bezüge zum zentralen Konzept der Entwurfsentscheidung integriert [ROSE91].

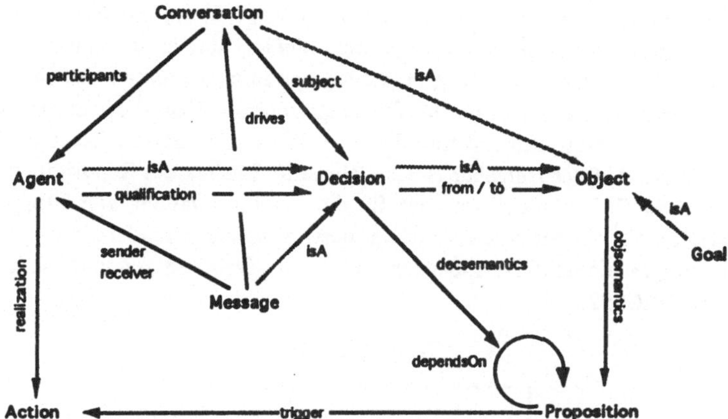

Bild 3: Das Prozeß-Metamodell CAD°

Die Objektverwaltung (rechter Teil von Bild 3) faßt Entscheidungen (`Decision`) als Transformationen auf, die Eingabeobjekte in Ausgabeobjekte überführen. Sowohl Ein- als auch Ausgabeobjekte können auch nichtfunktionale Entwurfsziele (`Goal`) sein.

Die Art, wie Entscheidungen ausgeführt werden, erzeugt Abhängigkeiten (`dependsOn`) zwischen den Beschreibungen (`objsemantics`) der Ein- und Ausgabeobjekte und ermöglicht damit die spätere selektive Korrektur einzelner Teilentscheidungen. Für die semantische Beschreibung der Objekte wird `Proposition` verwendet, welches das allgemeinste Objekt in Telos ist. Dies ermöglicht es, Beschreibungen von Entwurfsobjekten (und damit von Entscheidungen) beliebig detailliert oder vergröbert zu wählen, je nach Zweck der Anwendungsmodellierung — es gibt also keinen fest vorgegebenen Satz von objektbeschreibenden Attributen.

Falls Entscheidungen routinemäßig automatisch stattfinden, kann ihre Ausführung (`Action`) auch direkt von dem Auftreten bestimmter Eingabemuster ausgelöst werden (`trigger`); Beispiele sind die vom System automatisch generierten Programme zur Integritätsprüfung oder Notifikationsdienste, die Benutzer im Team auf bestimmte Ereignisse setzen können.

Andernfalls tritt die Gruppensicht in den Vordergrund (linke Hälfte von Bild 3). Entscheidungen werden als Gegenstand (`subject`) des Nachrichtenaustauschs (`conversation`) aufgefaßt. Das Modell faßt Konversationen als Spezialfälle (`isA`) von Objekten auf, deren Zustand durch spezielle Arten von Entscheidungen (`message`) verändert wird. Erlaubte Nachrichtenfolgen werden durch Protokolle (vgl. Abschnitt 4) spezifiziert. Protokolle organisieren beispielsweise die Argumentation über Ideen, Verhandlungen über die Aufgabendelegation und den Austausch von Ergebnissen innerhalb der Gruppe.

Da das Modell Konversationen als Spezialfälle von Objekten (*isA*) auffaßt, kann die Gruppe Konversationsbeschreibungen durch Entscheidungen dynamisch der jeweiligen Situation anpassen. Die Dokumentation solcher strukturierter Konversationen hat sich als nützliche Grundlage nicht nur des Projektmanagements und der Mehrzieloptimierung erwiesen, sondern auch als Ausgangspunkt für die spätere Weiterentwicklung ("rationale for design decisions").

Zusammenfassend repräsentiert das vorgeschlagene Metamodell Entwurfsprozesse als Konversation von Agenten über Entscheidungen betreffend Objekten des Repositories. Dies erklärt das Acronym *CAD^o* (*Conversations among Agents on Decisions over Objects*).

2.4 Implementierungsumgebung

Zur Erprobung der hier vorgestellten Prozeßmodelle wurde seit 1987 ein prototypisches Entwurfs-Informationssystem namens ConceptBase entwickelt [JARK92]. ConceptBase besitzt eine Client-Server-Architektur, in der Teilsysteme (Clients) und Repository (Server) über das Internet kommunizieren. Der geographischen Verteilung einer Entwicklungsumgebung sind somit praktisch keine Grenzen gesetzt. Der wichtigste Server verwaltet das in der Sprache Telos repräsentierte Modell der Entwicklungsumgebung und stellt damit deren Kommunikationszentrale dar. Wie Bild 4 zeigt, ist diese nach dem CAD^o-Prozeß-Metamodell organisiert. Auf der Umgebungsmodellebene (= Schema des Repositories) wurden Prototypen einer Reihe von CAD^o-Modellinstanzen für die Objektverwaltung und Gruppenunterstützung entwickelt [ROSE91]. Für die effiziente Nutzung dieser Umgebungsmodelle wurden Optimierungstechniken deduktiver relationaler Datenbanken für die in Telos vorgenommene objektorientierte Erweiterung ergänzt [JEUS92].

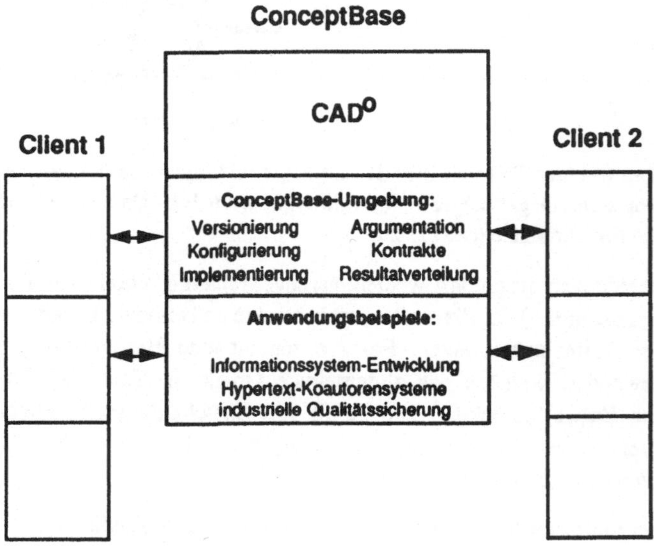

Bild 4: ConceptBase als prozeßorientiertes Repository

Die Modelle für das Entwickeln im Kleinen richten sich nach den Sprachen, Methoden und Werkzeugen der jeweiligen Anwendung. Erfahrungen wurden mit der Entwicklung von Informationssystemen [JMSV92], für die Unterstützung des Requirements Engineering mittels semiformaler Methoden [RD92] und mit dem kooperativen Entwickeln von Hypertextdokumenten [EJ91] gewonnen; weitere Experimente im Bereich der industriellen Qualitätssicherung haben begonnen [JP92].

Die Basisaufgaben der Verwaltung im Großen werden von Clients wahrgenommen, die vom Umgebungs-modell aus mittels der *trigger* in CAD° aktiviert und deren Ergebnisse anhand der dazugehörigen Entscheidungsspezifikationen kontrolliert werden: erweiterten elektronischen Post- und Konferenz-systemen für die Gruppenunterstützung und kommerziellen Datei- oder Datenbanksystemen für die Objektverwaltung im engeren Sinne, von denen für die Teamarbeit vor allem NSE [AHM89] genutzt wird. Im Umgebungsmodell werden Modell und Aufruf dieser Clients in konzeptuelle Assistenten für die Entwicklung im Großen und in der Gruppe integriert, um die Kontrolle intelligenter handhaben zu können. Prototypische Assistenten wurden für folgende Aufgaben im Teamarbeitszyklus entwickelt:

- Entscheidungen bereitet die Gruppe mittels graphischer *Argumentationseditoren* vor [HJR91]. Der dahinterstehende Client ist für den asynchronen Fall ein um Nachrichtentypen erweitertes Unix-mail-System, für den synchronen Fall wurde ein spezieller verteilter Graphikeditor entwickelt.

- Bei größeren Projekten unterstützt ein *proaktiver Planungsassistent* die robuste Aufgabenzuordnung zu Teams [SJ89]. Proaktiv meint einen Ansatz, der die Möglichkeit von Abweichungen bereits von vornherein vorsieht — die Aufgabenzuordnung vom System erfolgt so, daß etwaige Plan-abweichungen in ihren Auswirkungen möglichst lokal gehalten und auch lokal korrigiert werden können. Der Client ist ein kommerzielles Projektmanagementsystem.

- Ein *Kontraktassistent* (Client: typisierte Unix-mail) unterstützt ein Konversationsprotokoll, mit dem die Aufgabendelegation verhandelt und überwacht wird. Er ist mit einem *Arbeitsbereichsverwalter* auf NSE-Basis gekoppelt, der den Zugriff auf Eingabedaten und Ergebnisversionen regelt [RJG*91].

- Die Lösung wird nun mit Hilfe der für das *Entwickeln im Kleinen* vorhandenen Werkzeuge in verteilter Weise erarbeitet. Diese Werkzeuge (graphische Editoren und Browser, Übersetzer, wissensbasierte Komponenten, Prozeßsteuerungssysteme u.ä.) werden in der gleichen Weise integriert wie die Clients für das Entwickeln im Großen und in der Gruppe.

- Die Teillösungen werden mittels eines graphischen *Rekonfigurationsassistenten* in das bestehende Gesamtmodell integriert [GOCE90]. Integrationsschritte, die sich aus Deduktionsregeln oder Inte-gritätsbedingungen der Konfigurationsspezifikation ergeben, werden automatisch ausgeführt. Als Clients stehen dahinter Werkzeuge wie SCCS [ROCH75] und CMS [DEC82], so daß eine hetero-gene Arbeitsumgebung mit den Betriebssystemen VMS und Unix demonstriert werden konnte.

- Alle bisher genannten Werkzeuge arbeiten auf der konzeptuellen Ebene. Ein *Implementierungs-assistent* ist für die physische Realisierung der getroffenen Entscheidungen im System zuständig [NISS90]. Er enthält konzeptuelle Modelle der Clients und Regeln für die Abbildung allgemeiner konzeptueller Modelle auf diese. Die Regel- und Constraintoptimierer des ConceptBase-Systems selbst sind in dieser Implementierungsassistentenarchitektur realisiert [JJR89].

Unsere Erfahrungen mit diesen Werkzeugen zeigen, daß der Ansatz der Metamodellierung mittels einer Sprache wie Telos und eines adäquaten Prozeßmodells nicht nur die Werkzeugintegration selbst gestattet, sondern in vielen Fällen praktisch eine Erweiterung dieser Werkzeuge ermöglicht.

3 Sharingprozesse als Modell der Gruppenarbeit

Nach diesem allgemeinen Überblick über Struktur und Implementierung einer teamarbeitsorientierten Entwurfs-Metadatenbank wollen wir nun die eigentliche Gruppenunterstützung etwas genauer betrachten. Einzelheiten zum dazugehörigen Objektmodell finden sich in [ROSE91]. Hier sei lediglich erwähnt, daß dieses Modell eine Klassenhierarchie unterschiedlicher Versionierungstypen unterstützt, aus denen modular aufgebaute und durch logische Konsistenzregeln spezifizierte Konfigurationen zusammengesetzt und inkrementell verändert werden können. Wir konzentrieren uns hier auf die Modellierung und softwaretechnische Unterstützung der notwendigen Konversationsprotokolle.

Wie in traditionellen Mehrbenutzer-Datenbanken ist der Existenz mehrerer Entwickler in einem Projekt Rechnung zu tragen, indem das Informationssystem die parallele Datenmanipulation ermöglicht. Jedoch weisen Entwurfsumgebungen eine Reihe besonderer Anforderungen auf. Vor allem sind Datenmanipulationen weder spontan noch dauerhaft.

Sie sind nicht spontan, da sie innerhalb der Gruppe durch Diskussionen und einen Beschluß über die Ausführung vorbereitet werden; die Ausführung beschlossener Entscheidungen wird vereinbart, erfolgt durch einem beauftragten Entwickler und wird abschließend in das Arbeitsergebnis der Gruppe integriert.

Datenmanipulationen sind nicht dauerhaft, da sie oft nachgebessert werden, um Konflikte zu lösen. Oder es werden Zwischenergebnisse sichtbar gemacht, um Konflikten rechtzeitig vorzubeugen, ohne daß aber eine Garantie für deren Stabilität übernommen werden kann. Die Nachbesserungen für eine Integration sind daher im allgemeinen nicht unabhängig von parallel ausgeführten Datenmanipulationen.

Unser Ziel ist weder ein Transaktionskonzept für langdauernde Entwurfsanwendungen (vgl. dazu z.B. [UNLA91]) noch die zuverlässige Implementierung von Konversationsprotokollen, wie im ConTract-Modell untersucht [WR90], sondern die Modellunterstützung für alle Phasen einer Gruppenentscheidung von der Entstehung durch eine Diskussion bis zur Integration der Ergebnisse.

Entscheidungen durchlaufen nach Herbert Simon vier Phasen: Aufgabenanalyse, Entwurf der Lösungs-alternativen, Auswahl und Umsetzung. Diese Phasen laufen in einer Gruppe von Entscheidungsträgern überlappend und oftmals für viele Entscheidungen gleichzeitig ab. Konflikte entstehen auf natürliche Weise durch die Verschränkung der Phasenabläufe und die Rollen der Beteiligten. Konflikte sind geeignet zu berücksichtigen. Insbesondere ist zunächst darzustellen, was ein Konflikt ist. Soziale Konflikte werden durch geeignete phasenspezifische Protokolle, technische aber mittels eines Konzepts von Arbeitsbereichen erkennbar gemacht. Wir modellieren dies durch die Integration von Protokollen für Austausch und Verteilung der jeweiligen Konversationsgegenstände ("Sharing-Prozesse" [JMR92]), nämlich von Ideen, Aufgaben und Ergebnissen:

- Die *Ideenverteilung* (idea sharing) modelliert die Aufgabenanalyse, aber auch die Auswahl einer Lösung. Hierfür werden die gestellte Aufgabe und mögliche Lösungsalternativen diskutiert. Die Qualität einer Lösungsalternative wird i.a. umso besser, je mehr Expertise von Entwicklern be-rücksicht wird. Das Ergebnis einer Ideenverteilung ist eine Übereinkunft über eine Lösungs-alternative, mit der die gestellte Aufgabe gelöst werden kann. Ideenverteilungen generieren arbeitsteilig auszuführende Entscheidungen.

- Die *Aufgabenverteilung* (task sharing) betrifft die organisatorische Umsetzung einer Entscheidung durch die Mitglieder einer Gruppe. Diese Bindung zwischen Entscheidung und Entwickler wird durch Vereinbarungen installiert. Durch eine Vereinbarung wird ein Entwickler für die Ausführung einer Entscheidung verantwortlich, d.h. er muß sie gemäß der ihm durch die Entscheidungsklasse gegebenen Spezifikation und i.a. in einer gegebenen Zeit erfüllen.

- Mit *Ergebnisverteilungen* (result sharing) werden Entscheidungen in der Objektwelt technisch umgesetzt. Objekte sind Eingabe und Ergebnis von Entscheidungen. Sie sind Arbeitskontexten und Entwicklern zugeordnet und bilden den Arbeitskontext, in dem Entwickler ihre Entscheidungen realisieren. Nach Ausführung einer Entscheidung sind die Ergebnisse in der Gruppe bzw. den Arbeitskontexten anderer Entwickler bekannt zu machen.

Basis für die technische Organisation einer Gruppe sind *Arbeitsbereiche* [KSW86, KP87]. Objekte werden in Arbeitsbereichen entwickelt und zwischen Arbeitsbereichen transferiert. Die Arbeitsbereiche sind über ein Netz verbunden. Sie sind die Organisationseinheiten, zwischen denen Kommunikation stattfindet und Koordination notwendig ist [LEHM86] und werden daher als spezielle Technische Agenten modelliert. Aktivitäten in und zwischen Arbeitsbereichen, sei es zur Kommunikation oder Ausführung von Entscheidungen, werden durch strukturierte Nachrichtentypen unterstützt, die den Fortgang einer Entscheidung im Kontext einer Konversation beschreiben.

Die Konversation protokolliert die Kommunikation und koordiniert die Beiträge (sprich Aktivitäten und Nachrichten) der Gruppenmitglieder. Abhängig vom Typ der Konversation werden verschiedene Nachrichtentypen und Konversationsabläufe unterschieden. Ihnen gemeinsam ist die in Bild 5 gezeigte Metastruktur, eine Verfeinerung des in Bild 3 gezeigten Prozeßmodells CAD⁰. Konversationsbeschreibungen sind nichtdeterministische endliche Automaten. Sie aggregieren Zustände, die durch Transitionen strukturiert sind. Auslöser der Transitionen sind Nachrichten. Eine wesentliche Integritätsbedingung ist, daß jede Nachricht einer laufenden Konversation zugeordnet werden kann und ein zugehöriger Zustandsübergang definiert ist. Manche Zustandsübergänge werden durch Regeln deduktiv abgeleitet, was später für die Erkennung von Konfliktzuständen und Notifikationsdiensten genutzt wird.

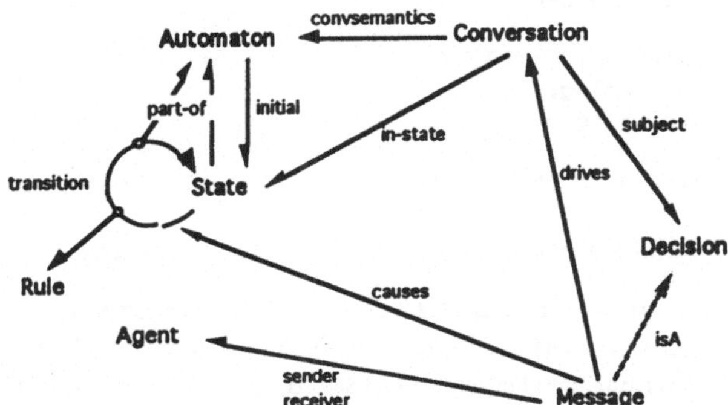

Bild 5: Semantische Beschreibungen von Konversationen in CAD⁰

Gegenüber alternativen Repräsentationsmechanismen, wie etwa Petrinetzen, ergeben sich damit relativ einfache Protokolldefinitionen; wegen der vielfältigen Varianten der Arbeit im Team ist die Genauigkeit der Spezifikation von Parallelarbeit, wie sie von Petrinetzen geboten wird, kaum erforderlich. Die von den Protokollen angebotenen Nachrichtentypen müssen jeweils reichhaltig genug sein, daß der Gruppe beispielsweise soziale Konflikte (z.B. Ablehnen von Aufträgen, Existenz konkurrierender Lösungsvorschläge oder Argumente) sichtbar gemacht werden können.

Die drei nächsten Unterabschnitte beschreiben in einigem Detail die Formalisierung der untersuchten Konversationstypen und ihre einheitliche Integration in das CAD⁰-Metamodell. Anschließend folgen eine Diskussion der verschiedenen Arten von Konflikten und ein integrierendes Beispiel. Zu beachten ist, daß aufgrund der Realisierung in Telos jedes dieser Modelle dynamisch erweiterbar oder durch andere ersetzbar ist. Damit soll der häufig geäußerten Kritik begegnet werden, daß formale Konversationsmodelle — insbesondere Petrinetz-basierte — die Gruppe in ihren Interaktionen zu stark einengen.

3.1 Ideenverteilung

Eine Ideenverteilung sammelt und ordnet die Vorstellungen mehrerer Entwicklern zu einer gegebenen Aufgabenstellung und möglichen Lösungsalternativen. Die Beiträge, Argument genannt, können während einer Projektbesprechung oder mit einem elektronischen Postsystem ausgetauscht werden. Ein Argument wird als Nachricht in CAD⁰ modelliert, die den Beitrag eines Entwicklers (contributor) zu einer Versionierung (correspondsto) darstellt. Versioning ist im Objektmodell [ROSE91] die abstrakteste Repräsentation einer Entscheidung zur Versionierung. Da im Interesse der Kreativität eine zu starke Strukturierung der Diskussion unerwünscht ist, gibt es nur wenige Nachrichtentypen. Ein Argument unterstützt eine Entscheidung (pose) oder ist gegen eine Entscheidung (oppose). Um auch Argumente für oder gegen Argumente angreifen oder unterstützen zu können, sind die Unterstützung und der Angriff einer Versionierung selbst wieder formal als Spezialisierung einer Versionierung modelliert (Argument!pose, Argument!oppose isA Versioning).

```
Individual Engineer in Agent end

Individual TaskPreparation in Conversation with
    subject
        considered: Versioning;
        agreed: Versioning
    participants
        contributes: Engineer
end

Individual Argument in Message with
    sender
        contributor: Engineer
    correspondsto
        pose: Versioning;
        oppose: Versioning;
        agree: Versioning
    drives
        taskpreparedescr: TaskPreparation
end
```

Bild 6: Konversationstruktur für die Ideenverteilung

Die Menge aller Nachrichten zu einer Übereinkunft über eine Lösungsalternative wird in CAD⁰ als multilaterale Konversation (TaskPreparation) zwischen Agenten modelliert (Bild 6). Die Konversation gruppiert die berücksichtigten Entscheidungen (considered). Die zugehörigen Nachrichten sind aus den dokumentierten Argumenten abzuleiten. Die Gruppe der möglichen Diskussionsteilnehmer wird durch contributes modelliert. Die Konsensfindung ist nicht durch spezielle Modellstrukturen unterstützt; falls gewünscht, kann man Werkzeuge aus der Gruppenentscheidungsunterstützung (Mehrzieloptimierung, Abstimmungstechniken [JJS87]) verwenden. Es wird angenommen, daß das Ergebnis durch eine Nachricht mit dem Inhalt der beschlossenen Entscheidung (agree) mitgeteilt wird.

Das Argumentationsmodell IBIS [CB88] differenziert feiner zwischen erlaubten Strukturen von Themen, Positionen und Argumenten zu Positionen als das hier vorgestellte Argumentationsmodell. Die Integration von IBIS in unseren Modellrahmen hat sich jedoch als problemlos erwiesen [RD92].

3.2 Aufgabenverteilung

Aufgabenverteilungen installieren bilaterale Vereinbarungen über die Ausführung einer Entscheidung (Bild 7). Teilnehmer der Konversation TaskSharing sind ein Auftraggeber (client) und ein Auftragnehmer (server). Gegenstand ist eine Versionierung (task). Die Aufgabenverteilung konstituiert sich aus Nachrichten (TaskAction), die jeweils zwischen Auftraggeber und Auftragnehmer ausgetauscht

werden. Die Nachrichten beziehen sich immer auf eine Versionierung (refersto) und bestimmen den
Verlauf einer Aufgabenverteilung (driventask).

```
Individual TaskSharing in Conversation with
    subject
        task: Versioning
    participants
        client: Engineer;
        server: Engineer
    convsemantics
        : TaskSharingDescription
end
Individual TaskAction in Message with
    sender
        : Engineer
    receiver
        : Engineer
    correspondsto
        refersto: Versioning
    next
        response: TaskAction
    drives
        driventask: TaskSharing
end
```

Bild 7: Konversation und Nachrichten für die Aufgabenverteilung

Für die strukturelle Beschreibung der Nachrichteninhalte wird TaskAction in verschiedene Nachrichtentypen spezialisiert. Die in unserem Prototyp gewählte Typisierung entstammt der Theorie der
Sprechakte und Beobachtungen von Vereinbarungsgesprächen [WF86].

Eine Aufgabenverteilung durchläuft drei Phasen, die durch entsprechende Nachrichten charakterisiert
sind: einen Prolog für die Einigung über die Aufgabenstellung (Request, Offer, CounterOffer, etc.),
einer Ausführungsphase mit dazugehörigem Berichtswesen, und einem Epilog zur Beendigung
(ReportComplete) und Abnahme bzw. Zurückweisung der Ergebnisse durch den Auftraggeber
(DeclareComplete, DeclineReport).

Die Aufforderung eines Auftraggebers (Request) oder das Angebot eines Agenten als Auftragnehmer
(Offer) starten eine Aufgabenverteilung. Ein Auftragnehmer ist verantwortlich für die Ausführung einer
Entscheidung, wenn er die Aufforderung akzeptiert (Promise) oder der Auftraggeber das Gegenangebot
(CounterOffer) akzeptiert (Accept). Verantwortlichkeiten für Entscheidungsausführungen sind somit
aus den Nachrichtentypen ableitbar. Während der Ausführungsphase kann die Aufgabenverteilung
jederzeit von Auftraggeber und -nehmer beendet werden (Withdraw, Renege). Im Epilog wird für spätere
Auftragsvergaben die Kompetenz eines Agenten festgelegt. Akzeptiert der Auftraggeber das Ergebnis
(DeclareComplete), so erhält der Auftragnehmer die Kompetenz für diese Entscheidung.

Bild 8 stellt den Ablaufs einer Aufgabenverteilung graphisch als Netz von Telos-Objekten dar. c: und s:
geben jeweils den Auftraggeber (client) und den Auftragnehmer (server) als Sender der Nachricht an.
Der Empfänger ist jeweils der entgegengesetzte Agent.

Aufgabenverteilungen müssen nicht auf bilaterale Konversationen beschränkt sein. Aufträge können
beispielsweise auch marktähnlich ausgeschrieben und in Abhängigkeit von Kompetenz und Auslastung
der potentiellen Auftragnehmer vergeben werden. Zur Bestimmung dieser Merkmale kann u.a. die
Dokumentation früherer bzw. laufender Konversationen herangezogen werden.

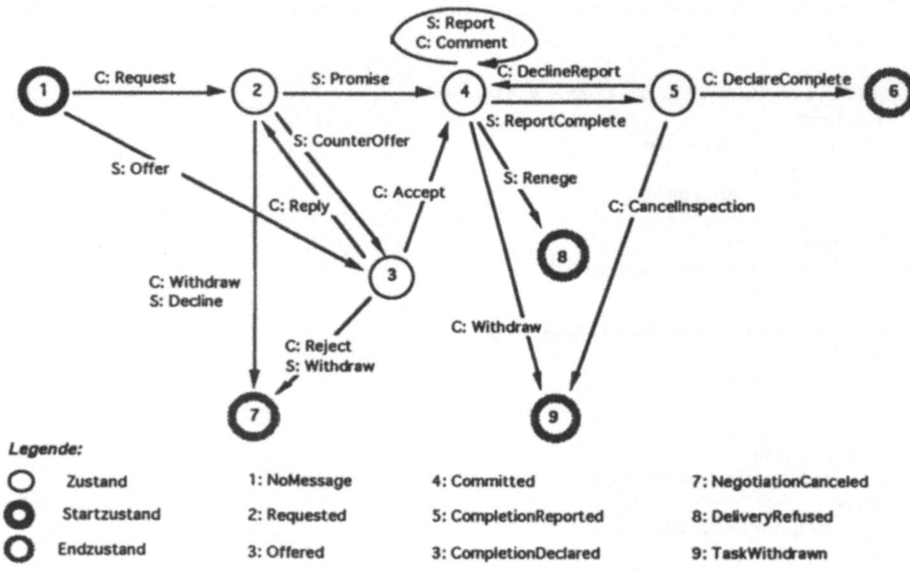

Bild 8: Protokoll der Aufgabenverteilung [WF86]

3.3 Ergebnisverteilung

Die Umsetzung von Entscheidungen erfordert die Verfügbarkeit von Objekten in den richtigen Arbeitsbereichen. Transferoperationen zwischen Arbeitsbereichen verteilen die Umsetzung von Entscheidungen auf Arbeitsbereiche. Gleichzeitig werden durch die Umsetzung von Entscheidungen neue Objekte produziert, die in die Resultate anderer Arbeitsbereiche zu integrieren sind. Die Transferoperationen werden im Modell als Kommunikation zwischen Arbeitsbereichen beschrieben. Sie sind zu dokumentieren und strukturieren, um die Ausführung von Versionierungen zu koordinieren.

```
Individual Workspace in Agent with
    attribute
        views: SoftwareObject;
        owner: Engineer
end

Individual ResultSharing in Conversation with
    subject
        realizes: Versioning
    attribute
        concerns: SoftwareObject
    participants
        parent: Workspace;
        child: Workspace
    convsemantics
        resultsharingdescr: ResultSharingDescription
end
```

Bild 9: Konversationen für die Ergebnisverteilung zwischen Arbeitsbereichen

Ergebnisverteilungen werden in CAD^0 als bilaterale Konversation (ResultSharing) zwischen einem übergeordneten (parent) und einem untergeordneten (child) Arbeitsbereich (Workspace) modelliert (Bild 9). Die Verteilung über mehrere Ebenen in einer Arbeitsbereichhierarchie bedarf mehrerer Ergebnisverteilungen (diese Einschränkung wird auch in hierarchischen Transaktionskonzepten vorgenommen, um Verklemmungen auszuschließen [UNLA91]). Jede Ergebnisverteilung realisiert eine Versionierung (`realizes`) und betrifft Objekte (`concerns`), die dafür benötigt werden. Die Ergebnisverteilung strukturiert den Transfer zwischen Arbeitsbereichen durch Nachrichten, deren Inhalt Objekte sind. Die Nachrichten werden durch `ObjectTransfer`-Entscheidungen ausgeführt.

In diesem Rahmen lassen sich unterschiedliche Verfahren der Ergebnisverteilung unterscheiden. Am einfachsten sind die verbreiteten Ausleih- und Rückgabeverfahren (Bild 10). Vor Ausführung einer Entscheidung wird das Objekt aus einem übergeordneten Arbeitsbereich ausgeliehen. Das Objekt ist für weitere Ausleihen gesperrt. Die Versionierung erfolgt im privaten Arbeitsbereich. Anschließend wird das Objekt in den übergeordneten Arbeitsbereich zurückgespielt. Nachrichten werden jeweils nur vom untergeordneten Arbeitsbereich (`child`) verschickt.

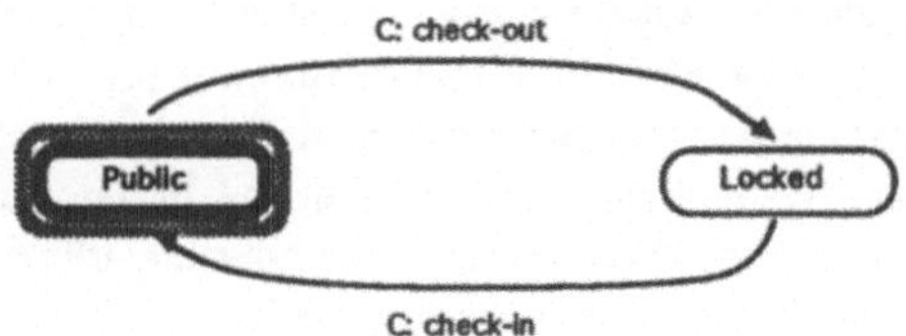

Bild 10: Protokoll für Ergebnisverteilungen durch Ausleihe und Rückgabe

Wir schlagen natürlich nicht vor, Transaktionskonzepte durch Konversationen zwischen Arbeitsbereichen zu reimplementieren. Das Modell zeigt nur, daß durch geeignete Integritätsbedingungen Eigenschaften von Transaktionen wie Atomarität, Konsistenz, Isolation und Dauerhaftigkeit (ACID) spezifiziert werden können. Allgemein sind für die Verteilung der Objekte zwei Ansätze zu unterscheiden:

- *Pessimistisches Bewegen* - Das Protokoll in Bild 10 basiert auf dem Bewegen von Objekten. Es ist typisch für pessimistische, sperrbasierte Transaktionskonzepte. Wird ein Objekt von einem Arbeitsbereich A_1 in einen Arbeitsbereich A_2 bewegt, so wird das Modifikationsrecht ebenfalls von A_1 nach A_2 bewegt. Gleichzeitig dürfen keine zwei Arbeitsbereiche ein Modifikationsrecht besitzen.

- *Optimistische Vervielfältigung* - Im Gegensatz zum pessimistischen Bewegen werden Objekte (zumindest logisch) kopiert. Sie existieren in verschiedenen Arbeitsbereichen und dürfen in diesen auch modifiziert werden. Ein Objekt existiert i.a. in unterschiedlichen Varianten, was zu Konflikten führt.

Pessimistisches Bewegen hat den Vorteil, daß die Theorie der Implementierung von Transaktionskonzepten anwendbar ist. Die Korrektheit von Synchronisationsverfahren für die Verschränkung von Transaktionen ist formal beweisbar. Der Nachteil ist, daß die Eigenschaften der Atomarität, Konsistenz, Isolation und Dauerhaftigkeit die Effizienz und Kooperativität des Arbeitens einschränken [BK91, EGR91]. Die Effizienz wird eingeschränkt, da die mögliche Parallelität beschränkt ist. Die Kooperation wird behindert, da keine Zwischenergebnisse ausgetauscht werden und Transaktionen ihre Ergebnisse nicht integrieren können.

Die optimistische Vervielfältigung erhöht die Parallelität und erlaubt die Kooperation. Die Dauerhaftigkeit von Versionierungen kann bei der optimistischen Vervielfältigung aber nicht mehr garantiert werden. Dies fordert die Tolerierung und Behandlung von Konflikten. Die von uns verwendeten Nachrichtentypen für eine optimistische konflikttolerierende Ergebnisverteilung sind der Terminologie von NSE (<u>N</u>etwork <u>S</u>oftware <u>E</u>nvironment) [AHM89] entlehnt, das exemplarisch als Client verwendet wurde [MALT90]. Für den Transfer existieren drei Nachrichtentypen; Sender ist immer der untergeordnete Arbeitsbereich.

`Acquire` kopiert ein Objekt aus dem übergeordneten Arbeitsbereich in den untergeordneten. Das Objekt wird dort sichtbar und kann modifiziert werden.

Resync   aktualisiert die Version eines Objekts in dem untergeordneten Arbeitsbereich. Es wird die in dem übergeordneten Arbeitsbereich befindliche Version in den untergeordneten kopiert. Der untergeordnete Arbeitsbereich verfolgt hierbei das Ziel, seine Sicht auf das Objekt zu aktualisieren.

Reconcile   kopiert ein Objekt aus dem untergeordneten in den übergeordneten Arbeitsbereich. Der Arbeitsbereich macht damit seine Ergebnisse dem übergeordneten sichtbar. Die Reconcile-Operation kann mit Resync- oder Acquire-Operationen anderer Arbeitsbereiche konfligieren.

Zwecks Erkennung möglicher Konflikte informieren Arbeitsbereiche sich gegenseitig über Objektänderungen. Ein Arbeitsbereich meldet nur die Tatsache, daß geändert worden ist. Der Inhalt der Änderung kann durch die Angabe der zu realisierenden Versionierung erschlossen werden. Die Spezialisierungen PublicChange und PrivateChange von ObjectAction informieren über Änderungen. Konflikte, die sich durch parallele Änderungen ergeben, sind in untergeordneten Arbeitsbereichen zu lösen (Resolve). Anschließend werden sie mittels Reconcile in den übergeordneten Arbeitsbereich übertragen. Die Konfliktlösung erfolgt durch die textuelle oder inhaltlich strukturierte Integration der Änderungen mittels spezieller Werkzeuge, wie sie beispielsweise NSE bereitstellt.

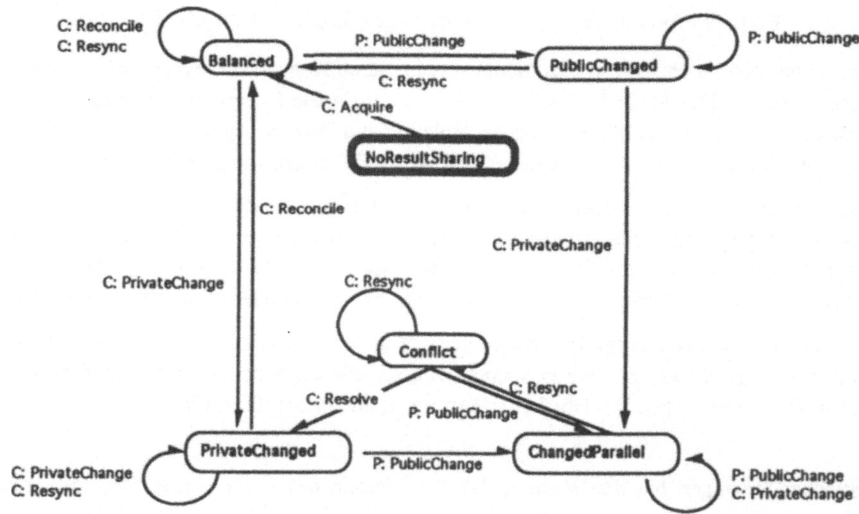

Bild 11: Protokoll einer konflikttolerierenden Ergebnisverteilung

Der Automat für die konflikttolerierende Ergebnisverteilung ist in Bild 11 graphisch dargestellt. Den Transitionen sind die Nachrichtentypen zwischen den Arbeitsbereichen zugeordnet. Der Sender ist jeweils durch übergeordneten (Parent) oder untergerodneten (Child) Arbeitsbereich gekennzeichnet.

3.4   Konfliktbehandlung

Wir haben an mehreren Stellen die zentrale Bedeutung einer differenzierten Konfliktbehandlung angesprochen. Die Behandlung von Konflikt verlangt die Berücksichtigung von drei Aspekten. Zunächst ist zu definieren, was im System als Konflikt aufgefaßt werden soll. Zweitens ist für jede Art zu fragen, wie Konflikte formal erkannt werden können. Drittens ist die Handhabung von erkannten Konflikten zu modellieren, wenn sie erkannt sind: Wird ein Konflikt unterdrückt, nur durch Benachrichtigungen bekannt gemacht oder werden Konfliktauflösungen angeboten?

Insgesamt unterstützt unser Modell vier Typen von Konflikten, unterschieden nach der Art und Weise, wie sie erkannt werden. Diese werden im Folgenden zusammenfassend dargestellt.

Soziale Konflikte sind den Teilnehmern direkt bewußt und drücken sich im Erreichen bestimmter Protokollzustände (z.B. `DeliveryRefused` in Bild 8 oder `Conflict` in Bild 11) oder durch den Versand bestimmter Nachrichtentypen (z.B. `oppose` in Bild 6 oder `CounterOffer` in Bild 8) aus. Es ist uns bewußt, daß hiermit das Spektrum menschlichen Verhaltens übervereinfacht wird, es geht aber auch nur um Unterstützung, nicht um Automation.

Konfigurationskonflikte werden bei der Konfigurierung von Gesamtergebnissen aus Einzelbeiträgen als Inkonsistenzen bezüglich Konsistenz- oder Kompatibilitätsregeln erkannt [RJ90]. Dies wird im Objektmodell durch spezielle Erklärungskomponenten behandelt [GOCE90]. Dahinter können sehr vielfältige Ursachen stehen, die vom Team ggf. zu analysieren sind.

Ein *technischer Konflikt durch parallele Versionierung* liegt vor, wenn aus einem untergeordneten Arbeitsbereich ein Objekt in einen übergeordneten transferiert wird und sich das Objekt im übergeordneten Arbeitsbereich geändert hat, entweder durch eine Versionierung in diesem Arbeitsbereich oder durch die Übertragung des Objekts aus einem anderen untergeordneten Arbeitsbereich. In beiden Fällen wird eine Konfliktnotifikation an alle beteiligten Arbeitsbereiche verschickt, und die Ausführung des Objekttransfers des untergeordneten Arbeitsbereichs wird unterbunden. Gemäß dem Protokoll von Bild 11 sind erkannte Konflikte vor dem Übertragen in übergeordnete Arbeitsbereiche aufzulösen. Die Entscheidung über die Konfliktauflösung kann nur in der Anwendungsdomäne erfolgen, kann aber durch semantikorientierte Ansätze unterstützt werden [RHP88].

Schließlich werden *technisch-organisatorische Konflikte* beim Versuch erkannt, spontan entstandene Ergebnisse in Gruppenarbeitsbereiche zu integrieren, ohne daß eine entsprechende Aufgabenverteilung existiert. Spontane Ideen können sehr wertvoll sein und sollten eher ermutigt als vom System behindert werden. Arbeitsbereiche repräsentieren jedoch das Ergebnis und den Kontext einer Gruppe und sind daher vor unkoordinierten Änderungen zu schützen. Objekte dürfen daher nur in übergeordnete Arbeitsbereiche übertragen werden, wenn hierfür eine Aufgabenverteilung in Form eines Kontrakts existiert. Spontane Änderungsversuche sind entweder abzulehnen oder es ist nachträglich eine Vereinbarung abzuschließen, welche die spontane Änderung in den Gruppenkontext einordnet. Das Erkennen technisch-organisatorischer Konflikte erfordert es, Aufgaben- und Ergebnisverteilung über Regeln zu koppeln [JMR92]. Dies war einer der Gründe, in Bild 5 Regeln mit Zustandsübergängen zu assoziieren.

3.5 Ein Beispiel

Das Zusammenspiel der vorgestellten Protokollarten und Konflikttypen soll an Bild 12 erläutert werden. John, Mike und Christian entwickeln gemeinsam eine Bibliothek von Piktogrammen, speziell Menschendarstellungen. Der öffentliche Projekt-Bereich verwaltet sowohl die Historie der öffentlich sichtbaren Teilobjekte als auch Konfigurationsobjekte; zur Zeit enthält er erst eine vollständige Konfiguration, die "Frau" links im Bild. Objektrevisionen sind in Bild 12 jeweils durch Kanten zwischen den Objekten angedeutet.

Mike ist mit dem (nicht gezeigten) Projektmanager eine Aufgabenverteilung eingegangen, wonach er den Kopf ausdrucksvoller gestalten soll. Hierzu hat er entsprechend dem in Bild 11 gezeigten Ergebnisverteilungsprotokoll das Kopfobjekt (Kreis) aus dem Projekt-Bereich kopiert und in seinem privaten Arbeitsbereich versioniert. Analog hat John einen Auftrag übernommen, die "Beine" differenzierter darzustellen und hat dafür die letzte Version (rechts unten) in einer Ergebnisverteilung übernommen; auch er hat schon eine lokale Revision durchgeführt.

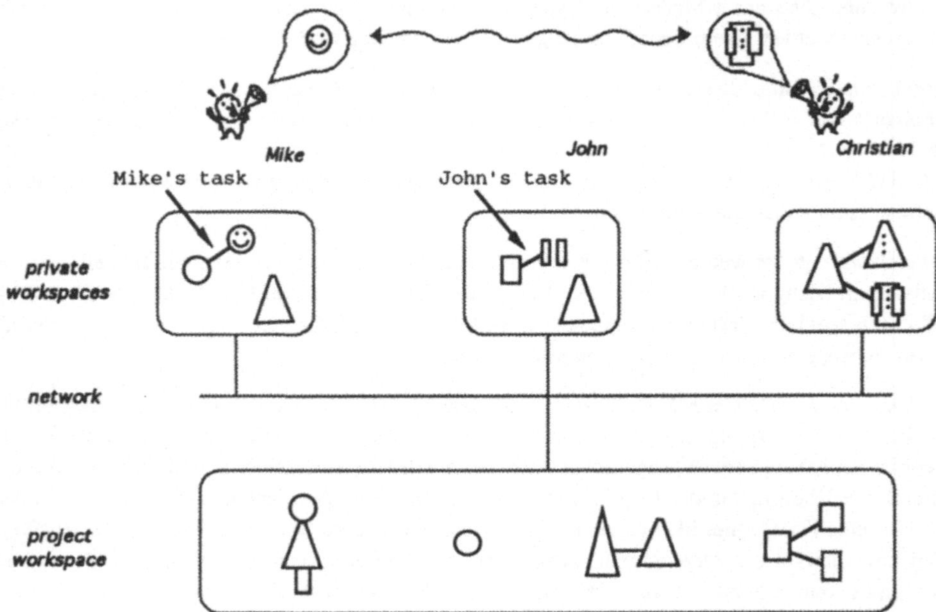

Bild 12: Beispiel für Kopplung von Aufgaben- und Ergebnisverteilungen

Beide gehen davon aus, daß sich der Körper des Objekts nicht ändert, um einen stabilen Arbeitskontext zu haben. Sie haben deshalb mittels weiterer Ergebnisverteilungen auf die letzte öffentliche Version des Körperobjekts Notifikationsdienste gesetzt, welche Änderungsversuche Dritter melden sollen. Insgesamt existieren damit bisher zwei Aufgabenverteilungen und vier Ergebnisverteilungen, von denen die beiden bezüglich der jeweiligen Arbeitsobjekte definiertenden Zustand *changed-in-private* des Bild 11 angenommen haben.

Parallel hat Christian in Eigeninitiative eine Ergebnisverteilung für das Körperobjekt gestartet. Damit erhalten John und Mike Notifikationen, können allerdings Christian nicht daran hindern, in seinem privaten Bereich nicht vereinbarte Änderungen vorzunehmen. Versucht allerdings Christian, seine Ergebnisse in den öffentlichen Projekt-Bereich einzutragen, so muß er erstens eine Aufgabenverteilung mit dem Projektmanager beginnen und sich zweitens mit den aufgrund des vorherigen Kontraktes vorrangigen Änderungen am Kopf durch John abstimmen. Die notwendigen Kommunikationskanäle werden durch vordefinierte Notifikationsdienste hergestellt und durch die von John und Mike spezifizierten Dienste ergänzt. In einer Ideenverteilung kann diskutiert werden, welche der beiden von Christian erzeugten Varianten günstiger für eine neue Konfiguration ist.

4   Zusammenfassung und Ausblick

Grundidee des hier vorgestellten Ansatzes war es, die Entwurfsobjektbank als Kommunikationszentrale eines Designteams aufzufassen. Um diese Idee umzusetzen, haben wir das im Repository-Bereich eingeführte Konzept der Metamodellierung um Prozeßaspekte erweitert. Im Sinne dieser Mediatorenrolle des Repositories ist es konsequent, Konzepten für die Integration vorhandener Werkzeuge den Vorrang vor kompletten Neuentwicklungen zu geben. Das schließt eine spezialisierte Implementierung der gewählten Modellkonstrukte für den Fall nicht aus, daß die Integration unüberwindbare Effizienzprobleme aufweist. In der Tat wird an derartigen Spezialimplementierungen gearbeitet.

Das vorgestellte Prozeßmodell selbst weist gegenüber aktivitäts- oder produktorientierten Ansätzen zunächst den Vorteil auf, daß es ein breiteres Spektrum von Aspekten der Teamarbeit abdeckt. Sowohl die Wahl des Entscheidungsbegriffs als zentrales Konzept als auch die Verwendung eines sehr flexiblen Modellierungsformalismus machen das Konzept darüberhinaus offener, wenn man so will, "demokratischer" als herkömmliche Projektmanagement-Werkzeuge oder strukturierte Kommunikationswerkzeuge mit fest vorgegebenem Typsystem.

Die Gruppe erhält Flexibilität zum einen dadurch, daß sie jederzeit multiple Konversationen unter den gleichen oder unter verschiedenen Protokollen abhalten kann. Zum zweiten können Protokolle (wie alle Telos-Objekte) in Spezialisierungshierarchien aufgebaut werden. Wenn die Gruppe sich durch ein bestimmtes Protokoll zu stark eingeengt fühlt, kann sie auf ein allgemeineres Protokoll ausweichen, ohne daß der formale Kontext völlig verloren geht — die bisherige Konversation kann aus Sicht des allgemeineren Protokolls vergröbert re-interpretiert werden. Zum dritten kann die Gruppe jederzeit — auch während laufender Konversationen — existierende Protokolle umdefinieren und dann sofort unter dem neuen Protokoll weiterarbeiten. Der Bezug auf alte Konversationsteile bleibt bei dieser Art von Schemaevolution dadurch erhalten, daß ConceptBase eine Historie der Datenbankzustände führt.

Trotz dieser Flexibilität weist der vorgestellte Ansatz noch einige Schwächen auf, die durch zukünftige Forschungsarbeiten zu beseitigen sind. Zum Abschluß seien zwei dieser Aspekte kurz diskutiert.

Ein wesentlicher Aspekt der Entscheidungsorientierung, der in unseren Prototypen noch ungenügend unterstützt wird, ist die explizite und methodische Berücksichtigung insbesondere auch nichtfunktionaler *Entwurfsziele* oder Qualitätskriterien. Solche Ziele können sich sowohl auf das Produkt als auch auf den Prozeß selbst beziehen. Das Konzept Goal des CAD⁰-Metamodells bietet für ihre Modellierung zwar den groben Rahmen: Nach Bild 3 können Ziele in Entscheidungen eingebracht werden, die sowohl Objekte (Produktdefinitionen) als auch Entscheidungen (Prozeßdefinitionen) generieren (Decision isA Object). Konkrete Zielsysteme und Methodenschemata zur ihrer Erreichung müssen jedoch systematisch ausgearbeitet und in den Entwurfsprozeß eingebracht werden; die Messung des tatsächlich bei Einsatz einer Methode erreichten Zielwerts auf der Instanzenebene (also bei der Durchführung konkreter Softwareprojekte) kann insbesondere auch zu einer Verbesserung der Definition dieser Methode führen.

Ein zweiter Kritikpunkt betrifft die Repository-Idee selbst. Client-Server-Architekturen erfreuen sich zwar wachsender Beliebtheit, sind aber nur eine netzwerkfähige Erweiterung zentralistischer Organisationstrukturen. Die Konsistenz wird konzeptuell auf dem Server beschrieben und kontrolliert, selbst wenn dieser durch eine verteilte Datenbank realisiert wird. Dies bedeutet auch, daß ein globales Schema angenommen und anschließend nur auf Arbeitsplätze verteilt wird.

In großen Organisationen sind Expertise und Kompetenz demgegenüber verteilt und heterogen. Experten aus unterschiedlichen Bereichen haben Wissen gemeinsam, aber auf verschiedenen Granularitätsstufen und in verschiedenen Kontexten. Das bringt die Notwendigkeit von föderativen Architekturen ohne gemeinsames Schema mit sich. Darüberhinaus ist die Kooperation zwischen Agenten aus verschiedenen Kontexten zu berücksichtigen. So wie die rote Einfärbung einer Vortragsfolie in unterschiedlichen Kulturkreisen verschiedene Assoziationen wecken kann (Freude, Wichtigkeit, Gefahr, usw.), kann eine Entscheidung oder ein Qualitätsziel in mehreren Abteilungen unterschiedlich interpretiert werden. Die Überbrückung von Diskurswelten wird auf lange Sicht eine ebenso unausweichliche Aufgabe für Kooperationsansätze in Benutzerteams bleiben, wie die Interoperabilität existierender Software Vorbedingung für integrierte Informationssysteme ist und bleiben wird. In einer derartigen Situation wird das konzeptuelle Modell aus mehreren überlappenden und interagierenden, aber nicht notwendig konsistenten Teilsichten bestehen, und das globale Modellschema muß durch Übersetzungsschemata ersetzt werden, die jeweils nur für einzelne Paare solcher Sichten gültig sind. Wir vermuten jedoch, daß auch diese Schemata aufgabenabhängig, also prozeßorientiert, definiert werden sollten, und hoffen daher, daß der entscheidungsorientierte Ansatz auch in diesem Kontext tragfähig bleibt.

Danksagung. Die hier beschriebenen Arbeiten wurden von der Deutschen Forschungsgemeinschaft im Rahmen der Projekte Ja/1-1 bis Ja/1-3 gefördert. Für Beiträge in verschiedenen Phasen des Projekts sei den Mitarbeitern Stefan Eherer, Udo Hahn, Andreas Miethsam und Gerhard Steinke, den studentischen Mitarbeitern Ulrich Bonn, Michael Gocek, Andre Klemann, Carlos Maltzahn, Hans Nissen, Martin Staudt und Simone Strippgen sowie den Kooperationspartnern im DFG-Schwerpunktprogramm und im REMAP-Projekt an der New York University gedankt.

Literatur

[AHM89] Adams, E.W., Honda, M., Miller, T.C. (1989). Object management in a CASE environment. *Proc. 11th Intl. Conf. Software Engineering*, Pittsburgh, Penn., 154-163.

[BCG*87] Banerjee, J., Chou, H.-T., Garza, J.F., Kim, W., Woelk, D., Ballou, N., Kim, H.-J. (1987). Data model issues for object-oriented applications. *ACM Trans. Office Information Systems 5*, 1, 3-26.

[BFW92] Brown, A.W., Feiler, P.H., Wallnau, K.C. (1992). Past and future models of CASE integration. *Proc. 5th Intl. Workshop Computer-Aided Software Eng.*, Montreal, Que., 36-45.

[BK91] Barghouti, N.S., Kaiser, G.E. (1991). Concurrency control in advanced database applications. *ACM Computing Surveys 23*, 3, 269-317.

[CB88] Conklin, J., Begeman, M.L. (1988). A hypertext tool for exploratory policy discussions. *ACM Trans. Office Information Systems 6*, 4, 303-331.

[CHEN76] Chen, P.P. (1976). The entity-relationship model — towards a unified view of data. *ACM Trans. Database Systems 1*, 1, 9-36.

[DEC82] Digital Equipment Corporation (1982). *CMS / MMS — code and module management system manual.*

[DGL86] Dittrich, K., Gotthard, W., Lockemann, P.C. (1986). Damokles — a database system for software engineering environments. *Proc. Intl. Workshop Advanced Programming Environments*, Trondheim, Norwegen, LNCS 244, 353-371.

[DJ88] Dhar, V., Jarke, M. (1988). Dependency-directed reasoning and learning in systems maintenance. *IEEE Trans. Software Eng. 14*, 2, 211-227.

[DEMA78] DeMarco, T. (1978). *Structured Analysis.* Yourdon Press.

[EGR91] Ellis, C.A., Gibbs, S.J., Rein, G.L. (1991). Groupware — some issues and experiences. *Comm. ACM 34*, 1, 39-58.

[EJ91] Eherer, S., Jarke, M. (1991). Knowledge base support for hypertext co-authoring. *Proc. DEXA 91*, Berlin, 465-470.

[GOCE90] Gocek, M. (1990). *Entwurf und Realisierung eines interaktiven Assistenten für Versions- und Konfigurationsentscheidungen.* Diplomarbeit, Universität Passau.

[GR90] Grosz, G., Rolland, C. (1990). Using artificial intelligence to formalize the information system design process. *Proc. DEXA 90*, Wien, 374-380.

[HMM*87] Härder, T., Meyer-Wegener, K., Mitschang, B., Sikeler, A. (1987). PRIMA — a DBMS prototype supporting engineering applications. *Proc. 13th Intl. Conf. Very Large Data Bases*, Brighton, Großbritannien, 433-442.

[HJR91] Hahn, U., Jarke, M., Rose, T. (1991). Teamwork support in a knowledge-based information systems environment. *IEEE Trans. Software Eng. 17*, 5, 467-482.

[HK87] Hudson, S.E., King, R. (1987). Object-oriented database support for software engineering. *Proc. ACM-SIGMOD Intl. Conf. Management of Data*, San Francisco, Cal., 491-503.

[JARK92] Jarke, M., ed. (1992). ConceptBase V3.1 User Manual. Aachener Informatik-Berichte 92-17, RWTH Aachen.

[JEUS92] Jeusfeld, M. (1992). *Änderungskontrolle in logischen Objektbanken.* Dissertation Passau.

[JJR89] Jarke, M., Jeusfeld, M., Rose, T. (1989). Software process modeling as a strategy for KBMS implementation. *Proc. Deductive and Object-Oriented Databases*, Kyoto, Japan, 496-515.

[JJS87] Jarke, M., Jelassi, T., Shakun, M.F. (1987). MEDIATOR — towards a negotiation support system. *European Journal of Operations Research 31*, 9, 314-334.

[JMR92]   Jarke, M., Maltzahn, C., Rose, T. (1992). Sharing processes — team coordination in design repositories. *Intl. Journal Intelligent and Cooperative Information Systems 1*, 1, 145-168.

[JMSV92]   Jarke, M., Mylopoulos, J., Schmidt, J.W., Vassiliou, Y. (1992). DAIDA — an environment for evolving information systems. *ACM Trans. Information Systems 10*, 1, 1-55.

[JP92]   Jarke, M., Pohl, K. (1992). Information systems quality and quality information systems. *Proc. IFIP 8.2 Working Conf. Impact of Computer Supported Tools on Information Systems Development*, Minneapolis, Minn, 345-375.

[JR88]   Jarke, M., Rose, T. (1988). Managing knowledge about information system evolution. *Proc. ACM-SIGMOD Intl. Conf. Management of Data*, Chicago, Ill., 303-311.

[KATZ90]   Katz, R. (1990). Toward a unified framework for version modeling in engineering databases. *ACM Computing Surveys 22*, 4, 375-408.

[KP87]   Kaiser, G.E., Perry, D.E. (1987). Workspaces and experimental databases — automated support for software maintenance and evolution. *Proc. Conf. Software Maintenance*, 108-114.

[KSW86]   Klahold, P. Schlageter, G., Wilkes, W. (1986). A general model for version management in databases. *Proc. 12th Intl. Conf. Very Large Databases*, Kyoto, Japan, 319-327.

[LEHM86]   Lehman, M.M. (1986). An approach to a disciplined development process — the ISTAR integrated project support environment. *ACM SIGSOFT Software Eng. Notes 11*, 4, 28-33.

[LK86]   Lyngbaek, P., Kent, W. (1986). A data modeling facility for the design and implementation of information systems. *Proc. Intl. Workshop Object-Oriented Databases*, Pacific Grove, Cal., 6-17.

[LMN*92]   Lockemann, P., Moerkotte, G., Neufeld, A., et al. (1992). Datenbankentwurf mit erweiterbaren Modellierungskonzepten. In diesem Band.

[MALT90]   Maltzahn, C. (1990). *Eine Umgebung zur kooperativen Entwicklung*. Diplomarbeit, Universität Passau.

[MBJ*90]   Mylopoulos, J., Borgida, A., Jarke, M., Koubarakis, M. (1990). Telos — representing knowledge about information systems. *ACM Trans. Information Systems 8*, 4, 327-362.

[NISS90]   Nissen, H.W. (1990). *Entwurf und Realisierung einer Objektbank zur Versions- und Konfigurationsverwaltung*. Diplomarbeit, Universität Passau.

[PB88]   Potts, C., Bruns, G. (1988). Recording the reasons for design decisions. *Proc. 10th Intl. Conf. Software Eng.*, Singapur, 418-427.

[RD92]   Ramesh, B., Dhar, V. (1992). Process knowledge-based group support in requirements engineering. *IEEE Trans. Software Eng. 18*, 6, 498-510.

[RHP88]   Reps, T., Horwitz, S., Prins, J. (1988). Support for integrating program variants in an environment for programming in the large. *Proc. Intl. Workshop Software Version and Configuration Control*, Grassau, 197-216.

[RJ90]   Rose, T., Jarke, M. (1990). A decision-based configuration process model. *Proc. 12th Intl. Conf. Software Eng.*, Nizza, Frankreich, 316-325.

[RJG*91]   Rose, T., Jarke, M., Gocek, M., Maltzahn, C., Nissen, H.W. (1991). A decision-based configuration process environment. *Software Eng. Journal 6*, 5, 332-346.

[ROCH75]   Rochkind, M.J. (1975). The source code control system. *IEEE Trans. Software Eng. 1*, 4, 364-370.

[ROSE91]   Rose, T. (1991). *Entscheidungsorientiertes Konfigurationsmanagement*. Informatik-Fachberichte 305, Springer-Verlag (Dissertation Passau).

[RR82]   Rolland, C., Richard, C. (1982). The REMORA methodology for information systems design and management. In Olle, T. (ed.): *Information Systems Design Methodologies — A Comparative Review*, North-Holland.

[SAGA90]   Sagawa, J. (1990). Repository manager technology. *IBM Systems Journal 29*, 2, 209-227.

[SJ89]   Srikanth, R., Jarke, M. (1989). The design of knowledge-based systems for managing ill-structured software projects. *Decision Support Systems 5*, 4, 425-447.

[SLT*91]   Smolander, K., Lyytinen, K., Tahvanainen, V.-P., Marttiin, P. (1991). MetaEdit — a flexible graphical environment for methodology modeling. *Proc. 2nd Intl. Conf. Computer-Aided Software Eng. (CAiSE 91)*, Trondheim, 168-193.

[THOM88]   Thomas, I. (1988). Writing tools for PCTE and PACT. *Proc. ESPRIT '88 Conference*, Brüssel, 453-459.

[UNLA91]   Unland, R. (1991). TOPAZ — a toolkit for the construction of application-specific transaction managers. Bericht MIP-9113, Universität Passau.

[WWR*91]   Wileden, J.C., Wolf, A.L., Rosenblatt, W.R., Tarr, P.L. (1991). Specification-level interoperability. *Comm. ACM 34*, 5, 72-87.

[WF86]   Winograd, T., Flores, F. (1986). *Understanding Computers and Cognition*. Ablex, Norwood, N.J.

[WR90]   Wächter, H., Reuter, A. (1990). Grundkonzepte und Realisierungsstrategien des ConTract-Modells. *Informatik Forschung und Entwicklung 5*, 202-212.

Datenbankentwurf mit frei definierbaren Modellierungskonzepten

Peter C. Lockemann, Guido Moerkotte, Andrea Neufeld,
Klaus Radermacher, Norbert Runge

Fakultät für Informatik
Universität Karlsruhe
Postfach 6980
W–7500 Karlsruhe 1

Zusammenfassung

Ingenieurwissenschaftliche Datenbankanwendungen zeichnen sich durch eine Vielfalt
von Modellierungskonzepten aus. Anstelle eines einzigen, durch die Vielfalt der erforderlichen Konzepte eher verwirrenden semantischen Datenmodells sollte man eine
größere Zahl von speziell an die Anforderungen eines Anwendungsbereiches angepaßten
Modellierungskonzepten anstreben. In diesem Beitrag wird dazu eine konstruktive Methodik in Form eines *erweiterbaren semantischen Modells (ESM)* für die Vereinbarung
neuer semantischer Datenmodelle vorgeschlagen. Es wird die Architektur einer Entwurfsumgebung für den DB–Entwurf mit einem ESM beschrieben sowie die aus der
Verwendung eines ESMs resultierenden Konsequenzen für die einzelnen Entwurfswerk-
zeuge: Formale Definition des Konzeptbegriffes zur präzisen Erfassung der Semantik
eines Konzeptes, deklarative Beschreibung der graphischen Repräsentation eines Konzeptes, Testdatengenerierung auf konzeptueller Ebene und Schematransformation als
Such– und Optimierungsprozeß. Die bisher gemachten Erfahrungen mit der Entwurfsumgebung deuten auf einen deutlichen Produktivitätsgewinn beim Datenbankentwurf
hin.

1 Einleitung

1.1 Ingenieurwissenschaften: Ein verändertes Umfeld

Von einer Datenbasis wird gefordert, daß sie zu jedem Zeitpunkt ein korrektes
Abbild der von ihr zu beschreibenden Realität (der sog. Diskurswelt) darstellt.
Datenbankentwurf ist der Prozeß, der unter anderem sicherstellen muß, daß eine
Datenbasis über ihre gesamte, möglicherweise Jahrzehnte anhaltende Betriebs-
dauer unter allen denkbaren Änderungen diese Forderung zu erfüllen vermag.

Die semantische Modellierung ist einer der wesentlichsten Schritte während
des Datenbankentwurfs. Sie hat zur Aufgabe, die für die Datenbankanwendungen interessierenden Sachverhalte und Gesetzmäßigkeiten in ein formales Gerüst
zu spiegeln. Dieses Gerüst wird durch die Konstruktionsprinzipien eines sog. semantischen Datenmodells bestimmt. Ziel der semantischen Modellierung ist es

also, die vorgegebene *Diskurswelt* so vollständig und so korrekt wie möglich innerhalb der festgelegten Strukturen des verwendeten semantischen Modells in einer Weise zu beschreiben, die die Anwendungssemantik möglichst natürlich wiedergibt.

Datenbankentwurf geht gemeinhin davon aus, daß der Modellierer lediglich über ein intuitives Verständnis seiner Anwendung verfügt und daß die semantische Modellierung ihn erstmals dazu zwingt, dieses Verständnis formal niederzulegen. Semantische Datenmodelle, die in betriebswirtschaftlich-administrativen Umfeldern eingesetzt werden, dürfen daher nur ein begrenztes Repertoire an Konstruktionsprinzipien umfassen, um auch für den in formalen Dingen weniger Geschulten handhabbar zu bleiben. Diese Forderung hat in der Vergangenheit das Entstehen weniger, schon fast genormter semantischer Datenmodelle (z.B. das ER-Modell) begünstigt.

Im ingenieurwissenschaftlichen und technischen Anwendungsbereich ist die Ausgangssituation allerdings völlig andersartig. Dort ist man schon seit langem gewohnt, die Vorstellungen über Aufgaben und Lösungen in ein formales Gewand zu kleiden. Die hierbei verwendeten Konstruktionsprinzipien und Repräsentationsformalismen umfassen z.B. technische Zeichnungen dreidimensionaler Werkstücke, Fließbilder verfahrenstechnischer Anlagen, Diagramme für Mengen– und Energieschaubilder einschließlich der diesen Formalismen zugrundeliegenden Berechnungsvorschriften, Ersatzschaltbilder für elektrische Anlagen und elektronische Schaltkreise, Schaltpläne und Masken für hochintegrierte Schaltungen, oder Volumenzerlegungen für die Finite-Elemente–Methode.

Datenbankentwurf im ingenieurwissenschaftlichen Umfeld muß also von andersartigen Voraussetzungen ausgehen als in den klassischen Anwendungen: Man hat es mit einem in formalen Dingen geschulten Anwenderkreis und mit bereits mit formalen Mitteln erfaßten Sachverhalten der zu beschreibenden Diskurswelt zu tun. Der vorliegende Beitrag geht den Konsequenzen dieser veränderten Ausgangslage nach.

1.2 Ein Plädoyer für erweiterbare semantische Datenmodelle

Wird Datenbankunterstützung gefordert, so ließen sich aus der Sicht des Informatikers die genannten Prinzipien und Formalismen durchaus als semantisches Modell deuten, sind sie doch stets so gewählt, daß sich die Anwendungssemantik sachgerecht und natürlich wiedergeben läßt. Diese "semantischen Modelle" sind allerdings häufig zu einer Zeit entstanden, in der Rechner- und damit Datenbankunterstützung nicht existierte. Sie nehmen also nur wenig Rücksicht auf die Besonderheiten einer solchen Unterstützung. Insbesondere klafft eine sehr breite Lücke zwischen der Ausdrucksmächtigkeit der anwendungsspezifischen Beschreibungsprinzipien der Ingenieurdisziplinen und den ganz anders gelagerten, nämlich an den Möglichkeiten der Informatik orientierten bisherigen semantischen Datenmodellen, mittels denen die Informatik beim Datenbankentwurf die Daten der Anwendung beschreibt. Für breite Lücken dieser Art hat die Informatik üblicherweise die Antwort bereit: Man unterteile die Lücke in zwei oder mehr Abschnitte, deren Überbrückung jeweils geringeren Aufwand erfordert. Diesem

Ansatz scheint noch entgegenzukommen, daß in verschiedenen Ingenieurdisziplinen Normen für den Datenaustausch zwischen rechnergestützten Werkzeugen entstanden sind (IGES, STEP [WK88, US 88] im konstruktiven Maschinenbau, EDIF, VHDL [Com87, VHD87] im Schaltkreisentwurf).

Nun deutet die Aufzählung der Konstruktionsprinzipien in Kap. 1.1 auf eine Vielfalt von Aufgabenstellungen mit sehr unterschiedlichen Modellierungsansprüchen hin. Der Versuch, die Lücke durch Einführung einer Zwischenebene in Form eines bereits an den Bedürfnissen des Datenbankentwurfs orientierten semantischen Datenmodells zu füllen, hat daher in der Vergangenheit dazu geführt, daß aufgrund der Heterogenität der Diskurswelten fast soviele semantische Modelle entstanden wie es Anwendungen für diese gab [Mar86]. Mit den ständigen Technologiesprüngen ist zu erwarten, daß sich diese Tendenz noch fortsetzen wird.

An einer gewissen Vielfalt semantischer Datenmodelle für technisch– ingenieurwissenschaftliche Anwendungen ist also nicht zu rütteln. Der Datenbankexperte kann dieser Situation durch einen konstruktiven Ansatz begegnen: Man mache das Einrichten neuer semantischer Datenmodelle zu einer reinen Konstruktionsaufgabe. Die Herausforderung besteht darin, zu diesem Zweck einen einfachen, leicht handhabbaren Satz von Konstruktionsprinzipien zur Verfügung zu stellen. Einen derartigen Ansatz bezeichnen wir im folgenden als *erweiterbares semantisches Modell* (ESM).

Die Eleganz eines solchen Ansatzes sei an einem einfachen Beispiel gleichbenannter aber bedeutungsverschiedener Begriffe illustriert. In verschiedenen Ingenieuranwendungen gibt es den Begriff der Erreichbarkeit. Im Architekturwesen läßt sich mit *ist_erreichbar* eine Beziehung zwischen Stockwerken ausdrücken, die über Fahrstühle oder Treppenhäuser gegenseitig erreichbar sind. Dabei kann sogar ein Umsteigen in einen anderen Fahrstuhl notwendig sein, um von einem Stockwerk in ein anderes zu gelangen. In der Robotik beschreibt diese Beziehung die Erreichbarkeit eines Werkstückes durch einen Roboterarm. Im allgemeinen wird die Menge der erreichbaren Punkte hier durch einen dreidimensionalen konvexen Raum bestimmt, wobei durchaus ein bestimmter Punkt im Arbeitsraum eines Roboters durch verschiedene Werte der einzelnen Achsen erreicht werden kann. In der Verkehrslenkung ist eine Stadt von einer anderen Stadt aus erreichbar, wenn es eine direkte oder transitive Verbindung, die sich aus direkten Verbindungen zusammensetzt, zwischen den beiden Städten gibt.

Wie jede konstruktive Tätigkeit sollte sich auch der Datenbankentwurf durch rechnergestützte Entwurfsumgebungen unterstützen lassen. Es ist jedoch sicherlich wirtschaftlich und technisch unsinnig, mit jedem neuen Datenmodell eine derartige Umgebung erstellen zu wollen. Ein ESM bietet dagegen die Möglichkeit, einen allgemein einsetzbaren Systemrahmen — eine "offene Umgebung" — bereitzustellen, der dann durch womöglich deskriptiv formulierte Vorgaben der jeweiligen Konstruktionsprinzipien auf das gewünschte Datenmodell zugeschnitten wird.

1.3 Ziele des Beitrags

Der Grundgedanke eines ESM ist die freie Definierbarkeit von Konstruktionsprinzipien (im folgenden als "Modellierungskonzepte" bezeichnet). Deren Bedeutung muß sich präzise und vollständig erfassen lassen. Diese Forderung zeigt
eine gewisse Verwandtschaft zu Arbeiten auf dem Gebiet der Meta–Modellierung
und des Metadaten–Managements ([STM88, MR83, MR86]). Die Intention hierbei ist, aus einer entsprechenden Spezifikation automatisch ein Software–System
zu generieren (Meta–Modellierung) bzw. mittels eines Data Dictionary sowohl
dem Anwender als auch dem System Meta–Daten (d.h. Informationen über das
Datenmodell und das Datenbasisschema) zur Verfügung zu stellen (Metadaten–
Management). Die in [MBJK90] vorgestellte Sprache Telos führt diese Überlegungen für den Entwurf von Informationssystemen für eher klassische Anwendungen in Richtung Erweiterbarkeit fort.

Auf die Notwendigkeit erweiterbarer semantischer Datenmodelle für den engeren Zweck des Datenbankentwurfs wird erstmals in [KL88] hingewiesen. Dieser
Zweck steht auch im folgenden Beitrag im Vordergrund. Dabei ist es — im Gegensatz zu den erwähnten Ansätzen — unser vorrangiges Ziel, über die Modellierung hinaus für eine weitgehend rechnergestützte Überprüfung der Modellierung
auf bestimmte Eigenschaften und Überführung in ein Datenbasisschema zu sor-
gen.

Der Beitrag geht infolgedessen vor allem der Frage nach, welche Konsequenzen sich aus der Verwendung eines ESM ergeben und ob und gegebenenfalls
wie der klassische Entwurfsprozeß für Datenbanken zu verändern ist, und sucht
daraus nach Folgerungen für Architektur und Werkzeuge geeigneter Entwurfsumgebungen.

2 Datenbankentwurf mit erweiterbaren semantischen Modellen

Wir wenden uns als erstes der Frage nach den Konsequenzen eines ESM zu.
Dies geschieht am besten durch eine Analyse des klassischen Datenbankentwurfs,
um die notwendigen Ergänzungen zu identifizieren. Daraus leitet sich dann die
Architektur einer ESM–basierten Entwurfsumgebung her.

2.1 Der Datenbankentwurfsprozeß mit klassischen Techniken

In Abb. 1 ist der Datenbankentwurf in der gängigen Form dargestellt. Für be-
triebswirtschaftliche und administrative Anwendungsfelder sind Vorstellungen
und Kenntnisse des Modellierers über die in der Anwendung zu modellierende
Diskurswelt der Ausgangspunkt jedes Datenbankentwurfs. Zur *Akquisition* des
Wissens über die Diskurswelt stehen dem Entwerfer nun die fest vordefinierten
Modellierungskonzepte des semantischen Modells zur Verfügung, mit deren Hilfe
er ein *konzeptuelles Schema* entwirft. Das konzeptuelle Schema wird dann im
nächsten Schritt, der *Transformationsphase*, auf ein logisches Schema abgebildet.

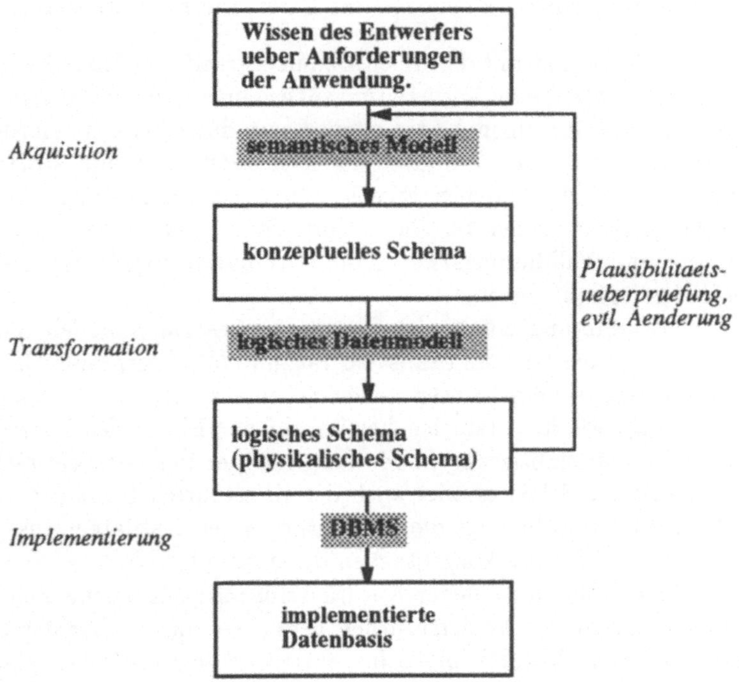

Abb. 1. Schematische Darstellung des klassischen Datenbankentwurfsprozesses.

Die dabei zur Verfügung stehenden Konzepte sind vom verwendeten *logischen Modell* abhängig (z.B. Relationen im relationalen Modell, Objekte, Klassen und Methoden im objektorientierten Modell). Mit dem logischen Datenbasisschema wird häufig auch ein physikalisches Schema generiert, in dem Informationen zur Verwaltung der Daten auf der physikalischen Ebene enthalten sind. Im letzten Schritt, der *Implementierung* der Datenbasis, wird das logische Schema dann auf der Basis eines zur Verfügung stehenden Datenbanksystems realisiert; im Anschluß daran kann mit der Dateneingabe und anschließenden Nutzung der Datenbasis begonnen werden.

Ähnlich einer Softwarespezifikation sollte man das konzeptuelle Schema auf Übereinstimmung mit dem intuitiven Anwendungsverständnis untersuchen ("Plausibilität prüfen", "validieren"). Da man dazu prozedurale Abläufe betrachten muß, Operatoren aber nur auf der Ebene des logischen Datenmodells zur Verfügung stehen, erfolgt die Validierung üblicherweise erst nach Vorliegen des logischen Schemas. Das Entdecken eines Modellierungsfehlers führt dann dazu, daß das konzeptuelle Schema nochmals überdacht und gegebenenfalls verändert wird. Die Validierung erfolgt also zu einem verhältnismäßig späten Zeitpunkt, der nur durch die Einfachheit der verwendeten semantischen Datenmodelle und damit der Transformationen gerechtfertigt erscheint.

2.2 Der Datenbankentwurfsprozeß im Falle der Erweiterbarkeit

Ganz offensichtlich kommt mit der freien Definierbarkeit von Modellierungskonzepten (kurz: Konzepten) eine Vorbereitungsphase hinzu, in der das semantische Datenmodell um die für einen bestimmten Anwendungsbereich erforderlichen Konzepte ergänzt wird. Dies erfordert die Definition aller zum Umgang mit dem neuen Konzept erforderlichen Eigenschaften: Repräsentations- und Schemavereinbarungsmechanismen für die Akquisition, Semantikvereinbarung für Überprüfungs- und Validierungszwecke, und Abbildungsregeln für die Transformation in das logische Schema.

Ein durch Erweiterung entstandenes semantisches Datenmodell muß nicht mehr unbedingt einfach sein, und es ist zu Beginn auch unerprobt. Daher muß die Validierung bereits beim konzeptuellen Schema ansetzen. Im wesentlichen muß dazu verlangt werden, daß sich bereits auf der Ebene des konzeptuellen Schemas eine Operationalisierung finden läßt, mit der man sich ein Gefühl für die Brauchbarkeit des Schemas oder auch der eingeführten Konzepte verschaffen kann. Dies wiederum bedingt die Einrichtung einer Testdatenbasis, die den Konzepten und Begriffen des konzeptuellen Schemas folgt.

Semantische Modelle mit höherer Ausdrucksmächtigkeit beschwören die Gefahr von Redundanzen und Widersprüchen herauf — eine Gefahr der man bei einfachen Modellen noch durch bloße Inspektion entgegenzuwirken glaubt. Es erscheint daher nur folgerichtig, wenn unter den Voraussetzungen .eines ESM auch eine formale Verifikation des konzeptuellen Schemas vorgesehen wird.

Schließlich ist mit einer sehr viel komplizierteren Transformation zu rechnen. Selbst einfache semantische Datenmodelle verfügen über eine ganze Reihe von Transformationsregeln für die Abbildung in die diversen logischen Datenmodelle und lassen zudem Spielräume bei der Auswahl der Regeln und der Reihenfolge ihrer Anwendung. Diese Spielräume versucht man in Richtung einer Optimierung des logischen Schemas zu nutzen. Bei höherer Mächtigkeit des Datenmodells sind nun sehr viel mehr Transformationsregeln zu erwarten. Damit erhöht sich die kombinatorische Vielfalt von Anwendungsmöglichkeiten der Regeln und damit von potentiell aus den konzeptuellen Schema generierbaren logischen Schemata dramatisch. Noch komplizierter wird das Problem dadurch, daß man wegen der Erweiterbarkeit nicht mehr einen festen und a-priori bekannten Satz von Transformationsregeln unterstellen kann. Es ist sogar möglich, daß unbefriedigende Ergebnisse bei der Transformation die Erstellung neuer Transformationsregeln und damit einen Rückgriff auf die Konzeptdefinition bewirken können.

Abb. 2 faßt all diese Überlegungen zusammen.

2.3 Architektur

Wir wollen nun unsere bisherigen Überlegungen zum Entwurfsprozeß mit einem erweiterbaren semantischen Modell mit einer Architektur für eine Entwurfsumgebung konkretisieren. Auf der Basis diser Architektur kann ein System realisiert werden, das den Modellierer in den in Abb. 2 dargestellten Phasen und Aktivitäten des Datenbankentwurfs unterstützt. (s. Abb. 3).

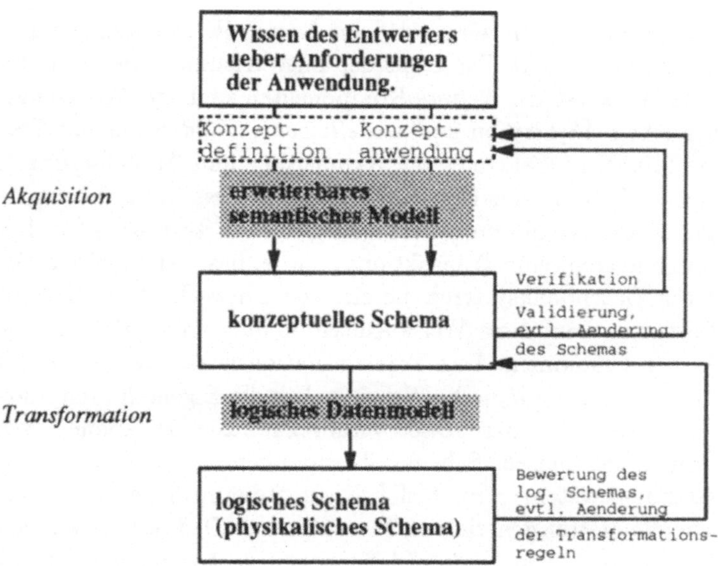

Abb. 2. Schematische Darstellung des Datenbankentwurfsprozesses für ingenieurwissenschaftliche Anwendungen.

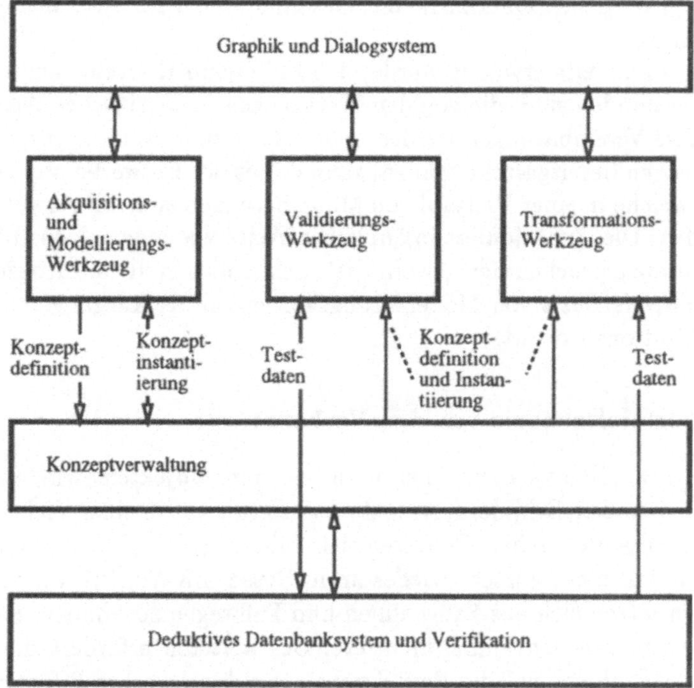

Abb. 3. Architektur einer integrierten Entwurfsumgebung für ingenieurwissenschaftliche und technische Datenbankanwendungen.

Wie noch zu zeigen sein wird, wird die Semantik von Konzepten durch logische Formeln ausgedrückt. Die Basis der Entwurfsumgebung ist daher ein deduktives Datenbanksystem. Weitere Komponenten sind drei Werkzeuge, die den Aufgabenbereichen *Akquisition und Modellierung, Validierung* und *Transformation* dienen. Mit dem Werkzeug für Akquisition und Modellierung führt der Entwerfer die Definition von Konzepten und die Erstellung des konzeptuellen Schemas durch. Das Validierungswerkzeug generiert Testdaten für das konzeptuelle Schema und stellt eine Transaktionssprache, basierend auf den Operatoren des deduktiven Datenbanksystems, bereit. Der Entwerfer kann Testtransaktionen durchführen und auf diese Weise Aufschluß über das Verhalten des konzeptuellen Schemas bekommen. Das Transformationswerkzeug generiert aus dem konzeptuellen Schema ein logisches Schema. Um die Eigenschaften und das Verhalten des logischen Schemas besser veranschaulichen zu können, werden die Testdaten mit in das logische Schema übernommen.

Das Datenbanksystem nimmt die Konzeptdefinitionen, das konzeptuelle Schema sowie die hierfür generierten Testdaten auf. Deduktive Fähigkeiten sind erforderlich, um die in den Konzeptdefinitionen vorkommenden Deduktionsregeln auswerten zu können. Die Verwaltung und Sicherstellung von Konsistenzbedingungen wird durch die integrierte Verifikationskomponente gewährleistet.

Schließlich legt die Eignung graphischer Techniken zur Darstellung komplexer Sachverhalte sowie die weite Verbreitung graphischer Workstations die Verwendung einer graphischen Oberfläche des Gesamtsystems zur Interaktion mit dem Anwender nahe.

In Kap. 2.2 bereits erwähnt wurde, daß mit einem Konzept mehrere Vereinbarungen verbunden sind, die von den Werkzeugen in spezifischer Weise genutzt werden. Diese Vereinbarungen werden in der *Konzeptverwaltung* gespeichert und den Werkzeugen bereitgestellt. Zudem kann damit der Entwerfer stets auf *höhere* Konzepte, welche in einer Vielzahl von Modellierungen sinnvoll verwendbar sind, zurückgreifen. Dies funktioniert in ähnlicher Weise wie man es von Bibliotheken für Programmiersprachen her gewohnt ist. Schließlich stellt die Konzeptverwaltung eine *initiale Basis* von Modellierungskonzepten als Ausgangspunkt für die Konzeptdefinitionen bereit.

2.4 Ein Beispielszenario aus der Verkehrswelt

In der Verkehrsüberwachung hat man es mit Objekten wie Fahrzeugen, Fußgängern, Straßen, Schildern, Ampeln u.ä. zu tun, die in einer Vielzahl von Beziehungen zueinander stehen. So lassen sich Fahrzeuge in offene und geschlossene Fahrzeuge unterteilen, letztere wiederum in Busse, LKWs, PKWs, Straßenbahnen. Straßen setzen sich aus Fahrbahnen und Fußwegen zusammen, Fahrbahnen bestehen aus markierten Fahrspuren, etc. Des weiteren erfordert die Modellierung einer 'Verkehrsszene' die Berücksichtigung dynamischer Information, beispielweise aktuelle Geschwindigkeit und Position von sich bewegenden Objekten oder etwa den augenblicklichen Zustand einer Ampelanlage.

Walter [Wal89] schlägt für Zwecke der Verkehrsüberwachung durch bildauswertende und –verstehende Systeme eine Modellierung auf der Grundlage semantischer Netze vor. Aus dieser Modellierung ([Wal89], [WSLN91], [LNW91]) greifen wir einige Konzepte heraus. So haben sich die allgemein anerkannten Modellierungskonzepte *Objekt*, *Objekttyp* und *objektwertige Attribute*, aber auch die *Generalisierung* und die *Aggregation* aus dem Bereich objektorientierter Systeme auch für die Modellierung einer Verkehrsüberwachung als gut geeignet erwiesen. Sinnvoll ist auch die Spezialisierung des Generalisierungskonzeptes zum *Partition*-Konzept, d.h. die Untertypen einer Generalisierung sind paarweise disjunkt sowie alle Objekte des Obertyps sind in mindestens einem der Untertypen vorhanden (Überdeckungseigenschaft). So läßt sich etwa eine Verkehrsfläche in die Bestandteile Parkspur, Fahrspur, Standspur, Radfahrweg und Gehweg partitionieren. Ein weiteres spezielles Konzept modelliert eine Straßenverbindung zwischen zwei Kreuzungen (*ist_verbunden*) sowie die transitive Hülle dieser einzelnen Verbindungen (*ist_erreichbar*).

3 Auswirkungen der Erweiterbarkeit

Unsere Analyse im vorigen Kapitel hat die zentrale Bedeutung des Konzeptbegriffs für die Erweiterbarkeit deutlich gemacht und größere Auswirkungen der Erweiterbarkeit auf die Akquisition, die Validierung und die Transformation angedeutet. Diesen Auswirkungen soll in diesem Kapitel etwas genauer nachgegangen werden.

3.1 Formalisierung des Konzeptbegriffs

Der Begriff des (Modellierungs-) Konzeptes spielt im Datenbankentwurf eine entscheidende Rolle. Es verwundert deshalb, wie wenig Versuche es gegeben hat, zu einer rigorosen formalen Definition des Konzeptbegriffes zu gelangen. Der Grund hierfür mag die bisherige Verwendung eines festen Satzes von Konzepten mit relativ geringem Umfang sein, für den ein intuitives Verständnis ausreichend schien.

Erste Überlegungen finden sich in [KL88]. Dort wird argumentiert, daß ein Konzept im wesentlichen die Freizügigkeit der Kombinierbarkeit von Fakten einschränkt — also Gesetzmäßigkeiten widerspiegeln soll — und Folgerungen zu berechnen gestattet. Daher wird vorgeschlagen, als formale Grundlage die auf der Prädikatenlogik basierende Theorie deduktiver Datenbanken zu wählen und den Konzeptbegriff auf logische (Konsistenz-) Bedingungen und Ableitungsregeln zurückzuführen. Die früher erwähnte Sprache Telos ([MBJK90]) folgt im Grundsatz demselben Gedanken.

Wir folgen dem Vorgehen aus [KL88], da wir auf die Einführung von Meta–Klassen wie in Telos verzichten wollen und auch die Zeitlogik aus Telos nicht benötigen. Im wesentlichen bedarf es noch einer Straffung, weiteren Präzisierung und leichteren Handhabbarkeit des Konzeptbegriffs.

Angesichts der verlangten Kürze werden wir den Konzeptbegriff lediglich an Hand von Beispielen einführen und die Abbildung von Konzeptdefinitionen auf deduktive Datenbanken exemplarisch behandeln. Bei dieser Abbildung wird eine

Konzeptdefinition in Mengen von Fakten, Regeln und Konsistenzbedingungen überführt, die dann der deduktiven Datenbank zugeführt werden. Einzelheiten zum Konzeptbegriff findet der Leser in [LM91], die Grundlagen deduktiver Datenbanken beispielsweise in [ML91], und in [KL88] die Beschreibung der von uns konkret verwendeten deduktiven Datenbank.

Um den Beginn der Arbeit mit der Konzeptmodellierung zu vereinfachen, gehen wir von einer Menge von gegebenen Konzepten aus, in unserem Fall sind dies die Konzepte, die als Basiskonzepte objekt-orientierter Datenmodelle angesehen werden können, also bspw. Objekttypen, Objekte, Attribute und Domänen. Die Menge aller Konzeptdefinitionen gibt dann die Eigenschaften wieder, die sowohl das zu erstellende Schema widerspiegeln muß, wie auch jede Instanz dieses Schemas.

Allgemein ist eine deduktive Datenbank ein Tripel $DB = (DB^a, DB^d, DB^c)$, wobei DB^a eine Menge von Fakten ist, also als eine relationale Datenbank gesehen werden kann, DB^d eine Menge von Regeln ist, hier auf Hornklauseln eingeschränkt, und DB^c eine Menge von Konsistenzbedingungen ist. Für letztere lassen wir allgemeine geschlossene bereichsbeschränkte Formeln zu.

Wie bereits aus den Beispielen der Einleitung ersichtlich, kann ein bestimmtes Faktum der Realität Konsequenzen haben. Beispielsweise folgt daraus, daß Kreuzung1 mit Kreuzung2 verbunden ist und Kreuzung2 wiederum mit Kreuzung3, daß Kreuzung1 mit Kreuzung3 verbunden ist. Konsequenzen dieser Art werden mit Regeln ausgedrückt. Neben Konsequenzen gibt es noch Ge- und Verbote, die beachtet werden müssen. Beispielsweise ist die Beziehung des Verbundenseins auf Kreuzungen beschränkt, kann also beispielsweise zwischen Straßenschildern nicht hergestellt werden. Um Ge- und Verbote auszudrücken, werden Konsistenzbedingungen benutzt.

Ausgehend von einer bereits vorhandenen Konzeptdefinition, die die Definition des Typs *kreuzung* widerspiegelt, kommen wir zur ersten Definition eines Beispielkonzeptes aus der Verkehrswelt:

define concept (ist_verbunden X Y)
    requires dependent (is X kreuzung) **and** (is Y kreuzung)
    implies dependent (ist_verbunden Y X)
end concept

Es wird das Konzept *ist_verbunden* als eine Verbindung zwischen zwei beliebigen Kreuzungen X und Y definiert. Letzte Forderung findet sich in der **requires**-Klausel wieder. Der Bezug der Variablen X und Y zum Kopf (*(ist_verbunden X Y)*) der Konzeptdefinition wird durch den Zusatz **dependent** ausgedrückt. Im allgemeinen enthält diese Klausel Bedingungen, die gefordert werden und erfüllt sein müssen.

Die **implies** Klausel drückt die Konsequenz einer Konzeptdefinition aus. In diesem Fall, wenn immer man von X nach Y kommt, so kommt man auch von Y nach X. Straßenverbindungen sind also in unserem vereinfachten Modell symmetrisch. Wieder drückt der Zusatz **dependent** aus, daß *(ist_verbunden Y X)* nur für solche X und Y gilt, die durch den Konzeptkopf spezifiziert wurden.

$$DB^c := DB^c \cup \{\forall X, Y \, ist\_verbunden(X,Y) \Longrightarrow is(X, kreuzung) \wedge$$
$$is(Y, kreuzung)\}$$
$$DB^d := DB^d \cup \{ist\_verbunden(X,Y) \Longrightarrow ist\_verbunden(Y,X)\}$$

Die Semantik der Konzepte wird also durch entsprechende Regeln und Konsistenzbedingungen in der deduktiven Datenbank widergespiegelt. Der Zusammenhang zwischen der eigentlichen Konzeptdefinition und den Regeln und Konsistenzbedingungen wird durch die Konzeptverwaltung hergestellt.

Da im allgemeinen nicht nur die (direkte) Verbindung zwischen zwei Kreuzungen interessiert, sondern auch die indirekte über mehrere Kreuzungen, führen wir ein weiteres Konzept ein:

define derivable concept (ist_erreichbar X Y)
    if (ist_verbunden X Y); (ist_verbunden X Z), (ist_erreichbar Z Y)
end concept

Da die Information über die *ist_erreichbar*-Beziehung nicht explizit angegeben werden muß, sondern sich aus der Information über *ist_verbunden* herleiten läßt, sprechen wir von einem **derivable concept**. Die Art der Herleitung wird mittels einer Menge von Regelrümpfen in der **if** Klausel beschrieben, da der Konzeptkopf als Regelkopf dient. Hier enthält diese zwei Rümpfe, die für die Bildung einer transitiven Hülle notwendig sind. Die Bildung der aktuellen Regeln wird am einfachsten aus den Änderungen in der deduktiven Datenbank ersichtlich:

$$DB^d := DB^d \cup \{ist\_verbunden(X,Y) \Longrightarrow ist\_erreichbar(X,Y)\}$$
$$\cup\{ \, ist\_verbunden(X,Z), ist\_erreichbar(Z,Y)$$
$$\Longrightarrow ist\_erreichbar(X,Y)\}$$

Es fällt auf, daß der Konzeptbegriff sich nicht ganz mit dem Begriff deckt, den man aus der klassischen semantischen Modellierung erwarten würde: *kreuzung* würde man nämlich dort bereits als Instantiierung des Konstruktionsprinzips "Entity-Typ", also als Bestandteil eines Schemas, ansehen. Wir schließen daraus, daß die strenge Trennung zwischen Modell (als Menge von Konzepten) und Schema (als Menge von Typen als Instantiierungen von Konzepten) in ingenieurwissenschaftlichen Anwendungen eher künstlich wirken würde. Vielmehr scheint bereits ein semantisches Datenmodell aufgrund der spezifischen Semantik der auftretenden Beziehungen eine Reihe von Typfestlegungen zu erfordern.

Natürlich gibt es auch Konzepte, die der klassischen Vorstellung gehorchen. Dies gilt beispielsweise für das Konzept der transitiven Hülle, das bisher in die Definition des Konzeptes *ist_erreichbar* eingebracht wurde. Dieses Konzept kann auch herausfaktorisiert werden:

define concept (transitive_huelle P Q)
    implies dependent (P X Y) **impl** (Q X Y);
        dependent (P X Y),(Q Y Z) **impl** (Q X Z)
end concept

Abermals geben wir die Konsequenzen an:

$$DB^d := DB^d \cup \{transitive\_huelle(P,Q), P(X,Y) \implies Q(X,Y)\}$$
$$\cup \{transitive\_huelle(P,Q), P(X,Y), Q(Y,Z) \implies Q(X,Z)\}$$

Was für die transitive Hülle recht ist, ist für die Symmetrie billig:

define concept (symmetrisch P)
    implies dependent (P X Y) **impl** (P Y X)
end concept.

An dieser Stelle schenken wir uns die Änderungen in der deduktiven Datenbank.

Nunmehr läßt sich das Konzept *ist_verbunden* auch unter Ausnutzung der Konzepte *transitive_huelle* und *symmetrisch* definieren. Dabei berücksichtigen wir zusätzlich, daß das Konzept *ist_erreichbar* ein abgeleitetes Konzept ist und ohne die Definition von *ist_verbunden* keine Existenzberechtigung hat. Dies führt zu einer Schachtelung von Konzeptdefinitionen:

define concept (ist_verbunden X Y)
    features (symmetrisch ist_verbunden)
    requires dependent (is X kreuzung) **and** (is Y kreuzung)
    followups
        define derivable concept (ist_erreichbar V W)
            features (transitive_huelle ist_verbunden ist_erreichbar)
        end concept
end concept

Die Schachtelung von Konzeptdefinitionen ist eine Erweiterung des Originalvorschlags aus [LM91]. Sie erlaubt eine flexible Kombination von Abstraktionsniveaus in einheitlichem Rahmen.

Das letzte Beispiel ist zugleich ein Beispiel für den Übergang von Konzepten zu Schema. Wir erkennen, daß beide, Konzepte und Schema, nach demselben einheitlichen Formalismus behandelt werden. Damit wird auch die zuvor erwähnte Unmöglichkeit einer scharfen Trennung von Konzepten und Schema zwangsläufig bewältigt. Hier findet sich letztlich auch die Rechtfertigung für den Verzicht auf Meta–Klassen.

Die hier vorgestellte Konzeptdefinitionssprache läßt sich zur Anwendung durch einen unerfahrenen Benutzer zweifellos noch verbessern. Ziel muß es letztendlich sein, einen deklarativen Formalismus bereitzustellen, der dem Anwender eine einfache Möglichkeit der Konzeptdefinition an die Hand gibt, ohne daß er sich dazu die Umsetzung in Formeln der deduktiven Datenbank vor Augen halten muß.

3.2 Akquisition und Modellierung

Semantische Beziehungen lassen sich bekanntlich gut durch einfache Diagramme darstellen. Nicht zuletzt deshalb sind es Ingenieure und Techniker gewohnt, mit graphischen Mitteln (Flußpläne, Strukturpläne, Ablaufdiagramme, etc.) zu arbeiten, und auch im *klassischen Datenbankentwurf* mit nicht-erweiterbaren Modellen sind graphische Werkzeuge bereits bis zur Marktreife entwickelt worden [WPSK86, WP87]. Somit ist es einleuchtend, daß auch ein Werkzeug zur Modellierung mit einem ESM das Arbeiten mit graphischen Techniken erlauben muß.

Aufgrund der Erweiterbarkeit der Entwurfsumgebung, die insbesondere die Existenz vordefinierter graphischer Repräsentationen für alle Modellierungskonzepte ausschließt, muß die Funktionalität des Werkzeuges zur Wissensakquisition und –modellierung die folgenden Aufgaben umfassen.

- Definition neuer Modellierungskonzepte durch den Entwerfer,
- Definition von graphischen Repräsentationen für die zuvor definierten Modellierungskonzepte,
- Verwendung dieser graphischen Repräsentationen zur Akquisition und Repräsentation von Modellierungswissen und damit zur Erstellung des semantischen Schemas.

Daneben gibt es eine Reihe weiterer Aufgaben, die aus ergonomischer Sicht von einem interaktiven Werkzeug erfüllt werden müssen, beispielsweise eine adäquate Reaktion des Systems im Fehlerfall, die Bereitstellung verschiedener Abstraktionsmechanismen, eine konsistente Gestaltung der Schnittstelle zum Benutzer, etc. Wir werden auf diese Aspekte hier nicht näher eingehen und verweisen den interessierten Leser auf [Rad92c, Rad91, Rad92b, Rad92a].

Die Definition neuer Modellierungskonzepte ist für den Entwerfer nur dann zumutbar, wenn dieser die in Abschn. 3.1 vorgestellte deklarative Konzeptbeschreibungssprache verwenden kann und sich nicht um die interne (operationale) Repräsentation der einzelnen Konzepte innerhalb der deduktiven Datenbasis kümmern muß. Die Definition selbst läßt sich dabei gut durch einen syntaxorientierten Editor unterstützen. Diese *hochsprachliche* Konzeptnotation wird dann automatisch in den auf der Ebene des ESM zur Verfügung gestellten Formalismus umgesetzt und resultiert, ähnlich der ebenfalls in Abschn. 3.1 beschriebenen Weise, in einer Menge von Fakten, Konsistenzbedingungen und Deduktionsregeln, die der Datenbasis hinzugefügt werden.

Die Beschreibung der Graphikrepräsentation für ein entworfenes Konzept sollte sich aus Gründen der einfacheren Handhabbarkeit möglichst deklarativ entwerfen lassen. Wir haben einen Ansatz gewählt, in dem der Konzeptentwerfer die graphische Repräsentation aus einzelnen Komponenten zusammenstellt, die in verschiedenen Menüs bereitgestellt werden (Abb. 4 und 5).

Wir illustrieren dies an dem folgenden Beispiel, das zudem demonstriert, wie vorgegangen wird, wenn durch den Modellierer entworfene Konzepte eine beliebige, im voraus nicht determinierbare Stelligkeit haben. So ist bei der Definition des *Partition*-Konzeptes nicht vorherzusehen, wieviele Subtypen in den Instantiierungen dieses Konzeptes innerhalb einer Modellierung jeweils den Supertyp partitionieren. Eine denkbare Möglichkeit, dieses Konzept darzustellen, zeigt Abb. 6. Da eine solche Darstellung nicht als Piktogramm oder Icon realisiert werden kann, da dann die Möglichkeit der Anpassung an eine unterschiedliche

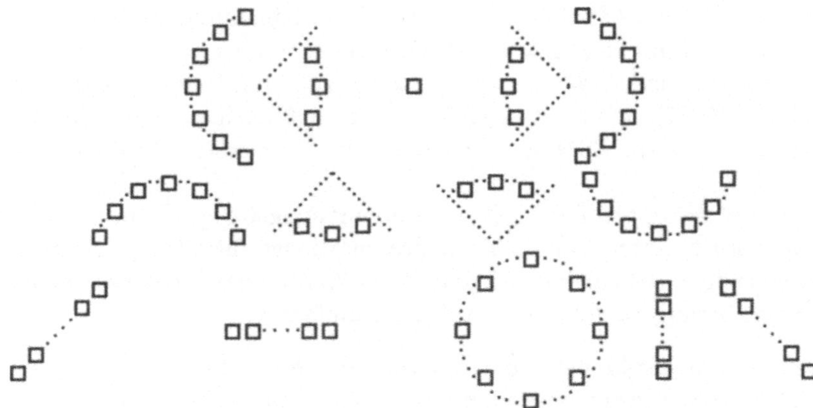

Abb. 4. Bereitgestellte graphische Grundkomponenten.

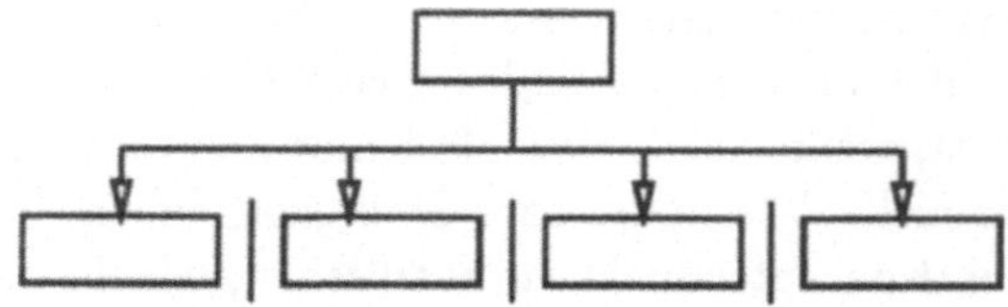

Abb. 5. Menü zur Auswahl graphischer Verbindungen.

Abb. 6. Graphische Repräsentation des Partition-Konzeptes.

Anzahl von Subtypen nicht gegeben wäre, muß es eine Beschreibung dieser graphischen Repräsentation geben, die die entsprechende Darstellung in Abhängigkeit der tatsächlich in die Konzeptinstantiierung eingehenden Objekte korrekt generiert.

Die Menüauswahl für die graphische Darstellung des Partition-Konzeptes resultiert in folgender Beschreibung:

```
Einzelobjekt
horizontal-zentriert(Standardstruktur,Linie_1,Pfeil_unten)
horizontale_Objektliste
```

Da die graphischen Repräsentationen sowohl zur Wissensakquisition als auch zur Wissensrepräsentation und −modifikation verwendet werden, müssen für jede definierte Repräsentation parametrisierte graphische Operationen festgelegt werden, die die graphischen Aktionen (Mausklick, Menüauswahl, etc.) auf die Operationen der zugrundeliegenden deduktiven Datenbasis abbilden. Parameter in dieser Operationalisierung sind dabei die in der Graphikbeschreibung vorkommenden graphischen Grundelemente, die sich durch *Anklick*-Operationen eindeutig identifizieren lassen.

Allerdings läßt sich die Beschreibung der Operationalisierung nicht mehr deklarativ formulieren. Aufgrund der Abbildungsnotwendigkeit der graphischen Operationen auf Operationen der Entwurfsdatenbasis muß der Konzeptentwerfer hier die durch das deduktive Datenbanksystem zur Verfügung gestellten Operationen prozedural verwenden (ein ähnliches Vorgehen beschreibt [RGS$^+$92]). Nachdem dies einmal geschehen ist, kann jedoch der Anwendungsmodellierer, der die Konzepte zur Erfassung der Semantik der Anwendung einsetzt, sich ganz auf graphische Techniken beschränken und somit ausschließlich deklarativ vorgehen.

3.3 Validierung

Die Validierung der Modellierung sollte zu einem Zeitpunkt erfolgen, zu dem die Überprüfung und Änderung der Modellierung noch ohne größere Probleme und Kosten gewährleistet werden können. Wählt man ihn wie beim Datenbankentwurf für die klassischen Anwendungen erst nach Vorliegen eines logischen Schemas, so ist zum einen aufgrund der größeren "semantischen" Kluft zwischen konzeptueller und logischer Ebene die Modellierung schwerer nachvollziehbar und damit überprüfbar, zum anderen steigen aufgrund des komplizierteren Transformationsschrittes die Kosten, wenn Änderungen eine erneute Akquisition und Transformation notwendig machen. Wie schon eingangs erwähnt, ergibt sich für uns somit der Grundsatz, den Zeitpunkt der Validierung vor die Transformation auf die konzeptuelle Ebene zu verlagern.

Um ein Gefühl für die Modellierung und ihre Brauchbarkeit zu erhalten, muß es dem Entwerfer möglich sein, mit dem resultierenden Schema zu experimentieren. Dies erfordert eine Operationalisierung, die sich auf der Grundlage des deduktiven Datenbanksystems realisieren läßt. Hierzu müssen Testdaten existieren, auf denen der Entwerfer dann zum Beispiel typische Transaktionen der Anwendung ablaufen lassen kann. Für eine große und komplexe Anwendung wird das Definieren von Testdaten zum Problem, da meist keine "natürlichen" Daten vorhanden sind. Um eine Vielzahl verschiedener Datenkombinationen zu erhalten, ist außerdem ein ganzes Spektrum von Testdatenbasen wünschenswert. Dies spricht für eine automatische Generierung von Testdaten, die dann die Gewähr bietet, daß auch solche Fehler offengelegt werden, die der Entwerfer in seiner subjektiven Sicht vielleicht übersehen hätte. Des weiteren ist eine Werkzeugunterstützung notwendig, wenn bei einer Änderung der Modellierung erneut Testdaten zum Zwecke der Validierung erzeugt werden sollen.

Es ergeben sich somit zwei Phasen: In der ersten Phase werden werkzeugunterstützt Testdaten erzeugt, in der zweiten kann der Entwerfer mit der Testdatenbasis experimentieren, indem er zum Beispiel Transaktionen definiert und auf der Testdatenbasis ablaufen läßt. Da die Validierung auf der konzeptuellen Ebene durchgeführt wird, stellen das konzeptuelle Schema und damit das zugrundeliegende erweiterbare semantische Modell den Ausgangspunkt dar. Die Erweiterbarkeit hat weitreichende Folgen für die Testdatengenerierung dergestalt, daß die aus der Literatur vorhandenen Ansätze zur automatischen Generierung von Testdaten nicht eingesetzt werden können. Bei Ansätzen wie [BDT83, DeW85, Nob83, NN85, MR89, Röh89] werden Daten erzeugt, die in bestimmter Weise verteilt sind und einigen wenigen, recht einfachen Bedingungen genügen.

Unser Konzeptbegriff beinhaltet neben der Definition von Deduktionsregeln die Definition (bereichsbeschränkter) prädikatenlogischer Formeln als Konsistenzbedingungen. Die Erweiterbarkeit des semantischen Modells führt nun dazu, daß der Entwerfer zu jeder Zeit neue Konzepte mit neuen Konsistenzbedingungen einbringen kann und die zu generierende Testdatenbasis konsistent bezüglich dieser Bedingungen in DB^c sein muß. Die Validierung muß also offen sowohl bezüglich der Zahl als auch der Art der Konsistenzbedingungen sein; insbesondere lassen sie sich nicht auf eine Untermenge der prädikatenlogischen Formeln erster Stufe einschränken.

Vom Standpunkt der formalen Logik aus entspricht die Testdatengenerierung dem Problem, zu einer Formelmenge ein Modell zu finden. Dieses ist bekanntermaßen unentscheidbar. Semi–entscheidbar ist jedoch die endliche Erfüllbarkeit, das heißt, es gibt einen Algorithmus, der zumindest dann hält, wenn die Menge der Formeln ein endliches Modell besitzt. Da auch die Unerfüllbarkeit einer Formelmenge semi–entscheidbar ist, kann man sogar einen Algorithmus finden, der nur dann nicht hält, wenn die Formelmenge nur unendliche Modelle besitzt. Es existieren einige Ansätze, die Methoden zur Modellerzeugung untersuchen [BM86, Kun85]. Sie entstammen der Fragestellung, ob eine Menge von prädikatenlogischen Formeln endlich erfüllbar ist, d.h., ob sie ein endliches Modell besitzt. Der Theorembeweiser SATCHMO [MB88, BDM88] versucht die Unerfüllbarkeit einer Formelmenge zu beweisen, indem ein endliches Modell für diese gesucht wird. Die Größe und das Aussehen des Modells interessieren bei diesen Ansätzen nicht, sondern nur die Frage nach der Existenz.

Unser Ziel ist es, das Modell — also die Testdatenbasis — von Größe und Eigenschaft her zu beeinflussen und dabei auch auf Leistung — den Zeitaufwand für die Testdatengenerierung — zu achten. Wir haben dazu die bisherigen logikbasierten Ansätze erheblich modifiziert. Wir skizzieren kurz das von uns entwickelte Verfahren zur Testdatengenerierung; eine ausführliche Beschreibung findet sich in [NML92]. Den Kern des Verfahrens bilden zwei Operatoren: ein *Generierungsoperator*, der anhand einer Testdatensprache und von Quantitätsangaben geeignete Testdaten erzeugt, und ein *Test-und-Reparatur-Operator*, der überprüft, ob die bisher erzeugten Testdaten einer Menge von Konsistenzbedingungen der Modellierung genügen. Falls dies nicht der Fall ist, kommt ein Reparaturmechanismus, der in [ML91] beschrieben ist, zum Einsatz, der Testdaten löscht oder neue hinzufügt, so daß die Konsistenz wiederhergestellt wird.

Zunächst spezifiziert der Entwerfer, welche Teile des Schemas instantiiert werden sollen, indem er eine Formel angibt, für unsere Verkehrswelt zum Beispiel

$$ist\_verbunden(X1, X2).$$

Durch eine Analyse der im Schema enthaltenen Konsistenzbedingungen wird evaluiert, welche Daten zusätzlich erzeugt und welche Formeln getestet werden müssen, um eine konsistente Testdatenbasis zu erhalten. Dies geschieht mittels Regeln, wobei zwei Arten unterschieden werden. Die *Extensionsregel* bestimmt all diejenigen Konsistenzbedingungen, deren Vorbedingung durch das zu generierende Datum erfüllt werden kann und die damit bei Hinzufügen dieses Datums überprüft werden müßten. Diese werden dann mittels Konjunktion mit dem zu generierenden Datum aneinandergehängt. Mittels mehrerer *Reduktionsregeln* ist es nun möglich, Abhängigkeiten aufzudecken und Vereinfachungen vorzunehmen.

Ein kurzes Beispiel möge dies veranschaulichen. Das zu instantiierende Konzept *(ist_verbunden X Y)* beinhaltet eine **requires**-Klausel, welche ausdrückt, daß sowohl *(is X kreuzung)* als auch *(is Y kreuzung)* gelten muß (vgl. Kap. 3.1). In DB^c liegt dementsprechend die folgende Konsistenzbedingung vor:

$$\forall X, Y\, ist\_verbunden(X, Y) \implies is(X, kreuzung) \land is(Y, kreuzung).$$

Diese Konsistenzbedingung wird nun durch die Extensionsregel bestimmt (die Variablen $X1$ und X bzw. $X2$ und Y werden miteinander identifiziert) und an die Startformel $ist\_verbunden(X1, X2)$ angehängt:

$$ist\_verbunden(X1, X2)\land$$
$$(ist\_verbunden(X1, X2) \implies is(X1, kreuzung) \land is(X2, kreuzung)).$$

Da die Prämisse in der angehängten Teilformel durch die Startformel erfüllt ist, kann die Formel vereinfacht werden zu

$$ist\_verbunden(X1, X2) \land is(X1, kreuzung) \land is(X2, kreuzung).$$

Dies entspricht der Anwendung einer Reduktionsregel. Ist keine weitere Extension mehr möglich, terminiert die Analyse, und die entstehende Formel ergibt die sogenannte *Generatorformel*.

Die Generatorformel bildet den Ausgangspunkt für die anschließende Operationalisierung in eine Sequenz von Aufrufen des Generierungs- bzw. Test-und-Reparatur-Operators. Der Entwerfer kann hierbei die Anzahl der erwünschten Kreuzungen und eine Regel zur Generierung mnemotechnisch ansprechender Bezeichner angeben. Die Operatorensequenz für unser Beispiel lautet: gen-op($is(X1, kreuzung)$), gen-op($is(X2, kreuzung)$), gen-op($ist\_verbunden(X1, X2)$). Die ersten beiden Operatoraufrufe generieren Substitutionen für $X1$ bzw. $X2$, z.B. kreuzung_1, ..., kreuzung_n, wobei n ein Parameter für die vom Benutzer spezifizierte Größe ist, und die entsprechenden Fakten $is(kreuzung\_1, kreuzung)$ usw. Die dritte Operation erzeugt $ist\_verbunden$-Beziehungen, indem die schon generierten Substitutionen kombiniert und Fakten der Art $ist\_verbunden(kreuzung\_1, kreuzung\_2)$ generiert werden.

Werden n Kreuzungen erzeugt, so bestehen n^2 verschiedene Möglichkeiten, diese zu $ist\_verbunden$-Fakten zu kombinieren. Dies führt bei großem n zu großen, unhandlichen Faktenmengen. Der Entwerfer kann deshalb auf die Generierung der Kombinationen Einfluß nehmen, indem er angibt, daß die Beziehung beispielsweise injektiv, surjektiv usw. sein soll. Dadurch hat er eine weitere Möglichkeit (neben den Quantitätsangaben und der Bezeichnerauswahl), verschiedene Testdatenbasen zu gestalten. Außerdem können durch die zielgerichtete Generierung weitere Konflikte mit anderen Konsistenzbedingungen und somit zeitintensive Reparaturen vermieden werden.

Zum Schluß wird eine Test-und-Reparatur–Operation an die Operatorensequenz angehängt, die prüft, ob die resultierende Testdatenbasis die Konsistenzbedingungen erfüllt, und diese gegebenenfalls repariert.

Die Abfolge der Operationen reflektiert also gerade die Abhängigkeiten zwischen den Konsistenzbedingungen und vermeidet solche Konflikte, die immer dann auftreten, wenn das Einfügen oder Löschen eines Datums das Einfügen oder Löschen eines anderen Datums triggern sollte.

3.4 Transformation

Angesichts der zentralen Stellung des Konzeptbegriffs in unserem Ansatz ist es nur natürlich, die Transformationsregeln an die Konzepte anzubinden. Das bereits in Abschn. 2.2 angesprochene Grundproblem der Transformation von komplexen Schemata, die kombinatorische Vielfalt von potentiell generierbaren logischen Schemata, kommt dann wie folgt zustande:

- Die vollständige Transformation besteht aus einer Vielzahl von Schritten, in denen jeweils eine Transformationsregel partiell auf einen Teil des Schemas angewendet wird.
- Da es pro Konzept verschiedene alternative Transformationsregeln geben kann und die Teilschemata nicht notwendigerweise disjunkt sein müssen, können im Zuge mehrerer Transformationsschritte auf jeweils demselben Schema genauso viele unterschiedliche, bereits partiell transformierte Schemata hergeleitet werden.

Ziel der Transformation ist es, unter allen generierbaren Schemata das für die Anwendung adäquateste zu finden. Die Schematransformation wird daher zu einem Such- und Optimierungsprozeß (Suche nach dem geeignetsten Schema). Diese Sichtweise führt zu einer konsequenten Erweiterung bisheriger Prinzipien und Vorgehensweisen der Schematransformation [TYF86, BPR88, OS89], wobei insbesondere die eingeschränkten Möglichkeiten der selektiven und partiellen Anwendung von Transformationsregeln erweitert werden müssen. Zudem ist zu berücksichtigen, daß mit jedem neuen Konzept auch neue Transformationsregeln hinzukommen.

An einem einfachen Beispiel soll ein einzelner Transformationsschritt veranschaulicht werden. Gegeben sei hierzu eine Vereinfachung der Verkehrsflächen-Partitionierung aus Abschnitt 2.4, nämlich eine Partitionierung des Objekttyps **Verkehrsfläche** in die Objekttypen **Fahrspur** und **Radfahrweg**. **Verkehrsfläche** ist mit dem Attribut **Erwartungsnutzer** versehen, **Fahrspur** mit **Höchstgeschwindigkeit** und **Radfahrweg** mit dem (booleschen) Attribut **Farbmarkierung**.

Ferner seien zwei verschiedene Transformationsregeln **Trans_1** und **Trans_2** gegeben (vgl. auch [OS89]). Das erste bildet jeden Objekttyp der Generalisierungshierarchie (die Partitionierung ist schließlich eine Erweiterung des Generalisierungskonzeptes) auf eine eigene Relation ab. Das zweite bildet jeden Zweig der Generalisierung auf eine Relation ab, die Attribute der Objekttypen werden somit nach unten vererbt. Das Ergebnis der Anwendung dieser beiden Verfahren ist in Abbildung 7 zu sehen.

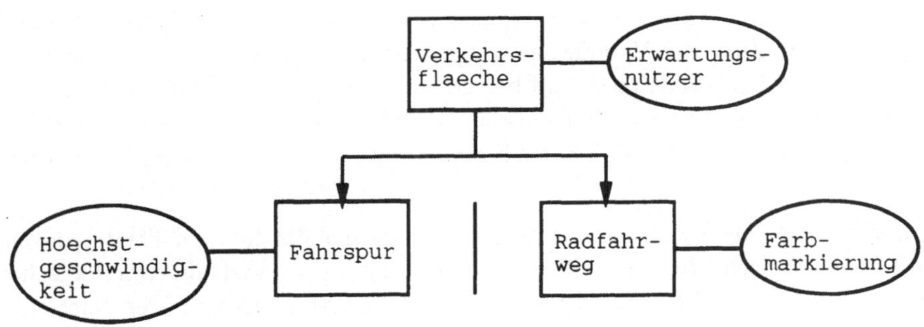

Trans_1: verkehrsflaeche(Verkehrsflaeche_Id, Erwartungsnutzer)
fahrspur(Fahrspur_Id, Hoechstgeschwindigkeit)
radfahrweg(Radfahrweg_Id, Farbmarkierung)

Trans_2: fahrspur(Fahrspur_Id, Hoechstgeschwindigkeit, Erwartungsnutzer)
radfahrweg(Radfahrweg_Id, Farbmarkierung, Erwartungsnutzer)

Abb. 7. Beispiel zweier alternativ anwendbarer Transformationen

Damit ist allerdings im relationalen Schema ein Teil der ursprünglichen Semantik verlorengegangen. Die Transformation erfaßt daher die nicht darstellbare Semantik durch zusätzliche Ausdrücke wie beispielsweise **disjoint(Fahrspur, Radfahrweg)**. Diese haben allerdings rein dokumentarischen Charakter und können nur in die Entwicklung von auf dem logischen Schema arbeitenden Anwendungsprogrammen eingehen.

Welches der beiden erzeugten relationalen Schemata das geeignetere ist, kann unter Bezugnahme auf modellierte und die Objekttypen des konzeptuellen Schemas referenzierende Transaktionen entschieden werden. Diese werden mit der Transformation des Schemas ebenfalls transformiert und liegen somit schließlich als relationale Transaktionen vor. Mit ihnen kann man eine Bewertung der gewählten Transformation vornehmen. Bei einer Abfrage nach bestimmten Verkehrsflächen mit Erwartungsnutzer als Selektionskriterium hat das zweite der generierten Relationenschemata den Nachteil, daß auf alle beide Relationen zugegriffen werden muß, wohingegen beim ersten Schema gezielt auf die Relation **verkehrsfläche** zugegriffen werden kann. In einem umgangreicheren Schema wird man auf mehrere Partitionen und eine große Zahl anderer Konzepte stoßen. Dort ist die gerade geschilderte Transformation also nur einer von vielen Schritten. In einem Such- und Optimierungsprozeß ist nun eine geeignete Abfolge von Schritten zu bestimmen, die auf das adäquateste relationale Schema führt. Wir lehnen unser Vorgehen an Vorgaben seitens der Literatur (s. z.B. [Pea84]) an, das insbesondere die Klärung von Fragen nach den Suchraumelementen, deren Herleitung und deren Bewertung verlangt.

Bewertung. Grundlage der Bewertung sind, wie bereits angedeutet, für die Anwendung relevante Anfragen und Transaktionen. Sie werden auf der konzeptuellen Ebene im Zuge der Validierung aufgestellt und müssen somit, um auch auf der logischen Ebene verfügbar und bewertbar zu sein, in Übereinstimmung mit der eigentlichen Schematransformation ebenfalls transformiert, d.h. bei jedem Transformationsschritt an das partiell transformierte Schema angepaßt werden.

Suchraum und Suchraumelemente. Gesucht wird das für die modellierte Anwendung beste logische Schema. Hierzu müssen ggf. eine Vielzahl von logischen Schemata ganz oder teilweise hergeleitet und bewertet werden. Der *Suchraum* enthält demnach sämtliche Schemata, die aus der Anwendung von Transformationsschritten hervorgingen. Er besteht demnach aus einer Menge teilweise oder (am Ende) ganz transformierter Schemata. Wäre beispielsweise die Partition aus Abb. 7 Teil eines umfangreicheren Schemas und **Trans_2** angewandt worden, so bestünde grob gesehen das neue Element aus dem bisher nicht transformierten Teil des Ausgangsschemas und den beiden Relationen. Ein *Suchraumelement* besteht somit aus einer Datenstruktur, in welcher Elemente des ursprünglichen konzeptuellen Schemas neben bereits generierten Elementen des logischen Schemas dargestellt sind (im folgenden auch als *Zwischenschema* bezeichnet), zusammen mit einer Menge von an das Zwischenschema angepaßten Anfragen und Transaktionen.

Herleitungsregeln. Herleitungsregeln erzeugen aus gegebenen Suchraumelementen neue Suchraumelemente. In unserer Transformationsmethodik enthält jede Herleitungsregel eine partiell anwendbare Transformationsregel. Zusätzlich hierzu sind noch Regeln zur Anpassung der Anfragen und Transaktionen nötig.

Angesichts der Offenheit gegenüber neuen Konzepten und damit Herleitungsregeln ist das Transformationswerkzeug an dieser Stelle parametrisiert und bedient sich dabei der Konzeptverwaltung.

Suchstrategie. Da es im allgemeinen viel zu aufwendig wäre, sämtliche potentiell herleitbaren Zwischenschemata auch wirklich herzuleiten, ist eine auf Heuristiken basierte selektive und damit eingeschränkte Durchsuchung des Suchraumes geboten. Solche Heuristiken können aus der Bewertung abgeleitet werden und beziehen sich auf die von der Modellierung vorgegebenen Anfragen und Transaktionen. Bezogen auf das obige Beispiel ist eine solche Heuristik, nicht nach **Trans_2** zu transformieren, wenn die Anfragen sich lediglich auf den Obertypen der Partitionierung beziehen. Für das nach jeder Suche gewählte Zwischenschema wird ein Teilschema und eine Transformationsregel herausgegriffen. Anschließend wird das Transformationsverfahren auf das Teilschema angewendet und ein neues Zwischenschema generiert.

Diese Vorgehensweise ist nicht als automatischer, vollständig auf einem Rechner ablaufender Algorithmus zu verstehen, sondern als prinzipieller, vom Datenbank–Entwerfer durchzuführender Ablauf. Insbesondere bei der Auswahl von Zwischenschema, Teilschema und Transformationsregel sind seitens des Entwerfers manuelle Aktionen und Bewertungen vorzunehmen. Hier bietet das Transformationswerkzeug wiederum seine Unterstützung an, indem es die im aktuellen Zustand der Transformation erkennbar uninteressanten Zwischenschemata, Teilschemata oder Regeln ausschließt und es dem Entwerfer erlaubt, seine Aufmerksamkeit auf die relevanten Auswahlmöglichkeiten zu konzentrieren. Dabei kann er sich insbesondere auch der mittransformierten Anfragen und Transaktionen bedienen.

4 Zusammenfassung

Der vorliegende Beitrag ging von der These aus, daß im technisch-ingenieurwissenschaftlichen Umfeld mit seiner Vielzahl von semantischen Datenmodellen, die sich zudem durch eine möglicherweise hohe Zahl von Modellierungskonzepten auszeichnen, ein erweiterbares semantisches Datenmodell die beste Lösung bietet. Eine Validierung dieser These setzt an sich umfangreiche empirische Studien voraus, für die innerhalb des Projektes nicht ausreichend Zeit verblieb.

Um wenigstens einen gewissen Einblick in die Anwendbarkeit der These und der hieraus entwickelten Werkzeuge zu gewinnen, wurde eine größere Beispielanwendung aus der Verkehrswelt modelliert. Die im Rahmen des EPEX-Projektes in KL-ONE erstellte Modellierung aus [Wal89] konnte innerhalb von 2-3 Wochen repliziert werden, wobei zudem von der leeren Konzeptbasis ausgegangen werden mußte. Mit der heute vorliegenden Erfahrung und einer mit den wichtigsten, nicht verkehrsweltspezifischen Konzepten initialisierten Konzeptbasis schätzen wir die Modellierungszeit auf deutlich unter eine Woche.

Für das Verfahren zur Testdatengenerierung wurden umfangreiche Benchmarks ([NML92]) durchgeführt. Besonders bemerkenswert ist die Tatsache, daß die Erstellung der Generatorformel und deren Verwendung zur Einschränkung des Suchraums bei der Testdatengenerierung eine je nach Benchmark bis zu 20 mal schnellere Generierung erlaubt.

Der Aufwand der Transformation hängt natürlich sehr stark von der Qualität des zu erstellenden Schemas ab. Ohne allzu hohe Ansprüche kann man innerhalb einer halben Stunde aus der die Verkehrswelt enthaltenden Wissenbank ein Schema für ORACLE generieren. Die Erstellung eines hohen Ansprüchen genügenden Schemas unter Berücksichtigung zahlreicher Varianten dauerte knapp zwei Wochen. Diese Dauer ist um so bemerkenswerter, als die im Rahmen des EPEX-Projektes erfolgte direkte Abbildung des KL-ONE-Schemas auf ein ORACLE-Schema den Umfang einer Diplomarbeit hatte, also sechs Monate.

Danksagung. Wir danken den Herren Bayer, Härder und Jarke und ihren Mitarbeitern für die kritische Durchsicht des ersten Entwurfs und die konstruktiven Hinweise.

References

[BDM88]   F. Bry, H. Decker, and R. Manthey. A Uniform Approach to Constraint Satisfiability in Deductive Databases. In *Proc. Int. Conf. on Extending Database Technology,* pages 488–505. LNCS 303, Springer-Verlag, 1988.

[BDT83]   D. Bitton, D.J. DeWitt, and C. Turbyfill. Benchmarking Database Systems - A Systematic Approach. In *Proceedings of the Conference on Very Large Data Bases (VLDB),* pages 8–19, 1983.

[BM86]   F. Bry and R. Manthey. Checking Consistency of Database Constraints: a Logical Basis. In *Proceedings of the Conference on Very Large Data Bases (VLDB),* pages 13–20, 1986.

[BPR88]   Michael R. Blaha, William J. Premerlani, and James E. Rumbaugh. Relational database design using an object–oriented methodology. *Communications of the ACM,* 31:414–427, 1988.

[Com87]   EDIF Steering Committee. *EDIF Electronic Design Interchange Format Version 2.0.0.* Electronic Industries Association, 1987.

[DeW85]   D.J. DeWitt. Benchmarking Database systems: Past Efforts and Future Directions. *IEEE Database Engineering,* 8(1):2–9, 1985.

[KL88]   S. Karl and P.C. Lockemann. Design of Engineering Databases: A Case for More Varied Semantic Modelling Concepts. *Information Systems,* 13(4):335–357, December 1988.

[Kun85]   C.H. Kung. A Tableaux Approach for Consistency Checking. In Sernadas, Bubenko, and Olive, editors, *Proc. IFIP Work. Conf. on Theoretical and Formal Aspects of Information Systems,* pages 191–210. North-Holland Publishing Company, 1985.

[LM91]   P.C. Lockemann and G. Moerkotte. On The Notion of Concept. In *Proc. 10th Conference on Entity-Relationship Approach,* pages 349–370, 1991.

[LNW91]   P.C. Lockemann, H.-H. Nagel, and I.M. Walter. Databases for knowledge bases: empirical study of a knowledge base management system for a semantic network. In *Data and Knowledge Engineering vol 7,* pages 115–154, North-Holland, 1991. Elsevier Science Publishers.

[Mar86]   F. Maryanski. The Data Model Compiler: A Tool for Generating Object-Oriented Database Systems. In K.R. Dittrich and U. Dayal, editors, *Proc. of the International Workshop on Object-Oriented Databases*, pages 73–84. IEEE, 1986.

[MB88]   R. Manthey and F. Bry. SATCHMO: A Theorem Prover implemented in Prolog. In E. Lusk and R. Overbeck, editors, *9th Int. Conf. on Automated Deduction*, pages 415–434, Argonne, Illinois, USA, May 1988. LNCS 310, Springer-Verlag.

[MBJK90]   John Mylopoulos, Alex Borgida, Matthias Jarke, and Manolis Koubarakis. Telos: Representing knowledge about information systems. *ACM Transactions on Information Systems*, 8(4):325–362, October 1990.

[ML91]   G. Moerkotte and P.C. Lockemann. Reactive consistency control in deductive databases. *ACM Transactions on Database Systems*, 16(4):670–702, December 1991.

[MR83]   Leo Mark and Nick Roussopoulos. Integration of data, schema and meta-schema in the context of self–documenting data models. In *E–R–Approach to Software Engineering*, pages 585–602, 1983.

[MR86]   Leo Mark and Nick Roussopoulos. Metadata management. *COMPUTER*, 19(12):26–36, 1986.

[MR89]   H. Mannila and K.-J. Räihä. Automatic Generation of Test Data for Relational Queries. *Journal of Computer and System Sciences*, 38(2):240–258, 1989.

[NML92]   A. Neufeld, G. Moerkotte, and P.C. Lockemann. Generating Consistent Test Data for a Variable Set of General Consistency Constraints, 1992. Submitted for publication.

[NN85]   L. Neugebauer and K. Neumann. Schemagesteuerte Testdatengenerierung für relationale Datenbanken. Informatik-Bericht 8502, TU Braunschweig, Institut für Informatik, Abtl. Datenbanken und Informationssysteme, 1985.

[Nob83]   H. Noble. The Automatic Generation of Test Data for a Relational Database. *Information Systems*, 8(2):79–86, 1983.

[OS89]   Fred Oertly and Gerald Schiller. Evolutionary database design. In *5th Int. Conf. Data Engineering*, pages 618–624, 1989.

[Pea84]   Judea Pearl. *Heuristics*. Addison–Wesley, 1984.

[Rad91]   K. Radermacher. *Graphikunterstützung für den Datenbankentwurf mit frei-definierten Modellierungskonzepten*. PhD thesis, Universität Karlsruhe, 1991.

[Rad92a]   K. Radermacher. Abstraction Techniques in Semantic Modelling. 2nd European-Japanese Seminar on Information Modelling and Knowledge Bases, Tampere, Finland, June 1992. To appear in: Information Modelling and Knowledge Bases IV, IOS Press, Amsterdam, 1993.

[Rad92b]   K. Radermacher. An Extensible Graphical Programming Environment for Semantic Modelling. In *International Workshop on Interfaces to Database Systems, Glasgow, UK*, July 1992. Proceedings will be published.

[Rad92c]   K. Radermacher. Graphic Support for the Database Design with User-Defined Modelling Concepts. In S. Ohsuga, H. Kangassalo, H. Jaakkola, K. Hori, and N. Yonezaki, editors, *Information Modelling and Knowledge Bases III: Foundations, Theory, and Applications*, pages 301–315. IOS Press, Amsterdam, 1992.

[RGS+92]   Matti Rossi, Mats Gustafsson, Kari Smolander, Lars-Åke Johannson, and Kalle Lyytinen. Metamodeling editor as a front end tool for a case shell.

In *CAiSE '92 Advanced Information Systems Engineering*, 1992.

[Röh89]   J. Röhrle. Dynamische Testdatengenerierung für die Evaluierung von Datenbank-Prototypen. *Informatik Forschung und Entwicklung*, 4:139–148, 1989.

[STM88]   Paul G. Sorensen, Jean-Paul Tremblay, and Andrew J. McAllister. The metaview system for many specification environments. *IEEE Software*, March 1988.

[TYF86]   T. J. Teorey, D. Yang, and J. P. Fry. A logical design methodology for relational database using the extended entity–relationship model. *ACM Comput. Surv.*, 18(2):197–222, 1986.

[US 88]   US Departement of Commerce, National Bureau of Standards. *Initial Graphics Exchange Standard (IGES) Version 4.0*, June 1988.

[VHD87]   *VHDL Language Reference Manual, IEEE 1076 Version.* 1987.

[Wal89]   I. Walter. *Datenbankgestützte Repräsentation und Extraktion von Episodenbeschreibungen aus Bildfolgen*, volume 213 of *Informatik-Fachberichte*. Springer-Verlag, 1989.

[WK88]   P. Wilson and P. Kennicott. Iso step baseline requirements document (ipim). Technical report, ISO TC 184/SC4/WG1 Document Number N284, Oct. 1988.

[WP87]   A.I. Wasserman and P.A. Pircher. A Graphical, Extensible Integrated Environment for Software Development. *ACM SIGPLAN Notices*, 22(1):131–142, January 1987.

[WPSK86] A.I. Wasserman, P.A. Pircher, D.T. Shewmake, and M.L. Kersten. Developing Interactive Information Systems with the User Software Engineering Methodology. *IEEE Transactions on Software Engineering*, SE-12(2):326–345, February 1986.

[WSLN91] I.W. Walter, R. Sturm, P.C. Lockemann, and H.-H. Nagel. A semantic network based deductive database system for image sequence evaluation. In *Proc. 2nd Working Conference on Visual database Systems, IFIP WG 2.6*, pages 251–277, Budapest, Hungary, 1991. Elsevier Science Publishers, North-Holland.

COCOON and KRISYS
– a comparison –

S. Deßloch, T. Härder, F.-J. Leick, N.M. Mattos[1],
University of Kaiserslautern, CS Department
P.O.Box 3049, 6750 Kaiserslautern, Germany
e-mail: {dessloch,haerder,leick}@informatik.uni-kl.de

C. Laasch[2], C. Rich[2], M. Scholl[2], H.-J. Schek
ETH Zürich, CS Department,
ETH Zentrum, CH-8092 Zürich, Switzerland
e-mail: {laasch,rich,scholl,schek}@inf.eth.ch

Abstract

The design of Object Based Systems, which map object-oriented, semantic or knowledge representation models to an underlying database kernel system, in order to close the gap between application and database system, are currently considered as candidates for future database architectures. KRISYS (University of Kaiserslautern) and COCOON (ETH Zürich), as two prototype systems following this kernel architecture approach, will be compared in this report. We give a very short overview of the underlying models and query languages as well as their mapping approaches and their processing models, compare the corresponding features and discuss differences in both systems.

1. Introduction

COCOON and KRISYS have been designed based on the observation that today's database systems supporting simply structured data are quite successful in commercial areas, but future applications need the support for more complex structures, with complex integrity constraints built into the model and with powerful, set–oriented query interfaces. The common idea is to have an object–oriented model (COCOON and KOBRA respectively), supporting flexibility through powerful structuring primitives, rich semantics, and encapsulation, as well as a powerful query and update language (COOL and KOALA respectively), based on a database kernel (DASDBS [SSPW90] and PRIMA [Hä88], respectively) which efficiently supports common database operations, such as storage of and access to complex database records (see Figure 1.1).

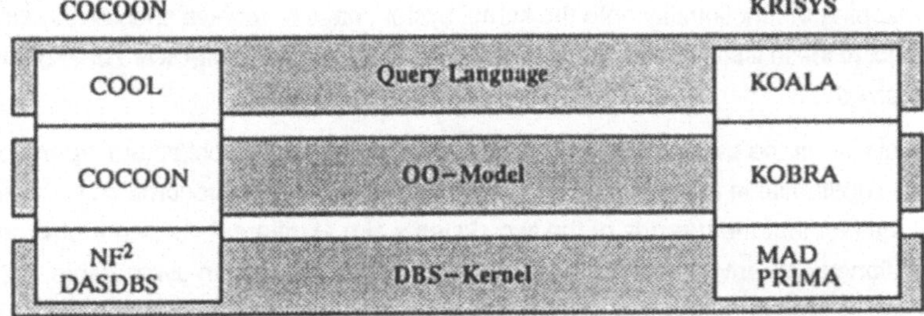

Figure 1.1: COCOON and KRISYS

In order to support the realization of complex applications, it is necessary to provide semantically enriched modeling facilities for representing the objects of the application domain. Both data models, COCOON and

---

1. The current address of Nelson Mattos is: IBM Santa Teresa Laboratory, 555 Bailey Av., San Jose - CA - 95150, USA, e-mail: mattos@stlvm14.vnet.ibm.com.
2. The current address of Christian Laasch, Christian Rich and Marc Scholl is: University of Ulm, CS Department, P.O.Box 4066, 7900 Ulm, Germany, e-mail: {laasch,rich,scholl}@informatik.uni-ulm.de.

KOBRA, offer a variety of concepts to model complex objects. Class and type hierarchies (i.e., classification and generalization), the abstraction concepts of aggregation and association, and methods offer a flexible modeling framework. Additionally, when considering object modeling issues, one can regard not only the efficient object management on behalf of the modeling concepts and their inherent semantics, but also the direct support of the modeling activities (i.e., OB design) by the system as important for application development.

One of the fundamental innovations of the relational approach to databases are non-procedural query languages, which offer high level, set–oriented database access as well as efficiency through optimizations performed by the DBMS as key advantages. Provided that we accept the requirements of new applications to continue to work with such high–level languages in OODBMSs, we have to: (i) extend 'relational–style' languages property, so as to adopt them to the more powerful models, and (ii) extend 'relational–style' query processors to efficiently execute these new query languages. Alternatively, one could come up with new query language paradigms and processing strategies. It was one of the main objectives of the COCOON and KRISYS projects to reach some (at least preliminary) conclusions on the feasibility and performance trade–offs of these approaches.

It is clearly crucial for the success of OODBMSs to find efficient implementations that improve on the performance of relational systems, rather than being powerful in terms of modeling and language features, but just too slow to be used. Up to now, no final conclusion can be drawn on how the architecture of an OODBMS should look like. It is, however, a common anticipation that relational systems as the underlying storage engine would be too slow. Both groups, Kaiserslautern and Zürich had developed prototype database kernel systems that support more flexible structures with operators that go beyond relational queries (PRIMA and DASDBS). They were used as target platforms for the research described below.

The flexibility concerning the modeling and processing inherent in the object models and query languages poses a high demand on the implementation. Even more than in traditional databases, the conceptual structure is difficult to map to an efficient, internal one. Rather, data representing the conceptual objects may be structured completely different for performance reasons. Therefore, the mapping of objects of the models into the structures of the DBS kernel systems, which function as internal interfaces in our systems, has to be considered with great care. The most favorable internal representation is, for example, dependent on the type and frequency of expected queries, that is, the transaction load faced. Additionally, in order to support efficient application execution, all issues related with query evaluation and optimization as well as general considerations about the mapping of functionality onto the kernel system have to receive special attention. Adequate solutions with respect to these issues have to reflect, among other things, the hardware environment for which the system is conceived.

Even though fairly similar in the overall objectives and even in the general architectural approaches, the two projects differ quite substantial in several aspects. The differences, as it will become clear in this paper, are mainly caused by the fact that the designs of the two systems aim at different hardware environments (centralized vs. workstation/server environment). However, the systems still remain comparable, especially w.r.t. their data models and query languages. It is the purpose of this report to provide the main results of a synoptic comparison and (rather preliminary) evaluation of the two architectures. A more thorough discussion, including an overview of the projects, can be found in [DHL+92]. More work, in particular practical experiments, has to be done in order to come to more substantial conclusions.

Throughout this report we will use an architectural design application to explain the models and operations of COCOON and KRISYS, as well as the mapping to the underlying kernels, DASDBS and PRIMA respectively. In this application, we are mainly dealing with rooms, furnishings and areas. All of them are design objects. Rooms are described by their name, orientation, position, size, etc. Size, for example, may be further described by the unit aspect, like square meters. Between certain rooms there is a neighborhood relationship. Furthermore, there are special rooms like parent bedrooms, which are a subset of bedrooms, which again are a subset of rooms. There are a lot of constraints, such as if a room is classified as a bedroom or as a parent-bedroom, it has to contain at least one bed or a double bed respectively, and it has to have a bathroom as a adjoining room. Each room contains a set of furnishings, which are described by their name, price, width, length, height, etc. Each room belongs to some areas, and each area consist of some rooms. That is, the room 'Office1' could be part of the area 'working–area', and may contain furnishings like 'Wooden Desk' and 'Computer'. Example queries in this scenario could be: *'Get the name of all rooms, belonging to area working–area, having no desk, chair and computer'* and *'What furnishings are in rooms, that are on the south side of a house?'*

Figure 1.2 gives a graphical representation of a possible COCOON model for this application. Notice, however, that this graph represents just the core of our example, which will be extended on demand to illustrate special features of the models, COCOON and KRISYS.

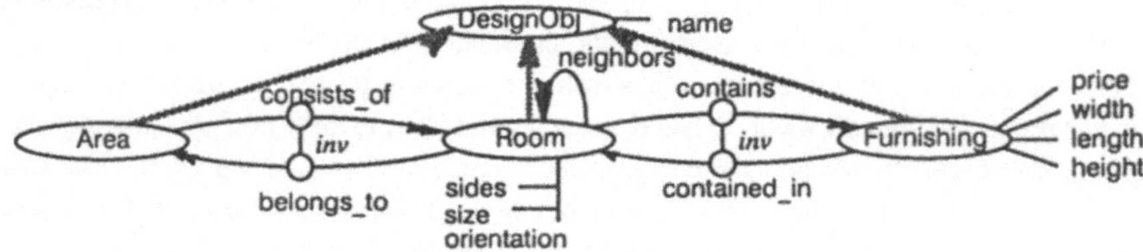

Figure 1.2: Example COCOON Schema

The paper is organized as follows: after a very short description of COCOON and KRISYS concerning model and operations in Section 2, we compare the corresponding features in Section 3. In Section 4, we describe the mapping approaches to the underlying kernel systems DASDBS and KRISYS respectively, and in Section 5 we compare these two approaches. Finally we give a conclusion in Section 6.

2. The Object Models and Languages

Due to space restrictions this section can only summarize the main characteristics of our object models and languages very briefly. An overview of the systems can be found in [SLR+92] and [DHLM92].

2.1 COCOON

Essentially, the COCOON model as described in [SS90a, SS90b, SLR+92] is an object–function model (cf. [WLH90, DMB+87]). We use the following terminology: *Objects* are instances of abstract types, specified by their interface operations. *Data* are instances of concrete types (e.g., numbers, strings) or constructed types, such as tuples or sets [Bee89]. *Functions* are either single– or set–valued retrieval functions or update methods. They are described by their name and signature (that is, domain and range types). *Types* are described by their name and the set of functions that are applicable to their instances. Types are arranged in a *subtype hierarchy* where subtypes inherit functions from their supertypes. Objects can be instances of more than one type at the same time ('multiple instantiations'). *Classes* are typed collections of objects (sometimes also called type extents). Classes are arranged in a *subclass hierarchy* that is exactly the set inclusion between the sets of objects they represent. Objects are 'members of' classes, possibly more than one at a time ('multiple class membership'). Particularly, superclasses contain all members of their subclasses. *Views* are regarded as classes, whose extent is defined by a query [SLT91].

2.1.1 Object Algebra

The key objectives in the design of COOL has been its set–oriented, descriptive characteristics, similar to a relational algebra. In fact, COOL can be seen as an extension of our nested relational query language [SS86]. The algebra is strongly–typed, which is achieved by using the type associated with a class to check whether the operations on the class members are legal. The COOL operations are set–oriented, where the inputs and outputs of the operations are sets of objects. The operations have object–preserving semantics, such that the results of queries are (some of) the existing objects from the database. As query operations we provide set operations (*union, intersect*), selection of objects (*select*), and two type changing operators (*project, extend*). The *pick* operation chooses one object of a set and the *extract* operation generates (nested) relations.

2.1.2 Update Operations

COOL provides generic update operations that maintain model–inherent integrity constraints, make the implementation of methods simpler, and are *ad–hoc* usable [LS92]. The update operators can be divided into four groups, from which the first three groups are defined according to the three modeling concepts variables (including functions), types, and classes: Assignments, operations for object evolution (e.g., *create, gain, lose*), operations for manipulating the extents of classes and views (e.g., *add, remove*), and type–specific methods. The last group are sequences of update operations that allow to keep complex integrity constraints consistent. All update operations are applied to single objects instead of sets. However, in order to allow for set–oriented updates we provide a descriptive iterator (*apply_to_all [upd–seq] (set–expr)*) that takes a sequence of update operations *upd–seq* as a parameter that is executed for each element of a set *set–expr* (e.g., a query result). Thus, we can not only apply any single generic update operations in a set–oriented fashion, but also update sequences or type–specific methods.

2.2 KRISYS

2.2.1 The KOBRA Model

The KOBRA model [Kr89,MM89] integrates descriptive, organizational, and operational aspects of real world objects into one basic concept, called *schema* (not to be confused with a DB schema), which is used to represent entities of the modeled world. A schema (others call it frame, unit, or simply object) is uniquely identified by a name (i.e., object-identifier), and contains a set of attributes to describe its characteristics. Attributes can be of two kinds: *slots* are used for the representation of properties of a schema and of its relationships to other schemata; *methods* are used for expressing behavioral aspects of a schema (e.g., operations, which may change the object state). Attributes can be further described by *aspects* (possible-values and cardinality constraints, default-value, etc.). For object structuring, KOBRA supports the *abstraction concepts* of classification, generalization, association, and aggregation. Their semantics are guaranteed by *built-in reasoning facilities* (e.g., inheritance for classification, generalization) provided by the system and used as the basis for drawing particular conclusions about objects [Ma88a,RHMD87].

Besides the support of advanced modeling concepts, a key objective in the design of KRISYS was to provide not only efficient and reliable management of object bases (OB) but also means for constructing such OB in a step by step fashion. In KRISYS, OB design activities are supported through

- *the elimination of the difference between OB schema and OB contents:* The KOBRA model explicitly integrates meta-information (e.g., descriptions of object types or classes) into the OB.
- *an incremental application development methodology:* During the construction process, the OB designer uses the object model as a design tool. As he/she extends and modifies the OB schema or contents, the built-in reasoning facilities are dynamically activated by the system in order to reflect the consequences of

design modifications and control the consistency of the design, preserving any kind of information already specified even in the case of complex redesigns or reformulations.

2.2.2 The Language KOALA

KOALA provides for the user, application, or OB designer an abstract, functional view of the OB, defined by means of the operations TELL and ASK to respectively assert the truth of (pieces of) knowledge within the OB, thereby provoking modifications in it, and to retrieve information. For example, the ASK statement below retrieves the schema name and the orientation of all bedrooms belonging to the living-area.

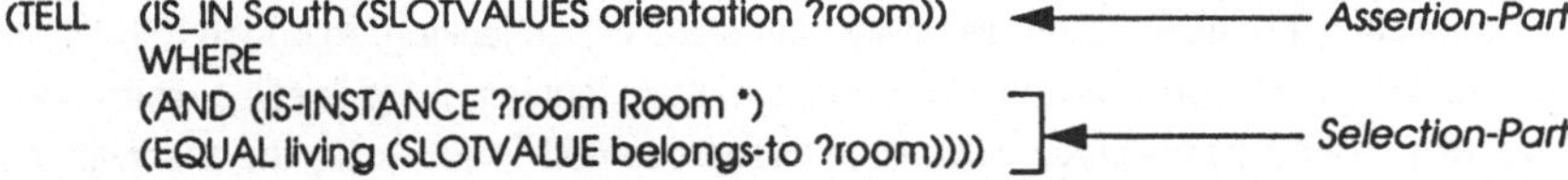

The selection part of the ASK statement is expressed as a formula using logical connectives and predefined predicates (e.g., IS-INSTANCE) and functions (e.g., SLOTVALUES) that embody the semantics of the KO-BRA model. Set-oriented retrieval of information is specified through the use of variables in the selection (e.g., '?room' in the query above). The variables also appear in the projection part of the query. Join-like operations are formulated in KOALA by either nesting SLOTVALUE-functions or by using more than one query variable.

The TELL statement may be used to modify the contents of a OB. Set orientation is easily achieved through correspondence of variables in the selection and assertion parts. For example, the statement

asserts, that all rooms belonging to a living-area should have 'South' as a value of their 'orientation' attributes.

KOALA allows multiple assertions, which may refer to objects of several classes, within one TELL-statement. Note that when specifying assertions, the user does not specify an operation to be performed but simply describes a state to be achieved. It is the *responsibility of the system to determine the operations (e.g., create, delete, modify) by which this state can be reached.* If, for example, the asserted information is already represented in the OB, KRISYS will carry out no operation at all. This approach is especially important for the support of rule–based processing (see [DLM90] for details).

Additionally, predicates and terms referring to meta-information may also be used in ASK and TELL statements in combination with any other predicate. This allows the usage of KOALA for OB design purposes and extends the expressive power of the language significantly.

3. Comparison of the Models and Languages

When comparing COCOON with KRISYS, one easily realizes differences that go back to the overall objectives of both models. The KOBRA model and the query language of KRISYS, KOALA, are more expressive (due to concepts like association, aggregation, rules, more integrity constraints, demons, and recursive queries) and do not separate the database schema from its instances. The reason for the latter is, that KRISYS was not only developed as a database system, but also as a design tool that supports the prototyping process. However, prototyping is beyond the scope of the COCOON model. Instead, COCOON supports only few essential concepts that allow efficient processing of objects (like static type–checking, and a query algebra).

In the following we discuss how concepts of each model are reflected in the other one, and we show the differences between the models and query languages.

3.1 The Object Models

3.1.1 Object Types and Collections

Both the COCOON and the KOBRA model support the definition of object types and/or collections, which can be organized as hierarchies (or networks), and are closely related to the notions of object structure (and behavior), inheritance, set membership and inclusion, as well as membership conditions[MMM92]. Also, both systems allow objects to belong to several types and collections at the same time and support multiple inheritance.

The COCOON model explicitly distinguishes the concepts of types, which include state–independent information (like signatures of functions), and classes (i.e., state dependent collections), because of the following reasons: First, the separation allows static type–checking. Secondly, due to this separation the definition of different collections with the same type becomes possible (e.g., a class of all rooms, and a class of the rooms in my flat). Thirdly, the case that the subtype–relationship holds in the opposite direction to the subset–relationship (which occurs already between classes and query results, if the queries contains a projection and a selection, e.g., see Figure 3.2) can be taken into account. Without this separation the class and the query result cannot be related to each other.

In KRISYS the notion of an object type is not supported by a separate concept, but is integrated with the notion of its extension into one uniform concept, the class. Type checking is performed dynamically at run time, which is of course less efficient, but allows more flexibility than static type checking. Although KRISYS automatically associates with an object type a default collection, i.e., its extension, there is still a distinction between classes and arbitrary collections of objects, which can be represented as sets using the association concept. Sets can be associated with classes by restricting the possible elements of a set to instances of the class. One may, for example define an object 'rooms-in-my-flat' as a set of 'rooms' (see Figure 3.1).

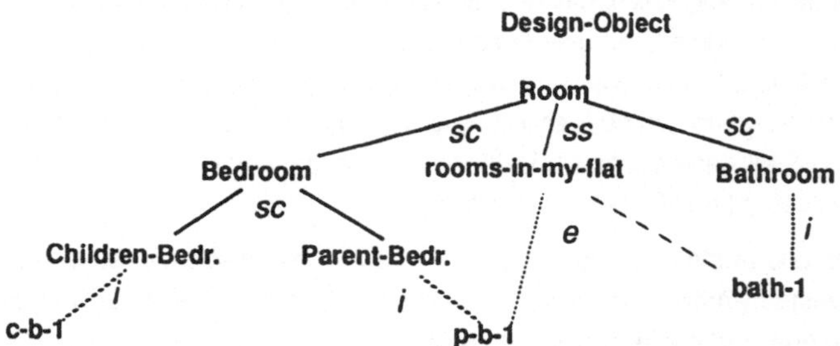

Figure 3.1: Defining arbitrary object collections with the association concept

3.1.2 View Definitions

COCOON supports views, for the same reasons as in the relational model. Due to the closure property of COOL any query (except *pick* and *extract*, which do not return sets of objects) can be used as a view definition. The only difference between views and classes is that the extent of views is derived by the system. Therefore, both can be used in subsequent query or update operations. Particularly, views become part of the global schema and are automatically classified into the class–hierarchy.

For example, a view that contains the functions *name, neighbors, size* of large rooms can be defined by the following expression:

define view *LargeRoomV* **as project** [*name, neighbors, size*](**select** [*size > 16*](*RoomC*))

The position of the view in the class hierarchy is determined by a classifier, which derives the shaded arrow in Figure 3.2.

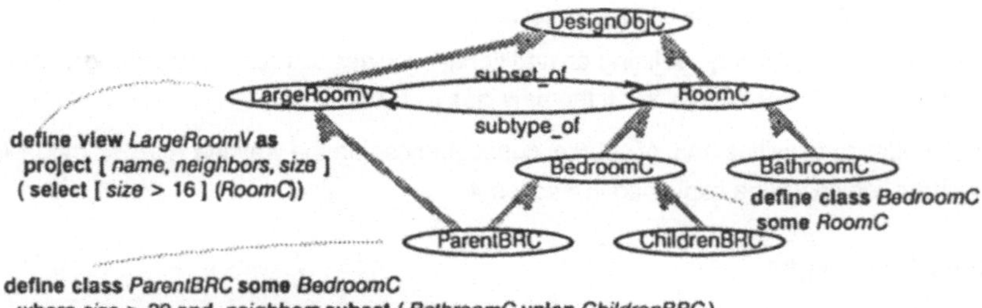

Figure 3.2 : Result of the classification of the view *LargeRoomV*

The concept of view definitions is not directly supported in KRISYS, but the association concept may be employed in a similar way. Membership stipulations may be used as an intensional description of a set of objects, which is roughly equivalent to the select–views of COCOON. In order to define large rooms in KOBRA, one would define the set 'large–rooms' using the association concept (see Figure 3.3), and define a membership stipulation (size > 16) for it, which corresponds to the select part of the view definition in Figure 3.2. The project part, however, is not supported in this definition. Additionally, positioning the set within the generalization or association hierarchy is not carried out by the system, but has to be performed explicitly by the user.

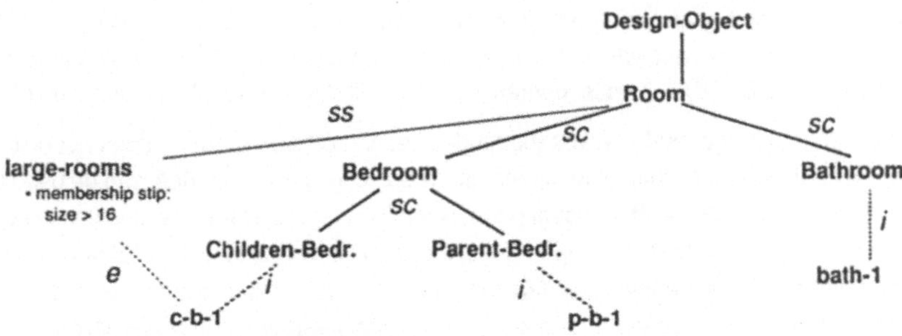

Figure 3.3: Using membership stipulations for defining 'selection-views'

3.1.3 Object Base Design Support

In COCOON, we find a strict separation of the database design and the operation phase, and only the operation phase of an application is supported by the data management facilities of the system. Therefore COCOON regards meta–information (i.e., the OB schema) as rather stable, and concentrates on object management tasks. Nevertheless, there are considerations to introduce more flexibility, particularly on the application of the standard COOL operations for realizing schema evolution [TS92]. However, the storage structures of COCOON are optimized for bulk operations on objects for a relative stable storage schema.

KRISYS, on the other hand, can be seen not only as an object base management system, but also as a modeling tool for object bases. Meta information is integrated into the OB and can be flexibly changed or extended by the OB designer in an interactive fashion without loss of information (w.r.t. the OB 'instance'). As already sketched in Section 2, the built–in reasoning facilities of the abstraction concepts are the basis for this dynamic modeling support. Changes of (as well as queries on) meta information are supported within the framework of KOALA, therefore providing powerful means for incremental OB development and set-oriented reorganization. For example, the statement

```
(TELL   (IS-SUBCLASS livingroom room 1)
        (IS-INSTANCE ?room livingroom 1)
 WHERE
        (AND (IS-INSTANCE ?room Bedroom *)
```

(EQUAL living (SLOTVALUE belongs-to ?room))))

performs a typical modeling activity, defining an additional subclass of 'rooms' (i.e., 'livingroom'), and reorganizing the existing instances of 'rooms' w.r.t. the new class.

The support of modeling activities has, of course, consequences on the way the KOBRA model is mapped to the PRIMA system, which will be explained in Section 4.

3.2 The Query Languages

COOL and KOALA differ in their expressiveness (besides obvious syntactical discrepancies), which has already been outlined above and will not be further elaborated here. Instead, we point out in the following several issues related to query language semantics in order to compare the two languages w.r.t. their fundamental properties.

3.2.1 Closure Property

When considering the result of a query, it is important whether the query 'leaves' the object model in the sense that it does not return objects of the model, but only information about objects to the application, or whether the query is closed w.r.t. the object model. The latter is indispensable for views and subqueries.

As an algebra, in which nesting and composition of query operations is inevitable, all query operations of COOL - except the operation *extract*, which is used for the presentation of values to users (see below) - are closed against the model COCOON. This is, operations are applied to and result in typed sets of objects.

In KOALA, an ASK statement generally leaves the model, i.e., the closure property does not hold. However, the instantiations of query variables that might appear in the selection part of queries, can be used as an input for update operations (TELL statement) and during the execution of rules, which are also specified using KOALA. In order to use query results for further operations, they can be inserted into the OB (e.g. as a temporary result) by an appropriate TELL statement. The fact that the query variables preserve the model semantics is also sufficient for guaranteeing an operational closure for the query algebra of KOALA, which is fundamental for query evaluation and optimization.

3.2.2 Object Preserving Operations

During query evaluation, a sequence of operations is performed, which produce new results out of existing temporary or base information. Contrary to relational systems, that are strictly value–based, it is important to distinguish OODBMS operations which generate new objects from their input and operations that preserve the objects in their identity. Since object identifiers are commonly used as object references for example in attribute values, the use of object generating operations may cause severe problems in update operations, and if the retrieved objects are temporarily stored and used for subsequent queries.

Object preserving semantics is the central concept in COOL that allows a straightforward view definition facility. Because the objects contained in views are the *same* ones as in the base classes, updates applied to views can easily be propagated to the base classes and vice–versa [SLT91]. Additionally, object preservation allows to position views close to the base class in the class hierarchy (e.g., see Figure 3.2).

In KOALA, an ASK statement leaves the model, therefore satisfying the object preserving semantics in a trivial form. But also the instantiations of query variables are treated in an object preserving manner. No objects are created during the evaluation of an ASK statement or the selection part of a TELL statement. Even join–like operations do not create new objects, but only cause a recording of the association of objects to be joined.

3.2.3 Presentation of Query Results

In order to present query results to users or programming languages that can not use the OID, COOL offers the value generating operation *extract* that generates (nested) relations [SS90b, SLR+92]. This is, similarly to the relational projection, a list of functions, which might include nested *extract* statements, defines the schema of the result relation.

In contrast to the *extract* operation, the result of an ASK statement of KOALA might be a heterogeneous value. For example, a query might request the complete object descriptions of all instances of a certain class (e.g., 'furnishings'), where not only direct, but also transitive instances (i.e., instances of subclasses) shall be included. If no special option in the projection clause is given, the query yields the complete objects (including additional attributes according to subclasses). Otherwise, the result is made homogeneous. Note, however, that heterogeneous results may be desired by the user or application.

3.2.4 Update Operations

COOL provides generic update operations (e.g., insert, delete) for changing the contents of an OB. The advantage of the generic update operations is that they have a deterministic semantics, are defined with respect to all model–inherent integrity constraints, and that they can be used for the implementation of more complex update methods [LS92]. Thus, more sophisticated application–specific constraints can be implemented in terms of methods that contain generic update operations as elementary operations.

In contrast to COOL, where changes are required by giving the exact operation to be performed, KOALA supports the notion of state–orientation, meaning that the user does not have to determine the kind of operation to be performed, but simply describes a state to be achieved. It is then the responsibility of the system to determine the exact operation necessary to reach this state. Changes are therefore not specified in terms of update, insert, and delete operations, but are accomplished by a general TELL statement.

4. Mapping the Object Models to the Database Kernel Systems

4.1 Mapping COCOON to DASDBS

In this section we describe the mapping of the COCOON object model to the DASDBS kernel system [SSPW90]. DASDBS was chosen as the storage system, because of its support for complex storage structures. First of all, the support of nested relations allows for the storage of hierarchically clustered data. That is, we have hierarchical access structures with an arbitrary level of nesting, as well as the opportunity to define nested join indices. This can be very useful to store COCOON objects and the 'relationships' between them. Second, the DASDBS interface offers powerful data retrieval and manipulation operations. The system has a set-oriented, algebraic interface, with efficient operations on complex objects.

The overall architecture of the COCOON implementation on top of the DASDBS kernel system is shown in Figure 4.1. The two aspects of this architecture, structure mapping and operations mapping, are realized in the physical design tool and the query optimizer, respectively. Physical design uses the COCOON schema, statistics about cardinalities and distribution, and a description of a transaction load to propose a good internal storage structure expressed in terms of nested DASDBS relations. At transaction processing time, the optimizer has to translate COOL operations down to operations on these physical NF^2 structures. The execution plans generated consist of physical NF^2 algebra operators, some of which, such as joins, are implemented in the high–level query processor, others are DASDBS kernel calls. In the sequel, we elaborate on each of these two aspects separately.

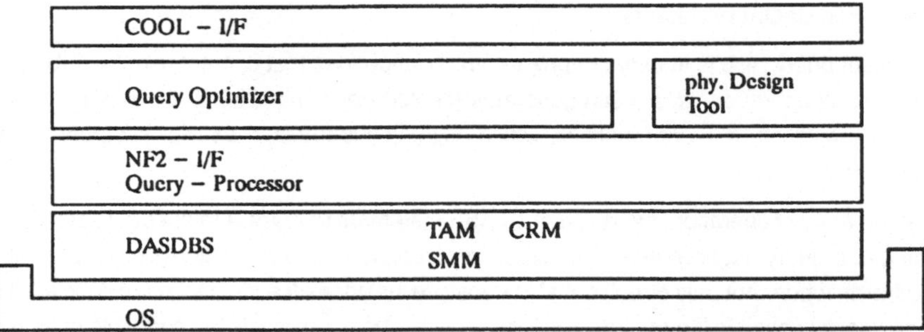

Figure 4.1: The COCOON – DASDBS Architecture

4.1.1 Physical Database Design

In this section, we discuss the mapping of COCOON schemas to nested relations (DASDBS) [Sch92]. That is, given a COCOON database schema, what are the alternatives for the internal DB layouts, and further, given a transaction load, which internal DB layout results in the least overall cost of transaction execution. In order to explain the alternatives for mapping COCOON database schemas to nested relations at the physical level, we proceed by stepping through the basic concepts of the COCOON object model, and showing the implementation choices. Since the choices for each of the concepts combine orthogonally, this spans a large decision space that is investigated by the physical database design tool.

- *Implementing Objects:* According to the object–function paradigm of COCOON, an object itself is sufficiently implemented by a unique identifier (OID), that is generated by the system. All data related to an object in one way or the other will refer to this identifier (see below).
- *Implementing Functions:* In COCOON, functions are the basic way of associating information (data values or other objects) to objects. Obviously there are many choices on how to implement functions. The decision space as far as function implementations are concerned includes: (1) embedded versus decoupled storage of functions, (2) references versus objects for object–valued functions, (3) with versus without backward references, and (4) with versus without physical references (TIDs) in addition to logical references (OIDs).
- *Implementing Types, Classes, and Inheritance:* The COCOON model separates between types and classes, this results in having the choice to do the design for types of objects, or for individual classes. Currently, we do the physical design on a type basis, and classes are implemented as views over their underlying type table. Further, there are additional choices, like how to implement inheritance hierarchies, i.e., subtypes and subclasses, and class predicates. Objects can be partitioned (1) vertically, (2) horizontally, or not at all.

The *Physical Design Tool* considers some of the above alternatives and produces an internal nested relational schema for use with DASDBS, derived from a conceptual COCOON schema, a load description, and a cost model. The system was developed in a sequence of master theses [Gro91, Goe91, Sto92]; it is implemented in PROLOG.

4.1.2 Query Optimization

In this section, we sketch the transformation and optimization of queries that are given to the system in terms of the COCOON database schema. It is the task of the query optimizer to map these COOL queries down to the physical level by: (i) transforming them to the nested relational model and algebra as available at the DASDBS kernel interface, and (ii) select a good (if not the best) execution strategy.

Our proposal proceeds in two phases: the first one uses the information about the physical database schema for a transformation of the given COOL query into a nested relational algebra representation. The second

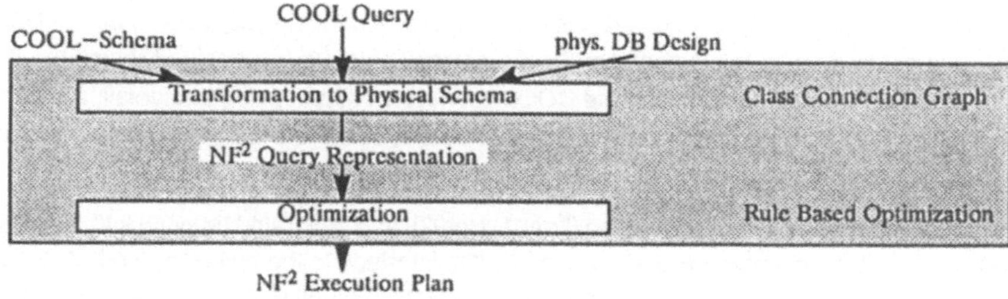

Figure 4.2: Optimizer Architecture

phase following the transformation chooses the specific execution strategy, e.g. the ordering of operators, as well as the best implementation strategies. For example, whether a nested loop or a sort merge join is selected. This leads to the architecture shown in Figure 4.2 of our query optimization process.

In the first step, the transformation task, we use a 'Class Connection Graph'. We will elaborate more on that in the following. The second step, that is, the optimization phase, we use a rule–based algebraic query optimizer, generated with the EXODUS Optimizer Generator [GD87].

4.1.3 Transforming COOL–Queries onto the Physical Schema

The input to the optimizer is a COOL–query expressed on the conceptual schema, while the transformations apply to execution plans, i.e., on the physical schema. Therefore, we have to do a translation to an algebraic query representation on the physical schema first. To do this, we use a Class Connection Graph similar to the one proposed in [LV91].

After the input query is parsed, the optimizer scans at the same time the query graph (a graph representing the given query) and a physical schema graph. From these, the class connection graph is constructed. The nodes of a class connection graph represent classes which are affected by the given query. The edges are the functions involved in the query, connecting classes via implicit or explicit joins. There are three different kinds of edges, depending on the physical representation of these functions, i.e. did we store logical OIDs, physical references, or is this object function materialized. In case a class extension would be stored vertically fragmented, this would result in having a class for each fragment, all of them connected with corresponding arcs. A class connection graph represents a given query, without any hints on execution orders, that is, all possible execution plans can be generated from the class connection graph. For example, we have the choice to perform forward or backward traversals, or to start in the middle of a path, as well as to interleave other operations with the traversal.

4.1.4 Optimization of Query Execution Plans

To represent execution plans for the base system (DASDBS kernel and query processor) we use processing trees. The leaf nodes, which represent complex operations on one DASDBS relation, are performed (in a set–oriented way) by the DASDBS kernel. Internal nodes are performed in the COOL–specific query processor (in a streaming mode). Given a query, obviously there are many equivalent processing trees, that is, alternatives to execute the query. These alternatives result from a number of open choices, like: (1) Join Ordering (forward or backward traversals, or starting in the middle of a path query), (2) Pushing Selections, (3) Pushing Projections, (3) Method Selection, or (4) Index Selection. Almost all of theses choices can be combined orthogonally, such that the number of equivalent processing trees grows extremely fast with increasing query complexity.

The task of the query optimizer is to find the least expensive execution plan for a given query, without considering as many as possible alternatives, which will (at least with high probability) not lead to the optimal execution plan. Due to the fact that a query optimizer is one of the most intricate subsystems of a database system, it is desirable not to start an implementation from scratch. Therefore, we decided to use the EXODUS optimizer generator for the implementation of the COOL optimizer. Without going into detail, a cost model to estimate the quality of execution plans, as well as rules to describe possible transformations have to be defined by the implementor of the optimizer, the search strategy is provided by EXODUS.

A first prototype optimizer has been implemented [Lae91, Hof92], and integrated [May92] into the COCOON–DASDBS system. COOL queries are passed from the COOL interface to the optimizer, and after translation onto the physical schema and optimization, execution plans can be passed to the query processor to execute the query on the DASDBS kernel. The functionality includes removal of redundant operations, the combination of operations, and select–project–join ordering, for nested relations. Nested Loop–, Nested Block–, and Sort Merge Joins are considered as implementation strategies. After the completion of the implementations of pointer based join algorithms [Wil91], these methods will also be added to the optimizer's repertoire. Since our goal was to evaluate the advantages and cost of using a complex record (DASDBS) instead of flat record (RDBMS) storage manager, the main emphasis has been on the effects of hierarchical clustering and embedded references, indexes played only a supporting role; future improvements should include indexes as well.

4.2 Mapping KRISYS to PRIMA

4.2.1 The Molecule-Atom Data Model

KRISYS uses the NDBS kernel PRIMA [HMMS87], which provides the molecule-atom data model (MAD model [Mi88]) and its query language MQL, in order to efficiently store and access the complex objects on secondary storage. The basic building blocks of the MAD model are *atoms*, which may be compared to tuples in the relational model. Atoms belong to exactly one *atom type* and are uniquely identified by their identifier. An atom type has attributes of certain data types (even complex types built by LIST and SET constructors are allowed), and atoms consist of corresponding values.

Atom types may be connected to one another by link types (a pair of attributes of type REFERENCE) representing a binary relationship type (1:1, 1:n, m:n). Analogously, atoms can be symmetrically linked to one another by a link of such a link type. Thus, the schema of the database consists of a network of atom types, and the database consists of a network of atoms.

Based on the atom type network *molecule types* may be defined within the FROM clause of MQL queries by specifying a directed coherent subgraph of the database schema and assigning a direction to each link type, such that the resulting directed graph has exactly one root (the so-called *root atom type*). *Molecules* are formed from the atom network by following the links among the atoms in the direction defined by molecule type definition. For each atom of the root atom type a molecule is derived. One can also define recursive molecule types [Sch89], which construct the transitive closure of the component molecule type.

4.2.2 Mapping Scheme of KRISYS

KRISYS is used in different situations during the life cycle of an application with quite differing requirements concerning the system as a whole, but especially the mapping. During application development KRISYS is used as a modeling tool supporting an incremental modeling process and during application processing it is used as a runtime environment.

During the development phase of an application object definitions and abstraction hierarchies are constantly being changed or extended. Therefore, mapping objects representing meta-information (e.g., classes) to MAD schema information (e.g., atom types) would be ineffective because most KOBRA operations would provoke modifications on the MAD schema (e.g., to define, remove, expand, or shrink atom types, change attribute specifications, etc.). For this reason, the chosen mapping of KOBRA knowledge structures to MAD treats all objects of the KB (i.e., classes as well as instances) in an uniform manner as structures consisting of a set of attributes which, in turn, are composed of a set of aspects. The MAD schema can be seen as a kind of meta-schema, reflecting the basic modeling concepts of KOBRA, and not the application domain (i.e., specific classes, sets, etc.).

The above mentioned flexibility is no longer required during application processing. In this phase, objects are often selected as a whole in order to store them in an application buffer and written back into the KB later on. Therefore, we can choose more specific mappings for this phase, leading to significant gains in performance. Naturally, in order to exploit such specific mapping schemes, the MAD schema and the corresponding transformation process of KOBRA objects to MAD atoms must not be fixed to a certain mapping scheme, but has to be tailored to the structures and the processing characteristics of the applications. Our investigation of the applications developed with KRISYS has shown that the structure of their KBs differ very much (e.g., in the number of hierarchies, the kind of abstraction hierarchies (generalization, association, aggregation), their height, their shape (only trees or even graphs), in the distribution of the instances in the hierarchy, etc.). Furthermore, the processing characteristics of the applications are also very different (e.g., the processing paradigm (object-oriented, data-driven, rule-based, hybrid), the use of context definitions, the kinds of queries, frequency of updates, existence of schema evolution, etc.). KRISYS uses such information to generate an application-oriented and consequently efficient mapping scheme for each application [Sch91].

Our approach is to extend the development phase of an application by an additional phase. During this phase, a rule-based XPS [Su91] (an application of KRISYS) analyzes the structure of the KB as well as the processing characteristics of the application to derive an adjusted MAD schema. Furthermore a declarative description of the mapping of the KOBRA structures (i.e., the sets, classes, etc.) to atom types is generated to enable the generation of MQL queries during application processing. Finally, the KB is transformed.

4.2.3 Processing Model of KRISYS

In the previous section, we have described the mapping of KOBRA object structures onto the MAD model, but we have not yet explained, how KRISYS operations (e.g., KOALA statements) are supported by PRIMA.

KRISYS was designed to fit into a workstation/server environment with the applications running on powerful workstation having access to centralized information maintained by a server component. In such an environment, the coupling of the workstation and server becomes a performance-critical issue. In order to minimize communication traffic and accesses to the server, KRISYS follows a loose coupling approach which exploits the high degree of locality of reference of the application on the workstation side. KRISYS

- maintains a main memory buffer on the workstation side (called working memory (WM)) [La91], in which referenced objects are kept close to the application during processing, and
- supports query processing not only at the server (PRIMA), but also at the workstation in order to exploit the WM contents [Hä91, St92].

In its algebraic query processing framework [Hä91], KRISYS allows the delegation of subqueries (i.e., complete subtrees of the algebra graph for our KOALA queries) to the PRIMA component during query evaluation at the workstation. Special plan operators in the execution plan are used to indicate, that parts of the query

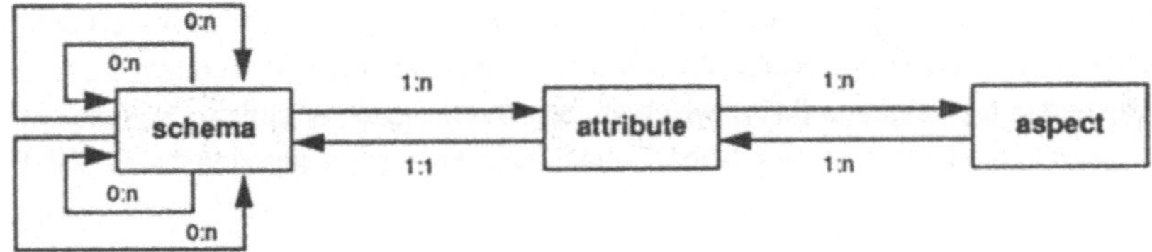

Fig. 4.3: MAD-schema diagram during application development

should be transformed into an equivalent MQL query using the mapping information. The decision whether to execute a (sub-) query at the workstation or delegate it to the server is mainly based on the following influences.

- *Contents of the WM*: Subqueries that require objects not present in the WM are delegated to PRIMA. In order to decide this, the query optimizer interacts with a component called Context Manager (CM) [St92], which maintains a declarative description of the contents of the WM. Each time a subquery is delegated and the results of this subquery are brought into the buffer, the CM treats this result as a so-called context and updates the description.

- *Semantic gap between workstation and server.* Looking at the main architectural components of KRISYS, one easily recognizes a kind of semantic gap between KOBRA, the object model of KRISYS, and the MAD model. Several KOBRA concepts, like the abstraction concepts of association and generalization as well as methods, demons and rules, are not known in MAD. Because especially the operational concepts (i.e., methods, demons, and rules) may contain significant parts of the application, it is not desirable to include them in the functionality of the server, which would then be hopelessly overloaded[De91,Ma91]. Due to this semantic gap, it is usually not possible to delegate all parts of a query, but the optimizer can always construct an algebra graph, which contains select operations as it's leaves that can be delegated.

5. Comparison of the Mapping Approaches

At a first glance, the mapping of COCOON and KRISYS onto secondary storage looks quite similar. Both systems follow the so-called database system kernel approach [HR85] using a database management system kernel (DBMS kernel) - DASDBS in the case of COCOON and PRIMA in the case of KRISYS - in order to manage complex structured data on secondary storage. Following this approach, COCOON as well as KRISYS are concerned with two identical questions: how to map the object model to the model of the underlying DBMS kernel and how to use the functionality of the DBMS kernel during query processing., i.e., the kind of interaction between the DBMS kernel and the upper components of the system.

However, a closer look to the two approaches described in the previous section shows some important differences concerning the functionality of the DBMS kernel as well as the mapping of the object model and the interaction between the DBMS kernel and the upper components of the two systems.

Functionality of the DBMS kernel

DASDBS, the DBMS kernel of COCOON, is a complex object storage system according to the NF^2 model. It supports general NF^2 structures, that is, it allows for the storage of hierarchically clustered data with an arbitrary level of nesting, supports hierarchical access structures, and, for example, the opportunity to define nested join indices. The structure of the complex objects is defined statically in the database schema. Network and recursive structures cannot be modeled directly at this level. DASDBS offers a powerful descriptive, set-oriented, algebraic interface with efficient operations on complex objects. All kernel operations are performed in a single scan through the data.

On the other hand, PRIMA, the DBMS kernel of KRISYS supports the MAD model, which allows for the definition of complex objects of an arbitrary structure (even network and recursive structures), called molecules, from simple structured elementary objects, called atoms, which are building a network by means of structural connections. Molecules are defined dynamically at query time. At its interface, PRIMA offers a powerful, descriptive and set-oriented query language (MQL) which enables the selection of arbitrary complex and even recursive molecules built from atoms of several types. Furthermore, MQL even supports the qualified projection of atoms.

Interaction between the DBMS kernel and the upper layers

In order to perform COOL queries, a strong interaction is possible between COCOON and DASDBS. COOL is very similar to the nested algebra of DASDBS, which enables an efficient transformation and optimization, resulting in query processing in an integrated manner.

KRISYS follows a totally different approach with respect to the database system kernel architecture. In order to support processing in a workstation/server environment, the DBMS kernel which is running on the server is only loosely coupled with the upper components of KRISYS running on a workstation. KRISYS maintains some kind of application buffer, the working-memory, which temporarily stores objects, in order to use the locality of the application on the workstation. Based on a declarative description of the WM contents, KRISYS realizes a hybrid processing scheme, which allows parts of a query to be processed at the workstation, thereby exploiting workstation locality, while others may be delegated to the server for execution.

Mapping of the object model

COCOON strictly separates OB schema and instance information. Furthermore, it was developed as an object management system. For these reasons, COCOON can easily provide a simple default mapping. Nevertheless, there are many possibilities of mapping the objects to the NF^2-Model. This results in being superior, due to flexible database layouts, whose efficiency can be tailored to operations performed on the objects as well as the kind of relationship between the objects. For this reason, COCOON uses a physical design tool in order to choose a more efficient mapping w.r.t. the overall transaction load faced.

KRISYS, on the other hand, was designed as a modeling tool as well as a runtime environment. Therefore no distinction between schema information and instance information is made in KRISYS. During the application development phase KRISYS supports a flexible, but less efficient mapping to PRIMA, since schema modifications can occur very often and a lot of information needed to define a adequate mapping is not known (e.g., the type of the attribute or its cardinality). Similar to COCOON and for the same reasons it uses an expert system in order to generate an appropriate mapping for application processing after the completion of the modeling phase.

6. Conclusions

In this paper, we have presented an overview and a synoptic comparison of two OODBMSs, COCOON and KRISYS, which have been developed at the ETH Zürich and the University of Kaiserslautern, respectively. The architecture of both systems follows the database kernel system approach, where the functionality of the object model and the language is supported by a database kernel providing common data management tasks.

A closer look at the architectural layers of COCOON and KRISYS reveals not only commonalities, but also a number of important differences. Besides the presence or absence of some modeling or language constructs in one or the other system, our comparison has also revealed more fundamental differences, which are to a large extent provoked by differing key assumptions under which the systems have been developed.

First of all, one has to look at the basic functionality provided by each system. While COCOON was developed as a pure object management system with emphasis on efficiency, update integrity and schema evolution, one of the main goals in the design of KRISYS was to additionally provide the functionality of a modeling tool, i.e., system support for incremental OB and application development. The influences of these different pre-assumptions can be located at all layers of the system. COCOON, on one hand, strictly separates OB schema and instance information and follows an evolutionary approach, extending efficient language and processing concepts of relational-style systems. KRISYS, on the other hand, integrates schema information into the OB, supports a 'dynamic' behavior of the abstraction concepts, and provides access to meta-information in it's query language in order to realize the required functionality. This basic requirement also influences the approaches for mapping object structures onto the underlying DBMS kernels. While COCOON can provide a default mapping scheme which is relatively close to an optimized one, KRISYS uses a default mapping tailored towards the application development phase, which is far less efficient than the optimized mapping, but easily allows schema modifications.

The second key assumption refers to the hardware environment the systems should match. COCOON more or less assumes a centralized environment, while KRISYS fits into the general processing scheme of workstation/server environments. Therefore, the distinct architectural layers may be integrated more closely in CO-COON w.r.t. their interaction and the overall functionality than in KRISYS. Here, the system consists (from a hardware point of view) of two merely independent, loosely coupled components, namely the workstation component, providing the object model and query language functionality, and the server, where the DBMS kernel is located. Consequently, the processing models of both systems differ significantly. In COCOON, query processing is performed in an 'integrated' way in one system component, while KRISYS supports query evaluation at the workstation *and* the server, in order to allow a 'two-staged' execution strategy, which exploits processing locality at the workstation. In the same way, the two DBMS kernel systems differ in the complexity of tasks to be performed in the overall system. In COCOON, the internal DASDBS kernel interface supports complex operations on one NF^2-relation, allowing efficient evaluation in a single scan through the data, whereas some complex operations have to be performed in the high-level query processor in order to evaluate COOL queries. Contrarily, the PRIMA system provides full-fledged DML functionality, thereby also allowing the delegation of complex subqueries from the workstation to the server.

Because of their significant effects revealed by our comparison, we can conclude that the above mentioned key assumptions can be seen as important points of choice in designing an OODBMS w.r.t. their impact on the functionality to be provided by the distinct system components.

In both projects, future activities will be directed towards the refinement of the above presented concepts, which will also involve performance evaluations. In KRISYS, especially the processing model and the interaction between workstation and server during query processing offers a large field for research activities. For example, the exploitation of parallelism in this framework seems to be promising and is currently investigated in the project. In COCOON, the implementation of efficient update and schema evolution operations is currently in progress. Performance experiments of COCOON realizations on top of DASDBS as explained here and on top of Oracle are being carried out. The results of these activities will certainly offer more potential for another in depth comparison in the future.

References

[Bee89]   Beeri, C. : Formal Models for Object Oriented Databases (Invited Paper), Proc. First Int'l. Conf. on Deductive and Object–Oriented Databases, Kyoto, Japan, December 4–6, 1989. Revised version appeared in Data & Knowledge Engineering,Vol.5, North–Holland.

[De91]   Deßloch, S.: Handling Integrity in a KBMS Architecture for Workstation/Server Environments, in: Proc. GI-Fachtagung "Datenbanksysteme in Büro, Technik und Wissenschaft", Kaiserslautern, März 1991, Hrsg. H.-J. Appelrath, Informatik-Fachberichte 270, Springer-Verlag, S.89-108.

[DHLM92]   Deßloch,S., Härder, T., Leick F.-J., Mattos N.: KRISYS - A KBMS Supporting the Development and Processing of Advanced Applications, in this book.

[DHL+92]   Deßloch,S., Härder, T., Leick F.-J., Mattos N., Laasch, C., Rich C., Scholl, M., Schek, H.-J.: KRISYS and COCOON - A Survey and Comparison, ZRI Report, University of Kaiserslautern, 1992.

DLM90]   Deßloch, S., Leick, F.-J., Mattos, N.M.: A State-oriented Approach to the Specification of Rules and Queries in KBMS, ZRI-Report 4/90, University of Kaiserslautern, July 1990.

[DMB+87]   Dayal, U., Manola, F., Buchmann, A., Chakravarthy, U., Goldhirsch, D., Heiler, S., Orenstein, J., Rosenthal A.: Simplifying Complex Objects: The {PROBE} Approach to Modeling and Querying Theme, In. H.-J. Schek, G. Schlageter, editors, Proc. GI Conf. on Database Systems for Office, Engineering and Scientific Applications, p.17, Darmstadt, Germany, April 1987, IFB 136, Springer Verlag,Heidelberg.

[GD87]   Graefe, G., DeWitt, D.J.: The EXODUS Optimizer Generator, Proc. ACM SIGMOD Conf., p. 160, San Francisco, CA, May 1987.

[Goe91]   Goehring, A.: Adaptiver physischer DBEntwurf für objektorientierte Datenbanksysteme, Diplomarbeit, Zürich, 1991.

[Gro91]   Gross, R.: Physischer Datenbankentwurf für objekt–orientierte Datenbanksysteme, Diplomarbeit, ETH–Zürich, Departement Informatik, Zürich, 1991.

[Hä88]   Härder, T. (ed.): The PRIMA Project Design and Implementation of a Non-Standard Database System, SFB 124 Research Report No. 26/88, University of Kaiserslautern, Kaiserslautern, 1988.

[Hä91]   Hänsel, E.: Die Anfragenverarbeitung im Wissensbankverwaltungssystem KRISYS, Diplomarbeit, Fachbereich Informatik, Universität Kaiserslautern, 1991.

[HMMS87] Härder, T., Meyer-Wegener, K., Mitschang, B., Sikeler, A.: PRIMA - A DBMS Prototype Supporting Engineering Applications, in: Proc. 13th VLDB Conf., Brighton, UK, 1987, pp. 433-442.

[Hof91]   Hofmann, J.: Evaluierung eines Anfrageoptimierers, Semesterarbeit, ETH–Zürich, Departement Informatik, Zürich, 1992.

[HR85]   Härder, T., Reuter, A.: Architektur von Datenbanksystemen für Non-Standard-Anwendungen, in: Proc. GI-Proc. GI Conf. on Database Systems for Office, Engineering and Scientific Applications, p.253-286, Karlsruhe, Germany, März85, IFB 94, Springer Verlag,Heidelberg.

[KR89]   The KBMS Prototype KRISYS - User Manual, Version 2.3, Kaiserslautern, West Germany, 1989.

[Lae91]   Laes, T.: Generierung und Evaluierung eines Anfrageoptimierers, Diplomarbeit, ETH–Zürich, Departement Informatik, Zürich, 1991.

[La91]   Langkafel, D.: Eine Komponente zur graphenorientierten Verwaltung von Wissensbankausschnitten, Diplomarbeit, Fachbereich Informatik, Universität Kaiserslautern, 1991.

[LS92]   Laasch, C., Scholl, M.H.: Generic Update Operations Keeping Object–Oriented Databases Consistent, Proc. GI Workshop "Information Systems and Artificial Intelligence", Ulm, Germany, February 1992, IFB 303, Springer Verlag, Heidelberg.

[LV91]   Lanzelotte, R., Valduriez, P., Ziane, M., Cheiney, J.J.: Optimization of Nonrecursive Queries in OODBs, Proc. Conf. on Deductive and Object–oriented Databases, Munich, Germany, December 1991.

[Ma88a]   Mattos, N.M.: Abstraction Concepts: the Basis for Data and Knowledge Modeling, in: 7th Int. Conf. on Entity-Relationship Approach, Rom, Italy, Nov. 1988, pp. 331-350.

[Ma91]   Mattos, N.M.: KRISYS - a KBMS Supporting Development and Processing of Knowledge-based Applications in Workstation/Server Environments, ZRI-Bericht 5/91, Universität Kaiserslautern, submitted for publication.

[May92]   Mayer, O.: Abbildung und Integration von COOL–DDL auf NF2, Semesterarbeit, ETH–Zürich, Departement Informatik, Zürich, 1992.

[Mi88]   Mitschang, B.: Towards a Unified View of Design Data and Knowledge Representation, in: Proc. of the 2nd Int. Conf. on Expert Database Systems, Tysons Corner, Virginia, April 1988, pp. 33-49.

[MM89]   Mattos, N.M., Michels, M.: Modeling with KRISYS: the Design Process of DB Applications Reviewed, in: Proc. the 8th Int. Conf. on Entity-Relationship Approach, Toronto - Canada, Oct. 1989, pp. 159-173.

[MMM92]   Mattos, N.M., Meyer-Wegener, K., Mitschang, B.: Grand Tour of Concepts for Object-Orientation from a Database Point of View, to appear in: Data and Knowledge Engineering.

[RHMD87] Rosenthal, A., Heiler, S., Manola, F., Dayal, U.: Query Facilities for Part Hierarchies: Graph Traversal, Spatial Data, and Knowledge-Based Detail Supression, Research Report, CCA, Cambridge, MA, 1987

[RRS92]   Rosenthal, A., Rich, C., Scholl, M.H.: Reducing Duplicate Work in Relational Join(s): A Unified Approach, Submitted for publication, also ETH Zürich, Dept. of Computer Science, Technical Report NR: 172, 1992.

[Sch86]   Scholl, M.: Theoretical Foundation of Algebraic Optimization Utilizing Unnormalized Relations, Proc. ICDT, p. 380, Rome, Italy, September 1986

[Sch88]   Scholl, M.H.: The Nested Relational Model —— Efficient Support for a Relational Database Interface, Ph.D. Thesis, Dept. of Computer Science, TU Darmstadt, 1988. (in German)

[Sch89]   Schöning, H.: Integrating Complex Objects and Recursion, in: Proc. 1st Int. Conference on Deductive and Object-Oriented Databases DOOD'89, Kyoto, Japan, 1989, pp. 535-554.

[Sch91]   Schulte, D.: Ein Ansatz zur flexiblen Abbildung von Wissensmodellen auf Datenmodelle am Beispiel des Wissensmodells KOBRA und des Relationenmodells, Diplomarbeit, Fachbereich Informatik, Universität Kaiserslautern, 1991.

[Sch92]   Scholl, M.H.: Physical Database Design for an Object Oriented Database System, in: Freitag, J.C., Vossen G., Maier D.E. (eds.), Query Processing for Advanced Databse Applications, Morgan Kaufmann, 1992, to appear.

[Sel79]   Selinger, P. Griffiths, Astrahan, M.M., Chamberlin, D.D., Lorie, R.A., Price, T.G.: Access Path Selection in a Relation– al Database Management System, Proc. ACM SIGMOD Conf., p. 23, Boston, MA, May–June 1979. Reprinted in M. Stonebraker, Readings in Database Systems, Morgan–Kaufman, San Mateo, CA, 1988

[SLR+92]   Scholl, M.H., Laasch, C., Rich, C., Tresch, M., Schek, H.–J.: The COCOON Object Model, ETH Zürich, Dept. of Computer Science, Technical Report, 1992 (in Preparation).

[SLT91]   Scholl, M., Laasch, C., Tresch, M.: Updatable Views in Object–Oriented Databases, Proc. Conf. on Deductive and Object–oriented Databases, Munich, Germany, December 1991.

[SSPW90]   Schek, H.J., Paul, H.B., Scholl, M.H., Weikum, G.: The DASDBS Project: Objectives, Experiences, and Future Prospects; IEEE Trans. on Knowledge and Data Eng., vol. 2, no 1, p. 25, March 1990.

[SS86]   Schek, H.–J., Scholl, M. H.: The Relational Model with Relation–Valued Attributes, Information Systems, 11(2), p.137, June 1986.

[SS90a]   Scholl, M. H., Schek, H.–J.: A Relational Object Model, Proc. ICDT, p. 89, Paris, France, December 1990, LNCS 470, Springer, Heidelberg.

[SS90b]   Scholl, M. H., Schek, H.–J.: A Synthesis of Complex Objects and Object–Orientation, In Proc. IFIP TC2 Conf. on Object Oriented Databases (DS–4), Windermere, UK, July 1990. North–Holland, 1991

[St92]   Strobel, M.: Konzeption einer Komponente zur Verwaltung von Kontexten im Wissensbankverwaltungssystem KRISYS, Diplomarbeit, Fachbereich Informatik, Universität Kaiserslautern, 1992

[Sto92]   Stoffel, M.: Erweiterung eines wissensbasierten Werkzeuges für den physischen Datenbank Entwurf, Diplomarbeit, ETH–Zürich, Departement Informatik, Zürich, 1992.

[Su91]   Surjanto, B.: Entwurf und Implementierung eines wissensbasierten Systems zur Generierung eines anwendungsorientierten DB-Schemas für KRISYS Wissensbasen, Diplomarbeit, Fachbereich Informatik, Universität Kaiserslautern, 1991

[TS92]   Tresch, M., Scholl M.H.: Meta Object Management and its Application to Database Evolution, in: Proc. the 11th Int. Conf. on Entity-Relationship Approach, Karlsruhe - Germany, 1992

[Wil91]   Wilhelm, D.: Query–Schnittstelle für DASDBS, Diplomarbeit, ETH–Zürich, Departement Informatik, Zürich, 1991.

[WLH90]   Wilkinson, K., Lyngbaek, P., Hasan, W.: The Iris Architecture and Implementation, IEEE Trans. on Knowledge and Data Engineering, 2(1), p.63, March 1990. Special Issue on Prototype Systems.dp

Transaktionskonzepte und Recovery-Verfahren für Objektbanken:
Zuverlässige Abwicklung großer verteilter Anwendungen mit ConTracts - Architektur einer Prototypimplementierung

Andreas Reuter, Friedemann Schwenkreis, Helmut Wächter

email {reuter,schwenkreis,waechter}@informatik.uni-stuttgart.de

Universität Stuttgart, IPVR, Breitwiesenstr. 20-22, 7000 Stuttgart 80

1   Einleitung

Das in diesem Aufsatz beschriebene ConTract-Modell und seine prototypische Implementierung APRICOTS entstanden als Ergebnis eines Teilprojektes im Schwerpunktprogramm „Objektbanken für Experten". Das Teilprojekt hatte die Aufgabe, Transaktionsmechanismen für die funktionell erweiterten Datenbanksysteme zu entwickeln, die mit dem Arbeitstitel „Objektbanken" bezeichnet waren. Dabei ergab sich gleich am Anfang eine eigentlich nicht überraschende Schwierigkeit: Da die höheren Schichten der Objektbankkomponenten, also etwa die für Regelbehandlung, für die Verwaltung komplexer Objekte, für die Unterstützung aktiven Verhaltens usw., noch nicht entworfen waren, gab es auch noch keine klar definierten Anforderungen an die Transaktionsverwaltung. Zu warten, bis derartige Anforderungen erarbeitet waren, kam wegen des Zeitplanes und der engen Verzahnung der Teilvorhaben nicht in Betracht.

Es mußte also ein anderer Ansatz gefunden werden, Transaktionsmechanismen so zu entwerfen, daß diese leicht auf die erst später sich konkretisierenden Bedürfnisse der anderen Teilprojekte zugeschnitten werden konnten. Damit schieden alle in irgendeiner Art „geschlossenen" Modelle aus; es kam vielmehr darauf an, einen möglichst kleinen Satz von Basismechanismen zu entwickeln (unterhalb der klassischen ACID-Transaktionen), aus denen sich dann je nach Anforderung das gewünschte Betriebs- und Fehlerverhalten algorithmisch zusammensetzen ließ.

Aber auch das ist im Nachhinein leichter gesagt, als es seinerzeit getan war. Bezüglich der für ein flexibles Ausführungsmodell geeigneten Basismechanismen gab es nämlich keine Anhaltspunkte. Die Definition des klassischen Transaktionskonzeptes trägt nichts dazu bei. Es hat ja gerade den Vorteil, daß es deskriptiv, d.h. nur über seine beobachtbaren Eigenschaften definiert ist, und bezüglich der zur Implementierung verwendeten Basismechanismen keinerlei Vorgaben macht. Ansonsten gab es im Hinblick auf verschiedene Funktionsklassen mehr oder weniger lange Negativ-Listen: Atomizität ist für Entwurfstransaktionen nicht geeignet, Serialisierbarkeit ist für lang andauernde Berechnungen nicht akzeptabel, und so fort. Nun gilt zwar nach Spinoza, daß „omnis determinatio est negatio", doch das löst noch nicht das Problem, wie man eine derartige Liste abgelehnter Eigenschaften in einen positiven Entwurf eines flexiblen Ausführungsmodells wendet. Diesem

Aspekt ist das folgende Kapitel 2 gewidmet. Die weiteren Kapitel, insbesondere 3 -5, geben einen Überblick über das ConTract-Modell[1] und beschreiben dann die Architektur des Prototypsystems APRICOTS. Kapitel 6 diskutiert den ConTract-Ansatz im Vergleich zu anderen Entwürfen, und Kapitel 7 umreißt den derzeitigen Stand der Implementierung des ConTract-Systems und seiner Verwendung.

2 Klassifikation der Anforderungen in erweiterten DB-Systemen an die Ausführungsumgebung

Man kommt dem Problem der Identifikation von Basismechanismen zur Ablaufsteuerung in funktionell mächtigen Datenverwaltungssystemen dann bei, wenn man die ACID-Eigenschaften klassischer Transaktionen nicht als etwas Gegebenes auffaßt, das man brauchen kann oder nicht, sondern wenn man analysiert, für welche Komponenten einer Ablaufsteuerung die einzelnen Buchstaben des Akronymes Festlegungen treffen. Bei dieser Betrachtungsweise wird offenbar, daß herkömmliche Transaktionen zwar vielseitige, letztlich aber geschlossene Ausführungsmodelle sind, die durch Kombination bestimmter Optionen aus einem Satz von Basisfunktionen entstehen. Wenn diese Basisfunktionen herausgearbeitet sind und wenn klar ist, wie sie konkret instantiiert werden können, erhält man eine Erzeugungsvorschrift für eine Vielzahl von Ausführungsmodellen - mit ACID-Transaktionen als einem wichtigen Sonderfall.

Gehen wir nun die Buchstaben des ACID-Akronyms der Reihe nach durch und versuchen, die dahinter liegenden Aspekte einer Ablaufsteuerung zu identifizieren.

2.1 Atomarität (Atomicity)

Die Festlegung auf Ununterbrechbarkeit einer Transaktion ist der größte Vorteil des Konzeptes - und zugleich sein größter Nachteil, je nachdem, aus welcher Perspektive man urteilt. Der Vorteil liegt in der unübertrefflichen Einfachheit des resultierenden Ausführungsmodelles. Atomare Zustandsübergänge haben ein ideales Fehlerverhalten und sind notwendige Bausteine für die Konstruktion hochzuverlässiger komplexer Systeme. Der Nachteil der Ununterbrechbarkeit liegt in der impliziten „Nichts"-Option, und dieser Nachteil wiegt um so schwerer, je mehr Arbeit von der Transaktion eingeschlossen wird. So erwünscht es ist, daß im Fehlerfalle der inkonsistente Zustand automatisch verschwindet, so unerwünscht ist es, daß unter Umständen nützliche Arbeit innerhalb derselben Transaktion ebenfalls verschwindet. Aber es geht gar nicht primär darum, ob Atomizität gut oder schlecht ist (eine solche Frage wäre ohnehin falsch gestellt), sondern darum, welche Aspekte einer Ablaufsteuerung durch „atomicity" auf eine bestimmte Variante festgelegt werden.

Hier sind zwei Effekte besonders hervorzuheben: Einmal die strikte Bindung aller (geschützten) Änderungen an die durch eine Transaktion definierte Kontrollsphäre, und zum anderen der Verzicht auf jegliche Kontrolle über Transaktionsgrenzen hinweg. Betrachten wir zunächst die Kapselung von Änderungen.

Atomizität bedeutet, daß Änderungen *dann und nur dann* entstehen, d.h. sichtbar nach außen werden, wenn die sie umschließende Transaktion erfolgreich abgeschlossen ist. So

---

[1] Für eine ausführliche Darstellung des ConTract-Modelles siehe auch [WäRe 90, WäRe 92].

natürlich dies auf den ersten Blick ist, hat es doch einige Konsequenzen, die für manche Anwendungen einschränkend sind. Es ist z.B. unmöglich, aus einer scheiternden Transaktion heraus eine Fehlermeldung sicher zu senden [GrRe92]. Entweder ist die Nachricht transaktionsgeschützt, dann bewirkt das Rollback der Transaktion, daß die Nachricht nicht abgeschickt wird. Oder aber die Nachricht ist nicht transaktionsgeschützt, dann kann ihre Ablieferung nicht garantiert werden. Ähnliche Probleme ergeben sich, wenn z.B. in der Datenbank mitgeführt werden soll, wie oft bestimmte Transaktionstypen gescheitert sind. Derartige Zähler müssen genau dann zuverlässig erhöht werden, wenn die jeweilige Transaktion Rollback durchführt.

Dies führt unmittelbar zum zweiten Aspekt: Die genannten Probleme ließen sich lösen, wenn es möglich wäre, Kontrolle über Transaktionsgrenzen hinweg auszuüben. Damit könnte dann ausgedrückt werden, daß eine Transaktion T_i dann und nur dann ausgeführt werden darf, wenn eine andere Transaktion T_j Commit bzw. Rollback aufgerufen hat. Derartige Beziehungen müßten natürlich genauso verbindlich und im Fehlerfall wiederherstellbar sein wie die konventioneller Transaktionen. Mit anderen Worten: Atomizität bedeutet den Verzicht auf jeglichen expliziten Kontrollfluß. Viele Anwendungen brauchen jedoch genau die Möglichkeit der Spezifikation von Kontrollflüssen über Transaktionsgrenzen hinweg.

2.2 Konsistenzerhaltung (Consistency)

Die simple Annahme hinter klassischen Transaktionen besagt, daß jede Transaktion einen global konsistenten Zustand der Datenbank sieht und nur dann Commit aufruft, wenn sie einen (neuen) konsistenten Zustand erreicht. Es ist unmittelbar klar, daß eine explizite Beschreibung der Konsistenzbedingungen auf dieser Ebene entfällt, da ja alle Bedingungen als erfüllt angenommen werden. Es ist ebenso klar, daß diese Annahme in den meisten Fällen äußerst unrealistisch ist, da ihre strikte Durchsetzung massive Einschränkungen des DB-Betriebes zur Folge hätte. Natürlich ist es in der Mehrzahl der Fälle auch gar nicht nötig, eine derart umfassende Annahme zu machen. Die Konsistenzbedingungen in Teilen der DB, die eine Transaktion nicht berührt, sind für diese Transaktion irrelevant; meistens sind sogar nur einige Konsistenzbedingungen auf den berührten Teilen für eine Transaktion von Bedeutung. Dem Rechnung zu tragen erfordert allerdings - im Unterschied zu herkömmlichen Transaktionen - daß jede Transaktion explizit macht, welche Konsistenzbedingungen erfüllt sein müssen, damit sie beginnen kann, und welche Konsistenzbedingungen am Ende erfüllt sein sollten. Daß es darüber hinaus einen durch das Schema bestimmten Satz von Konsistenzbedingungen gibt, die immer und für alle Transaktionen gelten müssen (z.B. Primärschlüsselbedingungen), ist klar.

2.3 Isolation

ACID-Transaktion laufen in einem virtuellen Einbenutzerbetrieb ab; sie sind isoliert gegen die Effekte anderer Transaktionen. Ob die Isolierung mit Hilfe von Sperrprotokollen erreicht wird, die Serialisierbarkeit garantieren, oder ob andere Methoden eingesetzt werden, ist zweitrangig. Ähnlich wie bei der Atomizität führt eine Analyse der Konzepte hier zu widersprüchlichen Ergebnissen. Einerseits vermeidet die Garantie der isolierten Ausführung jede Notwendigkeit der Behandlung von Parallelität, Asynchronität und Konflikten, andererseits impliziert ihre strikte Interpretation im Sinne der Wiederholbarkeit des Lesens starke Einschränkungen bezüglich des konkurrierenden Zugriffes auf gemeinsame Daten. Eine Lockerung der sehr weitreichenden Isolationsgarantien muß dahin gehen, daß die von einer Transaktion berührten Daten nicht völlig unzugänglich gemacht werden, sondern daß durch das Transaktionsprogramm explizit spezifiziert werden kann, welche Isolierungseffekte notwendig sind, um seinen konsistenten Ablauf zu garantieren. Bei der Ausarbeitung dieses Gedankens wird sich zeigen, daß dadurch zweierlei Freiheitsgrade gewonnen werden: Einmal kann die Semantik der einzelnen (Datenbank-) Operationen berücksichtigt werden, um festzulegen, was „Nebeneffekte" sind; zum anderen können viele Isolations-Anforderungen auf temporäre Konsistenzbedingungen abgebildet werden, so wie sie in 2.2 erläutert wurden. Und in der Tat sind ja Isolationsgarantien strukturell nichts anderes als lokale, für eine Transaktion relevante Konsistenzbedingungen.

2.4 Dauerhaftigkeit (Durability)

Auch die Dauerhaftigkeits-Garantie enthält zwei Komponenten. Einmal verpflichtet sich das System, Änderungen abgeschlossener Transaktionen wiederherstellbar zu halten, zum anderen befreit die Definition das System von der Verpflichtung, Änderungen abgeschlossener Transaktionen zurückzunehmen zu können. Eine genauere Analyse zeigt, daß die Verkopplung dieser beiden Aspekte nur dann Sinn macht, wenn man ein strikt atomares Ausführungsmodell hat. Verzicht auf „reine" Ununterbrechbarkeit im Sinne einer Kontrollflußbeschreibung bedeutet automatisch auch, daß es Mechanismen zur Rücknahme abgeschlossener Transaktionen geben muß. Derartige Kompensationen können natürlich niemals automatisch aus der Originaltransaktion abgeleitet werden, da ihre Einzelschritte stark von anwendungsspezifischen Regeln abhängen [Davi78].

Zusammenfassend können wir festhalten, daß ein flexibleres Ausführungsmodell Möglichkeiten zur expliziten Beschreibung der folgenden Aspekte braucht: Kontrollfluß, Daten- und Aktionsabhängigkeiten, lokale Konsistenzbedingungen, Isolationsbedingungen, Konfliktbehandlungsmaßnahmen und Kompensationsschritte. Die damit spezifizierbaren Kontrollkonstrukte haben vom *ACID* der klassischen Transaktion weder das *A*, noch das *C*, noch das *I*, noch das *D*. Die Autoren sind daher der Auffassung, daß es nicht sonderlich glücklich ist, diese neuen Konstrukte trotzdem als (wie sehr auch immer erweiterte) Transaktionen zu bezeichnen. Im Sinne der begrifflichen Klarheit ist es vielmehr notwendig, eine andere Benennung zu finden.

3   Das ConTract-Modell

Bei der Entwicklung des ConTract-Modelles stand ein Gedanke im Vordergrund: Da Anwendungen auf Objektbanken, d.h. auf funktionell erweiterten Datenbanksystemen sicherlich komplexer sind als herkömmliche Anwendungen, darf die Unterstützung des Anwendungsprogrammierers im Hinblick auf Fehlerbehandlung und Systemverfügbarkeit nicht schlechter sein als in konventionellen Transaktionssystemen. Dies wiederum bedeutet, daß alle mächtigeren Ausführungsmodelle letztlich auf atomare Zustandsübergänge, d.h. auf ACID-Transaktionen zurückgeführt werden müssen.

Atomare Transaktionen sind die Grundbausteine von ConTracts. Ein ConTract umfaßt die Ausführung von beliebig vielen Transaktionen (sequentiell oder parallel), gemäß einem vordefinierten bzw. dynamisch sich verändernden Programm, welches den Kontrollfluß von einer Transaktion zur nächsten beschreibt. Dieses Programm wird im folgenden als

„Skript" bezeichnet. Für jeden ConTract übernimmt das ausführende System folgende Garantien:

- Ein einmal gestarteter ConTract wird vom System nicht vergessen (auch nicht durch Knotenausfälle oder sonstige Komponentenverluste), bis er explizit beendet ist.

- Bei jedem Komponentenfehler stellt das System sicher, daß eventuell verfügbare Alternativ-Komponenten gefunden und für die laufenden ConTracts verwendet werden.

- Unter allen Umständen wird ein begonnener ConTract „nach vorn", d.h. gemäß der Skript-Spezifikation fortgesetzt (kein Rollback).

- Nur auf explizite Anforderung eines Programmes im ConTract (oder des Systemverwalters) wird für einen ConTract Kompensation eingeleitet; die Beendigung der Kompensation ist garantiert.

- Abgesehen von Fehlern in der Anwendung (Endlos-Schleifen) wird jeder ConTract in endlicher Zeit sein normales Ende erreichen oder die Kompensation wird durchgeführt.

Zur Illustration der Konzepte betrachten wir das folgende Beispielskript:

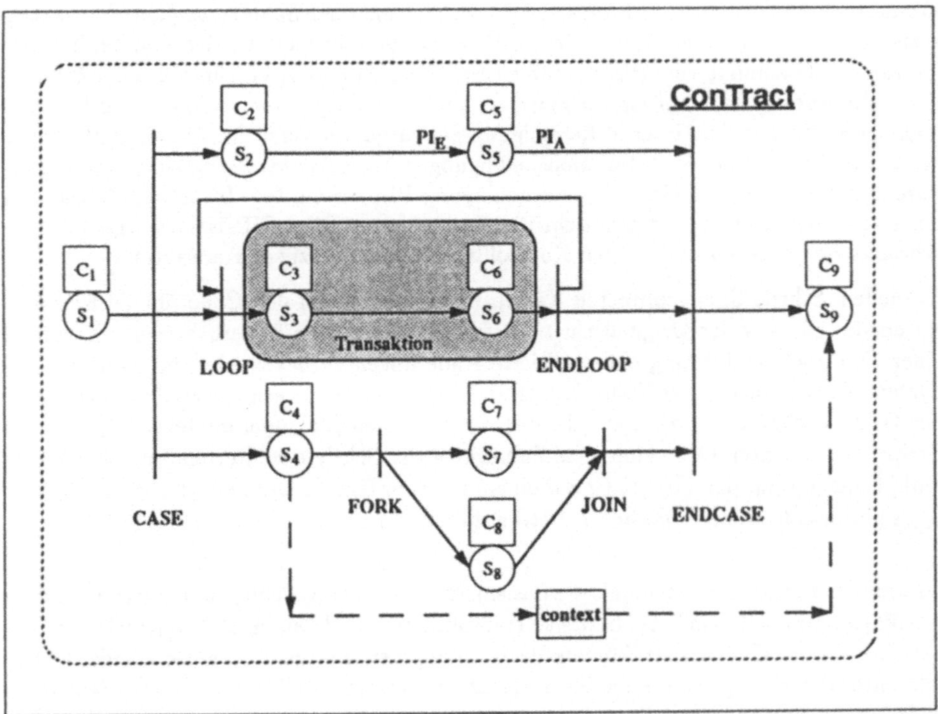

Abbildung 1: Exemplarisches ConTract-Skript

Es wird unmittelbar deutlich, daß auf der Skript-Ebene die üblichen Kontrollfluß-Konstrukte wie Sequenz, Verzweigung, Schleifen, fork, join u.ä. zur Verfügung stehen. Die Sprachkonstrukte ermöglichen die Beschreibung und Abwicklung von Abläufen in der Ausdrucksmächtigkeit von Petri-Netzen. Die mit S_i bezeichneten Knoten repräsentieren beliebige (sequentielle) Code-Stücke, die an der entsprechenden Stelle des Kontrollflusses aktiviert werden. Ohne weitere Angaben wird die Ausführung eines Schrittes (Steps) S_i in eine ACID-Transaktion eingebettet. Sind andere Gruppierungen gewünscht, so kann dies angegeben werden; z.B. bilden S_3 und S_6 zusammen eine Transaktion

Wird das fork-Konstrukt verwendet, so entstehen parallele Teilabläufe innerhalb eines ConTracts (S_7, S_8), die unabhängig voneinander vom System kontrolliert werden, bis sie über ein korrespondierendes join wieder zusammenlaufen. Jeder Step kann beliebige Zwischenergebnisse erzeugen, die solange stabil und wiederherstellbar gehalten werden, wie der ConTract existiert. Sie sind nur für andere Steps desselben ConTract sichtbar. Im obigen Beispiel schreibt S_4 etwa in eine Variable mit Namen *context*, und S_9 liest diese Variable. Ein später noch näher erläuterter Adressierungsmechanismus auf Versionsbasis stellt sicher, daß es trotz Parallelität innerhalb eines ConTract nicht zu Zugriffskonflikten auf Kontext-Variablen kommen kann.

Die Definition von lokalen Konsistenzbedingungen sowie die Spezifikation der Isolationsanforderungen der Steps ist am Beispiel von S_5 skizziert. S_5 ist „geschützt" durch ein Prädikat PI_E, das die folgende Wirkung hat: Wenn der Kontrollfluß soweit ist, daß S_5 ausgeführt werden könnte, wird getestet, ob PI_E erfüllt ist - hierbei handelt es sich üblicherweise um Bedingungen auf der globalen Datenbank. Ist dies der Fall, werden die entsprechenden Objekte durch normale Synchronisierungsmechanismen der S_5 umgebenden Transaktion stabilisiert. Ist PI_E *nicht* erfüllt, obwohl S_5 ansonsten aktiviert werden könnte, liegt ein Betriebsmittelkonflikt vor. Dieser muß entweder durch expliziten Eingriff aufgelöst werden, oder aber es muß auf ein „Konfliktbehandlungs-Skript" umgeschaltet werden (hier nicht gezeigt), das eine interne Bereinigung der Situation versucht. Mit diesem Mechanismus lassen sich nun auch Isolationsbedingungen über Transaktionsgrenzen hinweg dadurch kontrollieren, daß eine Eingangsbedingung PI_E auf ein sog. Invarianzprädikat PI_A eines vorangegangenen Programmschrittes Bezug nimmt. Die ACID-Isolationsgarantie beschränkt sich dagegen nur auf den Kontrollbereich einer einzigen Transaktion.

Die jedem Schritt S_i zugeordneten Kästen C_i repräsentieren den Code für die Kompensation dessen, was der Originalschritt getan hat. Sollte es erforderlich sein, im Verlauf einer ConTract-Ausführung externalisierte Änderungen zurückzunehmen, garantiert das System die Ausführung der Kompensationsschritte in der umgekehrten zeitlichen Ordnung der Originalschritte mit den dafür jeweils vorgehaltenen Aufrufparametern. Da weder im Skript noch im Step-Code eine feste Zuordnung der Schritte zu Rechnerknoten erfolgen muß, kann es sein, daß Schritt C_i auf einem anderen Knoten ausgeführt wird als Schritt S_i - sofern beide alle erforderlichen Betriebsmittel haben.

Zusammenfassend seien nochmals die Basismechanismen aufgezählt, aus denen das flexible Ausführungsmodell ConTract besteht: Transaktionen als Basis-Ausführungsschritte; allgemeine Kontrollfluß-Konstrukte zur Verknüpfung der einzelnen Schritte; stabile, fehlertolerante Abwicklung des Kontrollflusses; stabile, wiederherstellbare Kontextvariablen für Zwischenergebnisse; Behandlung lokaler Konsistenzbedingungen und längerfristiger Isolationsbedingungen durch Eingangs- und Ausgangsinvarianten; explizite Behandlung von Betriebsmittel-Konflikten; garantierte Ausführung der inversen Kompensations-Sequenz; dynamische Abbildung der Teilschritte auf verfügbare Rechnerknoten.

Es ist ganz klar, daß dieses Konstrukt weit von der Einfachheit der ACID-Transaktion entfernt ist. Diese hat den Vorteil der deskriptiven Definition und den Nachteil der Abgeschlossenheit. Eine entsprechende deskriptive Definition der mächtigen Kontrollkonstrukte für neuartige Anwendungen scheint (zumindest derzeit) nicht erreichbar zu sein. Deshalb geht das ConTract-Modell ganz bewußt auf eine tiefere, prozedurale Stufe, um die erforderliche Flexibilität durch „Programmierung" auf Skript-Ebene zu erreichen.

4 Anforderungen an eine Architektur zur Realisierung des ConTract-Modells

Die Architektur des Prototypsystems zur ConTract-Verarbeitung ist entscheidend von zwei übergeordneten Entwurfszielen geprägt:

1. Wie zu Beginn von Kapitel 3 bereits angedeutet, soll ein ConTract-System die oben beschriebenen Verarbeitungsmechanismen als *anwendungsneutralen Systemdienst* für eine *breite Klasse von Anwendungen* realisieren. Das beinhaltet zwei Anforderungen: Erstens sollen alle Aspekte der Fehlerbehandlung, Kontrolle der Nebenläufigkeit, Asynchronität, Betriebsmittelverwaltung usw. insoweit zur Ebene der Anwendung hin verborgen bleiben, daß alle diesbezüglich zur Laufzeit anfallenden Aufgaben vom System implementiert werden. Zweitens muß die ConTract-Laufzeitumgebung außer Datenbank-Programmen auch Anwendungen unterstützen, die daneben auf andere, u. U. völlig verschiedenartige Ressourcen (Objekte) zugreifen, wie beispielsweise auf Drucker und Mail-Server, aber auch auf physische Geräte wie Transportfahrzeuge oder Fertigungsmaschinen in einer Fabrikhalle.

2. Die Implementierung eines ConTract-Systems soll auf Standard-Hardware– und – Software-Komponenten aufbauen. Vorhandene Datenbank-Techniken sollen dabei mit Lösungsansätzen aus den Bereichen Betriebssysteme und Programmiersprachen so kombiniert werden, daß existierende Systeme und Schnittstellen nur in einem unbedingt notwendigen Umfang erweitert werden müssen.

Aus dem Architekturschema eines erweiterten Objektbanksystems in Abb. 2 wird ersichtlich, daß die ConTract-Verwaltung zwischen Anwendungsebene und den Objektverwaltern angesiedelt ist. In der folgenden Anforderungsanalyse konzentrieren wir uns auf die wichtigsten Aufgaben bei der ConTract-Abwicklung sowie die Schnittstellen und Anforderungen an die Objektverwalter und ausgewählte Basisdienste. Auf die Schnittstelle zur Anwendungsebene näher einzugehen, ist im Rahmen dieses Berichtes leider nicht möglich (vergl. dazu [Wahl91, Zell92, Bilg92, Eitl92]).

4.1 Robuste Kontrollflußabwicklung

Robuste Kontrollflußverwaltung gemäß dem ConTract-Modell beinhaltet eine dreifache Anforderung an das Laufzeitsystem zur ConTract-Verwaltung. Erstens müssen das Ereignis *„Ende einer Step-Ausführung"* sowie die damit eingetretenen Aktivierungen nachfolgender Programmschritte als *stabile Ereignisse* verwaltet werden, d.h. insbesondere, auch nach einem Systemausfall noch gültig sein. Zweitens hat der ConTract-Manager dafür Sorge zu tragen, daß Steps, die infolge eines Systemfehlers scheitern, wiederholt werden.

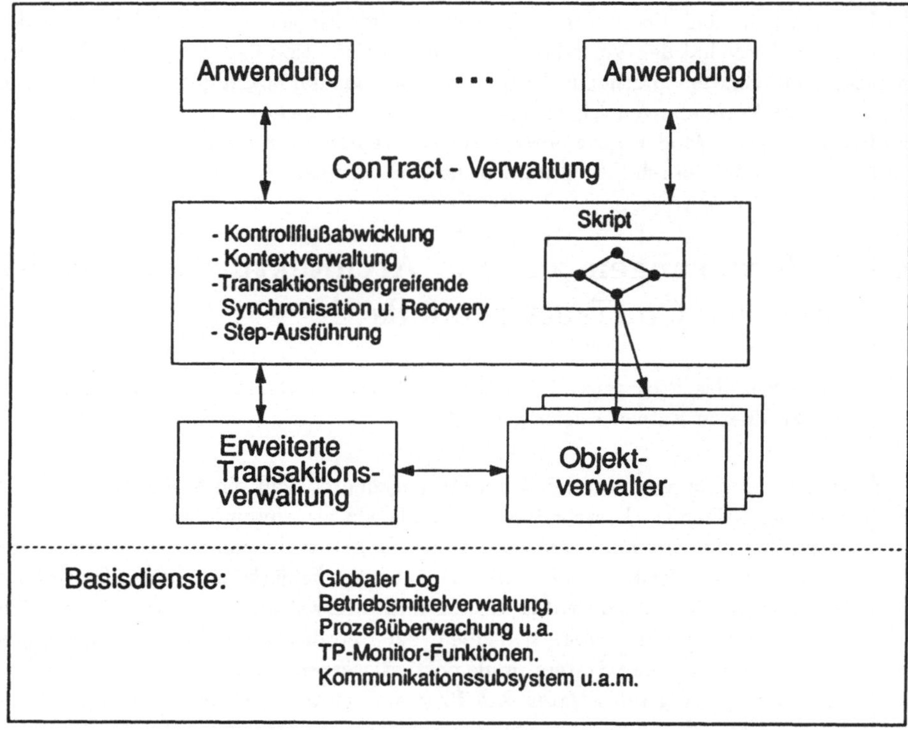

Abbildung 2: Architektur eines Objektbanksystems mit ConTract-Verwaltung

Gegebenenfalls muß er dazu auf eine funktional äquivalente Verarbeitungsinstanz (Prozeß, Knoten) ausweichen. Keinesfalls darf ein betroffener Programmschritt aber mehrfach ausgeführt werden. Und schließlich muß es drittens möglich sein, beim Totalausfall eines Knotens eine unterbrochene ConTract-Verarbeitung auf ein Ersatzsystem zu verlagern und dort korrekt weiterzuführen. Dazu werden Recovery-Verfahren benötigt, die den Verarbeitungszustand eines ConTracts stabil verwalten bzw. vollständig rekonstruieren können [Masm92].

4.2 Kontextverwaltung und -adressierung

Um eine unterbrochene ConTract-Verarbeitung wiederaufnehmen und korrekt nach vorne fortsetzen zu können, müssen außer dem Inhalt der globalen Datenbank und dem Ausführungszustand einer Skript-Abwicklung auch noch alle *lokalen Zustandsdaten* einer Anwendung stabil verwaltet werden. Zum lokalen Zustand einer Anwendung gehören u.a. globale Programmvariable, Parameter entfernter Objektverwalteraufrufe, etablierte Kommunikationsverbindungen (sessions), Fensterinhalte, Dialogzustände, offene Dateien und Cursor, die von mehr als einem Step bearbeitet werden usw. Diese Auflistung zeigt, daß Kontext über mehr als einen Prozeß verstreut sein kann und deshalb die herkömmlichen Verfahren zur Erzeugung von Sicherungspunkten auf Prozeß- und Datenbankebene nicht ausreichen, um die vorwärts orientierte ConTract-Recovery zu gewährleisten.

Die Realisierung des Kontext-Datenmodells stellt folgende Anforderungen an die Verwaltung der Kontextvariablen eines ConTracts. Für die korrekte Adressierung der Kontextvariablen ist ein Mechanismus erforderlich, der die im Step-Programm verwendeten Variablennamen auf die im Skript eingeführten logischen Bezeichner umsetzt und die zur Laufzeit referenzierten Kontextvariablen automatisch auf das korrekte Element der Kontextdatenbank abbildet. Diese Adreßbindung muß gewährleisten, daß auch bei mehrfacher, eventuell sogar paralleler Aktivierung eines Steps (z.B. in Schleifen) die dann auch mehrfach erzeugten (Ausgabe-)Kontextelemente eindeutig referenzierbar sind. Außerdem dürfen alte Werte der Kontextvariablen nicht überschrieben werden, da sonst eine eventuell erforderliche Kompensation nicht mehr durchführbar ist. Ebenso ist das die Voraussetzung für zeitabhängige Zugriffe auf die Ausführungshistorie eines ConTract, etwa zur Beantwortung der Frage nach dem Ausgabekontext von Step S_4 des Beispielskriptes in Kapitel 3 (Abb. 1 auf Seite 5).

Zur eindeutigen Referenzierung der Eingabeparameter, die ein Programmschritt (S_9 in Abb. 1) aus dem Kontext benötigt, müssen die Kontextvariablen bei ihrer Entstehung mit mindestens den folgenden Attributen gekennzeichnet werden:

- Identifikator des laufenden ConTracts

- Name des erzeugenden Steps

- Step-Version (die wievielte Aktivierung dieses Steps, z.B. in einer Schleife)

- ein Zähler zur Unterscheidung paralleler Aktivierungen desselben Steps in *PAR-FOREACH*-Anweisungen

- Name und Datentyp des Kontextelementes

- Zeitstempel

4.3 Transaktionsübergreifende Synchronisation

In herkömmlichen DBMS ist das Halten und Verwenden von Sperren an genau eine aktive Transaktion gebunden. Sind in einem ConTract-Skript jedoch mehrere Steps zu einer Transaktion zusammengefaßt, ist es u.U. erforderlich, die erworbenen Sperren von einer Transaktion des Basissystems an die nächste weiterzureichen. Zur Synchronisation langlebiger Aktivitäten braucht man weiterhin einen Mechanismus, der es einem suspendierten ConTract auch *ohne* eine aktive Transaktion erlaubt, Sperren zu halten oder auf andere Weise Synchronisationsbedingungen zu kontrollieren - und das auch über einen Systemausfall hinweg.

Die Synchronisation mit Invarianten erfordert insbesondere zweierlei. Erstens benötigt man einen Formalismus, um die Prädikate PI_E und PI_A zu formulieren und auszuwerten. Im Kontext relationaler DBMS bietet sich dazu die Sprache SQL an. Um zweitens die gesetzten Invarianten gemäß der im Skript angegebenen Strategie zu verwalten, müssen die Zugriffe auf die Objekte eines Isolationsprädikates PI_A entsprechend kontrolliert werden. Das kann beispielsweise über geeignete Sperrmodi oder über Prädikate realisiert werden, die einem Objekt zugeordnet sind und die ein Zugreifer beachten muß.

Minimalanforderung des Invariantenmechanismus an die Objektverwalter sind Schnittstellen und Protokolle, die das Vorliegen sowie die Art eines Zugriffskonfliktes der Anwendung mitteilen, damit diese überhaupt Aktionen zur Konfliktbehandlung unternehmen kann. Auf keinen Fall darf ein Aufrufer implizit (d.h. ohne seine Zustimmung) blockiert werden, da sonst eine explizite Behandlung und Auflösung von Konflikten prinzipiell unmöglich wäre.

Auch bei optimistischer Verwaltung einer gesetzten Invariante darf eine elementare Korrektheitsbedingung nicht verletzt werden: Bezieht sich eine Eingangsinvariante PI_E auf ein zuvor definiertes Prädikat PI_A, dann muß sichergestellt sein, daß die darin referenzierten Objekte zwischenzeitlich nicht gelöscht (oder schlimmer noch: mit völlig anderer Semantik neu erzeugt) werden. Das ist beispielsweise über das Prinzip der Objektidentität oder durch sog. Existenzsperren möglich, die nichts anderes außer dem Löschen eines Objektes verhindern.

4.4 Erweiterte Transaktionsverwaltung

Eine separate Komponente zur Transaktionsverwaltung ist notwendig, um ConTracts koordinieren zu können, die mehrere Objektverwalter unter einer Transaktion aufrufen. Im Extremfall kann ein Programmschritt auf ein Ensemble von Objektverwaltern verschiedener Hersteller und unterschiedlichen Typs zugreifen. Man denke beispielsweise an eine Lagerverwaltung eines Fertigungsunternehmens, wo der Kontrollbereich um die Transaktion "Entnahme, Verbuchung und Auslieferung eines Artikels" sowohl Zugriffe auf mehrere Datenbanken (Bestandsführung, Kostenverrechnung, Fertigungsplanung u.a.) als auch physische Aktionen verschiedener Geräte und Maschinen (Lager- und Transportfahrzeuge usw.) einschließt. Die Verwaltung derart "heterogener" und umfassender Kontrollbereiche stellt eine zentrale Herausforderung an Transaktionssysteme dar, die auch im Fertigungsbereich einsetzbar sein sollen [ReSc91].

Um solche verteilten und heterogenen Berechnungen zu koordinieren, muß die Transaktionsverwaltung zur Anwendungsebene und zu den Objektverwaltern eine standardisierte Schnittstelle anbieten, wie sie etwa in dem XA-Modell in [XOpen92] spezifiziert ist. Umgekehrt eröffnet eine externe Transaktionsverwaltung mit einem standardisierten Protokoll jedem Objektverwalter, an einer transaktionsorientierten Verarbeitung teilnehmen zu können, ohne selbst eine Komponente zur Transaktionsverwaltung implementieren zu müssen.

Darüber hinaus benötigt man zur Realisierung des ConTract-Modells flexiblere und zuverlässigere Commit-Protokolle als die in herkömmlichen DBMS üblichen. Unter anderem muß es möglich sein, den Koordinator eines Zweiphasen-Freigabe-Protokolls erst am Ende einer langdauernden Aktivität zu bestimmen [KlRe88], sowie die Protokollabwicklung von einem unsicheren auf einen anderen, verläßlicheren Knoten zu verlagern [RoPa90]. Für die konsistente und effiziente ConTract-Abwicklung braucht man allgemeine geschachtelte Transaktionen, um sowohl die Verwaltungsaktivitäten und (verteilten) Step-Bearbeitungsaufträge als auch die Zugriffe auf die Objektverwalter zu kontrollieren. Um gescheiterte Step-Transaktionen korrekt zu behandeln, muß es außerdem möglich sein, zwischen einem Transaktionsabbruch aufgrund eines Systemfehlers (Verklemmung, Systemabsturz, usw.) und anwendungsbedingtem Zurücksetzen zu unterscheiden: Während im ersten Fall ein Neustart des Steps angebracht ist, muß im zweiten Fall die Zahl der Wiederholungsversuche begrenzt werden, um nicht in eine Endlosschleife zu geraten.

4.5   Einbindung der Objektverwalter in die ConTract-Verarbeitung

Wie eben angedeutet, können alle Objektverwalter an ein ConTract-System angeschlossen werden, falls sie über eine Schnittstelle verfügen, die der XA-Spezifikation aus [XOpen92] genügt. Das bedeutet, daß sie alle Objektzugriffe unter der Kontrolle einer globalen (d.h. extern koordinierten) Transaktion ausführen. Um an einem extern koordinierten Commit-Protokoll teilnehmen zu können, müssen sie insbesondere Funktionen für das *prepare*, *commit* und *abort* einer Transaktion anbieten und für jede Operation auf den von ihnen verwalteten Objekten die entsprechenden undo- bzw. redo-Informationen protokollieren [HaeRe83, GrRe92].

Soll die Implementierung eines Objektverwalters auf einem herkömmlichen DBMS und dessen lokaler Transaktionsverwaltung aufsetzen, muß diese entsprechend um eine *prepare-to-commit*-Funktion erweitert werden. Diese Öffnung des Zweiphasen-Freigabeprotokolls ist eine Grundvoraussetzung für die kontrollierte Abwicklung verteilter Anwendungen auf mehreren Objektverwaltern und damit letztendlich eine *conditio sine qua non* für deren Interoperabilität schlechthin.

Alternativ zu der Verwaltung eigener, lokaler Transaktionen sollten insbesondere anwendungsdefinierte Objektverwalter den globalen Log (4.6) zur Protokollierung von undo- und redo-Informationen zu jeder durchgeführten Operation verwenden. Dadurch vereinfacht sich die globale Transaktionsverwaltung und Recovery erheblich (vgl. z.B. das *Camelot*-System bzw. das TP-System *Encina* [EMS91, EpDi92]). Falls nämlich jeder Objektverwalter sein eigenes Log führen würde, müßten deren lokale Protokolloperationen (z.B. das Schreiben eines Commit-Eintrages) über ein Zweiphasen-Commmit-Protokoll koordiniert werden. Zudem wären die Protokolleinträge zu einer Transaktion über mehrere Log-Komponenten verteilt. Dieser unverhältnismäßig hohe Aufwand unterstreicht die Forderung nach einem einzigen Log pro Knoten.

4.6   Globaler Log

Die zuverlässige Abwicklung verteilter Anwendungen ist elementar auf eine globale, verteilte Protokollkomponente angewiesen, in die der ConTract Manager und alle Objektverwalter schreiben, die transaktionsgeschützte Objekte implementieren. Die ConTract-Verwaltung verwendet diesen Log u.a. dazu, um die für einen fehlerrobusten Ablauf notwendigen stabilen Ereignisse zu realisieren. Beim Wiederanlauf nach einem Systemausfall muß der ConTract Manager aus dem Log seinen eigenen Zustand sowie den aller bearbeiteten ConTracts rekonstruieren. Weil unterbrochene Anwendungen auch nach dem endgültigen Ausfall eines Knotens (und damit auch dessen lokalen Protokolldateien) korrekt nach vorne fortgesetzt werden sollen, ist eine Replikation der Protokolldaten auf mehrere Knoten im Netzwerk erforderlich [DaST87]. Bei einer Migration muß sich der Log komplett mit der ConTract-Verarbeitung auf einen anderen Knoten verlagern lassen oder zumindest über Knotengrenzen hinweg referenziert werden können.

Schreiben mehrere Komponenten in denselben Log-Puffer, müssen sie sich offensichtlich beim Übertragen des Pufferinhaltes auf den Sekundärspeicher und bei anderen Verwaltungsoperationen gegenseitig abstimmen. Auf die damit zusammenhängenden Probleme kann hier aber nicht weiter eingegangen werden.

4.7 Anforderungen an das Basisbetriebssystem

Die ConTract-Verwaltung und andere wichtige Systemkomponenten müssen zur Tolerierung der angedeuteten Systemfehler als stabile Prozesse realisiert werden. Dazu können sog. Prozeßpaare oder Schattenprozesse [GrRe92] zum Einsatz kommen. Zur Sicherung weniger wichtiger Prozesse genügt ein einfacherer Mechanismus zur Prozeß(fern)überwachung, der abgestürzte Prozesse entdeckt und automatisch neu startet bzw. ein individuell angebbares Recovery-Verfahren einleitet. Geeignete Protokolle dafür sind z.B. in [Walt82, Kim84, Kübl 90] beschrieben.

Außerdem benötigt ein ConTract-System eine Komponente, die üblicherweise als TP-Monitor bezeichnet wird, u.a. für die Zuteilung von Betriebsmitteln (Prozessen) an die Step-Bearbeitungsaufträge, zur Lastbalancierung, Zugriffskontrolle, Verwaltung der Prozeß- und Systemkonfiguration usw.

5 Architektur eines Prototypen

5.1 Systemarchitektur

Das mehrstufige Programmiermodell motiviert einen schichtenartigen Aufbau eines ConTract-Laufzeitsystems, dessen zentrale Komponenten in Abb. 3 dargestellt sind:

1. Der sog. **ConTract Manager** fungiert als Koordinator einer ConTract-Ausführung. Er realisiert die Schnittstellen zur Anwendungsebene (Ablaufsteuerung) und zu den Komponenten auf tieferen Schichten des Laufzeitsystems. Seine Hauptaufgabe liegt in der fehlertoleranten Kontrollflußabwicklung und Abbildung von Steps auf Transaktionen. Außerdem nimmt er Step- bzw. transaktionsübergreifende Kontrollaufgaben wahr (Verwaltung der Konsistenz- und Isolationsbedingungen, Durchführung der Konfliktauflösung, Kompensation usw.).

2. Die eigentliche Ausführung der Programmschritte ist vom ConTract Manager abgekoppelt und in eine spezielle Ablaufumgebung für ConTract-Steps, die sog. *Step Computation Server* ausgelagert, die in anderen Systemen auch als Transaktions- oder Anwendungs-Server bezeichnet werden [BET91]. Sie implementieren ein oder mehrere Step-Programme, die vom ConTract Manager an der jeweiligen Stelle einer Skript-Abwicklung aufgerufen werden.

3. Die Step-Programme greifen zur Realisierung einer Anwendungsfunktion i.d.R. auf gemeinsam genutzte Objekte (typischerweise eine Datenbank) zu. **Objektverwalter** (auch **Resource Manager** genannt) kapseln die interne Struktur eines Objektes oder einer Objektklasse und lassen Zugriffe darauf nur über vordefinierte Operationen zu, die über eine RPC-ähnliche Schnittstelle aufgerufen werden. Dabei ist es vollkommen unerheblich, ob ein Aufruf aus einem ConTract oder einer sonstigen Anwendung erfolgt. Ein Objektverwalter muß nur die in 4.5 skizzierten Anforderungen erfüllen und braucht von der ConTract-Semantik nichts zu wissen. Mit der Unterstützung geeigneter Werkzeuge kann er wie ein normaler Server programmiert werden [Zell92].

4. Der **ConTract Processing Monitor** führt allgemeine Verwaltungsaufgaben durch (Prozeß- und Benutzerverwaltung usw.), die hier nicht weiter von Interesse sind.

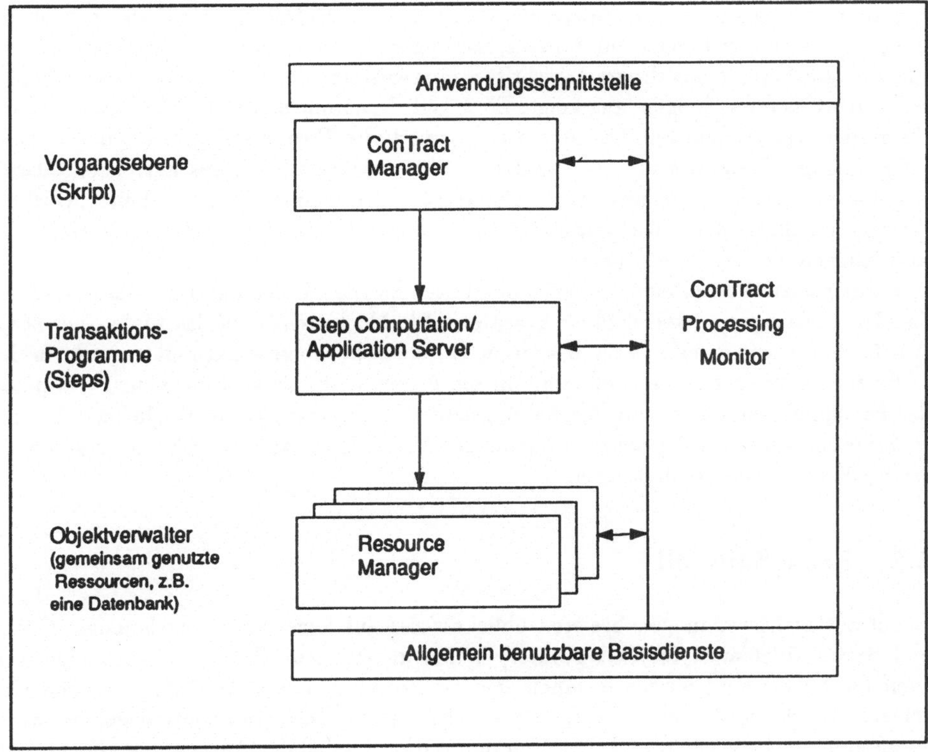

Abbildung 3: Schichtenarchitektur eines ConTract-Systems

5.2 Betriebsmodell

Die skizzierten Komponenten arbeiten bei einer ConTract-Abwicklung folgendermaßen zusammen: Eine Anwendung startet mit dem Kommando `activate` `<contract-script-name>` den spezifizierten Vorgangstyp und erhält eine systemweit eindeutige Kennung (`contract_id`) zurück. Unter Angabe dieser Kennung kann der weitere Ablauf jederzeit angehalten (`suspend`), fortgesetzt (`resume`), auf einen anderen Knoten verlagert (`migrate`) oder abgebrochen (`cancel`) werden.

Die textuelle Beschreibung eines ConTract-Skriptes (Kap. 3) wird in ein Prädikat-Transitionsnetz vorübersetzt, das für jeden Step Start- und Terminierungsbedingungen enthält. Der ConTract Manager wickelt den in diesem Netz beschriebenen Kontrollfluß ereignisgesteuert ab, indem er für jeden Programmschritt folgenden Zyklus durchläuft:

Ist das Startereignis eines Steps ausgelöst, wird seine Ausführung gestartet, sobald das Prädikat PI_E für seine Aktivierung erfüllt ist und die von ihm benötigten Betriebsmittel zur Verfügung stehen. Dazu erteilt der ConTract Manager einem geeigneten Step Computation Server den Auftrag zur asynchronen Bearbeitung des Steps. Eine asynchrone Ausführung ist offensichtlich notwendig, um eine echt parallele Step-Verarbeitung zu erzielen.
Bis das Ergebnis eines Step-Bearbeitungsauftrages vorliegt, kann der ConTract Mana-

ger andere Aufgaben wahrnehmen, wie z.B. weitere Step-Instanzen aktivieren oder auf die oben erwähnten Befehle zur Ablaufsteuerung seitens der Anwendung reagieren. Trifft die Fertigmeldung eines Programmschrittes ein, wird das dem ConTract Manager durch ein entsprechendes Ereignis angezeigt. Er wertet daraufhin den Rückgabestatus und die Terminierungsbedingungen des Steps aus. Eine erfüllte Terminierungsbedingung löst ein oder mehrere Ereignisse aus, die wiederum die nachfolgenden Steps aktivieren. Damit beginnt der Zyklus von neuem. Ist ein ConTract-Skript vollständig abgearbeitet, wird die Anwendung davon benachrichtigt und der interne Verarbeitungszustand einschließlich der angefallenen Kontextdaten abgebaut.

Der wesentliche Vorteil einer ereignisorientierten Skript-Abwicklung liegt darin, daß der ConTract Manager an keiner Stelle synchron (d.h. blockierend) auf das Ende einer Step-Ausführung warten muß. Deshalb kann er zu jedem beliebigen Zeitpunkt sowohl in der Rolle als Server (zur Ablaufsteuerung für die Anwendung) als auch als Client (Empfang der Fertigmeldung eines Step-Bearbeitungsauftrages) agieren. Diese Möglichkeit ist eine wichtige Implementierungsanforderung bei der Abwicklung paralleler Abläufe in geschichteten Client-Server-Architekturen.

5.3 Prozeßmodell

Client-Server-Anwendungen basieren üblicherweise auf folgendem Prozeßmodell: Client und Server (hier auch Objektverwalter) laufen in unterschiedlichen Adreßräumen und auch die Server sind jeweils in einen eigenen Prozeß geladen. Abhängig von den Gegebenheiten der Systemarchitektur (Einprozessorsystem, Mehrprozessoranlage, vernetzte Arbeitsplatzrechner usw.) und dem Kommunikationsmodell der Anwendung können sich aus dieser starren Zuordnung zu separaten Prozessen erhebliche Leistungseinbußen ergeben. Unter Umständen ist es sinnvoller, mehrere Objektverwalter zusammen in einen Prozeß zu laden, etwa zur Lastbalancierung oder um relativ teure Interprozeßkommunikation zu vermeiden. Das ist beispielsweise dann der Fall, wenn die Objektverwalter relativ klein sind oder zur Implementierung ihrer Dienstaufrufe häufig mit anderen Objektverwaltern kommunizieren müssen.

Das Prozeßmodell eines ConTract-Systems berücksichtigt diese Forderung nach Flexibilität dadurch, daß die beteiligten Server-Komponenten (ConTract Manager, Server zur Step-Ausführung, Objektverwalter) in beliebiger Weise auf Prozesse abgebildet und im Netzwerk konfiguriert werden können: Über eine entsprechende Schnittstelle der Systemverwaltung wird spezifiziert, welche Server zusammen in einem Prozeß ablaufen und wieviele Instanzen davon auf einem Knoten vorhanden sein sollen. So ist es beispielsweise möglich, alle Komponenten innerhalb eines einzigen Prozesses ablaufen zu lassen (etwa auf einem leistungsfähigen Einprozessorsystem). Oder aber jede Komponente (insbes. Step Computation Server und Objektverwalter) wird jeweils einem eigenen Prozeß zugeordnet, um z.B. auf einer Mehrprozessoranlage die im Skript spezifizierte Parallelität optimal zu nutzen.

5.4 Basiskommunikation

Aus dieser Flexibilität resultieren mehrere Anforderungen an den verwendeten Kommunikationsmechanismus. Da ein Anwendungsprogrammierer a priori nicht wissen kann (und eigentlich auch gar nicht zu wissen braucht), auf welchem Knoten und in welchem Prozeß ein aufgerufener Dienst (bzw. Server) lokalisiert ist, müssen alle Aufrufe über eine einheitliche Nachrichtenschnittstelle abgewickelt werden, mit der in gleicher Weise innerhalb *desselben Adreßraumes* (Prozeß), wie auch zwischen *verschiedenen Prozessen* und ebenso zwischen *entfernten, u.U. heterogenen Rechnern* kommuniziert werden kann. Das heißt, daß alle Dienste der Server-Komponenten ortstransparent adressiert werden. Für die ConTract-Steps ist das bereits durch das Programmiermodell gewährleistet, da sie unabhängig von der aktuellen Aufgabenverteilung über die Knoten definiert werden (Kap. 3). Da die Bindung eines Dienstaufrufes an die Adresse einer zuständigen Server-Komponente nun nicht mehr vom Anwendungsprogramm vorgenommen wird, ist ein Mechanismus erforderlich, der diese Aufgabe zur Laufzeit durchführt. Dabei sollte nicht nur eine Adreßumsetzung über rein statische Tabellen erfolgen, sondern es sollten dazu auch dynamische Kriterien herangezogen werden, wie z.B. die Auslastung und Verfügbarkeit möglicher Server-Komponenten sowie die zu erwartende Antwortzeit oder die Service-Kosten.

Für die Programmierung hat ein solcher Kommunikationsmechanismus eine Reihe wichtiger Vorteile: Durch die ortstransparente Adressierung vereinfacht sich die Erstellung von ConTract-Skripten und -Steps enorm, da für den Programmierer die Unterscheidung von lokalen und entfernten Aufrufen und insbesondere die Verwendung verschiedener Sprachmittel (lokaler bzw. entfernter Prozeduraufruf) entfällt. Gleichzeitig ist der resultierende Programmtext vollkommen unabhängig von Änderungen in der (Server-) Prozeßkonfiguration. Sogar Prozeßausfälle bleiben für die Anwendung bei hinreichender Server-Replikation transparent.

5.5 Implementierungsaspekte

Die Entwicklung des prototypischen ConTract-Systems *APRICOTS* findet in einer Hardware- und Software-Umgebung statt, die aus einer Reihe vernetzter Sun-Arbeitsplatzrechner besteht, auf denen eine Variante des Betriebssystems *Unix* und die relationalen Datenbanksysteme *TransBase* und *Ingres* laufen. Die verfügbaren Systeme erfüllen nur wenige der Anforderungen aus Kapitel 4. Dieser Abschnitt beleuchtet einige der Schwierigkeiten und die unternommenen Anstrengungen, um das beschriebene ConTract-Betriebsmodell dennoch soweit wie möglich zu realisieren.

5.5.1 Betriebssystemdienste und Kommunikationsmechanismen

Die Unix-Version *SunOS* enthält weder eine persistente Programmiersprache noch stabile Prozesse. Deshalb mußten der Laufzeitkern des ConTract-Systems (insbesondere der ConTract Manager) einschließlich der benötigten Mechanismen zur Ereignisverwaltung, Prozeßüberwachung usw. als normale Unix-Anwendungen implementiert werden.
Der RPC-Mechanismus in SunOS erwies sich als ungeeignet zur Abwicklung des Client-Server-orientierten Betriebsmodells aus 5.2. Beispielsweise ist es nicht möglich, daß der ConTract-Manager zu einem beliebigen Zeitpunkt sowohl Client gegenüber den beauftragten Anwendungs-Servern (SCS) als auch Server der ConTract-Anwendung ist. Das liegt hauptsächlich daran, daß die Client-Server-Rollenverteilung innerhalb eines SunOS-Prozesses nicht frei wählbar, sondern in der Programmstruktur des Clients (bzw. Servers) statisch festgelegt ist. Um das skizzierte asynchrone und ereignisorientierte Verarbeitungsmodell dennoch mit dem SunOS-RPC zu realisieren, hätte der Quell-Code des Betriebssystems geändert werden müssen. Zudem sind sog. billige Prozesse (threads) in SunOS nicht gleichzeitig mit dem RPC-Mechanismus benutzbar, womit beispielsweise die asynchrone

Skript-Abwicklung im ConTract Manager zu organisieren gewesen wäre. Deshalb wurde auch ein flexibler Basiskommunikationsmechanismus für die Aufrufe an die Step-Server bzw. Objektverwalter (auf der Basis von TCP/IP und *shared memory*) selbst entwickelt, der den herkömmlichen RPC [BiNe84] u.a. um die Konzepte „Transaktionen" und „Ereignisse" (asynchrones Versenden und Empfangen von Aufträgen) erweitert [Laub92].

5.5.2 Datenbank-Mechanismen

Auf der Datenbankseite sind die Gegebenheiten hinsichtlich der Realisierungsanforderungen nicht viel günstiger:
Zu Beginn der Implementierungsarbeiten war kein kommerzielles DBMS mit einer *prepare-to-commit*-Funktion erhältlich. In Kooperation mit einem Hersteller konnte jedoch ein System speziell für das ConTract-Projekt dahingehend erweitert werden. Allerdings floß diese Erweiterung nicht in eine Produktversion des DBMS ein – mit allen daraus resultierenden Konsequenzen für den Anwender. Inzwischen bieten mehrere Hersteller verteilter Datenbanksysteme *prepare*-Schnittstellen an (z.B. Ingres, Sybase), die bezüglich der Offenheit des Commit-Protokolls allerdings noch viele Wünsche offen lassen. Schwierigkeiten bestehen u.a. in der Bindung einer Transaktion an genau einen Prozeß und in dem fehlenden Zugang zum DBMS-Log, der z.B. für die Integration der transaktionsorientierten Protokollierung (undo/redo-Informationen) der Objektverwalter und der Ereignisprotokollierung des ConTract-Managers erforderlich ist. Deshalb mußte für die Realisierung der robusten Kontrollflußabwicklung ein separater Protokollierungs- und Wiederanlaufmechanismus implementiert werden [Masm92].

Besonders schwer fällt die restriktive Sperrverwaltung heutiger DBMS ins Gewicht, da ein ConTract-System hinsichtlich der Invariantenverwaltung stark auf die Kooperation mit dem darunterliegenden DBMS angewiesen ist, vorausgesetzt, man will nicht eine Datenverwaltungskomponente von Grund auf neu implementieren, sondern die Objektverwalter auf existierende Systemen aufsetzen.
Lange, stabile Sperren oder gar eine Weitergabe erworbener Sperren an eine Folgetransaktion (die u.U. in einem anderen Prozeß abläuft) machen nach Herstelleraussagen anscheinend größere Eingriffe in ein DBMS notwendig. Im Prototypsystem werden deshalb Existenzsperren (4.3) über den Umweg einer trickreichen Verwendung verteilter und replizierter Lesesperren simuliert. Da sich Sperren nicht weitergeben lassen, bleibt stattdessen nur die „mißbräuchliche" Verwendung derselben DBMS-Transaktion für mehrere Step-Transaktionen hintereinander, was natürlich höchstens in einer Prototypanwendung akzeptabel ist, aber keine befriedigende, allgemeine Lösung darstellt.

Daß schließlich geschachtelte Transaktionen noch in keinem DBMS-Produkt[2] implementiert sind, hängt offensichtlich mit der eben diskutierten Sperrproblematik zusammen. Daher mußte im APRICOTS-Prototypen die Strukturierung einer ConTract-Abwicklung in mehrere geschachtelte und verkettete Subtransaktionen ebenfalls durch selbst entwickelte Mechanismen angenähert werden.
Insgesamt wurde bei allen Eigenentwicklungen auf Verträglichkeit mit existierenden Standards (bzw. Vorstufen dazu) geachtet [DCE91, XOpen92, OSI-TP].

---

[2]Einzige Ausnahme ist das seit kurzem erhältliche Encina-Toolkit, einem neuen TP-System der Transarc Corporation.

5.5.3 Fazit

Trotz der aufgezählten Restriktionen konnte ein funktionsfähiges System gebaut werden, das die Kernmechanismen des ConTract-Modells prototypisch implementiert. Dieses Prototypsystem *APRICOTS* wird zur Zeit anhand einer Anwendung aus dem Fertigungsbereich evaluiert und weiterentwickelt.

6 Vergleich mit anderen Ansätzen

Der folgende Abschnitt beschäftigt sich mit dem Vergleich zwischen dem ConTract-Modell und anderen Ansätzen, wie SAGAs, Flex-Transaktionen , „triggers and transaction" und Mehrschichttransaktionen, die sich ebenfalls mit der Abwicklung langlebiger Transaktionen befassen.

Wie sich zeigen wird, beinhaltet das ConTract-Modell viele Aspekte anderer Modelle. Das Ziel von ConTracts ist es, diese Eigenschaften zu nutzen und zu einem System zusammenzufassen, um dadurch eine Ablaufumgebung zu schaffen, die dem Anwendungsprogrammierer eine einfache Verwendung ermöglicht.

Das Modell beinhaltet insbesondere Maßnahmen zur robusten Verwaltung der Abläufe von ConTracts. Dies schließt die Definition eines Fehlermodells ein, um eine automatische Behandlung durch das System zu ermöglichen (z.B. wiederholte Ausführung im Fehlerfall, Migration). Ähnliche Ansätze lassen sich bei den SAGAs [GaSa87] finden, deren einzige Fehlerbehandlung jedoch im Zurücksetzen der SAGAs liegt (zumindest bis zu einem explizit definierten „savepoint").

Zusammenfassend läßt sich sagen, daß das ConTract-Modell nicht nur eine Erweiterung des Transaktionskonzeptes auf Datenbanken definiert, sondern eine Ausführungsumgebung für verschiedene Anwendungsgebiete (wie z.B. der Einsatz im CIM) darstellt, um dabei das Konzept der Transaktionen anwendbar zu machen. Dies stellt einen großen Unterschied zu bisherigen Modellen dar, da diese sich weitgehend auf den Einsatz im Datenbankbereich beschränken.

6.1 Verteilte TP-Systeme, Föderierte und Verteilte DBMS

Die Architektur eines ConTract Systems hat viele Gemeinsamkeiten mit der verteilter Transaktionssysteme [GrRe92], wobei eine Komponente zur Kontrollflußverwaltung und transaktionsübergreifenden Ablaufsteuerung wie der ConTract Manager in heutigen TP-Monitoren nicht enthalten ist. Insbesondere sind nirgends so weitreichende Mechanismen zur Vorwärts-Recovery, Kontextverwaltung und transaktionsübergreifenden Synchronisation zu finden.

Das ConTract-Modell definiert nur Konzepte zur Abwicklung verteilter Anwendungen, trifft aber bewußt keine weiteren Annahmen über die Organisation der Datenhaltung in den Objektverwaltern. Dazu können sog. Föderierte [ShLa90] oder Verteilte Datenbanksystemen [CePe84] oder noch andere Verfahren zur Verwaltung verteilter Datenbestände zum Einsatz kommen, sofern sie die oben skizzierte, genormte Schnittstelle zur Transaktionsverwaltung anbieten. Unsere These ist allerdings, daß die hier beschriebenen Basismechanismen ihre Implementierung wesentlich vereinfachen.

6.2 Verwaltung von Transaktionen

Ähnlich wie in anderen Ansätzen wird im ConTract-Modell ein langlebiger Ablauf in kurze Ausführungseinheiten (Steps) zerlegt. Diese Ausführungseinheiten beinhalten jedoch keine Transaktionssemantik. Diese wird erst auf der Ebene des Skripts definiert, so daß eine flexible Abbildung von Steps auf Transaktionen möglich ist. Dies ist bei anderen Ansätzen nicht realisierbar.

Ein Beispiel aus der Fertigung soll die Flexibilität verdeutlichen:

$step_1$: erhitze_bauteil

$step_2$: biege_bauteil

Die vorgestellten Steps können einzeln als zwei Einzeltransaktionen ausgeführt werden, wenn z.B. für eine Einbrennlackierung ein Bauteil erhitzt werden muß oder ein Kupferstab gebogen wird. Soll jedoch ein Bauteil gebogen werden, welches nur im erhitzten Zustand bearbeitet werden kann, ist es notwendig, beide Steps zu *einer* Transaktion zusammenzufassen, da ein Wiederaufsetzen auf dem Zustand vor der Ausführung des Biegens nicht möglich wäre (bei Abbruch des Biegens). Ebenso wäre die Angabe des Zustands des Bauteiles nicht konsistent, da es als erhitzt vermerkt wäre, inzwischen aber abgekühlt ist.

Durch das ConTract-System wird es dem Skript-Programmierer ermöglicht, entsprechende Situationen einfach zu modellieren, da er die Transaktionsgrenzen um Steps frei definieren kann. Definiert er entsprechende Grenzen nicht, werden vom System automatisch Transaktionen für jeden Step generiert und die entsprechende Semantik garantiert (s.a. [XOpen92]).

6.3 Kontrollflußverwaltung

Der Kontrollfluß in einem ConTract wird explizit durch das Skript beschrieben. Im ConTract-Modell werden, ähnlich den Petri-Netzen der Flex-Transaktionen [LeEB90], Prädikat-Transitionsnetze zur Darstellung herangezogen. Diese Darstellung verdeutlicht auch, daß im Gegensatz zu den SAGAs [GaSa87], die Verwendung parallelisierender Konstrukte zugelassen ist. Der Ablauf des ConTracts ist jedoch abhängig vom jeweiligen Kontext, da Ablauf-Kontrollkonstrukte, die auf dem Kontext basieren, benutzt werden können (if, for, case ...). Das Modell der „triggers and transactions" [DHL90] bietet einen ebenso mächtigen Mechanismus für einen variablen Ablauf, doch werden hier nur Regeln definiert, die eine bestimmte Aktion bei einem bestimmten Ereignis auslösen. Das heißt, die möglichen Ablaufzweige und die entsprechenden Kontrollkonstrukte werden nur implizit realisiert. Dies birgt die Gefahr in sich, daß der Programmierer sehr schnell die Übersicht über den Ablauf verliert und somit parallele Aktionen ausgelöst werden, die ungewollt konkurrieren oder Zyklen entstehen, die nur sehr schwer zu erkennen sind. Durch die Verwendung einer prozeduralen Sprache im ConTract-Modell wurde versucht, diese Gefahren zu umgehen. Die Realisierung des Modells erfolgt jedoch mit Hilfe einer Abbildung auf einen Mechanismus, der entsprechend den „triggers and transactions" arbeitet.

6.4 Synchronisation

Die Invarianten im Skript stellen Prädikate dar (Eingangs- und Ausgangsinvarianten), die, ähnlich dem Ansatz von Korth/Speegle [KoSp88], zur Synchronisation nach pessimistischen (z.B. locks) oder optimistischen (z.B. check/revalidate [PRS88]) Prinzipien genutzt werden können. Im Gegensatz zu den „postconditions" [KoSp88] werden die „Ausgangs-Invarianten" nicht zur Erkennung der korrekten Abarbeitung eines Steps definiert, sondern zur Sicherung des konsistenten Ablaufs des ConTracts, indem sich die „Eingangs-Invarianten" nachfolgender Steps auf diese beziehen und damit die Voraussetzung für die korrekte Bearbeitung durch den Step sicherstellen.

Andere Modelle lassen die Frage der Synchronisation über Transaktionsgrenzen hinaus offen („triggers and transaction", Flex-Transaktionen) oder stellen heraus, daß ihre Modelle nur anwendbar sind, falls keine entsprechenden Maßnahmen getroffen werden müssen (SAGAs).

Mit der Definition von Isolationsbedingungen (Invarianten) durch die Anwendung verwendet das ConTract-Modell eine semantische Synchronisationsmethode. Werden diese nach dem „check/revalidate"-Prinzip verwaltet, so stellt dies einen Mechanismus dar, der eine weit größere Parallelität zuläßt als Verfahren, die auf dem Serialisierbarkeitskriterium basieren. Besonders hervorzuheben sind hierbei die Mehrschichttransaktionen [Weik91, WeSc92], da ConTracts in eingeschränkter Weise auf diese abgebildet werden können, wobei die Ebene der Skripte eine Schicht und die Ebene der Steps die darunter liegende Schicht darstellen.

6.5   Fehlerbehandlung

Im Gegensatz zu den meisten Ansätzen wird ein Fehlermodell definiert, um dadurch eine automatische Fehlerbehandlung durch das System zu ermöglichen. Obwohl im Fall der „triggers and transactions" ein mächtiger Mechanismus zur Verfügung steht, wird dort kein Fehlermodell definiert, so daß wie bei anderen Modellen wohl nur der Abbruch der Applikation und die anschließende Kompensation [Gray81, GaSa87, KLS90] vorgesehen ist. Nur bei den SAGAs ist, durch die explizite Definition von „savepoints", die Möglichkeit vorgesehen, die Kompensation zu beschränken und die Abarbeitung ab einem savepoint wieder aufzunehmen.

Das ConTract-Modell unterscheidet zwischen verschiedenen Fehlerklassen und ist in der Lage, mittels vom System überwachten Wiederholungs-Mechanismen oder Migration auf Fehler zu reagieren. Weiterhin wurde für die Behandlung von Invarianten-Fehlern eine Konflikt-Behandlung eingeführt, durch die der Skript-Programmierer die Möglichkeit hat, konflikt-behebende Maßnahmen („Conflict Resolution Steps") anzugeben. Im Fall, daß eine Eingangsinvariante verletzt wird, startet das System diese Conflict Resolution Steps und versucht, nach erfolgreicher Ausführung, den eigentlichen Step erneut zu starten (Wiederholung nach Fehlerbehebung). Erst wenn die maximale Wiederholungszahl bzw. die Konflikt-Behandlung fehlschlägt, wird die Bearbeitung abgebrochen und die Kompensation der ausgeführten Steps eingeleitet.

6.6   Programmiermodell

Bisherige Ansätze beinhalten nur ein höchst einfaches Programmiermodell. Hierin wird vorausgesetzt, daß der Programmierer jeder Komponente transaktionsorientiert vorgeht. Dies bedeutet, daß alle notwendigen Aktionen (BOT, EOT, abort, commit ...) explizit zu programmieren sind. Der Vorteil des ConTract-Modells liegt darin, daß der Programmierer der Steps keine Transaktionssemantik zu berücksichtigen hat. Dies hat zur Folge, daß seine Ausführungseinheiten universell einsetzbar sind. Hieraus folgt zusätzlich die Freiheit des Skriptprogrammieres, die Steps beliebig mit einer Transaktionssemantik versehen zu können.

Da das Ausführungssystem alle Dienste ortstransparent zur Verfügung stellt (Step-Server, Ausführungsdienste usw.), müssen weder der Skriptprogrammierer noch der Stepprogrammierer besondere Maßnahmen vorsehen, um entsprechende Dienste adressieren zu können. Gerade in verteilten Umgebungen spielt dieser Aspekt eine große Rolle, da bisherige Mechanismen [BiNe84] nicht ortstransparent arbeiten, der Programmierer explizit Rechnerknoten zu adressieren hat und somit der Wechsel eines Dienstes auf einen anderen Knoten ohne Programmänderung (Adreßänderung) nicht möglich ist.

7 Zusammenfassung

Das ConTract-Modell mit den beschriebenen Verarbeitungsmechanismen (Kap.3) sowie dem Client-Server-orientierten Betriebsmodell (Kap.5) verallgemeinern das klassische Transaktionskonzept in drei wichtigen Bereichen:

(a) Durch die Erweiterung des Blickwinkels von einzelnen, kurzen DB-Zustandsübergängen auf *komplette Anwendungsvorgänge* konnten Verarbeitungsmechanismen definiert werden, die ein angemesseneres Ausführungsmodell für große verteilte Anwendungen auf gemeinsamen Ressourcen definieren als ACID-Transaktionen. Von den transaktionsübergreifenden Eigenschaften einer ConTract-Abwicklung sind insbesondere die robuste Kontrollflußverwaltung mit der automatischen Vorwärts-Recovery bei Systemfehlern zu erwähnen, außerdem die stabile Kontextverwaltung für zusammengehörige Verarbeitungsschritte, sowie das mehrstufige und dadurch äußerst flexible Programmiermodell für die ConTract-Erstellung.

(b) Das Invarianten-Konzept erweitert das in herkömmlichen DBMS fest eingebaute Korrektheitskriterium (Serialisierbarkeit) zu einem flexiblen, anwendungsgesteuerten Mechanismus für die transaktionsübergreifende Synchronisation, der situativ den Erfordernissen des jeweiligen Ablaufkontextes angepaßt werden kann. Langlebige Anwendungen bekommen damit ein mächtiges Instrument in die Hand, mit dem sie ein hohes Maß an Parallelität durch individuell zugeschnittene Isolations- und Konsistenzanforderungen realisieren können. Im Unterschied zu den meisten anderen Modellen werden Synchronisationskonflikte der Anwendung mitgeteilt, um ihr eine konstruktiven Auflösung derselben zu ermöglichen.

(c) Im konventionellen Ausführungsmodell klassischer DB-Transaktionen können die ACID-Eigenschaften nur für Anwendungen auf einer einzigen Ressourcenklasse, nämlich der *Datenbank*, genutzt werden. ConTracts verallgemeinern diesen engen Einsatzbereich dahingehend, daß ihre Eigenschaften für Anwendungen auf *beliebigen* gemeinsamen Ressourcen mit transaktionsgeschütztem Zugriff verfügbar sind. Für eine Anwendung heißt das konkret, daß sie über die Plattform eines ConTract-Systems auch auf sehr verschiedenartige Objektverwalter in einheitlicher Weise zugreifen kann. ConTracts bilden somit in Verbindung mit dem skizzierten Betriebsmodell transaktionsgeschützter Ressourcen-Zugriffe eine äußerst nützliche Grundlage für die Interoperabilität heterogener Objektverwalter.

Insgesamt definieren ConTracts eine Architektur für die zuverlässige Abwicklung einer breiten Klasse von verteilten Anwendungen [Wäch 91, Wäch 92]. Das Prototypsystem APRICOTS wird hauptsächlich anhand betrieblicher Abläufe aus der Fertigung evaluiert. Neben eigenen Untersuchungen [Bilg92] ist der Einsatz von APRICOTS zur Abwicklung geregelter arbeitsteiliger Büro- und Fertigungsabläufe [ReWe92, Reut92] sowie als Ausführungsmodell bzw. Laufzeitkern für Informationssysteme geplant, die in der objektorientierten Modellierungssprache T_{ROLL} spezifiziert wurden [JSHS91].

Zur Zeit laufen Vorbereitungen, um eine erste Version des ConTract-Prototypsystems innerhalb und außerhalb des DFG-Schwerpunktprogramms „Objektbanken für Experten" verfügbar zu machen. Die dabei gesammelten Erfahrungen werden in eine Weiterentwicklung von APRICOTS einfließen und sollen für zukünftige Arbeiten an der effizienten Auswertung und Verwaltung von Invarianten sowie für die Verfeinerung des Kompensationskonzeptes genutzt werden. Weitere Arbeitsschwerpunkte bilden in Zukunft vor allem Schnittstellen für die Anbindung herkömmlicher DBMS sowie anderer Objektverwalter. Daneben wird auch an Werkzeugen zur Unterstützung und Vereinfachung der ConTract-Programmierung gearbeitet. Besonderes wichtig für die Systemadministration und Ablaufsteuerung in einer realen Einsatzumgebung ist dabei eine geeignete graphische Darstellung der (Client-Server-) Systemkonfiguration sowie die Visualisierung eines ConTract-Ablaufes.

Literatur

[BiNe84] Birrell, A.D., Nelson, B.J.: *Implementing Remote Procedure Calls.* ACM Transactions on Computer Systems, Vol. 2, No.1, Feb. 1984

[Bilg92] Bilger, A.: *Modellierung und Simulation betrieblicher Abläufe als ConTracts mit dem APRICOT-System.* Studienarbeit, Universität Stuttgart, Fakultät Informatik, 1992[3]

[BET91] Bernstein, P.A., Emberton, W.T., Trehan, V.: *DECdta- Digital's Distributed Transaction Processing Architecture.* Digital Technical Journal Vol.3(1), Winter 1991

[CePe84] Ceri, S., Pelagatti, G: *Distributed Databases. Principles and Systems.* MacGraw-Hill Book Company, 1984

[DCE91] *DCE Application Development Guide.* OSF DCE Version 1.0, Open Software Foundation, Cambridge, MA, 1991

[DHL90] Dayal, U., Hsu, M., Ladin, R.: *Organizing Long-Running Activities with Triggers and Transactions.* Proc. ACM SIGMOD 1990

[DaST87] Daniels, D.S., Spector, A., Thompson, D.: *Distributed Logging for Transaction Processing.* Proc. ACM SIGMOD 1987

[Davi78] Davies, C.T.: *Data Processing Spheres of Control.* IBM Systems Journal, Vol. 17(2), 1978, pp. 179-198

[EMS91] Eppinger, J.L., Mummert, L.B., Spector, A.Z. (Hrsg.): *Camelot and Avalon - A Distributed Transaction Facility.* Morgan Kaufmann Publishers, 1991.

[Eitl92] Eitler, M.: *Eine graphische Oberfläche für die interaktive Steuerung langlebiger verteilter Abläufe.* Diplomarbeit (in Vorbereitung), Universität Stuttgart, Fakultät Informatik, 1992

---

[3]Die referenzierten studentischen Arbeiten und weitere interne Berichte über das ConTract-Modell und das APRICOT-System sind über das Internet per *anonymous ftp* frei erhältlich:

      Rechner: `ftp.informatik.uni-stuttgart.de`
      Internet: `129.69.211.1`
      Benutzer: `anonymous`
      Passwort: beliebig, aber nicht leer
      Pfad: `/pub/APRICOTS/...`   (Postscript bzw. DVI-Format).

[EpDi92]   Eppinger, J.L., Dietzen, S.: *Encina: Modular Transaction Processing*. Proc. Spring CompCon, San Francisco, California, USA, 1992

[GaSa87]   Garcia–Molina, H., Salem, K.: *Sagas*. Proc. ACM SIGMOD 1987

[Gray81]   Gray, J.: *The Transaction Concept: Virtues and Limitations*. Proc. VLDB, Cannes, Sept. 1981

[GrRe92]   Gray, J., Reuter, A.: *Transaction Processing Systems: Concepts and Techniques*. Morgan Kaufmann Publishers, San Mateo, CA, 1992

[HaeRe83] Härder, T., Reuter, A.: *Principles of Transaction-Oriented Database Recovery*. ACM Computing Surveys, 15(4), 1983

[JSHS91]   Jungclaus, R., Saake, G., Sernadas, C.: *Object-Oriented Specification of Information Systems: The TROLL Language*. Technical Report 91-04, TU Braunschweig, 1991

[Kim84]   Kim, W.: *Highly Available Systems for Database Applications*. ACM Computing Surveys 16(1), 1984

[KlRe88]   Klein, J., Reuter, A.: *Migrating Transactions*. Proc. Workshop on the Future Trends of Distributed Computing Systems, Hong Kong, IEEE, Sept. 1988

[KLS90]   Korth, H.F., Levy, E., Silberschatz, A.: *A Formal Approach to Recovery by Compensating Transactions*. Proc. VLDB 1990, pp. 95-106

[KoSp88]   Korth, H.F., Speegle, G.D.: *Formal Model of Correctness Without Serializability*. Proc. ACM SIGMOD 1988

[Kübl90]   Kübler, D.: *Ein Werkzeug zur Modellierung und Überwachung verteilter Systeme*. Diplomarbeit Nr. 681, Universität Stuttgart, Fakultät Informatik, August 1990

[Laub92]   Laube, D.: *Ein transaktionsorientierter Kommunikationsmechanismus fuer das verteilte Transaktionssystem APRICOTS*. Diplomarbeit, Universität Stuttgart, Fakultät Informatik, 1992

[LeEB90]   Leu, Y., Elmagarmid, A., Boudriga, N.: *Specification and Execution of Transactions for Advanced Database Applications*. Purdue University Technical Report, CSD-TR 1030, Oct. 1990

[Masm90]   Masmanidis, I.: *Syntax und Compiler einer Sprache zur Beschreibung paralleler und verteilter Abläufe*. Studienarbeit, Universität Stuttgart, Fakultät Informatik, August 1990

[Masm92]   Masmanidis, I.: *Robuste Kontrollflußverwaltung für langlebige und verteilte Datenbank-Anwendungen*. Diplomarbeit, Universität Stuttgart, Fakultät Informatik, Mai 1992

[Moss81]   Moss, E.J.B.: *Nested Transactions: An Approach to Reliable Computing*. Ph.D. Thesis, M.I.T., Report MIT-LCS-TR-260, 1981

[OSI-TP]   *Open Systems Interconnection: Distributed Transaction Processing*. Draft Proposal 10026-1, -2, -3 (Model, Service Definition, Protocol Specification), International Standardization Organization, 1988.

[PRS88]   Peinl, P., Reuter, A., Summer, H.: *High Contention in a Stock Trading Database - A Case Study*. Proc. ACM SIGMOD 1988

[Reut89]   Reuter, A.: *ConTracts: A Means for Extending Control Beyond Transaction Boundaries* Proc. 2nd. Int. Workshop on High Performance Transaction Systems, Asilomar, Sept. 1989

[Reut92]   Reutzel, C.: *Transaktionsgestützte Abwicklung von Abläufen in geregelten arbeitsteiligen Anwendungen*. Diplomarbeit, Fachbereich Informatik, Universität Erlangen-Nürnberg, 1992

[ReSc91] Reuter, A., Schmidt, U.: *Transactions in Manufacturing Applications*. Proc. 4th. Int. Workshop on High Performance Transaction Systems, Asilomar, Sept. 1991

[ReWe92] Reinwald, B., Wedekind, H.: *Integrierte Aktivitäten- und Datenverwaltung zur systemgestützten Kontroll- und Datenflußsteuerung*. Informatik Forschung und Entwicklung, Heft 1, 1992

[RoPa90] Rothermel, K., Pappe, S.: *Open Commit Protocols for the Tree of Processes Model*. Proc. 10th Int. Conf. on Distributed Computing Systems, pp. 236-244, 1990

[Schm92] Schmitd, U.: *A Framework for Automated Error Recovery in Flexible Manufacturing Systems*. Proc. 2nd Int. Conf. on Automation, Robotics and Computer Vision, Singapure, Sept. 1992

[ShLa90] Sheth, A., P., Larson, J., A.: *Federated Database Systems for Managing Distributed, Heterogeneous, and Autonomous Databases*. ACM Computing Surveys, Vol. 22, No. 3, Sept. 1990

[Wäch91] Wächter, H.: *ConTracts - A Means for Improving Reliability in Distributed Computing*. Proc. IEEE Spring CompCon, San Francisco, Feb. 1991

[Wäch92] Wächter, H.: *Eine Architektur für verteilte Anwendungen mit hohen Zuverlässigkeitsanforderungen*. Dissertation (in Vorbereitung), Fakultät Informatik der Universität Stuttgart, 1992

[WäRe90] Wächter, H., Reuter, A.: *Grundkonzepte und Realisierungsstrategien des ConTract-Modells*. Informatik Forschung und Entwicklung, Heft 5, 1990

[WäRe92] Wächter, H., Reuter, A.: *The ConTract Model*. In: A.K. Elmagarmid (Hrsg.), *Database Transaction Models for Advanced Applications*. Morgan Kaufmann Publishers, San Mateo, CA, 1992

[Wahl91] Wahl, P.: *Interpretative Abwicklung von Prädikat-Transitionsnetzen*. Studienarbeit, Universität Stuttgart, Fakultät Informatik, 1991

[Walt82] Walter. B.: *A Robust and Efficient Protocol for Checking the Availability of Remote Sites*. Comp. Networks No. 6, pp. 173-188, 1982

[WeSc92] Weikum, G., Schek, H.-J.: *Concepts and Applications of Multilevel Transactions and Open Nested Transactions*. In: A.K. Elmagarmid (Hrsg.), *Database Transaction Models for Advanced Applications*. Morgan Kaufmann Publishers, San Mateo, CA, 1992

[Weik91] Weikum, G.: *Principles and Realization Strategies of Multilevel Transaction Management*. ACM TODS, Vol. 16(2), 1991

[XOpen92] X/Open: *Distributed Transaction Processing Reference Model*. X/Open Document No. XO/GUIDE/91/020

[Zell92] Zellmer, O.: *Ein Werkzeug zur Definition und Verwaltung transaktionsorientierter Client-Server-Anwendungen*. Studienarbeit, Universität Stuttgart, Fakultät Informatik 1992

Hinweis:

Die referenzierten studentischen Arbeiten u.a interne Berichte über das ConTract-Modell und das APRICOT-System sind über das Internet per *anonymous ftp* frei erhältlich:

Rechner: `ftp.informatik.uni-stuttgart.de`; Internet: `129.69.211.1`

Benutzer: `anonymous` (beliebiges, aber nicht leeres Passwort)

Pfad: `/pub/APRICOTS/...` (Postscript bzw. DVI-Format).

Spezifikation von Objektsystemen

Thorsten Hartmann
Ralf Jungclaus
Gunter Saake
Hans-Dieter Ehrich

Abt. Datenbanken, Techn. Universität Braunschweig

Postfach 3329, W-3300 Braunschweig

E-mail {hartmann|jungclau|saake|ehrich}@idb.cs.tu-bs.de

Zusammenfassung

Die konzeptionelle Modellierung des Weltausschnitts, der durch ein Informationssystem dargestellt werden soll, ist die entscheidende Phase beim Systementwurf, da das konzeptionelle Modell die Grundlage der Implementierung ist. Eine Sprache zur konzeptionellen Modellierung sollte daher auf einer soliden formalen Grundlage basieren, um einerseits die systematische Konstruktion einer Implementierung, andererseits eine frühe Animation zu ermöglichen.

In diesem Artikel wird die Sprache TROLL vorgestellt, die auf einem prozeßorientierten Objektmodell basiert. TROLL ermöglicht die deklarative Beschreibung der statischen sowie der dynamischen Aspekte eines zu beschreibenden Weltausschnittes mit Hilfe von Objekten.

Da deklarative Beschreibungsformalismen in der Regel nicht direkt ausführbar sind, werden Ideen zur Transformation von deklarativen in operationale Sprachkonstrukte eines Sprachkerns diskutiert. Für die Animation von Objektsystemen wird ein einfaches Ausführungsmodell zur Kommunikation von Objekten dargestellt und die Systemarchitektur eines verteilten Animationssystems erläutert.

1 Einleitung

Das Projekt „Formale Spezifikation und korrekte Implementierung von objektorientierten Informationssystemen" ist ein Teilprojekt im Schwerpunktprogramm „Objektbanken für Experten". Es befaßt sich mit dem auf formalen Grundlagen basierenden Entwurf von Informationssystemen.

Informationssysteme implementieren relevante Aspekte eines Weltausschnitts und sind immer in eine Umgebung eingebettet. In den ersten Phasen des Entwurfs ist das System also als geschlossenes System mit seiner Umgebung zu spezifizieren. Die relevanten Aspekte eines Weltausschnitts sind sowohl statischer als auch dynamischer Natur [Gri82]. Der Weltausschnitt kann als *System interagierender Komponenten* aufgefaßt werden.

Damit werden eine Reihe von Charakteristika impliziert:

- Die Komponenten eines Systems haben einen *lokalen Zustand*, d.h. Zustandsinformationen sind den Komponenten und nicht dem Gesamtsytem zugeordnet.

- Die Komponenten zeigen eine *zeitliche Entwicklung* ihres Zustands. Unabhängige Komponenten entwickeln sich auch unabhängig voneinander.

- Es gibt *agierende* und *reagierende* Komponenten. Agierende Komponenten lösen Zustandsübergänge aus, in reagierenden Komponenten werden Zustandsübergänge durch Interaktionen mit der Umgebung der Komponente ausgelöst.

- Die Komponenten eines Systems sind (wie das System selbst) u.U. strukturiert (z.B. aus Teilen zusammengesetzt).

Die Phase des *konzeptionellen Entwurfs* hat die Erstellung einer Spezifikation eines abstrakten Modells des Informationssystems zum Ziel. Diese Spezifikation wird oft auch *konzeptionelles Modell* genannt. Das konzeptionelle Modell sollte soweit als möglich *formal* sein, da es die Grundlage der Systementwicklung und somit einen Vertrag zwischen Anwendern und Systementwicklern darstellt. Um dieser Forderung nachzukommen, muß das konzeptionelle Modell festlegen, *was* realisiert werden soll, nicht jedoch *wie* dieses realisiert werden soll.

Die bisher zur konzeptionellen Modellierung eingesetzten Formalismen wie das ER-Modell und Erweiterungen [Che76, EN89, GH91], semantische Datenmodelle [HK87, PM88], aber auch informale Ansätze wie Datenflußdiagramme oder JSD [Jac83] sind nicht ausreichend, um alle Anforderungen an ein konzeptionelles Modell zu erfüllen. Semantischen Datenmodellen fehlen generell Konstrukte zur Beschreibung von Operationen und der zeitlichen Entwicklung von Objekten oder Entitäten. Datenflußdiagramme besitzen keine formale Semantik und passen in der Regel nicht zur einer Darstellung der Struktur eines Systems in einem anderen Formalismus. Auch JSD fehlt eine formale Semantik.

Die Betrachtungsweise eines Weltausschnitts als ein System interagierender Komponenten ist prinzipiell der *objektorientierten* Sichtweise sehr nahe. Beim objektorientierten Entwurf von Softwaresystemen [Boo90, RBP$^+$90, CF92] werden die Systemkomponenten durch Objekte repräsentiert, die sowohl statische Struktur als auch dynamisches Verhalten aufweisen. Wesentlich ist dabei, daß die Objekte eingekapselt sind, also einen *lokalen Zustand* und *lokale Aktionen* beinhalten. Das Systemverhalten ergibt sich dann aus dem lokalen Verhalten der Komponentenobjekte und der Kommunikation zwischen ihnen.

Unser Ansatz eines Modellierungsformalismus für dynamische Informationssysteme versucht nun, die Konzepte semantischer Datenmodelle mit objektorientierten Konzepten sowie Konzepten formaler Ansätze zur Softwarespezifikation zu integrieren. Die wesentlichen Einflüsse aus der formalen Spezifikation kommen aus den Gebieten algebraische Spezifikation abstrakter Datentypen [EGL89, Wir90], der algebraischen Spezifikation von Prozessen [Hoa85, Mil90] und der logischen Spezifikation reaktiver Systeme [MP92]. Ziel ist es, einen integrierten Formalismus zur deskriptiven Spezifikation zu entwickeln, der die Strukturierungskonzepte semantischer Datenmodelle mit Ansätzen zur verhaltensorientierten Modellierung vereinigt. Der Ansatz basiert auf dem OBLOG-Modell, das zuerst in [SSE87] vorgestellt wurde. Weitere Darstellungen und Erweiterungen sind u.a. in [SFSE89, SE91, EGS90, ES91, ESS92] zu finden.

Die Definition der logikbasierten abstrakten Spezifikationssprache TROLL [JSHS91] ist ein Schwerpunkt in dem von uns bearbeiteten Teilprojekt. Es soll eine Spezifikationssprache basierend auf dem OBLOG-Modell entworfen werden, die für den Einsatz in der konzeptionellen Modellierung von Informationssystemen geeignet ist. Das bedeutet im wesentlichen, daß die Sprache dem Entwickler eine Reihe von deklarativen Beschreibungsmitteln zur Verfügung stellen muß, mit denen ein gegebener Weltausschnitt angemessen dargestellt werden kann. Das Ziel dieses Teilschrittes im Entwurf ist das *konzeptionelle Modell*.

Im weiteren Verlauf des Informationssystem-Entwurfsprozesses muß dann das konzeptionelle Modell in ein ausführbares System umgesetzt werden. Wir unterscheiden hier zwei (orthogonale) Zielrichtungen:

- Die *Animation* hat die automatische Erzeugung einer *ausführbaren* Spezifikation aus einer konzeptionellen Spezifikation auf gleicher Abstraktionsebene zum Ziel, um ein konzeptionelles Modell zu simulieren und die *Korrektkeit* der Spezifikation bezüglich der informellen Anforderungen soweit als möglich zu validieren.

- Die *Implementierung* bedeutet die Realisierung abstrakter Konzepte durch konkretere, insbesondere die Darstellung abstrakter Konzepte durch Dienste, die von der aktuellen Basissystemumgebung zur Verfügung gestellt werden.

Animation in frühen Entwurfsphasen ist notwendig, da nur auf diese Art und Weise die Übereinstimmung des formalen konzeptionellen Modells mit der informalen Anforderungsanalyse sichergestellt werden kann. Zur Animation werden Konstrukte eines abstrakten konzeptionellen Modells in äquivalente ausführbare Konstrukte umgesetzt. Bei der Animation spielen Kriterien wie Effizienz, ergonomische Benutzerschnittstellen, Sicherheit usw. eine untergeordnete Rolle. Wesentlich ist hier, daß eine solche Transformation automatisch durchgeführt werden kann.

Unser Ansatz basiert auf der Definition einer operationalisierbaren Kernsprache (TROLL-Kern), die eine echte Teilsprache von TROLL ist. Die weitergehenden Sprachkonstrukte von TROLL sollen dann mit Hilfe von Konstruktionen der Kernsprache dargestellt und so eine Transformation von TROLL-Spezifikationen in Spezifikationen der Kernsprache ermöglicht werden.

Zur Implementierung werden konzeptionelle Einheiten eines abstrakten Modells durch (in der Regel verschiedenartige) Einheiten eines weniger abstrakten Modells dargestellt [ES90]. Wesentliche Teilbereiche der Implementierung sind die Dekomposition komplexer Objekte und die Realisierung abstrakter Aktionen oder Operationen durch abstrakte *Transaktionen* auf einer tieferen Systemebene. Unter abstrakten Transaktionen werden in diesem Zusammenhang atomare Prozesse, also Folgen von Aktionen, verstanden. Bei der Implementierung muß der Übergang von einer mehr problemorientierten Sichtweise zu einer mehr systemorientierten Sichtweise vollzogen werden, d.h., die Gegebenheiten der zur Verfügung stehenden Systemumgebung müssen berücksichtigt werden. Ein wichtiger Punkt bei der Implementierung ist die Gewährleistung der Korrektheit eines Implementierungsschrittes bezüglich der abstrakten Spezifikation.

Ein zweiter Schwerpunkt des hier vorgestellten Projekts befaßt sich mit der Entwurfsunterstützung bei Animation und Implementierung von konzeptionellen Spezifikationen. Wesentliche Arbeitsfelder in der jetzigen Phase des Projekts sind die Definition einer möglichst einfach zu implementierenden Kernsprache der Sprache TROLL [HJ92] und die Entwicklung eines *Ausführungsmodells* für TROLL-Spezifikationen.

Das hier beschriebene Projekt startete im Frühjahr 1991. In der ersten Phase wurde aufbauend auf Vorarbeiten aus einem ESPRIT-Grundlagenprojekt[1] die Spezifikationssprache TROLL entwickelt [SJ91, JSS91, SJ92, JSH91, SJE92, HJS92, JHS92] und festgelegt [JSHS91]. Zur Zeit wird schwerpunktmäßig an einem Ausführungsmodell für TROLL-Spezifikationen und an der Transformation von abstrakten Sprachkonstrukten in Konstrukte der Kernsprache gearbeitet.

In diesem Papier wollen wir über die bisherigen Ergebnisse des Projekts berichten. Im nächsten Abschnitt werden die grundlegenden Konzepte unseres Ansatzes informell eingeführt. Abschnitt 3 befaßt sich mit der Modellierungssprache TROLL. Wir werden die wesentlichen Sprachkonzepte anhand von Beispielen vorstellen. Abschitt 4 beschäftigt sich mit Konzepten zur Ausführung und Animation von Spezifikationen. Wir werden auf die operationale Bedeutung von Kommunikationsstrukturen eingehen und kurz erste Ideen zur Operationalisierung abstrakter Spezifikationen diskutieren. In Abschnitt 5 werden wir zukünftige Arbeitsgebiete identifizieren und in Abschnitt 6 eine kurze Zusammenfassung präsentieren.

2 Konzepte

Das objektorientierte Paradigma hat in jüngster Zeit Einzug gehalten in den Bereich des Entwurfs von Softwaresystemen und Informationssystemen [KL89, RBP+90, BB92, CF92].

Die wesentlichen Einflüsse kommen aus der objektorientierten Programmierung [Nie89, Weg90] und den objektorientierten Datenbanken [ABD+89]. Die wichtigsten Eigenschaften lassen sich wie folgt zusammenfassen:

- Objekte sind *eingekapselte* Einheiten, meist im Sinne einer Menge von Operationen (*Methoden* genannt), die auf einem nicht sichtbaren lokalen Zustand arbeiten. Die Operationen bilden die *Schnittstelle* eines Objekts. Im Bereich der objektorientierten Datenbanken wird meist zwischen

---

[1]ESPRIT Basic Research Action WG 3023 IS-CORE (Information Systems—COrrectness and REusability)

Attributen (als Leseoperationen auf Zustandsvariablen) und Methoden als Änderungsoperationen unterschieden.

- Objekte sind *eindeutig identifizierbar*. Damit können zum einen Objekte im gleichen Zustand unterschieden und zum anderen verschiedene Zustände desselben Objektes als solche identifiziert werden.

- Objekte *kommunizieren* durch das *Versenden von Nachrichten (message passing)*. Dabei schickt ein Sender eine Nachricht an einen Empfänger, der daraufhin die passende Methode zur Reaktion auswählt.

- Objekte sind üblicherweise in *Klassen* zusammengefaßt. Klassen können dabei entweder als Muster für Instanzen dienen oder nur als "Sammelbehälter" für gemeinsame Information von Instanzen (z.B. Methodendefinitionen) dienen. Leider wird das Thema Klassen in der Literatur uneinheitlich behandelt und oft auch mit dem Begriff *Objekttyp* gleichgesetzt. In [Nie89] werden Objekttypen als Spezifikationen eingestuft, d.h., die Ausprägungen werden nicht betrachtet. In [ABD+89] werden Klassen als Zusammenfassung eines Musters für die Erzeugung von Instanzen mit der aktuellen Menge existierender Instanzen betrachtet.

- *Vererbung* wird meist auf der Klassenebene behandelt und bezeichnet die Wiederverwendung von Klassendefinitionen in anderen Klassendefinitionen. Vererbung ist in den meisten Ansätzen nur als *syntaktische* Vererbung zu sehen – der Mechanismus betrifft nur Programm*texte*, nicht jedoch Instanzen. In [ABD+89] werden jedoch auch andere Formen der Vererbung als möglich erachtet, die Instanzen in Vererbungsbeziehungen setzen, so z.B. die Untermengenbeziehung zwischen Ausprägungen von Objektklassen oder Spezialisierungen.

- Speziell für objektorientierte Datenbanken werden Erweiterbarkeit um benutzerdefinierte Datentypen, Persistenz von Objekten und Nebenläufigkeit als notwendig eingestuft [ABD+89].

Zum formalen Entwurf von Informationssystemen müssen die o.g. Charakteristika etwas modifiziert werden. Die Modifikationen werden durch den *deklarativen Charakter* von Spezifikationen und durch die *Formalisierung von Spezifikationen* notwendig. Es muß abstrahiert werden von der implementierungsnahen, operationalen Sichtweise objektorientierter Programmiersprachen und von der datenstruktur- und zugriffsorientierten Sichtweise objektorientierter Datenmodelle.

Das *Objekt als Basiseinheit des Entwurfs* kann wie folgt charakterisiert werden:

- Objekte sind die Basiseinheiten von *Struktur und Verhalten*, aus denen ein komplexes System zusammengesetzt ist.

- Objekte haben beobachtbare Eigenschaften, die durch *Datenwerte* dargestellt werden. Diese Eigenschaften werden *Attribute* genannt.

- Objekte haben einen *eingekapselten internen Zustand*, von dem einige Informationen über Attribute nach außen sichtbar sind.

- Der interne Zustand eines Objekts wird ausschließlich durch das Eintreten *lokaler Ereignisse* verändert. Ereignisse sind vordefinierte mögliche Zustandsübergänge.

- Objekte können *persistent* im Sinne der Datenbankterminologie sein, d.h., der interne Zustand von Objekten überlebt einzelne Systemläufe.

Dieses Basiskonzept eines Objekts vereinigt wesentliche Konzepte objektorientierter Programmiersprachen mit wichtigen Konzepten aus dem Bereich Informationssysteme, welche sich bei der Modellierung von Datenbanken als sinnvoll erwiesen haben.

Um nun ganze Systeme von interagierenden Objekten darzustellen, müssen einzelne Objekte in Beziehung zueinander gesetzt werden. Auf der Modellebene sind unserer Ansicht nach zwei Konzepte ausreichend, um weitergehende Konzepte zu erklären:

- Objekte werden in *Objektklassen* zusammengefaßt. Innerhalb einer Klasse hat jede Instanz einen eindeutigen *Identifikator*.

- Objektinstanzen können eingekapselter Teil (*Unterobjekt*) einer anderen Instanz sein. Das Konzept der *Objektinklusion* stellt sicher, daß keine Eigenschaft des Unterobjekts durch die Einbettung in ein anderes Objekt verändert wird.

Wir wollen nun diese Konzepte der Modellebene genauer erläutern, bevor wir die Grundlagen der *Spezifikation* darlegen. Einzelne *Objekte* sind, intuitiv gesprochen, *beobachtbare Prozesse*, d.h., wir betrachten Sequenzen von Ereignissen und Beobachtungen über Anfangsstücken solcher Sequenzen. Im Gegensatz zu der Darstellung in [SJ91] betrachten wir hier nicht nur Sequenzen von atomaren Ereignissen, sondern Sequenzen von *Mengen gleichzeitig eintretender Ereignisse* (*Schnappschüsse*). Damit wird die Zusammensetzung von Objektmodellen zu Modellen von Systemen nebenläufiger Objekte vereinfacht.

Ein Objektmodell $ob = (P, V)$ besteht aus einem *Prozeß* P und einer *Beobachtungsstruktur* V. Ein Prozeß P ist definiert durch ein Paar (X, Λ) wobei X ein Alphabet von Ereignissen ist und Λ die Menge der zulässigen Folgen von Schnappschüssen ist. Ein Schnappschuß ist eine nichtleere Menge von Ereignissen, die konzeptionell gleichzeitig stattfinden. Die Menge Λ der zulässigen Lebensläufe muß mindestens folgende Bedingungen erfüllen:

1. Lebensläufe eines Objektes beginnen mit einem Schnappschuß, der ein lokal zu diesem Objekt spezifiziertes Geburtsereignis enthält.

2. Endliche Lebensläufe eines Objektes enden mit einem Schnappschuß, der ein lokal zu diesem Objekt spezifiziertes Todesereignis enthält. Vor dem letzten Schnappschuß treten keine Todesereignisse auf.

3. Unendliche Lebensläufe enthalten keine Schnappschüsse mit Todesereignissen.

Eine Beobachtungsstruktur V über einem Prozeß P ist definiert durch ein Paar (A, α). Dabei ist A eine Menge von (typisierten) Attributen und α eine Abbildung von endlichen Präfixen von Lebensläufen in Beobachtungen. Beobachtungen wiederum sind Mengen von *Attribut-Wert-Paaren*. Für eine genauere Darstellung dieses Objektbegriffes und seine Formalisierung sei auf [JSS91, HJS92] verwiesen.

Einzelne Objekte können zu *Objektklassen* gruppiert werden, in denen die Instanzen durch gleichartige Objektmodelle repräsentiert werden. Jeder Objektklasse ist ein *Klassentyp* zugeordnet, der einen Prototyp für Instanzen einer Klasse sowie einen *Identifikationsmechanismus* enthält. Der Identifikationsmechanismus legt einen *Namensraum* (d.h., die Menge der möglichen Namen von Instanzen) fest.

Das semantische Modell eines *Klassentyps* $ct = (ID, ob)$ besteht aus einem Wertebereich ID als Namensraum und einem prototypischen Objektmodell ob. Der Wertebereich ID ist definiert als die Trägermenge einer Sorte eines abstrakten Datentyps.

Die Zuordnung von Objektidentifikatoren zu Objektmodellen ist hierbei statisch; eine Instanz einer Klasse kann also nicht zur Laufzeit seine Struktur wechseln, und die Struktur eines Elements liegt bei seiner Erzeugung für einen konkreten Identifikator fest.

Die intuitive Sicht auf *Klassen* ist die eines „Behälters" für aktuelle Objekte, dessen Inhalt sich zustandsabhängig ändert. Klassentypen beschreiben die möglichen Ausprägungen intensional, d.h., sie geben alle möglichen Populationen einer Klasse an, die diesen Typ hat. Die erwähnte Sicht auf Klassen selber hingegen ist extensional — Klassen entsprechen Variablen eines Klassentyps, deren Extension durch Einfügen und Löschen von Objekten manipuliert wird. Wir folgen zuerst dieser zustandsorientierten Sicht und beginnen damit, den Zustand einer Klasse zu definieren.

Ein *Zustand einer Objektklasse* oc wird beschrieben durch den zugeordneten Klassentyp ct und eine Zustandsfunktion $\zeta \colon ct.ID \rightarrow \mathbf{Prefix}(ct.ob.P.\Lambda)$ aus dem Namensraum ID des zugeordneten

Klassentyps *ct* in die Menge der möglichen Anfangsstücke (*Präfixe*) von Lebensläufen im zugehörigen Objektmodell *ct.ob.*

Einem gegebenen Identifikator $i \in ct.ID$ ist somit durch die Funktion ζ ein aktueller Zustand $\zeta(i)$ zugeordnet, der ein Anfangsstück aus einem korrekten Lebenslauf des zugeordneten Objektmodells darstellt. Ist der Objektzustand $\zeta(i) = \epsilon$, d.h., die leere Folge, so ist das Objekt mit dem Identifikator i nicht in der aktuellen Ausprägung der zugehörigen Klasse enthalten.

Diese komplexe Definition von Objektklassen resultiert aus der zustandsorientierten, extensionalen Sicht auf Objektklassen im Gegensatz zur intensionalen Semantik für Klassentypen.

Eine grundlegende Eigenschaft des hier dargestellten Objektmodells ist die Zusammensetzbarkeit von Objektmodellen, d.h., die Darstellung von *komplexen Objekten*. Wir wollen uns daher nun der Objektinklusion zuwenden. Seien zwei Instanzen *a* und *b* gegeben. Die Instanz *b* ist in die Instanz *a* *sicher eingebettet*, wenn gilt:

1. Die Signatur von *b* ist bis auf Umbenennungen in der Signatur von *a* enthalten.

2. Jeder Lebenslauf von *b*, der in *a* beobachtet werden kann wenn nur Ereignisse aus *b* betrachtet werden, ist ein korrekter Lebenslauf von *b*. Durch die Einbettung darf das *mögliche* Verhalten der eingebetteten Instanz also nicht erweitert werden. Hiermit ist *nicht* gesagt, daß alle möglichen Lebensläufe von *b* beobachtet werden können. (*„Einkapselungsprinzip für Lebensläufe“*)

3. Attribute von *b* werden nicht direkt durch Ereignisse von *a*, die nicht auch Ereignisse von *b* sind, verändert. Diese Eigenschaft sichert die Einkapselung von Objekteigenschaften des eingebetteten Objektmodells. (*„Lokalitätsprinzip für Attributveränderungen“*)

Mittels dieses Konzepts können Objektzusammensetzungen spezifiziert werden [JSHS91, HJS92, Saa92]. Dabei muß das Verhalten der durch Objektinklusion miteinander in Beziehung gesetzten Instanzen geeignet *synchronisiert* werden und *Kommunikation* durch Datenfluß möglich sein. Dazu führen wir den *Ereignisaufruf* als Kommunikationsprimitiv ein.

Ein Ereignisaufruf definiert eine *asymmetrische, synchrone* Kommunikation und ist definiert auf Prozessen: Ruft ein Ereignis x_1 ein Ereignis x_2 auf (notiert als $x_1 \gg x_2$), so müssen alle Schnappschüsse, die x_1 enthalten, auch x_2 enthalten; d.h. also, wann immer x_1 stattfindet, muß auch x_2 stattfinden (nicht jedoch umgekehrt). Das Konzept des Ereignisaufrufs ermöglicht damit die konzeptionelle Modellierung eines Kontrollflusses.

Ein Ereignis kann auch mehrere andere Ereignisse aufrufen, die mehreren Instanzen zugeordnet sein können (*Multicasting*). Durch die Forderung nach Synchronität müssen auf der konzeptionellen Ebene die Adressaten von Aufrufen immer explizit festgelegt werden. Ein Ereignisaufruf kann nur dann stattfinden, wenn alle Adressaten zum Zeitpunkt des Aufrufs existieren (Ausnahme: aufgerufene Geburtsereignisse) und die aufgerufenen Ereignisse in den Lebensläufen der beteiligten Objekte stattfinden dürfen—andernfalls kann die gesamte Aufrufkette nicht stattfinden.

Während durch den Aufruf von Ereignissen der Kontrollfluß festgelegt ist, kann der *Datenfluß* prinzipiell auch entgegen dem Kontrollfluß erfolgen. Zur Beschreibung des Datenflusses werden formale Ereignisparameter verwendet.

Zur *Spezifikation* solcher Modellstrukturen werden verschiedene formale Sprachen verwendet, die in Systembeschreibungen in der Sprache TROLL kombiniert werden. In TROLL wird eine mehrsortige Logik erster Ordnung, eine Lineare Temporale Logik erster Ordnung [Saa88, SL89] sowie eine auf CSP [Hoa85] basierende Sprache zur Spezifikation von (Teil-)Prozessen benutzt.

Die Interpretationsstrukturen der benutzten temporalen Logik sind Folgen von einfachen Algebren, die jeweils einen Zustand repräsentieren. Die Beschreibung von Zustandsübergängen durch Ereignisse in temporaler Logik wird ermöglicht durch die Definition eines after-Prädikats, das genau in den Zuständen gilt, die durch das Stattfinden eines Ereignisses erreicht werden. Aus Platzgründen können wir hier nicht genauer auf die Syntax und Semantik der Teilsprachen zur logischen Spezifikation eingehen. Die Teilsprachen werden in [JSHS91] beschrieben.

3 Die Sprache TROLL

Die Basiseinheit der Spezifikation von Objektgesellschaften in der Sprache TROLL ist eine *Objektbeschreibung*, engl. *template*. Eine Objektgesellschaft ist eine Menge von *interagierenden* aber eigenständigen Objekten. Eine Objektbeschreibung ist eine generische Beschreibung einer Prototyp-Instanz und beschreibt die Struktur und das Verhalten von Instanzen. In der Datenbankterminologie entspricht eine Objektbeschreibung vereinfacht gesehen einem *Schema*. Eine Objektinstanz entspricht dann einem passenden Tupel zu diesem Schema.

Um eine Menge gleichartiger Objekte zu beschreiben, werden *Objektklassen* spezifiziert. Eine Spezifikation einer Objektklasse definiert implizit auch den *Klassentyp*. Der Klassentyp beschreibt die *potentiellen* Ausprägungen von zugehörigen Objektklassen. Die Objektklasse definiert dann die aktuellen Ausprägungen (also eine sich zeitlich ändernde Menge von Instanzen) einer Klassentypdefinition. In der Datenbankterminologie entspricht einem Klassentyp ein Relationenschema und einer Klasse eine Relationenausprägung.

3.1 Objekt- und Klassenbeschreibungen

Wir werden im folgenden, um die wesentlichen Eigenschaften der Sprache TROLL zu erläutern, Beispiele aus der Modellierung einer Bankanwendung darstellen. Für diese Bankanwendung werden sukzessive Konten (engl. accounts), Geldautomaten (engl. Automatic Teller Machines, ATM's), die Bank selbst als ein einzelnes Objekt sowie ein Kommunikationskanal zwischen der Bank und den Geldautomaten modelliert. Für dieses Beispiel werden nur die zum Verständnis wichtigen Teile angegeben. Das vollständige Beispiel kann in [JSHS91] gefunden werden.

In TROLL folgt eine Objektbeschreibung nach dem Schlüsselwort **template** und beinhaltet die Deklaration von Attributen (**attributes**) und Ereignissen (**events**) sowie verschiedene Abschnitte zur Spezifikation der zulässigen Beobachtungen und des zulässigen Verhaltens.

Die Deklaration von Attributen und Ereignissen legt die *Signatur* einer Objektbeschreibung fest. Attribute in TROLL sind *typisiert*, sie können nur Werte aus der Wertemenge des Attributdatentyps annehmen. Attribute können als **constant** markiert werden—der mit der Geburt der Instanz angenommene Wert darf sich dann über die Existenzdauer einer Instanz nicht ändern. Als Beispiel möchten wir die Attributdeklaration für eine Beschreibung von Konten-Objekten geben:

```
attributes
   constant Holder:|BankCustomer|;
   Balance:money;
   CreditLimit:money;
   Cards:set(|CashCard|);
```

Eine Besonderheit stellt der Datentyp |BankCustomer| dar, der als Wertebereich die *Menge der möglichen Identifikatoren* für Instanzen der Klasse BankCustomer (die hier nicht aufgeführt wird) hat. Ein solcher Datentyp wird implizit mit der Spezifikation eines Klassentyps bereitgestellt (s.u.).

Ereignisdeklarationen bestehen aus einen Ereignisnamen und eventuellen Parametern für Ereignisse. Die Parameter sind Werte eines Datentyps und können zusätzlich optional als Eingabeparameter (Schlüsselwort **in**) oder Ausgabeparameter (Schlüsselwort **out**) gekennzeichnet werden. Die Geburtsereignisse werden durch das Schlüsselwort **birth** markiert, die Todesereignisse durch das Schlüsselwort **death**. Für Konten-Objekte könnte man z.B. folgende Ereignisse deklarieren:

```
events
   birth open(in Holder:|BankCustomer|);
   death close;
   new_credit_limit(in Amount:money);
   assign_card(in C:|CashCard|);
```

```
cancel_card(in C:|CashCard|);
update_request(in Type:UpdateType, in Amount:money);
update_failed;
withdraw(in Amount:money);
deposit(in Amount:money);
```

Dabei wird mit dem Geburtsereignis open auch der Wert des konstanten Attributs Holder festgelegt. Das Ereignis update_request dient der Anforderung einer Kontenbewegung von außen und wird im Lebenslauf eines Konten-Objektes entweder von einem der Ereignisse withdraw, deposit oder update_failed gefolgt (s.u.). Die restliche Objektbeschreibung gliedert sich in folgende Abschnitte:

- *Integritätsbedingungen* unter dem Schlüsselwort **constraints** spezifizieren analog zu statischen und dynamischen Integritätsbedingungen im Datenbankbereich die möglichen Attributwerte bzw. deren zeitliche Entwicklungen. Die für Integritätsbedingungen benutzte Sprache ist eine *zukunftsgerichtete temporale Logik* erster Ordnung mit Operatoren wie **sometimef** („Irgendwann in der Zukunft wird gelten") oder **alwaysf** („Immer in der Zukunft gilt"). Diese Logiksprache wird ausführlich in [JSHS91], Kapitel 2.3, beschrieben.

- Die *Effekte von Ereignissen auf Attributwerte* werden im Abschnitt unter **valuation** beschrieben. Die dort spezifizierten Regeln bieten einen eingeschränkten Mechanismus zur Spezifikation von Nachbedingungen für Ereignisse an.

- *Vorbedingungen* für das Eintreten von Ereignissen werden im Abschnitt **permissions** definiert. Ereignisse können im aktuellen Zustand nur dann auftreten, wenn ihre Vorbedingung erfüllt ist. Vorbedingungen können sich auch auf die Vergangenheit einer Objektinstanz beziehen. Dabei wird eine *vergangenheitsgerichtete temporale Logik* verwendet, die u.a. Operatoren wie **sometime** („Es galt irgendwann") oder **always** („Es galt immer") enthält. Diese Logiksprache wird ebenfalls in [JSHS91], Kapitel 2.3, beschrieben.

- *Lebendigkeits-* bzw. *Vollständigkeitsbedingungen* für Lebensläufe werden unter dem Schlüsselwort **obligations** formuliert. Hier werden Ziele definiert, die eine Instanz im Laufe ihrer Existenz erfüllen *muß*.

- *Aktivitäten* werden unter **commitments** definiert. Hier werden Reaktionen spezifiziert, die eine Instanz beim Eintreten von Bedingungen selbständig ausführen muß, falls dies nicht durch äußere Bedingungen verhindert wird.

- *Prozesse* werden unter dem Schlüsselwort **patterns** spezifiziert. Hier können Teilstücke möglicher Lebensläufe explizit mit Hilfe einer CSP-ähnlichen Untersprache [Hoa85] definiert werden.

Als Beispiel geben wir die Definition einer Objektklasse an. Die Klasse Account definiert die Klasse der Konten in der bereits skizzierten Bankanwendung. Mit der Spezifikation wird ein Datentyp |Account| implizit festgelegt. Der Namensraum für Instanzen dieser Klasse ist isomorph zu der Menge der natürlichen Zahlen. Die weiterere Objektbeschreibung enthält (temporale) Integritätsbedingungen, (bedingte) Auswertungsregeln und (temporale) Vorbedingungen für Ereignisse.

```
object class Account
  identification
    data types nat;
    No:nat;
  template
    data types nat, |BankCustomer|, money, UpdateType;
    attributes
```

```
    constant Holder:|BankCustomer|;
    Balance:money;
    CreditLimit:money;
  events
    birth open(in Holder:|BankCustomer|);
    death close;
    new_credit_limit(in Amount:money);
    update_request(in Type:UpdateType, in Amount:money);
    update_failed;
    withdraw(in Amount:money);
    deposit(in Amount:money);
  constraints
    initially CreditLimit = 0 and Balance = 0;
    (Balance < 0) ==> sometimef(Balance >= 0);
  valuation
    variables m:money; C:|CashCard|;
    { m > CreditLimit } ==> [new_credit_limit(m)]CreditLimit = m;
    [withdrawal(m)]Balance = Balance - m;
    [deposit(m)]Balance = Balance + m;
    ...
  behavior
    permissions
      variables t,t1:UpdateType; m,m1,m2:money;
      { Balance = 0 } close;
      { not sometime(after(update_request(t1,m1)))
        since last(after(update_failed) or
                   after(deposit(m2)) or
                   after(withdrawal(m2)))} update_request(t,m);
end object class Account;
```

Die für den Identifikationsmechanismus und die Templatebeschreibung notwendigen Datentypen müssen in einer Spezifikation aus dem unterliegenden Datentyp-Universum importiert werden. TROLL selbst sieht keine Spezifikation von Datentypen vor; wir nehmen einen Formalismus zur Spezifikation von Datentypen als gegeben an. Um die Beispiele kurz zu halten, verzichten wir im folgenden auf den Import von Datentypen.

Im Abschnitt **valuation** werden die Effekte von Ereignissen auf Attributwerte spezifiziert. Eine allgemeine Regel der Form:

```
{ m > CreditLimit } ==> [new_credit_limit(m)]CreditLimit = m;
```

muß gelesen werden als „Nach Eintreten des Ereignisses new_credit_limit, instantiiert mit einem aktuellen Parameter m, nimmt das Attribut CreditLimit den Wert des Terms auf der rechten Seite, ausgewertet im Zustand vor Eintreten des Ereignisses, an" (in diesem Fall ist der Term nicht zustandsabhängig). Diese Regel ist nur gültig, wenn die Bedingung m > CreditLimit im Zustand *vor* Eintreten des Ereignisses wahr ist (allgemeiner Fall einer Auswertungsregel). Ein solches Ereignis darf eintreten, hat aber möglicherweise keinen *über Attribute sichtbaren* Effekt.

Vorbedingungen für Ereignisse können jedoch das Eintreten eines Ereignisses in einem bestimmten Objektzustand verhindern. Diese Vorbedingungen können auch auf die Vergangenheit einer Instanz Bezug nehmen. Dazu wird eine Untersprache einer Temporalen Logik eingesetzt. Im Beispiel wird folgende Vorbedingung für das Ereignis update_request formuliert:

```
{ not sometime(after(update_request(t1,m1)))
  since last(after(update_failed) or
             after(deposit(m2)) or
             after(withdraw(m2)))} update_request(t,m);
```

Diese Bedingung spezifiziert, daß nicht zwei Ereignisse vom Typ update_request aufeinander folgen dürfen—nach der „Beantwortung" einer update_request-Anforderung durch eines der Ereignisse update_failed, deposit oder withdraw darf höchstens ein Ereignis vom Typ update_request folgen.

Das Ereignis update_request stellt in diesem Beispiel die Anforderung zur Änderung des Kontostandes von Konten-Objekten (Balance) dar. Die Ereignisse withdraw und deposit und sind intern und werden von den Konteninstanzen in eigener Initiative ausgelöst (hier nicht gezeigt). In einer vollständigen Spezifikation wären sie durch ein *Interface* [SJ92] verborgen. Wir haben in dieser Kurzdarstellung darauf sowie auf die Darstellung dieser Eigeninitiative bzw. Aktivität (**commitments**) aus Platzgründen verzichtet.

3.2 Strukturierung von Objektbeschreibungen

Objekte können in vielfältigen Beziehungen zueinander stehen. Neben expliziten Kommunikationsbeziehungen (die als *Relationships* weiter unten vorgestellt werden) sind im Bereich der semantischen Datenmodellierung im wesentlichen zwei andere Beziehungen bekannt:

- die *is_a* oder Spezialisierungsbeziehung und

- die *part_of* oder Aggregationsbeziehung.

Bei der is_a-Beziehung werden verschiedene *Aspekte* desselben konzeptionellen Objekts beschrieben, also z.B. Eigenschaften eines Kunden als ein Aspekt einer Person. In TROLL unterscheiden wir zwischen *Rollen* und *Spezialisierungen*. Rollen werden von Instanzen der Basisklassen *zeitweilig* während ihres Lebens gespielt. Dabei kann ein konzeptionelles Objekt gleichzeitig mehrere Rollen spielen. Als Beispiel sei eine Person genannt, die in einer Rolle BankCustomer und in einer Rolle als Patient bei einem Arzt beobachtet werden kann.

Bei der Spezialisierung wird dagegen ein *statischer* Aspekt eines konzeptionellen Objekts spezifiziert, also z.B. die Spezialisierung einer Person zu Frau. Spezialisierung kann daher als ein Spezialfall der Rollenbeziehung angesehen werden, einer Rolle, die mit der Geburt des Objektes festgelegt ist und nicht geändert werden kann. Wir wollen in diesem Beitrag aus Platzgründen nicht weiter auf Aspekte und die dadurch implizierte Mehrfachvererbungshierarchie eingehen und verweisen auf [JSHS91].

Die part_of-Beziehung beschreibt *komplexe Objekte*, die aus Komponenten zusammengesetzt sind. Die Komponenten sind dabei vollständige Objekte. Das Verhalten der Komponenten ist durch Interaktionen mit anderen Komponenten und dem umschließenden komplexen Objekt *synchronisiert*. Interaktionen sind die einzige Möglichkeit, den Zustand einer anderen Komponente zu beinflussen— eine direkte Manipulation ist durch das Lokalitätsprinzip für Attributveränderungen ausgeschlossen.

In diesem Beitrag wollen wir nur die wichtigste Variante komplexer Objekte in TROLL vorstellen, die *dynamischen komplexen Objekte*. Hier kann sich die Zusammensetzung eines komplexen Objekts im Laufe seiner Lebenszeit verändern. Das Einschließen und das Herauslösen von Komponenten geschieht durch spezielle Ereignisse, die mit der Benutzung von Komponentenkonstruktoren implizit definiert sind.

Als dynamisch veränderbare Komponenten sieht TROLL neben Einzelinstanzen, die durch die Angabe des Klassennamens bestimmt werden, auch die Definition von Mengen (SET-Konstruktor) und Listen (LIST-Konstruktor) von Komponenteninstanzen einer Klasse vor.

Da das zugrundeliegende Objektmodell nur die statische Zusammensetzung von Objekten erlaubt, muß die Semantik dynamischer komplexer Objekte zweistufig definiert werden: Alle möglichen Zusammensetzungen eines dynamischen komplexen Objekts werden durch statische komplexe Objekte dargestellt, deren Zusammensetzung konstant ist. Die Semantik eines dynamischen komplexen Objekts wird nicht direkt sondern über das den augenblicklichen Zustand repräsentierenden statische komplexe Objekt definiert. Dieses Thema wird ausführlich in [HJS92] diskutiert.

Als Beispiel wollen wir eine vereinfachte Bank modellieren. Die Bank ist hier nur ein *Einzelobjekt*; es besteht in TROLL nicht die Notwendigkeit, in jedem Fall eine Klasse zu definieren. Das Bank-Objekt enthält hier eine Menge von Konten-Objekten und ein Personen-Objekt (nicht weiter spezifiziert) als Komponenten. Die Synchronisation der Komponenten mit dem komplexen, umschließenden Objekt Bank wird im **interaction**-Abschnitt spezifiziert:

```
object Bank
  template
    components
      Manager:Person;
      Accounts:SET(Account);
    events
      birth establish;
      death close_down;
      open_actount(in No:nat);
      close_account(in No:nat);
      ...
    behavior
    permissions
      variables n:nat;
      { not Accounts.IN(Account(n)) } open_account(n);
      { sometime after(open_account(n)) } close_account(n);
      ...
  interaction
    variables n:nat;
    open_account(n) >> Accounts.INSERT(Account(n));
    open_account(n) >> Accounts(Account(n)).open;
    close_account(n) >> Accounts.REMOVE(Account(n));
    close_account(n) >> Accounts(Account(n)).close;
    ...
end object Bank;
```

Die in der **interaction**-Sektion von den entsprechenden **open** und **close** Ereignissen aufgerufenen INSERT und REMOVE Ereignisse werden implizit mit dem SET-Konstruktor für die entsprechende Komponente (hier Accounts) definiert. Diese Sichtweise von komplexen Objekten ist operational und spiegelt die Dynamik einer sich verändernden Welt wider.

Zu bemerken ist hier, daß Konten-Objekte *nicht nur in einer Bank* Komponenten sein können. Gemeinsame Komponenten verschiedener Objekte stellen dann eine gemeinsam benutzte Ressource dar. Aus diesem Grunde werden hier auch die Geburts- bzw. Todesereignisse der Konten-Objekte von den die Struktur des komplexen Objektes verändernden Ereignissen wie INSERT und REMOVE getrennt betrachtet. Die Tatsache, daß die Konten-Objekte bei der Einbindung in das komplexe Objekt Bank erzeugt werden, ist somit ein Spezialfall. Für eine komplette Darstellung der Konstruktoren für dynamische komplexe Objekte sei auf [JSHS91] verwiesen.

3.3 Beziehungen zwischen Objekten

Als letztes Sprachkonstrukt von TROLL wollen wir in dieser kurzen Einführung das *Relationship*-Konstrukt vorstellen. Zur Motivation sei zuerst eine Klasse von Geldautomaten (ATMs) spezifiziert, deren Instanzen über ein Kommunikationsnetz mit der Bank in Verbindung stehen, ansonsten aber unabhängig arbeiten. Ein Geldautomat enthält eine änderbare Menge an Geld. Wir spezifizieren außerdem ein *abgeleitetes Attribut* Empty, das über den Werten anderer Attribute berechnet wird. Es zeigt an, ob der Geldautomat leer ist.

Die Ereignisse definieren die möglichen Aktionen und Zustandübergänge des Geldautomaten. Wichtig sind hier nur die Ereignisse check_card_w_bank (welches das Signal zur Überprüfung einer Scheckkarte an die Bank darstellt) sowie die Signale card_accepted, bad_PIN_msg (ungültige Geheimnummmner) und bad_account_msg (ungültige Kontonummer), die von außen angestoßen werden.

Wir haben aus Platzgründen die vollständige Spezifikation des Verhaltens der Geldautomaten wie auch der Bank (s.o.) nicht aufgeführt. Sie kann in [JSHS91], S. 39–40, gefunden werden.

```
object class ATM
  identification
    IDNumber:nat
  template
    attributes
      CashOnHand:money;
      derived Empty:bool;
    events
      birth set_up;
      death remove;
      refill(in Amount:money);
      read_card(in C:|CashCard|);
      check_card_w_bank(in Acct:nat:, in PIN:nat);
      bad_PIN_msg; bad_account_msg; card_accepted;
      dispense_cash(in Amount:money);
    constraints
      initially CashOnHand = 0;
    derivation
      Empty = (CashOnHand < 100);
    valuation
      variables m:money;
      [refill(m)]CashOnHand = CashOnHand + m;
      [dispense_cash(m)]CashOnHand = CashOnHand - m;
    behavior
      permissions
        variables n:nat; m:money; C:|CashCard|;
        { not Empty } read_card(C);
      ...
end object class ATM
```

Wir möchten nun die Kommunikationsbeziehungen zwischen Geldautomaten und der Bank spezifizieren, mit denen diese Komponenten eines (verteilten) Systems zusammengesetzt werden. Dazu wird das Konstrukt der *Relationships* benutzt.

Relationships ermöglichen das Einbinden von ansonsten unabhängigen Komponenten in eine Systemumgebung. Durch das explizite Modellierungskonstrukt **relationship** wird die Spezifizierung von kontextabhängigen Interaktionen innerhalb einer Objektbeschreibung vermieden. Dadurch wird die Modularisierung eines Entwurfs erhöht und die Wiederverwendbarkeit von Objektbeschreibungen (die ja nur lokale Informationen enthalten) unterstützt. Eine Diskussion des Relationship-Konzepts kann in [JHS92] gefunden werden.

Im folgenden Beispiel werden lokale Ereignisse in einem Geldautomaten und in der Bank synchronisiert. Dazu werden hier *Ereignisaufrufe* benutzt: Ruft ein Ereignis e_1 ein Ereignis e_2 auf (notiert als $e_1 \gg e_2$), so impliziert jedes Auftreten von e_1 ein *synchrones* Auftreten von e_2.

```
relationship RemoteTransaction between Bank,ATM;
  interaction
    variables atm:|ATM|; n,p:nat;
    ATM(atm).check_card_w_bank(n,p) >> Bank.verify_card(n,p,atm);
    Bank.no_such_account(atm) >> ATM(atm).bad_account_msg;
    Bank.bad_PIN(atm) >> ATM(atm).bad_PIN_msg;
    Bank.card_OK(atm) >> ATM(atm).card_accepted;
end relationship RemoteTransaction;
```

Der Ereignisaufruf ist hier syntaktisch analog zum Ereignisaufruf innerhalb von komplexen Objekten zu sehen. Im Unterschied dazu wird die Kommunikation hier nicht *innerhalb* eines Objektes spezifiziert. Der Aufruf:

```
ATM(atm).check_card_w_bank(n,p) >> Bank.verify_card(n,p,atm);
```

bedeutet also, daß das Auftreten eines `check_card_w_bank`-Ereignisses in einer Instanz der Klasse `ATM` das Auftreten eines `verify_card`-Ereignisses in der `Bank`-Instanz impliziert. Hierbei serialisiert die `Bank`-Instanz konkurrierende Anforderungen verschiedener Geldautomaten, da in der `Bank`-Instanz jeweils nur ein Ereignis vom Typ `verify_card` zu einen Zeitpunkt auftreten kann.

Die Analogie des Ereignisaufrufes in komplexen Objekten und im Relationship-Konstrukt kann nunmehr auch zur Festlegung der Semantik dieser Art von Beziehungsspezifikation genutzt werden. Die Definition eines Relationships kann in ein *den beteiligten Objekten gemeinsames Teilobjekt* (einen Kanal) transformiert werden, welches die Kommunikation vermittelt [JHS92, HJ92].

Mit diesen Bemerkungen wollen wir die Vorstellung der wichtigsten Sprachelemente der Sprache TROLL beschließen. Der volle Sprachumfang der ersten Version von TROLL ist in [JSHS91] beschrieben. Zur Zeit wird ein Parser mit kontextsensitiver Analyse im Rahmen zweier Diplomarbeiten realisiert [Ste92, Stö92].

4 Ausführung von Spezifikationen

In diesem Abschnitt werden wir erste Ergebnisse bezüglich der Ausführung bzw. Animation von abstrakten TROLL-Spezifikationen vorstellen.

Das zentrale Problem liegt darin, daß die in TROLL enthaltenen deklarativen Sprachmittel eine direkte Ausführung von TROLL-Spezifikationen verhindern. Diese Sprachmittel sind jedoch für die konzeptionelle Modellierung unverzichtbar, da gerade hier eine abstrakte, deklarative Spezifikation gefordert ist [Saa92].

4.1 Deklarative und operationale Sprachanteile

Zu den deklarativen Anteilen in TROLL sind im wesentlichen die Techniken zur Beschreibung der erlaubten *Lebenszyklen*, der erlaubten *Attributentwicklungen* sowie den Sprachmitteln zur *Strukturierung von Spezifikationen* zu zählen. Zu der letztgenannten Gruppe gehören sowohl die Vererbungshierarchie als auch die Konstruktoren für komplexe Objekte.

Im folgenden werden kurz die für eine direkte Ausführung von Spezifikationen als problematisch erkannten Konzepte der Sprache aufgelistet und erste Lösungsvorschläge angegeben:

- Ereignisse können durch *Temporale Vorbedingungen* näher spezifiziert, d.h., ihr Eintreten in bestimmten Lebensläufen verboten werden. Da für eine Auswertung temporaler Formeln die Aufzeichnung der gesamten Historie eines Objektes nicht praktikabel ist, soll eine geeignete Repräsentation von *notwendiger* historischer Information erzeugt werden [Sch92, SS92].

- Temporale Integritätsbedingungen (*constraints*)—das Problem der Umsetzung/Implementierung deklarativer Integritätsbedingungen wurde intensiv erforscht. Ein Ansatz zur Implementierung sind z.B. integritätserhaltende Transaktionen wie sie in [Lip89] vorgestellt wurden.

- Die TROLL Spezialisierungshierarchie definiert für die beteiligten Klassentypen eine syntaktische sowie für die Objektinstanzen eine semantische Vererbungsrelation in Form von *is-a* Beziehungen. Hier ist die Verwendung der Objektinklusion, die eine syntaktische sowie eine semantische Einbettung von Teilobjekten formalisiert, als mögliche Darstellung der Vererbungshierarchie geplant. Vererbung wird damit in eine Form von *Delegation* [Ste87] überführt.

- Im Falle der Konstruktoren für komplexe Objekte ist—wie schon in Abschnitt 3 angedeutet—die Semantik von Spezifikationen komplexer Objekte nur zweistufig erklärbar [HJS92]. Da diese zweistufige Semantikfestlegung aus Effizienzüberlegungen (selbst für die Animation) ausscheidet, ist eine Darstellung von dynamischen komplexen Objekten durch geeignete Kommunikationsbeziehungen vorgesehen.

- Relationships können als Kommunikationsobjekte repräsentiert werden. Mit Hilfe der Objekteinbettung lassen sich diese Objekte dann als den in Beziehung stehenden Objekten bekannte und die Kommunikation vermittelnde Objekte [HJ92, JHS92] darstellen.

Ein wesentliches Problem bei deklarativen Spezifikationen besteht darin, daß unerwünschte Zustandsänderungen explizit ausgeschlossen werden müssen (*Frame-Problem*) [HR92, Lip89].

Die vorgestellte Sprache TROLL enthält jedoch auch einen starken Anteil operationaler Sprachanteile: Das Konzept der Ereignisse und deren Auswirkungen auf die sichtbaren Objekteigenschaften (Attribute) ist ein zentrales Konzept in unserem Ansatz. Wesentlich ist, daß Zustandsänderungen nur durch lokal definierte Ereignisse möglich sind. Die direkt operationalisierbaren Sprachanteile in TROLL sind die folgenden:

- Einfache, datenwertige Attribute als Abstraktion von *Instanzvariablen.*

- Ereignisse als Abstraktion von *Methoden.*

- Einfache, nicht-temporale Vorbedingungen für Ereignisse (*simple permissions*), formuliert in Formeln der Prädikatenlogik erster Stufe (eingeschränkt auf Quantoren über endlichen Bereichen).

- Auswertungsregeln als zuweisungsorientierte, einfache Nachbedingungen für Ereignisse.

- Ereignisaufrufe (*event calling*) als Kommunikationsprimitiv und Abstraktion von *Nachrichten.*

- Sichere Objektinklusion als Basiskonzept zur Zusammensetzung von Objekten.

- Einfache, nicht temporale Integritätsbedingungen.

Diese Sprachanteile haben einen direkten Bezug zu objektorientierten Programmiersprachen. Unser Ansatz zur Ausführung von Spezifikationen besteht nun darin, eine *Kernsprache* von TROLL zu definieren, die nur operationalisierbare Konstrukte enthält, und dann alle weitergehenden Sprachanteile von TROLL durch äquivalente Konstruktionen der Kernsprache darzustellen. Eine entsprechend formalisierte Umsetzung definiert dann eine Menge von *formalen Transformationen*, mit denen deklarative Konstrukte korrektheitserhaltend in operationalisierbare Konstrukte umgesetzt werden können.

Als nicht direkt, jedoch mit geringem Transformationsaufwand operationalisierbar können die folgenden Konzepte angesehen werden:

- Vollständigkeitsbedingungen für Lebensläufe (*obligations*) können umgesetzt werden in Vorbedingungen für Todesereignisse.

- Prozessbeschreibungen können umgesetzt werden in *Reihenfolgebedingungen* für das Eintreten von Ereignissen.

Zum gegenwärtigen Zeitpunkt sind unsere Arbeiten bezüglich der Formalisierung einer Umsetzung von TROLL-Spezifikationen in die Kernsprache erst am Anfang. Bisher wurde ein erster Vorschlag zur Definition einer Kernsprache gemacht und die Kernsprache auf die Spezifikation verteilter Systeme angewandt [HJ92]. Die Definition der Umsetzung deklarativer Sprachkonstrukte von TROLL wird ein zukünftiger Schwerpunkt unserer Arbeit sein.

4.2   Ausführung von TROLL-Kern Spezifikationen

Durch korrektheitserhaltende Transformationen wird das Problem der Ausführung von TROLL-Spezifikationen reduziert auf das Problem der Ausführung von Spezifikationen in der Kernsprache. Die wesentlichen Arbeitsschwerpunkte sind dabei:

- die Definition eines Ausführungsmodells für Ereignisse und Ereignisaufrufe und

- die Darstellung der sicheren Objektinklusion als Vorbedingung für die Kommunikation.

Ereignisaufrufe in TROLL bewirken, daß alle *transitiv* durch ein Ereignis aufgerufenen Ereignisse synchron stattfinden, falls sie im augenblicklichen Zustand erlaubt sind. Das bedeutet, daß die gesamte Aufrufkette nicht ausgeführt werden kann, falls auch nur ein Ereignis in der Kette aufgrund von unerfüllten Vorbedingungen verhindert wird.

Als Beispiel für eine relativ komplexe Aufrufkette wollen wir ein etwas vereinfachtes Beispiel aus der Bankwelt mit TROLL-Kern-Konstrukten formulieren. Wir spezifizieren wiederum Konten-Objekte, nun aber in der folgenden vereinfachten Form:

```
object class SimpleAccount
  identificaton
    No:nat;
  template
  attributes
    Balance:money;
    Count:nat;
  events
    birth open; death close;
    deposit(money); withdraw(money);
    countBooking;
  valuation
    variables m:money;
    [deposit(m)]Balance=Balance+m;
    [withdraw(m)]Balance=Balance-m;
    [countBooking]Count=Count+1;
  behavior
    permissions
      variables m:money;
      {Balance>=m}withdraw(m);
  interaction
    variables m:money;
    withdraw(m) >> countBooking;
    deposit(m) >> countBooking;
end object class SimpleAccount
```

Die so spezifizierten Konten-Objekte haben nur einfache Ereignisse zum Überweisen (`deposit`) und Abheben (`withdraw`) von Geldbeträgen, zusätzlich aber ein Ereignis zum Zählen von Buchungen (`countBooking`). Das Ereignis `countBooking` wird bei jedem `deposit`- bzw. `withdraw`-Ereignis synchron aufgerufen. Die so spezifizierten einfachen Konten-Objekte werden nun in einer folgendermaßen modellierten Bank benutzt (wiederum mit der TROLL-Kernsprache spezifiziert):

```
object SimpleBank
  template
    including A in SimpleAccount as Acct;
  attributes
    AccTransactionCount:nat;
```

```
      events
        ...
        transfer(in From:|SimpleAccount|,in To:|SimpleAccount|,in Amount:money);
        countBankTransaction;
        ...
      valuation
        [countBankTransaction]AccTransactionCount=AccTransactionCount+1
        ...
      interaction
        variables m:money;A,A1,A2:|SimpleAccount|
        transfer(A1,A2,m) >> Acct(A1).withdraw(m);
        transfer(A1,A2,m) >> Acct(A2).deposit(m);
        Acct(A).countBooking >> countBankTransaction;
        ...
  end object SimpleBank
```

Das Objekt SimpleBank ist, mit Hilfe des including-Konstruktes, zusammengesetzt aus *allen möglichen* Objekten des Klassentyps SimpleAccount. Dieses Sprachkonstrukt beschreibt dabei den TROLL-Kern-Mechanismus zur Einbettung von Objektmodellen (Inklusion) wie er in Abschnitt 2 dargestellt wurde. Auf Teilobjekte der Klasse SimpleAccount kann innerhalb des Objektes SimpleBank mit dem lokalen Klassennamen Acct und einem Identifier aus |SimpleAccount| zugegriffen werden.

Mit dem Ereignis transfer kann eine Überweisung von einem Konto auf ein anderes Konto innerhalb derselben Bank ausgeführt werden. Dazu werden in den entsprechenden Konten-Teilobjekten die Ereignisse withdraw und deposit aufgerufen. Dieser Aufruf nun bewirkt wiederum einen Aufruf des Ereignisses countBooking in beiden Konten-Objekten, diese wiederum einen Aufruf des countBankTransaction-Ereignisses im Bank-Objekt selbst.

Hier stellt sich nun sofort die Frage, ob letzteres Ereignis *einmal* oder *zweimal* stattfinden soll. Die Intention des Entwerfers des Bank-Objektes wird das einmalige Eintreten gewesen sein, da er auch ein einzelnes Ereignis transfer innerhalb der Bank spezifiziert hat. Diese Interpretation stimmt in diesem Fall auch mit dem *Ausführungsmodell* überein—dort legen Aufrufketten Mengen gleichzeitig auftretender Ereignisse fest. Die gesamte Menge von Ereignissen, die durch das transfer-Ereignis angestoßen wird, kann nur stattfinden, wenn für *alle* betroffenen Ereignisse die Vorbedingungen erfüllt sind. In diesem Fall ist es möglich, daß auf dem Ausgangskonto nicht genug Geld vorhanden ist. Die Vorbedingung für das withdraw-Ereignis in den Konten-Objekten verhindert also unter Umständen die gesamte Aufrufkette.

Ereignisaufrufe sind zum einen ein operationales Sprachkonstrukt, bergen durch den Aufruf beliebig vieler weiterer Ereignisse zudem aber ein Potential zur Formulierung komplexer Zustandsübergänge. Die Möglichkeit, Aufrufketten beliebiger Länge zu spezifizieren, kann als deklarativ und für eine Spezifikation von komplexen Zustandsübergängen als unbedingt notwendig eingestuft werden.

Als weiteres Beispiel sei ein Objekt DezimalZähler angeführt. Dieses Objekt habe als Attribute eine potentiell unendliche Anzahl von *Stellen*, die ganzzahlige Werte von '0'–'9' annehmen können, ein Ereignis *Zähle* sowie ein Ereignis zum Verarbeiten eines Übertrags (SetzeStelleWeiter):

```
object DezimalZähler
  template
    attributes
      Stelle(nat):nat;
    events
      birth ErzeugeZähler;
      Zähle;
      SetzeStelleWeiter(nat);
    constraints
      variables n:nat;
      Stelle(n) <= 9;
```

```
valuation
  variables n:nat;
  [ ErzeugeZähler ] Stelle(n) = 0;
  { Stelle(n) < 9 } ==>
        [ SetzeStelleWeiter(n) ] Stelle(n) = Stelle(n) + 1;
  { Stelle(n) = 9 } ==>
        [ SetzeStelleWeiter(n) ] Stelle(n) = 0;
interaction
  variables n:nat;
  Zähle >> SetzeStelleWeiter(1);
  { Stelle(n) = 9 } ==>
        SetzeStelleWeiter(n) >> SetzeStelleWeiter(n+1);
end object DezimalZähler
```

Diese Beispiel enthält einige Besonderheiten, die in der Modellierung einer „Bankenwelt" schwer zu demonstrieren sind, die aber für die Ausführung von Ereignissen bzw. Spezifikationen generell von Interesse sind. Zunächst wird eine unendliche Zahl von Attributen spezifiziert. Diese Attribute werden mit der Geburt des Objektes auf '0' gesetzt (erste Auswertungsregel). Eine Ausführung dieser Spezifikation ist nicht direkt möglich. Vielmehr muß die Auswertung verzögert werden, bis das Attribut das erste Mal gelesen wird. Dieses Problem soll hier aber nicht weiter diskutiert werden.

Das Ereignis Zähle ruft das Ereignis SetzeStelleWeiter(1) auf, welches die niedrigstwertige Stelle des Zählers hochzählt. Dieses Ereignis ruft nun seinerseits eine nicht vorher bekannte Zahl von SetzeStelleWeiter-Ereignissen für höherwertige Stellen auf, da möglicherweise Überträge auftreten. Diese Aufrufkette wird mit einem bedingten Ereignisaufruf spezifiziert.

Bei der Ausführung von Spezifikationen ist es aufgrund dessen nötig, Ereignisaufrufe zu analysieren, bevor sie tatsächlich auftreten können. Dabei ergibt sich das prinzipielle Problem, daß die Berechnung der Menge der durch ein Ereignis aufgerufenen Ereignisse sowie der Menge der veränderten Attribute wegen Vorbedingungen erster Ordnung nicht allgemein entscheidbar ist. Hier muß gegebenenfalls die Ausdrucksmächtigkeit der Sprache eingeschränkt werden oder eine Analyse zur Laufzeit erfolgen. Letzterer Weg scheint uns für TROLL angemessen, da die Mächtigkeit der Sprache nach Möglichkeit nicht eingeschränkt werden soll.

Wir wollen nun einen Ansatz eines Modells zur Ausführung von Ereignissen kurz erläutern. Das Ausgangsproblem besteht darin, ein gegebenes Ereignis e auszuführen. Dazu sind—zunächst konzeptionell betrachtet—folgende Schritte durchzuführen:

1. Konstruiere die *Menge* der von e aufgerufenen Ereignisse E;

2. Prüfe, ob sich beim Eintreten aller Ereignisse in E Konflikte bezüglich der Attributauswertung ergeben;

3. Prüfe, ob alle Vorbedingungen für Ereignisse in E im augenblicklichen Zustand erfüllt sind;

4. Falls dies der Fall ist, werte die Auswertungsregeln aus und bestimme die neuen Objektzustände.

5. Prüfe, ob alle Integritätsbedingungen von den neuen Objektzuständen eingehalten werden. Ist dies der Fall, ist der Zustandsübergang *gültig*, andernfalls wird er *abgewiesen*.

Schritt 1 terminiert möglicherweise nicht (wie schon oben angedeutet). Eine Verbesserung ist hier aus offensichtlichen Gründen nicht möglich ohne die erwünschten Eigenschaften des Ereignisaufrufs zu verletzen. Die Konstruktion einer *Menge* sichert die im (Bank-)Beispiel erwähnte Abwesenheit von Duplikaten (siehe dort `countBankTransaction`). Der Aufbau der Menge kann zur Laufzeit durchgeführt werden. Dazu werden sukzessive aufgerufene Ereignisse zur Menge hinzugefügt. Das Terminierungsproblem wird damit natürlich nicht gelöst.

Schritt 2 bedeutet, daß Attribute nicht durch mehr als ein Ereignis einer Aufrufkette verändert werden dürfen. Dazu wird zu jedem Ereignis x in E die Menge A_x der durch x veränderten Attribute bestimmt. Für alle Ereignisse $x_1, x_2 \in E$ müssen nun die Mengen A_{x_1} und A_{x_2} disjunkt sein. Bei Konflikten, die auch als Fehler in der Modellierung angesehen werden können, kann die Aufrufkette nicht stattfinden. Auch die Menge der veränderten Attribute kann zur Laufzeit bestimmt werden. Erkannte Konflikte führen dann zum Abbruch der Ereignisausführung.

Der TROLL-Ansatz fordert nun, daß alle durch ein Ereignis e aufgerufenen Ereignisse synchron stattfinden – die Ausführung eines Ereignisses ist also als eine Ausführungseinheit mit den Eigenschaften einer *ACID-Transaktion* zu verstehen.

Der Problembereich Objektinklusion ist bisher nur angedacht worden. Bei der Inklusion sind Instanzen als Ganzes konzeptionell in andere Instanzen (die dann zu komplexen Instanzen werden) eingebettet. Nur so kann von Instanzen auf die Signatur und den augenblicklichen Zustand anderer Instanzen zugegriffen werden. Sämtliche Interaktionen zwischen komplexen Instanzen und deren Teilinstanzen müssen duch Ereignisaufrufe spezifiziert werden.

Zur Implementierung muß hier neben dem Ereignisaufruf auch der Lesezugriff auf Attributwerte von Teilobjekten realisiert werden. Hier sieht ein erster Ansatz vor, daß die Beziehung selbst durch Referenzen realisiert werden kann. Zugriffe auf Attributwerte eingebetteter Instanzen erfordern dann die *Delegation* [Ste87] von Lesezugriffen an die eingebetteten Instanzen mit Hilfe der Inklusionspfade zu den entsprechenden Objektteilen. Das Konzept der Delegation erleichtert dabei die Verwaltung *gemeinsamer Teilobjekte*, wie sie in der TROLL-Kernsprache vorgesehen sind.

4.3 Animationsumgebung

Da die operationalen Eigenschaften der Kernprache TROLL einen direkten Zusammenhang mit objektorientierten Programmiersprachen erkennen lassen, arbeiten wir gegenwärtig an der Umsetzung von Konstrukten der Kernsprache in die objektorientierte Programmiersprache *Sather* [Omo91], die auf Eiffel [Mey88] basiert. Die so erhaltenen Sather-Programme sollen dann in einer *Laufzeitumgebung* zur *verteilten* Animation von Spezifikationen ablauffähig sein. Die Laufzeitumgebung unterstützt die Verteilung von Zustandsinformationen, die transparente Kommunikation und die Objektverwaltung.

Die Animation hat zur Aufgabe, ein erstelltes Modell zu *validieren*. Die Idee ist hier, daß der Entwerfer durch das Anstoßen von Ereignissen und die Beobachtung der dadurch induzierten Aktionen und betroffenen Objekte einen Anhaltspunkt für die Korrektheit bzw. Fehlerhaftigkeit seiner Modellierung erhält.

Hier sind zwei Bemerkungen angebracht. Zum einen ist für eine „realistische" Animation eine Testdatenmenge notwendig. Die Konstrukton dieser Testdaten wird von uns zunächst noch zurückgestellt, da dieses Problem ein ganz eigenes Forschungsgebiet darstellt. Ansätze zur Konstruktion von Testdaten wurden, im Rahmen eines Projektes zur Modellierung mit Hilfe eines erweiterten ER-Modells, in einer Diplomarbeit untersucht [Zam92]. Zum anderen darf dieses Vorgehen nicht zu der Annahme verleiten, ein solchermaßen getesteter Entwurf sei fehlerfrei. Formale Methoden zur Verifikation von Spezifikationen stoßen jedoch schnell an ihre Grenzen, wenn Sprachen wie TROLL oder sogar nur der TROLL-Kern betrachtet werden. Zur „Verifikation" gegen die *informellen* Anforderungen sind sie außerdem ungeeignet.

Der prinzipielle Aufbau des Animationssystems ist in Abbildung 1 skizziert. Die Objektverwaltung wird durch sog. *Objektmanager* realisiert. Jeder Knoten des verteilten Systems enthält einen Objektmanager. Diese führen die Kommunikation zwischen Objekten auch über Maschinengrenzen hinaus durch. Teile des oben skizzierten Ausführungsmodells, wie die Konstruktion der Aufrufmengen und die Konflikterkennung, sind in den Objekten selbst realisiert. Zur Zustandsspeicherung wird auf jedem Knoten eine Datenbank (ggf. auch eine Dateisimulation) eingesetzt. Die Datenbank ist durch eine einheitliche *Speicherschnittstelle* eingekapselt, um möglichst einfach verschiedene Datenhaltungskomponenten integrieren zu können. Die Klassenmanager verwalten Informationen über die gegenwärtigen Klassenpopulationen sowie in einer späteren Ausbaustufe des Animationssystems möglicherweise Informationen über die Lokation und Migration von Objekten. Eine Modellierung

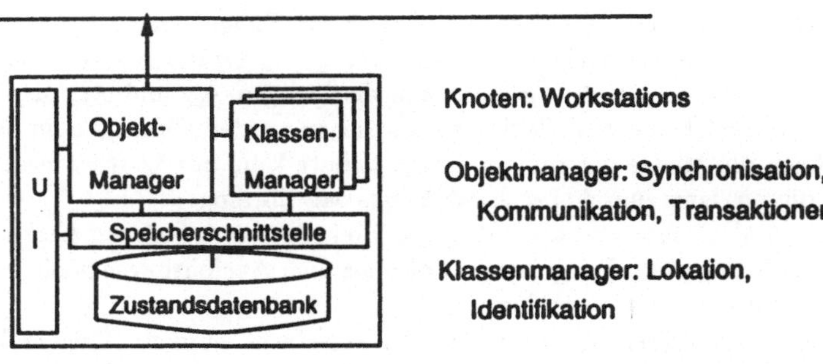

Abbildung 1: Knoten eines verteilten Animationssytems

der Klassenmanager in TROLL selbst ist geplant.

Wir wollen nun noch kurz darstellen, wie die Ausführung von Ereignissen in der oben skizzierten Umgebung implementiert werden soll: Die Ereignisaufrufe werden zwischen den Objektmanagern derjenigen Knoten weitergereicht, auf denen die angesprochenen Instanzen lokalisiert sind. Damit ergibt sich ein abstrakter Aufrufbaum. In den Knoten dieses Aufrufbaumes—und damit in den Objekten selbst—wird die Konflikterkennung ausgeführt.

Dazu wird in den Knoten des Aufrufbaumes die bisher konstruierte Teilmenge der aufgerufenen Ereignisse und die Menge der veränderten Attribute benötigt. Durch die Verteilung und damit echte Parallelität der Ereignisausführung ist die Weiterreichung dieser Mengen in beide Richtungen des Baumes notwendig. Der Aufwand ist in diesem Fall der Preis für die Ausdrucksfähigkeit des Ereignisaufrufs.

Die Ausführung eines Ereignisses muß weiterhin durch eine (verteilte) ACID-Transaktion geklammert sein. Eine solche Transaktion muß nach einem *2-Phase-Commit-Protokoll* ablaufen und es müssen die angesprochenen Objektinformationen in den Zustandsspeichern durch Sperren gegen nebenläufige Veränderungen geschützt werden. Zur Vermeidung von Verklemmungen und zum Erreichen hoher Parallelität müssen die Objektmanager auf der Implementierungsebene asynchron miteinander kommunizieren.

5 Ausblick

Wir sind uns der Einschränkungen unseres ersten Ausführungsmodells bewußt. Deshalb werden wir in der Zukunft an der Definition eines verfeinerten Modells arbeiten. Schwerpunkt dabei wird die Integration von Subtransaktionen als Verfeinerung von atomaren Ereignissen sein.

Ein weiterer Arbeitsschwerpunkt in der Zukunft wird die Definition von deklarativen Sprachkonstrukten in TROLL durch Konstruktionen in der Kernsprache sein. Großer Wert wird dabei auf die Korrektheit solcher Darstellungen gelegt werden, d.h. mit Hilfe der zugrundeliegenden mathematischen Strukturen und der Logiken zur Spezifikation soll die Äquivalenz korrespondierender Konstruktionen gezeigt werden.

Zur *Verfeinerung* von Spezifikationen muß das Konzept einer abstrakten *Transaktion* als atomare Sequenz von Ereignissen in den TROLL-Ansatz integriert werden. Nur dann wird es möglich, Ereignisse einer höheren Abstraktionsebene durch Abläufe auf einer konkreteren Ebene zur realisieren. Die Schwierigkeit dabei ist die Atomizität von Ereignissen selbst: Es muß bei gleichzeitiger Existenz von atomaren Ereignissen und Transaktionen mit verschiedenen Granularitäten einer impliziten Zeit gearbeitet werden, d.h. ein Ereignis muß mit ganzen Folgen von Ereignissen synchronisiert werden.

Auf der Seite der verteilten Implementierung müssen noch Probleme, die durch die Verteilung auftreten, gelöst werden. So wird die verteilte Überprüfung von Aufrufketten auf Konflikte bezüglich der Auswertungsregeln als problematisch eingestuft. Ebenso ist das Problem der Erkennung und

Beseitigung von Deadlocks, hervorgerufen durch Sperren auf Objekten, zu lösen. Auch die verteilte Ausführung von Abläufen ist ein eigenständiges Forschungsgebiet, das z.B. von der Gruppe um Prof. Reuter bearbeitet wird [WR90]. Wir planen die Analyse und den möglichen Einsatz des von dieser Gruppe realisierten APRICOT-Systems [RSW92], welches das Konzept der *ConTracts* realisiert.

6 Zusammenfassung

In diesem Papier haben wir die Ergebnisse der ersten, Anfang 1991 begonnenen Phase des Projekts „Formale Spezifikation und korrekte Implementierung von objektorientierten Informationssystemen" im Schwerpunktprogramm „Objektbanken für Experten" vorgestellt. Die Schwerpunkte der Projektarbeit lagen in der Definition der objektorientierten Sprache TROLL zur konzeptionellen Modellierung von dynamischen Informationssystemen und in der Erarbeitung von Grundlagen zur Ausführung von Spezifikationen.

Wir haben die Konzepte des unserem Ansatz zugrundeliegenden Objektmodells kurz dargelegt. Objekte sind danach beobachtbare Prozesse, deren Zustand durch Attribute beschrieben ist. Der Zustand ändert sich beim Eintreten von Ereignissen. Ein Objektmodell besteht aus einem Prozeß und einer Beobachtungsstruktur, die die Attributbelegung nach einer endlichen Folge von Ereignissen bestimmt. Der Ansatz erlaubt den gleichzeitigen Eintritt von Ereignissen.

Auf diesen Konzepten basiert die Spezifikationssprache TROLL zur konzeptionellen Modellierung von Informationssystemen. Wir haben die wichtigsten Sprachmittel von TROLL kurz vorgestellt: Objektbeschreibungen (*templates*) als Beschreibungen für prototypische Instanzen, Klassen, zusammengesetzte Objekte und Beziehungen (*relationships*).

Unser Ansatz zur Ausführung von Spezifikationen beinhaltet die Transformation von deklarativen Sprachkonstrukten in operationalisierbare und einen ersten Ansatz eines Ausführungsmodells. Wir haben die Problembereiche Objektinklusion und Ausführung von Ereignissen und Ereignisaufrufen diskutiert und erste Lösungsansätze vorgestellt, die in einer Umgebung zur verteilten Animation von Spezifikationen implementiert werden sollen.

Danksagung

Die Entwicklung der formalen Grundlagen von Objektmodellen und darauf aufbauender Sprachen hatte ihren Ursprung im IS-CORE-Projekt. Wesentlich beteiligt waren dabei u.a. Amílcar Sernadas sowie Cristina Sernadas und Felix Costa. Cristina Sernadas hat wesentlich zur Entwicklung der Sprache TROLL beigetragen.

Für die Arbeiten am TROLL-Parser und dem entstehenden Animationssystem gebührt unser Dank Jan Kusch, Urs Thuermann, Axel Stein, und Rüdiger Stöcker. Wertvolle Anregungen haben die Diplomarbeiten von Olaf Faller, Axel Nölke, Scarlet Schwiderski und Michael Thulke gebracht.

Zu früheren Versionen des vorliegenden Beitrags haben wir konstruktive Kommentare von Helmut Wächter und Friedemann Schwenkreis sowie den Herausgebern dieses Bandes bekommen.

Literatur

[ABD+89]   Atkinson, M.; Bancilhon, F.; DeWitt, D.; Dittrich, K. R.; Maier, D.; Zdonik, S. B.: The Object-Oriented Database System Manifesto. In: Kim, W.; Nicolas, J.-M.; Nishio, S. (Hrsg.): *Proc. Int. Conf. on Deductive and Object-Oriented Database Systems*, Kyoto, Japan, Dezember 1989. S. 40–57.

[BB92]   Breutmann, B.; Burkhardt, R.: *Objektorientierte Systeme. Grundlagen – Werkzeuge – Einsatz*. Carl Hanser Verlag, München, 1992.

[Boo90]   Booch, G.: *Object-Oriented Design*. Benjamin/Cummings, Menlo Park, CA, 1990.

[CF92]   de Champeaux, D.; Faure, P.: A Comparative Study of Object-Oriented Analysis Methods. *Journal of Object-Oriented Programming*, März/April 1992, S. 21–33.

[Che76]   Chen, P.P.: The Entity-Relationship Model – Toward a Unified View of Data. *ACM Transactions on Database Systems*, Band 1, Nr. 1, 1976, S. 9–36.

[EGL89]   Ehrich, H.-D.; Gogolla, M.; Lipeck, U.W.: *Algebraische Spezifikation abstrakter Datentypen.* Teubner, Stuttgart, 1989.

[EGS90]   Ehrich, H.-D.; Goguen, J. A.; Sernadas, A.: A Categorial Theory of Objects as Observed Processes. In: deBakker, J.W.; deRoever, W.P.; Rozenberg, G. (Hrsg.): *Proc. REX/FOOL Workshop*, Noordwijkerhout (NL), 1990. LNCS 489, Springer, Berlin, S. 203–228.

[EN89]   Elmasri, R.; Navathe, S.B.: *Fundamentals of Database Systems.* Benjamin / Cummings Publ., Redwood City, CA, 1989.

[ES90]   Ehrich, H.-D.; Sernadas, A.: Algebraic Implementation of Objects over Objects. In: deBakker, J. W.; deRoever, W.-P.; Rozenberg, G. (Hrsg.): *Proc. REX Workshop "Stepwise Refinement of Distributed Systems: Models, Formalisms, Correctness".* LNCS 430, Springer, Berlin, 1990, S. 239–266.

[ES91]   Ehrich, H.-D.; Sernadas, A.: Fundamental Object Concepts and Constructions. In: Saake, G.; Sernadas, A. (Hrsg.): *Information Systems – Correctness and Reusability.* TU Braunschweig, Informatik-Bericht 91-03, 1991, S. 1–24.

[ESS92]   Ehrich, H.-D.; Saake, G.; Sernadas, A.: Concepts of Object-Orientation. In: *Proc. 2. Workshop "Informationssysteme und Künstliche Intelligenz: Modellierung", Ulm.* Springer IFB 303, 1992, S. 1–19.

[GH91]   Gogolla, M.; Hohenstein, U.: Towards a Semantic View of an Extended Entity-Relationship Model. *ACM Transactions on Database Systems*, Band 16, 1991, S. 369–416.

[Gri82]   Griethuysen, J.J. van (Hrsg.): Concepts and Terminology for the Conceptual Schema and the Information Base. Report N695, ISO/TC97/SC5, 1982.

[HJ92]   Hartmann, T.; Jungclaus, R.: Abstract Description of Distributed Object Systems. In: Tokoro, M.; Nierstrasz, O.; Wegner, P. (Hrsg.): *Proc. ECOOP'91 Workshop on Object-Based Concurrent Computing. Genf (CH), 1991.* Springer, LNCS 612, Berlin, 1992, S. 227–244.

[HJS92]   Hartmann, T.; Jungclaus, R.; Saake, G.: Aggregation in a Behavior Oriented Object Model. In: Lehrmann Madsen, O. (Hrsg.): *Proc. European Conference on Object-Oriented Programming (ECOOP'92).* Springer, LNCS 615, Berlin, 1992, S. 57–77.

[HK87]   Hull, R.; King, R.: Semantic Database Modeling: Survey, Applications, and Research Issues. *ACM Computing Surveys*, Band 19, Nr. 3, 1987, S. 201–260.

[Hoa85]   Hoare, C.A.R.: *Communicating Sequential Processes.* Prentice-Hall, Englewood Cliffs, 1985.

[HR92]   Hagelstein, J.; Roelants, D.: Reconciling Operational and Declarative Specifications. In: *Proc. 4th Conf. on Advanced Information Systems Engineering CAISE'92*, Manchester (UK), 1992. Springer-Verlag, Berlin, 1992.

[Jac83]   Jackson, M. A.: *System Development.* Prentice-Hall, Englewood Cliffs, New Jersey, 1983.

[JHS92] Jungclaus, R.; Hartmann, T.; Saake, G.: Relationships between Dynamic Objects. In: Kangassalo, H. (Hrsg.): *Proc. 2nd Eurpean-Japanese Seminar on Information Modelling and Knowledge Bases, Hotel Ellivuori (SF)*. IOS Press, Amsterdam, erscheint 1992.

[JSH91] Jungclaus, R.; Saake, G.; Hartmann, T.: Language Features for Object-Oriented Conceptual Modeling. In: Teory, T.J. (Hrsg.): *Proc. 10th Int. Conf. on the ER-Approach*, San Mateo, 1991. S. 309–324.

[JSHS91] Jungclaus, R.; Saake, G.; Hartmann, T.; Sernadas, C.: Object-Oriented Specification of Information Systems: The TROLL Language. Informatik-Bericht 91-04, TU Braunschweig, 1991.

[JSS91] Jungclaus, R.; Saake, G.; Sernadas, C.: Formal Specification of Object Systems. In: Abramsky, S.; Maibaum, T. (Hrsg.): *Proc. TAPSOFT'91, Brighton*. Springer, Berlin, LNCS 494, 1991, S. 60–82.

[KL89] Kim, W.; Lochovsky, F. H. (Hrsg.): *Object-Oriented Concepts, Databases, and Applications*. ACM Press/Addison-Wesley, New York, NY/Reading, MA, 1989.

[Lip89] Lipeck, U. W.: *Zur dynamischen Integrität von Datenbanken: Grundlagen der Spezifikation und Überwachung*. Informatik-Fachbericht 209. Springer, Berlin, 1989.

[Mey88] Meyer, B.: *Object-Oriented Software Construction*. Prentice-Hall, Englewood Cliffs, NJ, 1988.

[Mil90] Milner, R.: Operational and Algebraic Semantics of Concurrent Processes. In: Leeuwen, J. van (Hrsg.): *Formal Models and Semantics*. Elsevier Science Publishers B.V., 1990, S. 1201–1242.

[MP92] Manna, Z.; Pnueli, A.: *The Temporal Logic of Reactive and Concurrent Systems. Vol. 1: Specification*. Springer-Verlag, New York, 1992.

[Nie89] Nierstrasz, O.M.: A Survey of Object-Oriented Concepts. In: Kim, W.; Lochovsky, F. (Hrsg.): *Object-Oriented Concepts, Databases and Applications*. ACM Press and Addison-Wesley, 1989, S. 3–21.

[Omo91] Omohundro, S. M.: The Sather Language, Bericht des International Computer Science Institute (ICSI), Berkeley, Califonia, 1991.

[PM88] Peckham, J.; Maryanski, F.: Semantic Data Models. *ACM Computing Surveys*, Band 20, Nr. 3, 1988, S. 153–189.

[RBP+90] Rumbaugh, J.; Blaha, M.; Premerlani, W.; Eddy, F.; Lorensen, W.: *Object-Oriented Modeling and Design*. Prentice-Hall, Englewood Cliffs, NJ, 1990.

[RSW92] Reuter, A.; Schwenkreis, F.; Wächter, H.: Zuverlässige Abwicklung großer verteilter Anwendungen mit ConTracts. In diesem Band, 1992.

[Saa88] Saake, G.: *Spezifikation, Semantik und Überwachung von Objektlebensläufen in Datenbanken*. Dissertation, Technische Universität Braunschweig, 1988.

[Saa92] Saake, G.: Objektorientierte Modellierung von Informationssystemen. Vorlesungsskript, TU Braunschweig, 1992.

[Sch92] Schwiderski, S.: Realisation von Objekten in einem Relationalen Datenbanksystem. Diplomarbeit, TU Braunschweig, 1992.

[SE91]   Sernadas, A.; Ehrich, H.-D.: What Is an Object, After All? In: Meersman, R.; Kent, W.; Khosla, S. (Hrsg.): *Object-Oriented Databases: Analysis, Design and Construction (Proc. 4th IFIP WG 2.6 Working Conference DS-4, Windermere (UK))*, Amsterdam, 1991. North-Holland, S. 39–70.

[SFSE89]   Sernadas, A.; Fiadeiro, J.; Sernadas, C.; Ehrich, H.-D.: The Basic Building Blocks of Information Systems. In: Falkenberg, E.; Lindgreen, P. (Hrsg.): *Information System Concepts: An In-Depth Analysis*, Namur (B), 1989. North-Holland, Amsterdam, 1989, S. 225–246.

[SJ91]   Saake, G.; Jungclaus, R.: Konzeptioneller Entwurf von Objektgesellschaften. In: Appelrath, H.-J. (Hrsg.): *Proc. Datenbanksysteme in Büro, Technik und Wissenschaft BTW'91*. Informatik-Fachberichte IFB 270, Springer, Berlin, 1991, S. 327–343.

[SJ92]   Saake, G.; Jungclaus, R.: Specification of Database Applications in the TROLL-Language. In: Harper, D.; Norrie, M. (Hrsg.): *Proc. Int. Workshop Specification of Database Systems, Glasgow, July 1991*. Springer, London, 1992, S. 228–245.

[SJE92]   Saake, G.; Jungclaus, R.; Ehrich, H.-D.: Object-Oriented Specification and Stepwise Refinement. In: de Meer, J.; Heymer, V.; Roth, R. (Hrsg.): *Proc. Open Distributed Processing, Berlin (D), 8.-11. Okt. 1991*. IFIP Transactions C: Communication Systems, Vol. 1, North-Holland, 1992, S. 99–121.

[SL89]   Saake, G.; Lipeck, U.W.: Using Finite-Linear Temporal Logic for Specifying Database Dynamics. In: Börger, E.; Kleine Büning, H.; Richter, M. M. (Hrsg.): *Proc. CSL'88 2nd Workshop Computer Science Logic*. Springer, Berlin, 1989, S. 288–300.

[SS92]   Schwiderski, S.; Saake, G.: Monitoring Temporal Permissions using Partially Evaluated Transition Graphs. In: Lipeck, U.; Thalheim, B. (Hrsg.): *Proc. 4th International Workshop on Modelling Database Dynamics, Volkse, Oct. 1992*, erscheint 1992.

[SSE87]   Sernadas, A.; Sernadas, C.; Ehrich, H.-D.: Object-Oriented Specification of Databases: An Algebraic Approach. In: Hammerslay, P. (Hrsg.): *Proc. 13th Int. Conf. on Very Large Databases VLDB'87*, Brighton (GB), 1987. Morgan-Kaufmann, Palo Alto, 1987, S. 107–116.

[Ste87]   Stein, L.A.: Delegation is Inheritance. *OOPSLA'87 Proceedings, ACM SIGPLAN Notices (Special Issue)*, Band 22, Nr. 12, 1987, S. 138–146.

[Ste92]   Stein, A.: Implementierung eines Parsers für eine objektorientierte Spezifikationssprache für Informationssysteme. Diplomarbeit, TU Braunschweig, erscheint 1992.

[Stö92]   Stöcker, R.: Kontextsensitive Analyse von TROLL Spezifikationen. Diplomarbeit, TU Braunschweig, erscheint 1992.

[Weg90]   Wegner, P.: Concepts and Paradigms of Object-Oriented Programming. *ACM SIGPLAN OOP Messenger*, Band 1, Nr. 1, 1990, S. 7–87.

[Wir90]   Wirsing, M.: Algebraic Specification. In: Van Leeuwen, J. (Hrsg.): *Handbook of Theoretical Computer Science, Vol. B: Formal Models and Semantics*. Elsevier Sci. Publ. B.V., Amsterdam, 1990, S. 675–788.

[WR90]   Wächter, H.; Reuter, A.: Grundkonzepte und Realisierungsstrategien des ConTract-Modells. *Informatik Forschung und Entwicklung*, Band 5, 1990, S. 202–212.

[Zam92]   Zamperoni, A.: Ein konzeptioneller Rahmen zur pragmatischen Modellgenerierung für EER-Schemata. Diplomarbeit, TU Braunschweig, 1992.

Survey of the COCOON Project*

M.H. Scholl**, H.-J. Schek

ETH Zürich, CS Department
ETH Zentrum, CH-8092 Zürich, Switzerland
e-mail: {scholl, schek}@inf.ethz.ch

Abstract. The COCOON project was intended to extend the concepts and the architecture of relational database management systems (DBMSs) beyond nested relational to object-oriented ones. Based upon the nested relational DBMS kernel DASDBS, we have built a prototype implementation of the COCOON model. Key characteristics of COCOON are: generic, set-oriented query and update operators similar to relational algebra and SQL updates, respectively; object-preserving semantics of query operators, which allows for the definition of updatable views; a separation of the two aspects of programming language "classes": type vs. collection; predicative description of collections, similar to "defined concepts" in KL-One–like knowledge representation languages; automatic classification of objects and views (positioning in the class hierarchy); physical clustering of subobjects via the use of nested relations as the internal storage structures; support for the optimization of both, the physical DB design and query transformation, by corresponding optimizers.

1 Motivation

Two observations have been the rationale of the COCOON project: 1) the relational model needs to be generalized to meet the requirements of new applications, and 2) next generation DBMSs need efficient storage structures for complex objects and smart query optimizers. The overall approach of COCOON can best be characterized by the term evolution instead of revolution [SS91a], that is, the guideline has been to try to integrate, in a consistent way, concepts from other fields within computer science into the database context. Examples are structuring primitives from AI knowledge representation (we reviewed several techniques developed there and found that the KL-One direction was best suited for our purposes). Similarly, object-oriented concepts from programming languages had to be adopted for inclusion into databases. In contrast to many other OODBMSs, particularly most commercially available ones, our approach was not to extend an OOPL with persistency and transactions. Rather, we have

---

* This work has been funded by the Swiss National Research Fund (SNF) since 1989.
** Current address: University of Ulm, CS Department, P.O.Box 4066, 7900 Ulm, Germany. e-mail: scholl@informatik.uni-ulm.de

emphasized the preservation of established DBMS advantages, such as data independence, set-oriented, descriptive languages, optimizability, sometimes at the expense of expressiveness. As a result, COOL, the query and update language of COCOON, is not a (computationally) complete language.

2   The object model

The COCOON data model with its language COOL is an extension of the nested (NF^2-) relational algebra developed in the DASDBS project [SS86, SPSW90]. In addition to allowing relational operators to work on hierarchical structures, as is the case in the nested relational algebra, the structures had to be extended in two ways: non-hierarchical structures (networks of shared subobjects) had to be included, as well as generalizations ("ISA-hierarchies").

Object sharing leads to the introduction of object identities, which can be handled in different ways. For example, one can add a new domain of OID values to the data model, tuples with an ID attribute defined over this domain represent objects. While this is the way how objects *have to* be represented internally, we pursued a more abstract view for the data model level: a distinction between (abstract) objects and concrete data values was introduced (see also [Bee89, Bee90], for example).

Generalization hierarchies are known from the AI (or semantic data modeling) field, they also appear as inheritance hierarchies in object-oriented programming languages (OOPLs). In AI knowledge representation, such hierarchies are described by predicates that allow for the automatic classification (positioning of a new class), the test for subsumption (is class C_1 a subclass of class C_2?), and the test for realization (is object o a member of class C?). The focus of AI classification hierarchies is on an intensional (e.g., predicative) description of *the* extension (the set of all possible members, i.e, the domain in DB terms) of a class. In OOPLs, class hierarchies are a means to achieve reusability (of class definitions and methods). Substitutability of subclass objects for arguments that are restricted to the superclass is an additional benefit. The main focus of class hierarchies in OOPLs is on the inheritance of structure and behavior (attributes and methods) from superclasses to subclasses. Typically, no collection of instances is kept. If so, there is exactly one per class.

The intended use of generalization hierarchies in OODBs is not exactly the same as in these two fields. First of all, databases should clearly distinguish intensional and extensional (or schema and instance) aspects of "classes": the intensional aspect (akin to the schema of a relation) describes the structure, the behavior, and the set of all possible instances (the domain). The extensional aspect (akin to the current set of tuples in a relation) captures *a dynamically changing collection* of instances. In general, there might be an arbitrary number (zero, one, or more) of collections over the same "schema". Similar to [Bee89, Bee90, HFW90] and others, we introduced the term *"type"* to denote the intensional aspects, that is, the description of the interface of the objects that are *"instance of"* that type. The term *"class"* is used for a collection (*an ex-*

tension) of objects, the *"members of"* that class. All members of a class have to be instance of the *"member type"* of the class. Notice that types and classes are defined separately from each other, similar to types and variables in programming languages. In that respect, a COCOON type corresponds to a PL type and a COCOON class to a persistent set variable over this component type in the PL. COCOON classes, however, are more powerful, since they are arranged in a *"class hierarchy"* that represents a subset constraint. Furthermore, the subset constraint may be specified by a *class predicate*: a necessary predicate (NP) restricts the possible members of the subclass to *at most* those members of the superclass(es) that satisfy NP. If the subset constraint is a necessary and sufficient predicate (NSP), the subclass represents *exactly* those members of the superclass(es) that satisfy NSP. In the first case, the subclass is called a "some-class", in the second case an "all-class". This terminology is documented by the COOL syntax for class definitions:

> [**define**] **class** ⟨*name*⟩ [:⟨*membertype*⟩]
>   [{**some**|**all**} ⟨*superclass*⟩ [,...] [**where** ⟨*predicate*⟩]]

The types in COCOON are defined by the set of *functions* that can be applied to the instance objects, that is, COCOON is an object-function model (cf. [WLH90]). In such object models, there is no distinction between stored attributes and computed (retrieval) methods. We have chosen this approach for its simplicity and because it is an elegant way to achieve data independence: whether the values of the functions defined on an object are stored in the internal record representing the object or whether it is derived by some algorithm is transparent to the object model, it is merely a matter of physical database design. Types are arranged in a type lattice, where a subtype inherits all the functions from its supertype(s), that is, the lattice is the subset lattice of the sets of functions associated with the types. It is important to notice that we have a type *lattice* in the mathematical sense, whereas we have only a (multiple) hierarchy between classes.

To summarize, we list the modeling concepts found in COCOON, details can be found in [SS90a, SLR$^+$92]:

Object: an application-specific abstraction, instance of an abstract object type

Data Value: a concrete, printable or constructed value (integer, string, set, ...)

Type: a set of functions, forming the interface to its instance objects

Class: a collection object, represents a set of objects of the member type, possibly constrained (some-class) or defined (all-class) by a predicate

Subtype: a type that allows to apply more functions to its instances than to instances of the supertype(s); this relationship forms a lattice

Subclass: a class that has a subset of the members of the superclass(es); this relationship forms a multiple hierarchy

View: a derived class, defined by a query

Variable: a variable is declared with a type, it can be used to hold single objects (i.e., as a temporary name), or sets of objects (if declared over a set type), for later reference within the same program.

3   The query language COOL

The starting point for the development of our object algebra was the observation that relational algebra can easily be extended to more complex data models. We had done so for the nested (NF^2-) relational model: when allowing relations to appear repeatedly, all we have to do is to allow the application of algebraic expressions in a similarly nested way. Whenever we have relation-valued attributes in a relation, we can apply relational expressions to them within selections and projections [SS86]. The programming language view onto the relational model is that a family of basic types (such as integers, strings, etc.) can be used to construct composite types using only one type constructor, namely relation (set of record). If we extend this type system to allow orthogonal (i.e., recursive) use of the type constructor, we have nested relations. The obvious extension of the relational operations is to apply them orthogonally. This is exactly what has been done for nested relations in the algebra of [SS86].

COCOON added more concepts to the "type system" (data model): functions instead of attributes, which may be single- or set-valued, collections (classes) that are organized in a hierarchy based on associated predicates, types that are structured in a lattice, and a distinction of data values and abstract objects. All these new concepts had to be incorporated into the query language. The principal approach is rather straightforward: classes as the collection objects are the arguments of queries, functions play the role of attributes. Therefore algebra operators can be applied to classes, since they represent sets of objects. So, a set-oriented query language seems no problem. However, two basic problems had to be solved before an object algebra could be defined consistently with the object model:

- What is the result of a query? (*object preservation*)
  As the input to a query is a collection of objects, the closure property of the model requires the output also to be a collection of objects (otherwise algebra operators could not be composed). On the other hand, if objects are system-internal abstractions, we can not show them to users, all we can show are data values related to the objects. Therefore, many other object query languages always return data values.
  We have coined the terms *"object-preserving"* vs. *"value-generating"* operator semantics for the two choices [SS90a]. An intermediate possibility is to create new result objects (*"object-generating* semantics). Value-generating semantics are not appropriate for models where "everything is an object"; object-generating semantics do not allow query results to be used as the arguments of update operations, since the result objects, but not the original objectbase objects would be modified. As COCOON was intended to support updatable views that are defined by query expressions, our choice had to be object-preserving query semantics, where result objects are identical to original objectbase objects.
- Where does a query result (e.g., a view) belong in the type lattice and in the class hierarchy? (*dynamic classification*)

In order to formally define the query language operators, one has to specify what the results are, both, in terms of result type and result collection. When a query defines a view, the latter means to classify the view class in the class hierarchy.

A type system was defined that allows to statically type-check COOL statements and to derive unique result types for all query expressions by corresponding type inference rules. In order to be able to infer result types for union and intersection operations when the arguments have different types, we need a *lattice* of types to assign the lowest upper bound and greatest lower bound to the results, respectively [SLT91, LS92b, SLR$^+$92].

Classification of views can not be solved completely, since subsumption of predicates is undecidable in general. Therefore, we had to implement an incomplete classification algorithm that fails to achieve the lowest possible positioning in some cases. It is, of course, guaranteed that no incorrect classifications are derived [SLT91, Ngu91].

The query operators of COOL are:

Selection: a subset of the input objects is derived by a predicate, the result type is the same as the input type

Projection: (object-preserving) the result is the same set of objects, but a supertype of the input type is associated with it, thus only the functions listed in the projections are applicable to the result

Extend: new derived functions can be defined; the result contains the same objects as the input, but associated with a new (sub-) type that includes the derived functions

Union: takes the union of the input sets, the result type is the least upper bound of the input types

Difference: takes the set difference, the result type is that of the first argument

Intersection: intersects the input sets, the result type is the greatest lower bound of the input types

Pick: Chooses one object from a set, the result type is the element type of the input

Extract: (value-generating projection) generates a set of tuples from the input objects, each tuple component is defined by one expression in the extraction list; this is the only operation that is not object-preserving!

In addition to query operators derived from relational algebra, COOL offers generic update operators that can be used to accomplish simple object manipulation tasks, or to construct more complex update methods. There are basic update operators for object creation and destruction, a global assignment (:=, for variables and complete functions) and a local assignment (**set**, for assigning new result values for given arguments of a function), two operations that add and remove existing objects to/from sets and classes. In addition to these more or less standard updates, we have two operators that perform "object evolution", that is, objects can dynamically gain and lose types! In contrast to OOPLs, where the lifetime of objects is short (at most one program execution), object-bases store objects over a long period of time (several years). Consequently, the changes in the roles that the modeled real world objects play need to be reflected in the objectbase as well. However, the objects should preserve their identities. Therefore, we can not fix the relationship between an object and its type as of the time of object creation.

All of the basic updates are single-object operators. They can be applied to a whole set of objects (e.g., a set obtained by a query) by using the set-iterator "**apply_to_all**" [LS92a]. As is known for long in the relational context, it is non-trivial to combine set-orientation and updates, since non-deterministic effects arise very easily. We have developed a formal model for "set-oriented" updates which essentially restricts updates to non-conflicting ones in order to be applied in a set-oriented fashion. The notion of conflict that is used here corresponds to conflicts in semantic or multi-level concurrency control [Wei86, Wei88, WH91].

4 Meta modeling and schema evolution

The COCOON model is powerful enough to represent COCOON schemata, that is, as a part of each COCOON objectbase, we have a meta schema that comprises information about the types, classes, and functions that have been defined in the schema. These meta objects not only serve as the "data dictionary" or objectbase catalog, they are also used as the basis for schema evolution. The COOL update operators can also be applied to the meta objects, so as to express schema modifications [TS92]. The problem attacked here was to define the update operations and the meta types/classes in such a way that schema modification automatically propagate to the instance level. Of course, an implementation will avoid eager transformation and try to use views, schema versions, or lazy transformation of the instance objects to avoid load peaks at schema modification time.

5 System architecture and optimization

The target architecture of the COCOON implementation uses the nested relational DBMS kernel DASDBS [SPSW90] as the storage manager. This allows for hierarchical clustering techniques that can be exploited to reduce the amount of physical disk I/O when large structured objects are loaded into main memory. An overview of this mapping approach is contained in the article "COCOON and KRISYS – a comparison" in this volume, a more detailed discussion is contained in [DHL$^+$92, Sch92b]. A prototype of a physical database design tool has been implemented to aid the database administrator in selecting a good physical design for a given COOL objectbase and load description.

At query processing time, the query optimizer has to transform COOL queries into execution plans that consist of DASDBS kernel calls and higher-level query processing strategies, such as joins and address dereferencing [RS92]. This transformation is also exemplified in the article "'COCOON and KRISYS – a comparison" in this volume. The EXODUS query optimizer generator [GD87] was used to build parts of the COOL query optimizer.

In addition to the DASDBS realization of COCOON, we have built two further prototypes in order to allow comparisons, both qualitative (how difficult is the implementation?) and quantitative (performance experiments): one uses the ONTOS object-oriented DBMS product, the other one the Oracle RDBMS [TS91]. Particularly the Oracle vs. DASDBS experiments are intended to evaluate the effects of hierarchical clustering, since Oracle allows for the definition of "clusters" that can simulate two-level nested relations. To date, we can not report on the performance experiments yet, some qualitative experiences with the two commercial platforms have been given in [TS91], results concerning the DASDBS realization are given in [TRSB92, Lue92].

6 Recursive query processing algorithms

In the context of a nested relational storage manager, we have also carried out investigations on the use and the adaptation of graph algorithms for recursive query processing in the database context. In contrast to classical analyses of graph algorithms (transitive closure, shortest paths, etc.), we had to take physical I/O costs into account, since the data representing the graph is in the objectbase. New algorithms have been designed, implemented, and extensively tested and evaluated in comparison with various others [Jia90a, Jia92c].

7 Publications

Outside publications: [HS91, Jia89, Jia90b, Jia91, Jia92a, Jia92b, LS92b, SLT91, SLT90, SS90a, SS90b, SS91b, SS91a, SST92, SSW91, Sch92a, Sch92b, Tre91, TS92]

Internal reports and non-refereed publications: [DHL$^+$92, Jia90a, LS92c, RRS92, RS92, TRSB92, TS91]

Theses: [Boo91, Fie91, Fra91, Fri91, Gar91, Ger90, Göh91, Gro91, Jia92c, Kla91, Kla90, Kri90, Lae91, Loe91, Lue92, Mes91, MW89, Ngu91, Rec90, Vet89, Vet90, Wic91, Wil91]

Acknowledgements

The COCOON project belongs to the research area "Architecture of Object-Bases" investigated jointly with the group around Theo Härder (see the articles "COCOON and KRISYS – a comparison" and "KRISYS – a KBMS supporting the development and processing of advanced applications" in this volume). In the COCOON project, Christian Laasch, Christian Rich, and Markus Tresch have worked on the formalization, optimization, and meta modeling, respectively. Bin

Jiang investigated graph algorithms for recursive query processing. Numerous students have pushed forward the prototype implementation, they are listed with their theses above. Currently, work on COCOON is continued at the University of Ulm in cooperation with ETH Zürich, since M. Scholl, C. Laasch, C. Rich, and M. Tresch are now in Ulm.

References

[Bee89] C. Beeri. Formal models for object-oriented databases. In W. Kim, J.-M. Nicolas, and S. Nishio, editors, *Proc. 1st Int'l Conf. on Deductive and Object-Oriented Databases*, pages 370–395, Kyoto, December 1989. North-Holland. Revised version appeared in "Data & Knowledge Engineering", Vol. 5, North-Holland.

[Bee90] C. Beeri. A formal approach to object-oriented databases. *Data & Knowledge Engineering*, 5:353–382, October 1990.

[Boo91] M. Boos. Realisierung eines COOL-Parsers. Diplomarbeit, Departement Informatik, ETH Zürich, March 1991.

[DHL+92] S. Dessloch, T. Härder, F.-J. Leick, N.M. Mattos, C. Laasch, C. Rich, M.H. Scholl, and H.-J. Schek. KRISYS and COCOON: A survey and comparison. Technical report, ZRI Report, University of Kaiserslautern, 1992.

[Fie91] B. Fiechter. Prococoon – Erweiterung einer grafischen Schnittstelle zu CO-COON. Diplomarbeit, Departement Informatik, ETH Zürich, September 1991.

[Fra91] J. Frattaroli. Entwurf und Implementierung eines Übersetzers für Wegeanfragen. Diplomarbeit, Departement Informatik, ETH Zürich, March 1991.

[Fri91] M. Fritsch. Implementierung der Abbildung von COCOON auf das ooDBMS ONTOS. Diplomarbeit, Departement Informatik, ETH Zürich, March 1991.

[Gar91] S. Garazi. Mapping cool queries and updates to oracle-sql. Diplomarbeit, Departement Informatik, ETH Zürich, September 1991.

[GD87] G. Graefe and D. J. DeWitt. The EXODUS optimizer generator. In *Proc. ACM SIGMOD Conf. on Management of Data*, pages 160–172, San Francisco, May 1987. ACM.

[Ger90] A. Gericke. Precompiler für NF2 Anfragen in C-Programmen. Diplomarbeit, Departement Informatik, ETH Zürich, August 1990.

[Göh91] A. Göhring. Adaptiver physischer DBEntwurf für objektorientierte Datenbanksysteme. Diplomarbeit, Departement Informatik, ETH Zürich, September 1991.

[Gro91] R. Gross. Physischer DB-Entwurf für objektorientierte Datenbanken. Diplomarbeit, Departement Informatik, ETH Zürich, March 1991.

[HFW90] A. Heuer, J. Fuchs, and U. Wiebking. OSCAR: An object-oriented database system with a nested relational kernel. In *Proc. Int'l Conf. on Entity-Relationship Approach*, Lausanne, Switzerland, October 1990. North-Holland. to appear.

[HS91] A. Heuer and M.H. Scholl. Principles of object-oriented query languages. In H.-J. Appelrath, editor, *Proc. GI Conf. on Database Systems for Office, Engineering, and Scientific Applications*, pages 178–197, Kaiserslautern, March 1991. IFB 270, Springer Verlag, Heidelberg.

[Jia89] B. Jiang. Making the partial transitive closure an elementary database operation. In *Proceedings of the GI/SI Conference on Database Systems for Office Automation, Engineering, and Scientific Applications*, pages 231–245, Zurich, March 1989. Spring-Verlag, IFB 204.

[Jia90a] B. Jiang. Design, analysis, and evaluation of algorithms for computing partial transitive closures in databases. Technical Report 132, ETH Zurich, Zurich, Schwitzerland, June 1990.

[Jia90b] B. Jiang. A suitable algorithm for computing partial transitive closures in databases. In *Proceedings of the IEEE International Conference on Data Engineering*, pages 264–271, 1990.

[Jia91] B. Jiang. Traversing graphs in a paging environment, BFS or DFS? *Information Processing Letters*, 37(3):143–147, 1991.

[Jia92a] B. Jiang. DFS-traversing graphs in a paging environment, LRU or MRU? *Information Processing Letters*, 40(4):193–196, 1992.

[Jia92b] B. Jiang. I/O-efficiency of shortest path algorithms: A analysis. In *Proceedings of the IEEE International Conference on Data Engineering*, pages 12–19, 1992.

[Jia92c] B. Jiang. Pfad–Algorithmen für Datenbank Systeme. Doktorarbeit, Departement Informatik, ETH Zürich, 1992.

[Kla90] H. Klas. Analysis of parallel algorithms for computing partial transitive closures by simulation. Semesterarbeit, Departement Informatik, ETH Zürich, August 1990.

[Kla91] H. Klas. Implementierung und Evaluierung von Graphenalgorithmen für Wegeprobleme auf ORACLE. Diplomarbeit, Departement Informatik, ETH Zürich, August 1991.

[Kri90] R. Kritzer. Evaluierung verschiendener Joinalgorithmen auf einem DBS-Kern nach dem NF2-Relationenmodell. Diplomarbeit, Departement Informatik, ETH Zürich, March 1990.

[Lae91] T. Laes. Generierung und Evaluierung eines Anfrageoptimierers. Diplomarbeit, Departement Informatik, ETH Zürich, August 1991.

[Loe91] M. Loeliger. Co2on – Übersetzung von Anfragen der Sprache COOL auf das objektorientierte Datenbanksystem ONTOS. Diplomarbeit, Departement Informatik, ETH Zürich, September 1991.

[LS92a] C. Laasch and M.H. Scholl. Deterministic semantics of set-oriented update sequences. Submitted for Publication, 1992.

[LS92b] C. Laasch and M.H. Scholl. Generic update operations keeping object-oriented databases consistent. In *Proc. 2nd GI Workshop on Information Systems and Artificial Intelligence (IS/KI)*, Ulm, February 1992. Springer IFB, Heidelberg.

[LS92c] C. Laasch and M.H. Scholl. Set-oriented update sequences for an OO-Model. In U.W. Lipeck and R. Manthey, editors, *Proc. 4th GI Workshop on Foundations of Database Systems*, Barsinghausen, Germany, June 1992. ECRC Munich, Germany, Technical Report ECRC-92-13.

[Lue92] J.M. Luethi. Evaluierung verschiedener Joinalgorithmen auf einem NF2 DBS-Kern. Semesterarbeit, Departement Informatik, ETH Zürich, 1992.

[Mes91] F. Meschberger. Implementierung der Abbildung von COCOON auf ORACLE. Diplomarbeit, Departement Informatik, ETH Zürich, March 1991.

[MW89] B. Monnerat and K. Warszas. Darstellung und graphische Anfrageformulierung für semantische Netze. Diplomarbeit, Departement Informatik, ETH Zürich, February 1989.

[Ngu91] H.-M. Nguyen. Einordnung von Klassen und Views in eine Klassen-Hierarchie. Diplomarbeit, Departement Informatik, ETH Zürich, July 1991.

[Rec90] U. Recker. Implementierung eines Algorithmus zur Berechnung der Partiellen Transitiven Hülle auf dem DASDBS-Datenbankkernsystem. Diplomarbeit, Departement Informatik, ETH Zürich, August 1990.

[RRS92] A. Rosenthal, C. Rich, and M.H. Scholl. Reducing duplicate work in relational join(s): A unified approach. Technical Report 172, ETH Zurich, Dept. of Computer Science, January 1992.

[RS92] C. Rich and M.H. Scholl. Query optimization in COCOON. In U.W. Lipeck and R. Manthey, editors, *Proc. 4th GI Workshop on Foundations of Database Systems*, Barsinghausen, Germany, June 1992. ECRC Munich, Germany, Technical Report ECRC-92-13.

[Sch92a] M.H. Scholl. Extensions to the relational data model. In P. Loucopoulos and R. Zicari, editors, *Conceptual Modelling, Databases and CASE: An Integrated View of Information Systems Development*. Jon Wiley & Sons, New York, 1992. To appear.

[Sch92b] M.H. Scholl. Physical database design for an object-oriented database system. In J.C. Freytag, G. Vossen, and D.E. Maier, editors, *Query Processing for Advanced Database Applications*. Morgan Kaufmann, Los Altos, Ca., 1992. To appear.

[SLR$^+$92] M.H. Scholl, C. Laasch, C. Rich, H.-J. Schek, and M. Tresch. The CO-COON object model. Technical report, ETH Zürich, Dept. of Computer Science, 1992. In preparation.

[SLT90] M.H. Scholl, C. Laasch, and M. Tresch. Views in object-oriented databases. In *Proc. 2nd Int'l GI Workshop on Foundations of Models and Languages for Data and Objects*, Aigen, Austria, September 1990. Techn. Report 90/3, TU Clausthal, Germany.

[SLT91] M.H. Scholl, C. Laasch, and M. Tresch. Updatable views in object-oriented databases. In C. Delobel, M. Kifer, and Y. Masunaga, editors, *Proc. 2nd Int'l Conf. on Deductive and Object-Oriented Databases (DOOD)*, pages 189–207, Munich, December 1991. LNCS 566, Springer, Heidelberg.

[SPSW90] H.-J. Schek, H.-B. Paul, M.H. Scholl, and G. Weikum. The DASDBS project: Objectives, experiences and future prospects. *IEEE Trans. on Knowledge and Data Engineering*, 2(1):25–43, March 1990. Special Issue on Database Prototype Systems.

[SS86] H.-J. Schek and M. H. Scholl. The relational model with relation-valued attributes. *Information Systems*, 11(2):137–147, jun 1986.

[SS90a] M.H. Scholl and H.-J. Schek. A relational object model. In S. Abiteboul and P.C. Kanellakis, editors, *ICDT '90 – Proc. Int'l. Conf. on Database Theory*, pages 89–105, Paris, December 1990. LNCS 470, Springer Verlag, Heidelberg.

[SS90b] M.H. Scholl and H.-J. Schek. A synthesis of complex objects and object-orientation. In *Proc. IFIP TC2 Conf. on Object Oriented Databases (DS-4)*, Windermere, UK, July 1990. North-Holland. To appear.

[SS91a] H.-J. Schek and M.H. Scholl. From relations and nested relations to object models. In M.S. Jackson and A.E. Robinson, editors, *Aspects of Databases — Proc. 9th British Nat. Conf. on Databases*, pages 202–225, Wolverhampton, UK, July 1991. Butterworth-Heinemann, Oxford.

[SS91b] M.H. Scholl and H.-J. Schek. Supporting views in object-oriented databases. *IEEE Database Engineering Bulletin*, 14(2):43–47, June 1991. Special Issue on Foundations of Object-Oriented Database Systems.

[SST92] M.H. Scholl, H.-J. Schek, and M. Tresch. Object algebra and views for multi-objectbases. In *Proc. Int'l Workshop on Distributed Object Management*, Edmonton, Canada, August 1992. Morgan Kaufmann.

[SSW91] H.-J. Schek, M.H. Scholl, and G. Weikum. The background of the DASDBS & COSMOS projects. In *Proc. Int'l Conf. on Mathematical Foundations of Database Systems (MFDBS)*, Rostock, Germany, May 1991. LNCS, Springer Verlag, Heidelberg.

[Tre91] M. Tresch. A framework for schema evolution by meta object manipulation. In *Proc. 3rd Int'l Workshop on Foundations of Models and Languages for Data and Objects*, Aigen, Austria, September 1991.

[TRSB92] W.B. Teeuw, C. Rich, M.H. Scholl, and H.M. Blanken. An Evaluation of Physical Disk I/Os for Complex Object Processing. Technical report, ETH Zürich, Dept. of Computer Science, 1992.

[TS91] M. Tresch and M.H. Scholl. Implementing an object model on top of commercial database systems. In M. Scholl, editor, *Proc. 3rd GI Workshop on Foundations of Database Systems*, Volkse, Germany, May 1991. Techn. Report 158, Dept. of Computer Science, ETH Zürich.

[TS92] M. Tresch and M.H. Scholl. Meta object management and its application to database evolution. In *Proc. 11th Int'l Conf. Entity-Relationship Approach*, Karlsruhe, Germany, October 1992. Springer.

[Vet89] M. Vetsch. Graphische Charakteristika von Relationen. Semesterarbeit, Departement Informatik, ETH Zürich, August 1989.

[Vet90] M. Vetsch. Graphische Charakteristika binärer Relationen in existierenden Datenbanken. Diplomarbeit, Departement Informatik, ETH Zürich, February 1990.

[Wei86] G. Weikum. Transaktionsverwaltung in Datenbanksystemen mit Schichtenarchitektur. Dissertation, Fachbereich Informatik, Technische Hochschule Darmstadt, Dezember 1986.

[Wei88] W.E. Weihl. Commutativity-based concurrency control for abstract data types. *IEEE Transactions on Computers*, 37(12), 1988.

[WH91] G. Weikum and C. Hasse. Multi-level transaction management for complex objects: Implementation, performance, parallelism. Technical Report 162, ETH Zürich, Dept. of Computer Science, July 1991.

[Wic91] P. Wickli. Graphische Schnittstelle zu COCOON. Diplomarbeit, Departement Informatik, ETH Zürich, March 1991.

[Wil91] D. Wilhelm. Query-Schnittstelle fuer DASDBS. Diplomarbeit, Departement Informatik, ETH Zürich, September 1991.

[WLH90] K. Wilkinson, P. Lyngbaek, and W. Hasan. The Iris architecture and implementation. *IEEE Trans. on Knowledge and Data Engineering*, 2(1):63–75, March 1990. Special Issue on Prototype Systems.

TOPAZ:
A TOOL KIT FOR THE CONSTRUCTION OF APPLICATION-SPECIFIC TRANSACTION MANAGERS

Harm Knolle
Gunter Schlageter   *Rainer Unland*
Erhard Welker

University of Hagen   University of Münster
P.O. Box 940   Grevener Str. 91
D-5800 Hagen, Germany   D-4400 Münster, Germany

Abstract

'*Advanced database applications*', such as CAD/CAM, CASE, large AI applications or image and voice processing, place demands on transaction management which differ substantially from those in traditional database applications. In particular, there is a need to support '*enriched*' *data models*, '*synergistic*' *cooperative work*, and *application-* or *user-supported consistency*. Unfortunately, the demands are not only sophisticated but also diversified, which means that different application areas might even place contradictory demands on transaction management. This paper deals with these problems and offers a solution by introducing a flexible and adaptable *tool kit approach for transaction management*. This tool kit enables a database implementor or applications designer to assemble application-specific transaction managers. Each such transaction manager is meant to provide a number of individualized, application-specific transaction types. To be able to emulate each kind of application environment the nesting of transaction is supported. In particular, different transaction types can be executed in any order within such a hierarchy. Particular emphasis is placed on a flexible and comprehensive support of cooperative work.

1. Introduction

Conventional database systems have mainly been designed to satisfy the requirements of business data processing applications such as inventory control, pay-roll, accounts, and so on. However, meanwhile new classes of applications have been identified which are also expected to benefit substantially from adequate database support, like CAD/CAM, CAE, CASE, knowledge-based systems and so on (cf. /Kim91/). However, such '*advanced database applications*' differ from traditional database applications in a variety of ways. Above all they require more powerful and flexible concepts for data modeling and an adequate and efficient mapping of these concepts on lower levels of the database management system (e.g., Complex Record Manager, Storage Manager).

With respect to the global architecture of future database systems two major trends can be identified (see also /NeSt89/). Some groups favor the development of a *complete* database management system comprising a parser, a query optimizer, an object manager, a storage manager, a transaction management, and so on. On the basis of this approach user extensions are satisfied within the context of a **full-function database management system**. Examples of this approach are AIM-P (/DKAB86/), ConceptBase (/JaJR88/), GemStone

(/MSOP86/), OOPS (/UnSc89-2/), ORION (/WoKi87/), POSTGRES (/StRo87/), PROBE (/DaSm86/), and STARBURST (/SCFL86/).

Other groups favor a **database kernel system** approach. Its underlying assumption is that a *general* storage system can serve as the *universal basis* for the realization of all 'flavors' of application-specific database systems; the various application-specific data models are implemented on top of this kernel. This approach is investigated, for example, in DASDBS (/PSSW87/), OMS (/FrBo89/), and PRIMA (/HMMS87/).

A similar approach is the **tool kit approach** where, in addition to a kernel, an **"erector set" of modules** is provided to allow a sophisticated applications designer or database implementor (DBI) to assemble a customized system. This approach is being taken, for example, in EXODUS (/CaDe87/), and GENESIS (/BBGS88/). Advocates of the database kernel system approach as well as the tool kit approach argue that requirements from the various application areas differ so much that a *single* interface is not appropriate for all of them. The assumption is that a customized system not only supports applications in a more appropriate and natural way, but also makes the specifically tailored database systems more efficient.

However, new application areas do not only need richer and more flexible data modeling facilities; they also make sophisticated demands on transaction management (cf. /ELLR90/, /Katz84/, /KaWe83/, /Kelt88/, /KoKB88/, /KSUW85/, /LoPl83/, /NoZd90/, /UnSc89-1/, /UnSc91/, /UnSc92/). Transaction models of traditional database systems are especially *lacking* in *functionality* when used for new applications. Traditional transactions are assumed to be of simple structure and short-lived; they are targeted for competitive environments. Activities in non-standard application areas tend to access complex objects, involve lengthy computations, and are interactive. Therefore, advanced transaction models have to support *long-duration, interactive activities, application-* or *user-supported consistency,* and *synergistic cooperative work.*

In order to fulfill the needs for more flexible transaction models, various **extensions** to the traditional model have been proposed. A rather promising extension is the **nesting of transactions.** Nesting allows the originally flat transaction model to execute transactions within other transactions. In the commonly known approach of Moss (/Moss81/) a nested transaction (recursively) consists of a set of child transactions that execute atomically with respect to their parent transactions and their siblings. A long-duration transaction may exhibit a rich and complex internal structure. This structure can be exploited to distribute the work within the transaction, to execute it concurrently, and to roll back unsuccessful parts without affecting others.

2. *Brief overview of the tool kit approach and points of novelty*

The nesting of transactions is the fundamental basis of (almost) all advanced transaction models which have been proposed in literature (including the tool kit approach). Transaction models, however, differ in the *types of transactions* they provide, in the *number* and *meaning* of *constraints* and *rules* which they place on the way a *transaction graph* has to be *formed,* and in the way transactions have to *interact with each other.*

Some fundamental differences are the following:

- Often, transaction types can only be *nested* in a *special, predefined order.* For example,
    - /KoKB85/ present a model in which a design transaction consists of a number of project transactions each of which consists of a set of cooperating transactions. Each

cooperating transaction, in turn, is a hierarchy of client-subcontractor transactions, each of which is a set of designer's transactions.

- /KSUW85/ define a database transaction to be the basis for a set of user transactions. /UnSc89-1/ add to this model group transactions.

- Some proposals require *all* transactions to run a *strict* two-phase lock protocol (locks cannot be released before EOT); e.g., Moss (/Moss81/), Katz (/Katz84/).

- Almost all proposals restrict child transactions to *commit locks (objects)* only to their *parent transactions*; e.g., /HäRo87-1/, /HäRo87-2/, /KLMP84/, /KoKB85/, /KSUW85/, /Moss81/, /UnSc89-1/.

- Some approaches only allow *leaf transactions* to *perform operations* on data, e.g., /KLMP84/, /KoKB85/, /UnSc89-1/. *Non-leaf transactions* serve only as a kind of *database* for their child transactions.

Another observation is that a large number of approaches concentrate first of all on *modularity, failure handling*, and *concurrent execution* of subtasks while a comprehensive support of *cooperative work* is subordinated to serializability. Mostly, the assumption is still made that (sub)transactions are competitors rather than partners. Appropriate support of cooperative work, however, can only be achieved if the still predominant rigid concurrency control measures are weakened, for instance, by moving some responsibility for the integrity of data from the database management system to the application. Of course, this has to be done in a controlled way and the database management system has to offer as much help as possible.

Furthermore, advanced application areas are highly diverse. Applications may differ substantially in their demands and even in their understanding of consistent operations on data. Therefore, it is not surprising that most of the proposed transaction models reflect the individual view of the authors on the requirements and conditions of the application areas which they claim as the target class of their transaction model. However, irrespective of how successful these extended transaction models are in supporting the systems they are intended for, they hardly cover more than slices from the broad spectrum of new application areas. At a first glance it may look rather promising to extend one of the new transaction models in a way that it also satisfies the 'open' demands. However, examinations proved that different (e.g., competitive) environments usually place other, sometimes even contrary, demands on concurrency control and transaction management than other (e.g., cooperative) environments. Consequently, a 'hard-wired' transaction model can only be suitable for a number of application areas but will be inappropriate for others (c. f. /ChRa90/, p. 1, or /NeSt89/, p. 5).

When we started our project we had several basic requirements in mind which we wanted to be fulfilled by our approach. The most important are the following:

- *Generality*
  The approach should be application independent.

- *Cooperative Work*
  Different facets of synergistic cooperative work should be supported.

- *Adaptability*
  A transaction manager should be adaptable to changing requirements of the application area it is intended for.

- *Extensibility*
  If needed, it should be possible to integrate new components, concepts, or features.

As the above discussion clearly indicates, there are serious arguments which strongly indicate that *one* given transaction manager can only be a more or less satisfactory *compromise*. From our point of view it looks much more promising to follow an approach similar to the tool kit approach of database systems: a *tool kit for transaction management*. We want this tool kit to be part of the general tool kit (or erector set of modules) of the database (kernel) system; it is meant to serve a sophisticated applications designer or database implementor (DBI) to model *his* application-specific transaction manager in an appropriate and natural way. Therefore, the tool kit is not yet another transaction model but is meant to provide a *general framework* for the *construction of application-specific transaction managers*.

From a global point of view the tool kit can be seen as to provide a predefined set of different transaction types. Transaction types may differ in their *structure* as well as in their *behavior*. For example, different transaction types may use different compatibility matrices, may have different concurrency control needs, may rely on different recovery techniques, or may support special kinds of operations, like suspend- / resume-transaction, or split- / join-transaction (cf. /PuKH88/). For a first impression it can be assumed that an application-specific transaction manager can be constructed by just selecting the transaction types of interest from the predefined set of transaction types.

Remains the question what *execution model* is supported by the tool kit? The demand of *generality* implies that the tool kit as such should 'hard-wire' as *few* restrictions as possible. Therefore, the tool kit, in general, does not prescribe how transaction graphs have to look like; i.e., whether they have to follow the rules of treelike (closed) nested (cf. /Moss81/, /Trai83/), open nested (cf. /WeSc92/), or graphlike nested. Of course, when an application specific transaction manager is constructed we first have to choose the appropriate execution model and have to ensure that its rules are observed by each of the transaction types of the transaction manager. These rules represent the **global transaction model**.

Since the set of transaction types is extensible and, therefore, not known in advance the tool kit cannot describe which transaction types have to be used within a transaction graph and in what order; i.e., the tool kit realizes something like an open (transaction) system. To ensure that an execution of instances of arbitrary transaction types in arbitrary order within a transaction hierarchy does not cause problems *each* transaction type must constitute a self-contained unit with a clear interface to its environment. The rules which describe the necessary conditions for a correct interaction of arbitrary transaction types are called the **fundamental rules**. Of course, these rules have to be obeyed by each transaction type.

Contents and structure of the paper

The remainder of this paper is organized as follows. The fundamental rules and the global transaction model of the current version of the tool kit are presented in section 3. The characteristics which make up different transaction types are briefly discussed in section 4. Section 5 concentrates on lock modes and presents several concepts which especially permit an intensive support of cooperative work. Section 6 summarizes the general rules of our transaction model. Section 7 gives a brief overview of the structure of the tool kit while section 8 describes the current status of the project and gives hints for further investigations.

This paper will only outline the most salient features of the tool kit on a conceptual level. Implementation issues, performance aspects as well as estimations of cost will not be considered or only on a rudimentary level.

A detailed discussion of various aspects of the tool kit can be found in /Unla90/, /Unla91/, and /UnSc91/.

Dynamic behavior (control flow)

It is often imperative to be able to manage and supervise control flow and execution order of (sub)transactions. One wants to define rules like which (sub)transaction cannot be started before another (sub)transaction has ended, which other (sub)transactions have to be aborted if a given transaction aborts, and so on. The modeling of the dynamic behavior, however, is, at least at the moment, no hot topic within our project. These problems are treated within the ConTract project (/WäRe92/). It is our intention to bring together relevant parts of both projects.

At this stage we want to acknowledge that part of this work profited from the fundamental discussion of properties of nested transactions in /HäRo87-2/.

3. Fundamental rules and global transaction model of the tool kit

As was already said, to ensure that instances of arbitrary transaction types can be executed in arbitrary order within a transaction hierarchy *each* transaction type must constitute an autonomous unit with a clear interface to its environment.

In order to ensure autonomy we associate with each transaction type an *object pool*. The object pool contains *all* objects on which a transaction is allowed to work. Objects from superiors or the database can only be acquired and added to the object pool by a *checkout* operation. They can only be released by a *checkin* operation.

The current version of the tool kit realizes as its global transaction model *closed nested transactions*. Moreover, it concentrates on *locks* as the means of concurrency control.

Therefore, to be able to support the definition of application-specific transaction managers this small set of fundamental rules must be supplied by more specific constraints and rules. These constraints and rules can be seen as a kind of **global transaction model**. They lay down how transaction graphs have to look like on a global level, e.g., treelike (closed) nested (cf. /Moss81/, /Trai83/), open nested (cf. /WeSc92/), or graphlike nested. However, the global transaction model does not predetermine which concrete transaction types are provided and in what order they can be executed within the transaction hierarchy. These constraints are laid down in the next step when the concrete application-specific transaction manager is defined.

Dependency on a unique parent transaction

The *closed nested transactions model* requires each transaction to depend strictly on a unique parent transaction. A parent transaction can either be the database or another transaction. Dependency on a parent transaction entails the following rules:

- A child transaction must commit before its parent transaction commits.

- Commit of a child transaction and durability of its results are conditional subject to the fate of its superiors. Even if a child transaction commits, aborting of its superiors will undo its effects.

- A child transaction can only acquire objects from its parent transaction; if it needs an object from another superior, stepwise transfer must be applied.

- If a parent transaction has defined constraints / rules for its child transactions the child transactions have to observe them (according to the two-stage control-sphere).

Object pool

An **object pool** is nothing else than a container for the collection of objects which are associated with the transaction at a given point in time. This does not mean that the object pool has to contain each object physically. Instead, it may only manage the object identifiers and the locks imposed on these objects.

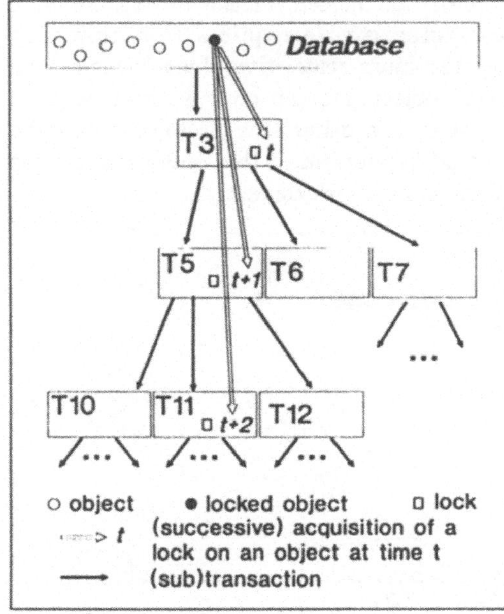

Figure 3.1: Transfer unit pure *lock*

Figure 3.2: Transfer unit *copy of object / lock*

The introduction of an object pool points to a substantial difference between Moss' approach and our approach (at least on the conceptual level). In Moss' approach the unit of transfer between transactions is the lock (see Figure 3.1). If a transaction acquires a lock, it gets the right to perform the corresponding actions on the object (in the database). If concurrent transactions want to perform conflicting actions on an object their work will be serialized ("sequentialized").

In the tool kit approach, if a transaction T acquires a lock, it not only gets the lock. Additionally, a copy of the corresponding object is inserted (at least logically) into the object pool of T. Therefore, the unit of exchange between transactions is the pair **copy of the object / lock on the object** (see Figure 3.2). The reason for this are:

- The object pool ensures the autonomy of the transaction.

- The tool kit supports the coexistence of different intermediate states of the same object as they often exist, e. g., during a design process. Different levels within a transaction hierarchy usually represent different states of a task. A copy of an object at a higher level of the hierarchy usually represents an older but, as such, "stable" state of the object while a copy at a lower level represents a younger but often still "uncertain" state.

- In order to support cooperative work the tool kit permits a controlled concurrent execution of conflicting actions on different copies of the same object. Of course, these different copies need to be merged to a single, consistent version at a later point in time.

In the following, if we use the terms object or lock (in connection with our approach) we always mean the pair copy of object / lock.

Object acquisition and release (stepwise transfer)

With respect to the acquisition of objects the usual proceeding within nested transactions is that a subtransaction T^S can acquire objects from any of its superiors and the database. In order not to endanger serializability an object release is treated more restrictively. The commonly applied **object (lock) release rule** requires T^S to upwardly inherit its objects (locks) only to its parent. While the more restrictive object release rule avoids any consistency problems the more liberal object acquisition rule may lead to *consistency problems* if subtransactions are allowed to run other lock protocols than the *strict* two-phase lock protocol (see Figure 3.3; it should be mentioned that some approaches in literature do not treat this problem and, therefore, do not work correctly).

In the given scenario three transactions work, one after the other, on the same object O. First, transaction T1 acquires O in its growing phase from the database (1), modifies O, and releases the modified object O' as well as the lock on O. This implies that T1 is now in its shrinking phase. According to the object release rule, O must be inherited by the parent of T1, here the database (2). Next, transaction T2 acquires O' (3), modifies it, and releases the modified object O" and the lock on O (4). Again, the database inherits O". Finally, T11, which is a child transaction of T1, acquires O" from the database. Since T11 is a child of T1, T1 will, sooner or later, inherit O" from T11 (6) (at the latest when T11 commits). This (indirect) acquisition of O" by T1, however, torpedoes the principle of two-phase since T1 was already in its shrinking phase but, nevertheless, got a "new" object. Moreover, it violates the principle of isolation since T1 accessed O *before* and *after* T2 modified O.

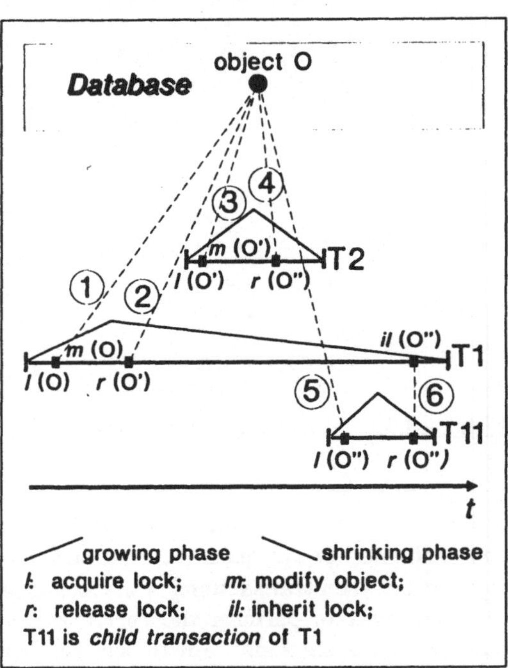

Figure 3.3:   Example scenario

If we take a closer look at Figure 3.3 it will become clear that the problem arises only because T11 acquires an object from a superior different from its parent T1 without considering the status of T1 (T1 is already in its shrinking phase). But since T1 inherits all objects from its children T11 it must be ensured that such a situation cannot occur. The problem can be solved in several ways. One solution is to force each child to consider the status of each ancestor up to the transaction from which it wants to acquire an object. Only if the status of each of these transactions permits the acquisition of the object, can the object be granted. A more restrictive solution is to allow only a child to acquire objects from its parent. We choose a solution in between which combines the advantages of both approaches. The general principle of our approach is that a transaction T can only acquire objects from its parent. However, if T needs an object O from some other superior T^S this is realized by a stepwise check-out of O from the object pool of T^S via the superiors on the path to T (successions of downward check-outs). If, for

example, T11 wants to acquire an object O from the database such a demand is satisfied by
a stepwise check-out of O from the database to T1 and from T1 to T11. On each level the
concurrency control scheme of that level (transaction) is applied to safely transfer O to its
destination transaction.

In a similar way we define the stepwise check-in of an object O. This means, that we do
not require a transaction T to pass O to its parent. T may transmit O to some other
superior T^S if the status (lock protocol) of each transaction on the path to T^S permits such a
proceeding (more precisely, if T^S belongs to the release view of T. The release view will be
discussed later on).

The installation of the concept of stepwise transfer has the consequence that the tool kit
realizes **downward inheritance** while other proposals usually realize **upward
inheritance** (e.g., /HäRo87-1+2/, /KLMP84/, /KoKB85/, /Moss81/). Let us assume that a
transaction T wants to acquire an object O from a superior T^S. With *downward inheritance*,
O is inserted into the object pool of each transaction on the path from T^S to T *when it moves
downward*. With *upward inheritance* the parent transaction inherits the lock on O either
when the child transaction releases its lock (in its shrinking phase) or when it commits; i.
e., *when the object (lock) moves upwards*. In both cases O will be added to each object pool
on the path from the database to the deepest transaction which has acquired O, with
upward inheritance, however, at a later point in time.

Downward inheritance has a rather advantageous feature. It guarantees that the object
pool of a parent transaction contains all objects of its descendant tree (though, not
necessarily the newest status of the object) with the exception of those objects which were
newly created by inferiors. Therefore, if a (sub)transaction T searches for a special object O
it can definitely be concluded that no inferior of the parent transaction of T possesses O if
the parent transaction does not. Of course, if O was newly created by a inferior but not yet
released it is, from the point of view of T, not yet existent and therefore, not accessible to T.

Moreover, if a (sub)transaction T wants to acquire a lock on the object O it is sufficient to
examine the ancestor chain up to the first transaction whose object pool contains O. If,
here, the object is not locked in an incompatible mode the lock request can be granted.

The set of objects which is accessible to a transaction is defined by its access view.

Object visibility (access and release view)

An **access view** defines the set of objects which is, in principle, accessible to a transaction T. "In principle" means that an object may not be accessible to T at a given point of
time due to the fact that it is being locked in an incompatible mode by another transaction.

In the section about the stepwise transfer it was shown that the set of objects which is
accessible to a transaction T depends on two factors:

1. *Position of T in the transaction hierarchy*
   At best, the *acces view* of T consists of all objects of the object pools of T's ancestors and
   includes, moreover, the database. Objects which were newly created by inferiors but not
   yet released to T or any of T's ancestors do not belong to T's access view.

2. *Status of T's ancestors with respect to the concurrency control schemes they run*
   In Figure 3.3 it was shown that a transaction which wants to acquire an object from an
   ancestor or the database must consider the concurrency control scheme of its ancestors.
   If the concurrency control scheme of an ancestor T^A of T prohibits T^A to acquire an object
   from an ancestor (e.g. since T^A is already in its shrinking phase) then T^A's object pool
   must be the last one which still belongs to the access view of T. Therefore, depending on

the rules of the concurrency control schemes of its ancestors the access view of a transaction may be restricted

In Figure 4.2 the access view of T38 consists of the objects of the object pools of T38, T26, T15, T8, T4, T1, and the database if neither T4 nor T1 are in their shrinking phase. Note, that T8 cannot be in its shrinking phase since it runs the *strict* two-phase lock protocol (please do only concentrate on such features of Figure 4.2 which are relevant to this example; other features will be explained later on). As soon as T4 starts its shrinking phase the object pool of T1 and the database are no longer accessible to T38.

Similar to the notion of access view we define the notion of **release view**, which means that our approach does not require a transaction to upwardly inherit its objects to its parent transaction and only to its parent transaction.

Two-stage control-sphere

The two-stage control-sphere restricts the visibility and the sphere of influence of the characteristics which make up a specific transaction type. It, therefore, ensures that transaction types can be executed in any order within a transaction graph.

The underlying principle of the **two-stage control-sphere** is that, according to the principle of autonomy, a parent transaction can only be responsible for the correct coordination and execution of the work (task) on *its* level. It may define subtasks and start child transactions to deal with these subtasks. Again, each child transaction, must be responsible by itself for the correct coordination and execution of its task and, therefore, must decide autonomously how this task can best be executed. In other words, the characteristics which were established on the level of the parent transaction are only valid for its child transactions. The child transactions, in turn, may establish a different environment for their child transactions (see Figure 3.4).

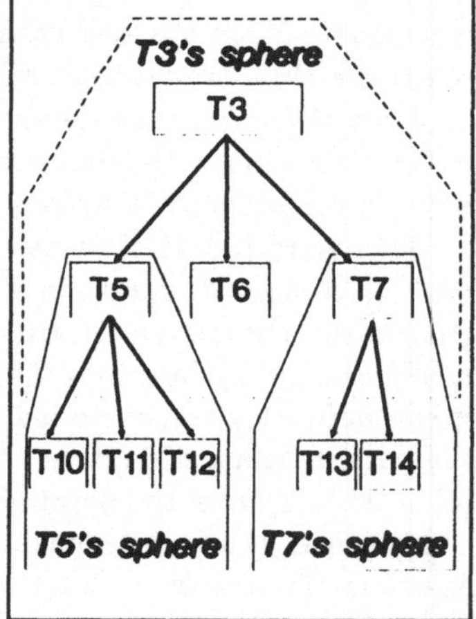

Figure 3.4: Two-stage control-sphere

For example, if transaction T5 runs a two-phase lock protocol on its object pool its child transactions have to use it when they want to acquire objects from its parent. However, they may run a different concurrency control scheme on their own object pools.

4. Characteristics of transaction types

The various characteristics which make up a transaction type can be subdivided into two parts: characteristics which describe the internal representation of a type and characteristics which describe its behavior. This paper concentrates on the second part.

Structure of transaction types

As already mentioned, we want the tool kit to provide a wide range of different transaction types. This set is meant to include conventional (short duration) transactions as well as all kinds of long duration transactions or compensating transactions. This requires that transaction types are made up of different components. For example, a long duration transaction may maintain its own object pool and lock table for this object pool. Or, a transaction type may run an optimistic concurrency control scheme instead of a pessimistic one. Moreover, since the tool kit supports a large number of fine grained lock modes we allow a transaction type to maintain its own compatibility matrix for its object pool. By this means, the access to the objects of the object pool can be individually suited to the requirements of a specific environment. For example, in a more cooperative environment, the compatibility matrix may define lock modes to be compatible which would not be compatible in a more competitive environment.

Concurrency control scheme

The two stage control-sphere stands for the possibility that each transaction type T can establish *its own* concurrency control scheme for its object pool. This means, that each T can determine independently, according to which rules descendants of T can acquire objects from T. Such a free choice of concurrency control scheme is possible since the stepwise transfer of objects guarantees that each transaction which is involved in the stepwise transfer needs to use the concurrency control scheme which is required by its parent. For example, in Figure 4.1, if transaction T3 wants locks to be used as the means to synchronize access to its object pool, its children T5, T6, and T7 need to run a lock protocol if they want to acquire objects from T3. However, each of the children may employ its own type of lock protocol, e.g., T5 may run two-phase locking with predeclaring, T6 simple two-phase locking, and T7 strict two-phase locking (for a discussion of different types of lock protocols see, e.g., /BeHG87/). On the other hand, each child may run a different concurrency

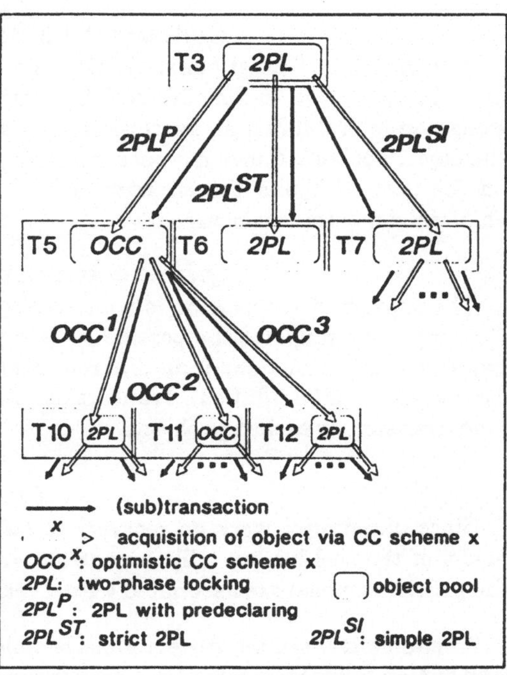

Figure 4.1: Use of different CC schemes within a nested transaction

control scheme for its own object pool. T5, for instance, may run optimistic concurrency control (OCC) (cf. e.g. /UnPS86/) with the consequence that the children of T5 (T10, T11, T12) have to run an optimistic concurrency control scheme if they want to acquire objects from T5. For example, if T12 wants to acquire an object O from T3 the stepwise transfer ensures that O is first transferred from the object pool of T3 to the object pool of T5 by using a lock protocol and then from the object pool of T5 to the object pool of T12 by using OCC.

The current version of the tool-kit supports all well-known types of lock protocols, among them **non two-phase locking** (objects can be acquired and released in arbitrary order; such a protocol is especially important if cooperative work is to be supported) and **two-phase locking with extended predeclaring**. Extended predeclaring means that objects can be requested as long as no lock was released. If the requested objects are not locked in an incompatible mode they are granted. Otherwise, the lock request is rejected but the transaction is not blocked.

Task

Some approaches to nested transactions require work on objects to be exclusively performed in the leaf transactions of the transaction tree. Non-leaf transactions only serve as a kind of database for their children. However, in many applications it is desirable that a non-leaf transaction T can also perform operations on its objects. Of course, in such a case the work of T on its objects has to be synchronized with the work of T's children on these objects. The tool kit allows the DBI to define a transaction to be of type **service transaction** (transaction which only serves as a database for its children) or **operational transaction** (transaction which is, additionally, allowed to operate on its objects) independently of the position of the transaction in the transaction tree.

Concurrent execution of children

A transaction T must define whether its children (including the implicit subtransaction of T in case T is an operational transaction) can execute concurrently. If concurrent execution is prohibited no synchronization measures need to be established on the level of the object pool of T (since no concurrency is possible). Again this characteristic is only valid on the level of T and the children of T. A child T^C may stipulate that T^C itself and its children can execute concurrently.

Explicit cooperation (collaboration)

The support of cooperation is a mandatory feature, particularly in design environments. Our approach supports the possibility to explicitly install a **direct cooperation** between two or more transactions from different branches of the transaction tree (however, certain conditions must be fulfilled). Transactions which are involved in a cooperation may directly lend, transfer, or exchange objects.

Recovery

Since our project work on recovery is still under way we will not discuss the recovery model of the tool kit but will concentrate on some concepts which we want to realize and the problems which are associated with a realization of these concepts.

A reliable transaction system must be able to recover from various types of failures, like transaction failures, crashes, or media failures. Depending on the type of failure some work has to be undone or redone or both. Depending on the mapping concepts for updates (when an update is written to the materialized database (on disk)) the recovery manager has to save different kinds of information and data in the logfile on non-volatile secondary storage (e.g., before images, after images, BOT, EOT, ...; for a comprehensive discussion of recovery concepts see, e.g., /HäRe83/). In accordance with its philosophy the tool kit does not prescribe a special recovery scheme for its transaction types. Instead, each transaction type may define its own scheme. This is possible since a transaction is only allowed to modify data of its own object pool; the object pool constitutes the database for the transaction. Therefore, we can treat, in principle, each object pool as an isolated unit with its own logfile and recovery scheme (although, without question, the structure of the logfile must be more complex).

Compensating Transactions

As a supply to or substitute for traditional recovery techniques compensating transactions (/GaSa87/) play a major role in the field of advanced transaction models. A **compensating transaction** undoes, from a semantic point of view, all of the work performed by the transaction it compensates for. However, it does not necessarily restore the database to the state that existed when the transaction began executing. Compensating transactions are a mandatory feature for the relaxation of the closed nested transaction model to more general models (like open nested). If a compensating transaction is available a subtransaction can commit and generally release its locks on data (no upward inheritance of locks) which means that data can be released much earlier to the public. On the other hand, compensating transactions introduce a new dimension of complexity. Especially, their inherent complex and hard to identify influence on other recovery techniques, concurrency control measures, and transaction processing control substantially impede a smooth integration of this technique into a more general environment like the tool kit. Nevertheless, compensating transactions are a powerful, flexible, and indispensable recovery concept and, therefore, will be integrated into the tool kit.

Transaction failure

A **transaction failure** is said to have occured when either a complete transaction or part of it is rolled back (intra-transaction recovery).

Failure handling according to the all-or-nothing principle is not acceptable when transactions are of long duration. Instead, recovery must exploit the semantics of applications in order to minimize the effects of transaction failures, for example, by tolerating partial rollback or by supporting not only backward recovery but also forward recovery (as defined in /ChRa90/ or /WäRe92/). In our project we will concentrate on concepts for partial rollback.

Partial rollback

Partial rollback allows the recovery component to capture more application-specific semantics. It especially relaxes the all-or-nothing principle since rollback must not necessarily result in an undo of *all* of the work performed by a transaction but may result in a situation-specific repair action. Transaction graphs naturally support user-controlled in-transaction checkpointing since the boundaries of child transactions may act as restart points. Even more flexibility for partial rollback of in-progress transactions can be gained by explicitly establishing savepoints or by executing compensating actions. **Savepoints** (cf. /GMBL81/) define restart points (checkpoints) within a transaction. **Compensating actions** are similar to compensating transactions. However, they redo only part of the work of a transaction. Savepoints allow a transaction to decide which restart point is the best choice in a given situation. However, particularly, online transaction processing requires a more sophisticated interpretation of partial rollback. Users often do not want the complete amount of "new" work to be rolled back but only "useless", "faulty", or "unpleasant" portions; often, they especially want their actual working environment to be left intact. Let us consider a travel planning activity where we have already made a reservation for a flight and a hotel and have just loaded the information about car rental companies. It happens that one of the car rental companies offers a special discount in case a certain airline is used. Unfortunately, we booked the wrong one and now want to roll back the reservation. In this case we want just the reservation of the flight to be rolled back but not the reservation of the hotel or the loading of the offers of the car rental companies.

In the given example partial rollback can be realized by the execution of an compensating action or by a partial rollback to a savepoint. While savepoints can easily be created by users they have the disadvantage that it remains unclear how we can partially rollback to a savepoint. In contrast, with compensating actions a partial rollback can be performed easily. However, compensating actions do not fall just out of the blue but must be coded explicitly. This burden may be too high for a user, especially, within an online application.

In case of a intra-transaction undo it seems to be mandatory that the system is able to clearly advise the user about the state of his application, especially, after a system-initiated rollback was performed. For example, if the user is editing a document, he needs to know which of his work was undone. This requires the recovery component to support concepts like context and context description.

Problems with partial rollback

Since the tool kit allows the same object to exist in several object pools it has to be laid down what happens when a father transaction wants to roll back work on an object to a state which is older than the state which was read by a child transaction. In principle, there are three different ways to manage this situation:

1. To not permit partial rollback in such a situation. However, this solution is not satisfactory since it may just result in the fact that the user undoes work manually.

2. To rollback the child transaction, too. This solution has also a major drawback, since it will result in a rollback propagation on the level of the subtransaction hierarchy and, therefore, may undo a large amount of work.

3. To ignore the rollback on the level of subtransactions. This, of course, means that subtransactions may work on faulty data. Therefore, the minimum support in such a situation must be to inform subtransactions about the partial rollback. Among others, for this reason the tool kit provides a constraint / trigger / notification mechanism (see later).

A similar problem arises in a different context. The tool kit allows transactions to run weaker lock protocols than the strict two-phase lock protocol. As a consequence, child transactions may release objects to their superiors before EOT. Especially a rollback to an earlier savepoint may result in the loose of the already released work of subtransactions. This arises the questions what the semantics of a savepoint is and when a savepoint can be established? These problems seem to be similar to the problems when to take a dump of the database and whether to take it from all or part of the database.

Example

Figure 4.2 gives a simplified example of a heterogeneously structured transaction tree (purposely, we only focus on two characteristics of transaction types, namely concurrency control scheme and task).

As was already explained, each children transaction can install its own type of lock protocol which regulates access to the data of the object pool of its father transaction (or, vice versa, the father transaction can restrict its child transactions to use a specific lock protocol or a lock protocol from a predefined *set* of lock protocols).

In the example, the higher levels of the transaction hierarchy employ stricter types of lock protocols (since they run two-phase lock protocols) while on lower levels transactions partly join together to constitute a cooperative environment (since they run the non two-phase lock protocol (for example, T17, T28, T30, T39, T40, and T41)). Accordingly, each kind of working environment can be established.

For example, let us assume that the task of T1 is the design of a new vacation village. This task is subdivided into the design of the infrastructure (T3) and the design of the buildings (T4). The task of T4 can be further subdivided into the design of the administration buildings (T8) and the design of the vacation buildings (T9). Now let us assume, that the task of T17 is to design different types of (vacation) lodges and a central indoor swimming pool. The design of the indoor swimming pool is a relatively isolated task. Therefore, it is delegated to a transaction which is strongly isolated from its environment (T29). The design of the different shapes of lodges needs much communication and exchange of data and is, therefore, performed within a cooperative environment (T17, T28, T30, ...).

In Figure 4.2, the boxes indicate different tasks. On higher levels, transactions especially often only serve as service transactions (for example, T1, T3) while the leaf transactions, of course, are always of operational type.

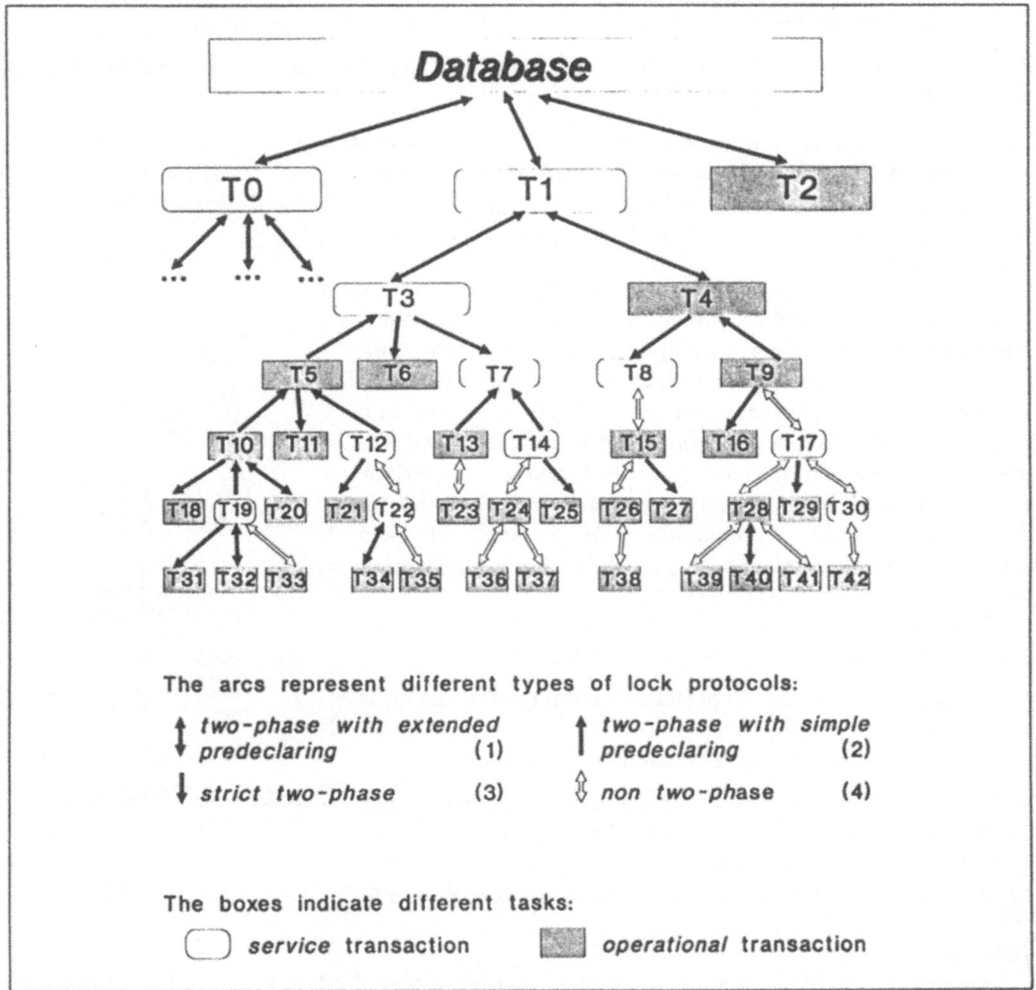

Figure 4.2: *Heterogeneously* structured transaction hierarchy

5. Lock modes

One major reason why traditional transaction management fails to serve adequately advanced database applications is that it cannot consider the application-specific semantics of operations. If such semantics could be exploited, the concurrency control scheme would be able to provide higher concurrency than simply by looking at the operations as reads (S-lock) and writes (X-lock). The tool kit indicates a possible solution for the inclusion of such application-specific semantics since it provides a rich set of fine-grained lock modes which can be individually adapted to the semantics of the operations of a given application. The set of basic lock is the following:

shared lock (S-lock): only permits the reading of the object.

exclusive lock (X-lock): permits the reading, modification, and deletion of the object.

update lock (U-lock): permits the reading and modification of the object.

browse lock (B-lock): permits the reading of the object in a dirty mode.

derivation lock (D-lock): permits the reading of the object and the derivation of a new version of the object.

These five lock modes seem to be a firm basis for the realization of almost all requirements of advanced database applications. However, this basis is still rather coarse. A satisfactory exploitation of application-specific semantics is often still impossible. The next section presents a more flexible and convenient solution.

Decomposition of a lock mode

Lock protocols regulate the access to data in a relatively rigid way. As a matter of principle, a transaction has, first of all, no rights to work on data of the database. Such privileges can only be acquired via an explicit request and assignment of locks. In the remainder of this paper, we will distinguish between an **owner** of a lock and a **competitor** for a lock. An *owner* already possesses some lock on an object O whereas a *competitor*, in general, is each concurrent transaction and, in particular, each transaction which competes for a lock on O.

If we analyze the semantics of a lock, it becomes clear that a lock on an object O always has two effects:

1. it allows the owner to perform certain operations on O and
2. it restricts competitor's possibilities to work on O.

The first effect (called **internal effect**) describes the rights which are granted to the owner of a lock while the second effect (called **external effect**) determines the restrictions which are imposed on competitors (see Figure 5.1).

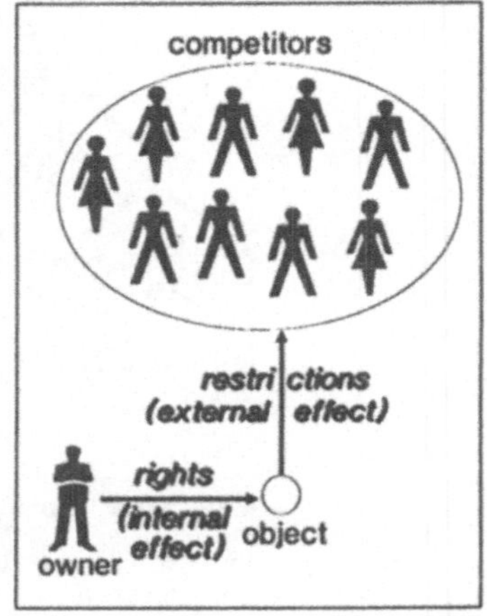

Figure 5.1: Two effects of a lock mode

<u>**Example 5.1:**</u>

The (conventional) X-lock on an object O has the internal effect that it allows the owner to read, modify, and delete O. The external effect ensures that no competitor can lock O in any mode. On the level of the tool kit, this lock would be expressed by the internal / external effect pair.

The distinction between the internal and the external effect of a lock makes it possible to establish the rights of an owner without simultaneously and automatically stipulating the limitations imposed on concurrent transactions. We gain the freedom to combine a given internal effect with different external effects. This allows the tool kit to react to special application-specific demands.

The five lock modes of above come with the following internal effects:

exclusive lock (X-lock): permits the reading, derivation of a new version, modification, and deletion of the object.

update lock (U-lock): permits the reading, derivation of a new version, and modification of the object (not its deletion).

derivation lock (D-lock): permits the reading and the derivation of a new version of the object (not its deletion or modification). This lock mode is only useful if the data model supports a version mechanism.

shared lock (S-lock): permits the reading of the object (neither its deletion or modification nor the derivation of a new version).

browse lock (B-lock): permits the reading of the object in a dirty mode (neither the consistent reading, modification, or deletion of the object nor the derivation of a new version).

The examination of the external effect leaves some leeway for further discussion. Conventional database systems enforce the operational integrity to be entirely ensured by the database system. To support advanced database applications, however, it seems to be useful to weaken this rigid view; for instance, to transmit some responsibility for the correct and consistent processing of data from the database system to the application. Especially in design environments users want to work on data in a way which does not automatically guarantee serializability (cooperative work). But, of course, the database system has to ensure that concurrent work on data can preserve consistency as long as the applications take care of their part in consistency control. In this sense, an update and a read operation on the same object may be compatible as long as the reader is aware of the concurrent updater. A simultaneous modification of the same object by different transactions is usually prohibited, at least as long as the data is handled by the system as an atomic unit. However, if the application is capable of mixing the different states of the object to a consistent one before the 'old' version of the object on the next, semantically higher level is replaced by the new one, concurrent updates can also be permitted.

Example 5.2:

A transaction T which wants to modify an object O needs the internal effect U.

- In a cooperative environment T may combine U with the external effect S. This allows a concurrent transaction T^C to read O in S/U mode (similar to a dirty read). If T^C wants to read O in a 'clean' mode it must request an S/S lock. Since the S/S lock is not compatible to the U/S lock it can only be granted after T has released its U/S lock.
- In a competitive environment T may choose the external effect B. Since the U/B lock corresponds to an exclusive lock concurrent transactions are now excluded from any access to O.

In order to be able to precisely describe a lock mode it is necessary to specify the internal effect as well as the external effect. Therefore, X/Y denotes a lock which combines the internal effect X with the external effect Y.

Table 5.1 lays down which internal effect can be combined with which external effect. A + (-) indicates that the corresponding external effect can always (never) be combined with the given internal effect. A * signifies that the permission of such a combination depends on the

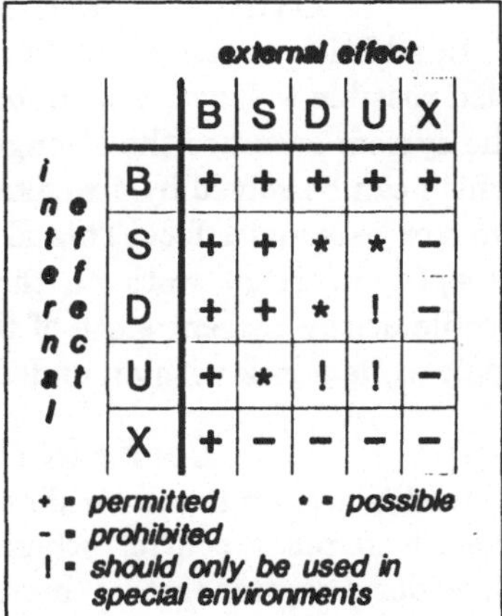

		external effect				
		B	**S**	**D**	**U**	**X**
i	**B**	+	+	+	+	+
n e						
t f **S**		+	+	*	*	−
e f						
r e **D**		+	+	*	!	−
n c						
a t **U**		+	*	!	!	−
l	**X**	+	−	−	−	−

+ = *permitted* • = *possible*
− = *prohibited*
! = *should only be used in special environments*

Table 5.1: Compatibility *internal / external effects*

needs and abilities of the application. If the application is able to accept some responsibility for the consistent processing of data a * may be replaced by a + (for example, in cooperative environments). However, the sequence of + in a row must be continuous; for example, if an S/U lock is permitted this implies that an S/D is permitted too. A ! corresponds to a *, but indicates that this combination should only be used in special environments. Since the rows for X and B do not contain a *, these internal effects can only be combined with one external effect (to form the X/B- and B/X-lock).

The semantics of the lock modes

Since the **B-lock** does not impose any restrictions on competitors it is not a lock in the literal sense of the word. It requires neither an entry in the lock table nor a test whether the object is locked. Since we assume that updates are not directly performed in the database a B-lock guarantees that the state of the object to be read is either still valid or was valid at some point of time in the past. However, if a transactions acquires several B-locks for different objects there is no guarantee that the time intervals in which these objects were valid do overlap.

Note, however, that the minimal demand on every operation on data is that the pure read or write process is realized as an atomic unit (short lock on page level).

An **S-lock** requires a compatibility check and an entry in the lock table since it prevents competitors at least from receiving an X-lock. Since an S/U-lock is compatible with a U/S-lock it may also realize some kind of dirty read. However, in contrast to the B-lock a read is only possible if the updater as well as the reader agree to it. Therefore, the S/U (U/S) lock is supposed to be used especially in cooperative environments.

A **U-lock** permits the modification of the object. A concurrent S-lock can be prohibited. An X-lock, additionally, grants the owner the right to delete the object. Since this is the only difference between these two lock modes the X-lock is supposed to be used only if the object is to be deleted. With this interpretation in mind it becomes clear why an X-lock prohibits a concurrent S-lock. Since the object will most probably be deleted a read operation makes no sense.

The compatibility of locks and the upgrading of a lock cannot be discussed in this paper. The interested reader is referred to /Unla90/ or /Unla91/.

Dynamic assignment of an external effect (open lock)

In addition to the possibility of fixing the external effect when the lock is acquired, it is also possible to leave it open for the moment and fix it at a later point in time. In this case, the system assumes the strongest external effect as a default. If, however, a conflict arises which can be solved by a weaker external effect the owner is asked whether he accepts this weaker external effect. This allows the owner to decide individually whether he wants to accept concurrent work on the object. Such a decision may depend on the competitor's profile or the current state of the object. A lock with a fixed external effect is called **fixed lock** while a lock with an undecided external effect is called **open lock**.

Locks in the context of nested transactions

In this section it will be shown how the decomposition of a lock mode can be exploited by the concurrency control scheme in order to support a more cooperative style of work. Consider the transaction hierarchy of Figure 5.2. Let us assume that transaction T5 acquired some object O in lock mode U/B from its parent (not visible) and now wants some work on O to be done by its child T10. To do so, T5 passes the object / lock pair O (U/B) onto transaction T10. This leads to the following situation:

1. O is locked on the level of T5 in lock mode U/B.
2. O is available to the descendant tree of T10 at most in lock mode U/B.

Feature 1 is a necessary restriction since it prevents other children of T5 (as well as T5 itself) from modifying O. Feature 2, however, is an unnecessary obstacle to the task of T10 for the following reason: T5 is only interested in the results of the work of T10 on O but not in how these results will be achieved. T10 needs O and the permission to work on O in a way which corresponds to its task. However, it should be left to T10 to decide how the work on O can best be performed. For example, if T10 decides to develop several alternatives of O simultaneously, e.g., in T18 and T20, and to select afterwards the best alternative, such a proceeding should be permitted. In the scenario above this is prohibited since the U/B lock on O prevents T18 and T20 from concurrently acquiring the necessary locks on O. If we take a closer look at the semantics of the subtask which T5 assigned to T10 it becomes clear that this task is sufficiently described by the object O and the internal effect of the lock on O inherited by T10 from T5. However, the downward inheritance of the external effect of a lock is a useless obstacle since it doesn't grant any advantage for T5.

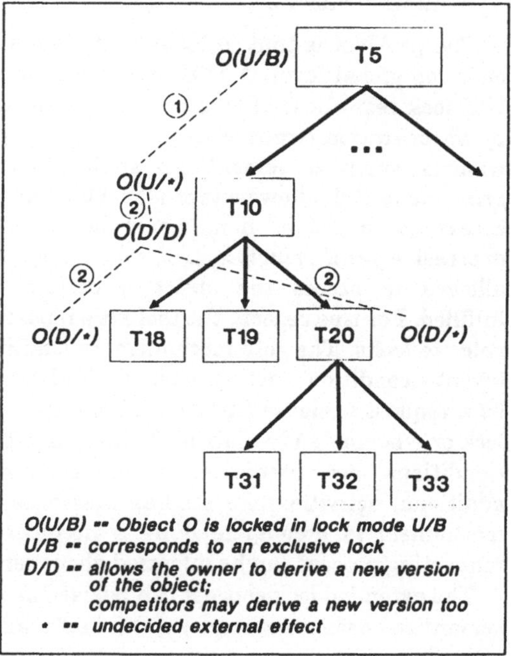

Figure 5.2: Acquisition of an object from the parent transaction

Instead, it unnecessarily restricts T10 in performing its task. Consequently, we decided to transfer only the internal effect to the child. Therefore, if T5 acquires an object O from T10 in lock mode U/B this lock mode is set only on the level of T5 (see Figure 5.2). T10 simply inherits the internal effect of the lock. The external effect is left undecided (this results in U/* (1)). T10 may allow its children to acquire any lock on O with an internal effect equal to or weaker than U and any external effect which T10 wants to concede to its children. In the example T10 decides to allow its children to acquire concurrently O in D/D mode, therefore, to derive concurrently new versions from O (2) (a D/D lock allows the owner to derive a new version of the object; competitors may derive (concurrently) new versions, too). While this proceeding allows T10 to execute its work on O autonomously, it does not allow T10, e.g., to insert several alternatives of O into the object-pool of T5 since O is locked on the level of T5 in mode U/B (which does not permit the derivation of several alternatives).

Binding of rules to locks / notification mechanism

Cooperative work can only be supported adequately if the user can actively *control* the preservation of the consistency of the database. This, however, obliges the tool kit to provide as much support to users as possible. For example, the tool kit permits update operations to be compatible just by assigning the appropriate lock (U/U) to them. However, if the tool kit would rely on pure locks, it would be too inflexible. Situations like the following one could not be modelled (see Figure 5.3):

- op_1 is compatible with op_2; op_2 is compatible with op_3

- op_1 is not compatible with op_3
- all operations are update-operations (must require internal effect U)

The problem is that locks as such define compatibilities on a too global level. A U/U lock is compatible to another U/U lock regardless of whether the second lock is acquired by an operation (transaction) op_1, op_2, or op_3. If we really want to exploit the semantics of applications the *all-or-none principle* (a lock allows either all concurrent transactions to access the object or none) must be replaced by a more expressive *yes-if principle*, i. e., concurrent transactions are allowed to access the object if certain conditions are fulfilled. For this reason, the tool kit supports the binding of rules to locks. The rule mechanism is similar to ECA rules (event - condition - action rules, cf. /DaBM88/). Events can be a request / release / transmission / up- / downgrade of a lock or a begin / end / (partial) rollback of a transaction, etc. Conditions are predicates while actions may trigger

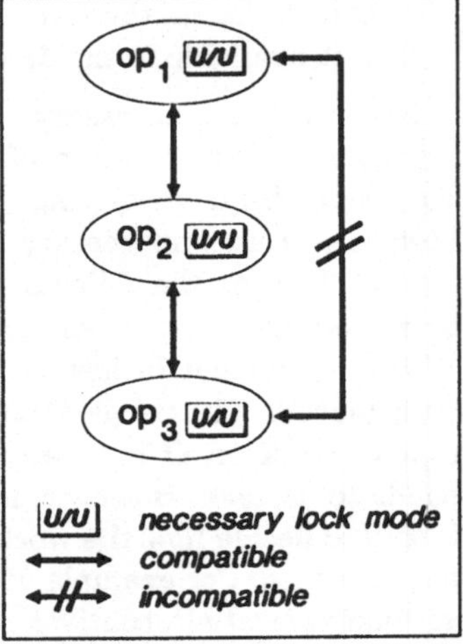

Figure 5.3: Relationship between operations

additional activities like sending messages to processes or users. For the latter the rule mechanism is accompanied by a *notification mechanism* by which the owner or the requesting process can be informed about certain facts or can be asked to do something.

The extended lock concept can be used as a solid basis to implement higher concepts, like semantics-based concurrency control (cf. /ChRR91/, /HeWe88/, /Weih88/).

In principle, there are two possibilities to formulate a rule: by a *positive* or a *negative exception*. With positive (negative) exception a lock mode can be weakened (tightened) by explicitly declaring which event can cause which kind of weakening (tightening) and under which circumstances.

Example 5.3

a. *negative exception*

Given an S/U lock on object O. The following negative exception tightens the lock:

> **on lock-request on** O
> **prohibit** (U/*) **case** {<predicate P_m>; [notify-Request <t_m>]}

This constraint specifies that if a concurrent transaction wants to acquire any lock with internal effect U (would allow the requesting process to update O) the request will be rejected if predicate P_m is true. The *notify-Request*(ing process) *clause* specifies that the message t_m will be sent to the requesting process.

b. *positive exception*

Given an S/S lock on object O. The following positive exception weakens the lock:

> **on lock-request on** O
> **permit** (U/<B) **case** {<predicate P_m>; [notify-Self <t_m>]}

This constraint specifies that if a concurrent transaction wants to acquire some lock with internal effect U the request can be granted if the external effect of the requested lock is weaker than B (<B; e.g., S or U) and predicate P_m is true. The *notify-Self clause* specifies that the message t_m will be sent to the initiator of this constraint (owner of the S/S lock).

Note, that this example is only an informal description of our intention. We are aware of the problems which are associated with positive / negative authorization mechanisms and will try to consider them in our approach.

Another good example for the usefulness of rules is the open lock. An open lock was defined as a lock whose external effect is left undecided. Compatibility with other requests is decided individually each time and may depend on the profile of the requesting process respectively the current state of the object. One possibility is that the owner of the lock makes the decision by himself. A better solution would be to let the system automatically decide on the basis of predefined rules. This frees the owner from being (frequently) disturbed in his work by concurrent processes.

6. Global transaction model and general rules of the tool kit approach

This section summarizes the global rules which have to be obeyed by each transaction (type):

1. *Dependency*
   Each transaction depends strictly on a unique parent transaction. The parent transaction can be either the database or another transaction. In the first case the transaction is either the top level transaction of a nested transaction or a flat transaction. In the second case the transaction is a child transaction of another transaction, the parent transaction. Dependency on a parent transaction entails the rules described in section 3.

2. *Object acquisition and release*
   Each transaction can only acquire objects which belong to its access view. Moreover, it can only insert objects into an object pool of its release view. Only, in case of an explicit cooperation, may a transaction additionally acquire objects from or release objects into the object pool of another transaction. When a transaction T^C acquires an object from a superior T^A the object is duplicated and the copy is inserted into the object pool of T^C. If T^A is not the parent transaction of T^C the object / lock pair is, at least logically, inserted into the object pool of each transaction on the path from T^A to T^C (stepwise transfer). In any case, T^C gets the object with an undecided external effect; for instance, T^C is allowed to grant any lock which is compatible with the acquired internal effect. All work of a transaction has to be performed on the objects of its own object pool. If a transaction T^C modifies an object and wants these modifications to become valid T^C has to insert the modified object into the object pool of a superior before EOT (end of transaction). In this way, the object version of the superior is replaced by the "new" version of T^C. If the superior is not the parent transaction the object is removed from the object pools of all transactions on the path to the superior (of course, excluding the superior itself).

3. *Concurrency control*
   If child transactions are allowed to acquire concurrently objects from the object pool of their parent transaction the parent transaction needs to run a concurrency control scheme for its object pool. For an operational transaction T, to perform an operation on an object of its own object pool, T must observe the concurrency control scheme installed on its object pool.

4. *Exclusion*

If a transaction requests an object, the request can only be granted if the object is not locked in an incompatible mode (in general, if the appropriate concurrency control scheme agrees to such a request).

5. *Transaction commit or abort*

When a transaction fails, its objects are discarded. However, the object versions of its superiors are left intact. In either case, when a transaction commits or aborts, its locks on the objects in the object-pool of the parent transaction are released.

6. *Uniformity*

All transactions follow these rules.

7. Brief overview of the structure of the tool kit

Altogether the tool kit provides three sets, a set of basic components, a set of skeletons and a set of executable transaction types. Each of these sets represents a different level of abstraction Roughly speaking, the basic components are general objects which do not provide any specific semantics, skeletons are constructed by recursively putting (basic) components together while executable transaction types are defined from a skeleton by adding semantics (by adding the execution model, by specializing operations and by defining other constraints and rules).

The basic components and the skeletons make up the **syntactical layer** of the tool kit while the executable transaction types constitute the **semantical layer**.

A transaction type is developed in the following way: Initially, the basic constituents are chosen from a starter set of **basic components** of the tool kit. These constituents are combined and suited to each other to form a kind of **skeleton** of a first basic transaction type. For example, in Figure 7.1 the skeleton for LONG-DURATION TRANSACTION (2) is assembled from the basic components OBJECT POOL and TRANSACTION (1). At this basic level TRANSACTION is nothing more than a frame within which operations can be executed; i.e., at this level is neither an execution model nor a concurrency control or recovery mechanisms laid down, etc. A skeleton transaction (or skeleton for short) can be specialized to

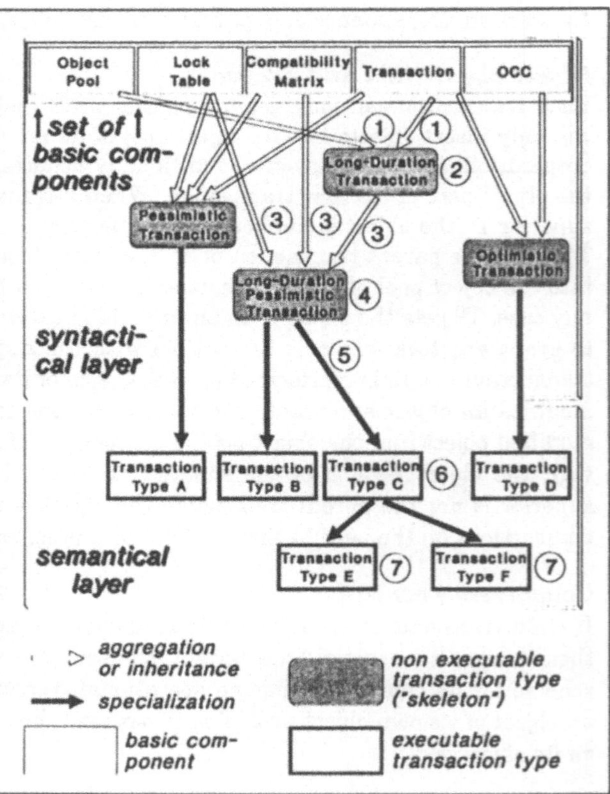

Figure 7.1: *Structure* of the tool kit

more specific skeletons by adding more components and / or specializing existing components.

In Figure 7.1, LONG-DURATION TRANSACTION is specialized to LONG-DURATION PESSIMISTIC TRANSACTION (transaction which runs a lock protocol; (4)) by adding the constituents COMPATIBILITY MATRIX and LOCK TABLE (3). A *skeleton* corresponds to a fundamental transaction type which is *not yet executable* since it, among others, does not obey the specific semantics of some underlying execution model. For example, a skeleton already provides a *check-out* operation. However, the rule that objects can only be acquired from a superior is not yet laid down. Such rules and constraints need to be added in a subsequent phase. Skeletons which are equipped with this specific semantics (5) constitute **executable transaction types** (6) (or transaction types for short). Of course, by adding further rules or constraints transaction types can be further specialized (7).; for example, a transaction type which defines two-phase locking as its concurrency control scheme may be specialized to a transaction type which uses the strict two-phase lock protocol with predeclaring.

An **application-specific transaction manager** is defined by choosing the relevant (application-specific) transaction types from the set of executable transaction types. At best, all transaction types of interest are already existent and need only to be selected. In some cases, however, the tool kit may not provide all of them. For example, if the tool-kit does not already offer a transaction type which supports the *split-transactions* operation an appropriate transaction type must be constructed. In the simplest case this can be achieved by simply specializing an already existing transaction type. In case, the semantical layer does not provide such a type the missing one must be constructed from a skeleton. If the syntactical layer does not already provide an appropriate skeleton it must be constructed, either by specializing one of the already existing skeletons or by constructing the skeleton from the starter set of basic components. In the worst case, the set of basic components has to be augmented (for example, by a new concurrency control scheme). Finally, if a different execution model is to be installed the transaction types of the semantical layer must be equipped with the semantics of the new execution model.

As can be seen from the previous description the construction of an application specific transaction manager can be a more or less complex task. If, e.g., some transaction types do not already exist missing operations, components or rules / constraints must first be implemented. This is similar to the EXODUS or GENESIS approach. Of course, the implementation of new code (semantics) can be rather ambitious and should, therefore, only be performed by specialists (applications programmers and/or database implementors).

The tool kit can be regarded as a kind of **object-oriented transaction manager development facility** for the following reasons:

- Each component of the tool kit belongs to a **class**; each class represents a different type of component.

- Components are realized as **abstract data types**. In particular, this means that transaction types are characterized by the operations which come with them. A number of operations are common to all (long-duration) transaction types; for example, operations to suspend, continue and commit the transaction, and to acquire or release objects. However, these operations may be implemented differently for different transaction types (with different semantics or with different implementation part (data structure)). Other operations are only specific to some transaction types since they come with the features by which these transaction types differ from other transaction types. Note, that the concept of abstract data type makes it possible to react easily to changing requirements. If, for example, in a workstation / server environment the maintenance of an object pool is to be moved from the server to the workstation this can be realized relatively easy due to the locality of such changes. Moreover, this concept leaves some leeway for the implementation of logical structures; for example, while the logical structure of a transaction type may require a local lock table the actual implementation may lean on a common table which maintains the locks of all transactions.

- The assembly (and refinement) of transaction types is either realized via **aggregation** or via **(multiple) inheritance**.

Figure 7.2 shows the principle way of how transaction types can be constructed. Note, however, that the original interface of the tool kit is window oriented. Each operation provides its own command menu biased to the individual content of the window; options which cannot be chosen are not offered to the user.

```
create-transaction-class
   transaction-class-name / -id:            /* unique transaction type name/id */
      <name> | <id>
   subclass-of: {<class>}                    /* inherits from superclass(es) */
   lock-protocol:
      non-two-phase |
      two-phase ((growing-phase:   simple | predeclaring | extended predeclaring)
                (shrinking-phase:  simple | strict))
   constraints                               /* constraints inherited from super-
      ...                                       classes can only be tightened */
      prohibit-operation:
         none | all | [browse] [read] [update] [derive-version] [insert] [delete]
      prohibit-lock: {<lock>}
      prohibit-object-related-lock:    {<object-related-lock>}
      prohibit-subject-related-lock:   {<subject-related-lock>}
   recovery-techniques:
      ...
   operations:                               /* existing operations can be over-
      ...                                        writtten, new ones can be added */
```

Figure 7.2: Construction of an *executable* transaction type

The *create-transaction-class* command creates a new transaction type T^{Tnew} with name **<transaction-class-name:>** as subclass of an already existing one (specified in **subclass-of:**). T^{Tnew} inherits all properties of its superclass. These properties can be tightened; for instance, a stronger lock protocol can be defined or some more operations can be prohibited in the **constraints** clause, etc.

The **prohibit-operation:** *clause* determines which operations are applicable to the object pool of T^{Tnew}. If the *all* option is chosen T^{Tnew} represents a *service transaction* since T cannot operate on its object pool. In all other cases T^{Tnew} represents an *operational transaction*.

T^{Tnew} inherits the compatibility matrix of its superclass. In the **prohibit-lock:** *clause* one can define further internal / external effect pairs to be incompatible which means that these lock modes cannot be requested for objects of the object pool of the transaction type.

The **prohibit-object(subject)-related-lock:** *clauses* serve the same purpose, however, with regard to object (subject) related lock.

Furthermore, the constraints section allows the programmer to define constraints on the level of children transactions, like constraints on the type of children transactions.

In the **operation:** *clause* new operations can be added or existing operation code can be overwritten. Accordingly, either the semantics (behavior) of an operation can be modified or its implementation or both. For example, if we want to realize split transactions (/PuKH88/) we have to add the *join-, accept-join-, split-, and split-commit-transaction* operations.

Finally, in the **recovery-techniques:** *clause* the necessary recovery techniques can be chosen.

8. Concluding remarks

We have presented a flexible and adaptable tool kit approach for transaction management. The tool kit allows a sophisticated applications designer or database implementor to develop individual, application-specific transaction managers. Much attention was paid to a comprehensive support of different facets of cooperative work.

The main characteristics of the tool kit are:

1. It supports the definition of a large number of different *transaction types*. These transaction types are meant to reflect the requirements of different application areas. We have presented a basic set of characteristics by which transaction types may differ from each other. However, since the tool kit is extensible this set can be augmented if additional demands need to be met.

2. The different transaction types can be combined with each other in any hierarchical order to form a *heterogeneously structured transaction hierarchy* which is capable of supporting such different concepts as strict isolation of (sub)transactions (in the sense of serializability) and (non-serializable) cooperative work in one hierarchy. For this reason a general set of rules was proposed which has to be obeyed by each transaction type.

3. With respect to concurrency control issues the tool kit provides provides an extended set of lock modes. To be able to react to the needs of cooperative environments locks can be much finer grained. Each lock is described by an *internal effect / external effect pair*. This subdivision permits an exact adaptation of locks to the requirements of different application areas. Moreover, it was shown that the subdivision of lock can be exploited to comprehensively support cooperative work within a nested transaction.

A first prototype of the tool kit was implemented in *Smalltalk* on top of the relational DBMS *ORACLE* (the interface between ORACLE and Smalltalk is realized via C-procedures) and is currently in its test phase. It serves as a testbed for the examination of the weakness and strong points of our approach. We intend, as a second step, to integrate a revised version into the database kernel system OMS (/FrBo89/). Moreover, we want to analyze whether the tool kit is able to provide an adequate support for such dynamic and highly team-centered processes as they must be supported within the CAD° project (see the paper of Matthias Jarke and Thomas Rose within this book). They want to support and document the development progress within large projects (from the the first idea to the final product) by offering support for decision making and by recording all relevant steps, decisions, and data.

Further investigations

A crucial point is the development of an appropriate intelligent interface for the tool kit. Even the current version of our tool kit is rather complex and requires deep knowledge about the characteristics and concepts of transaction management. Therefore, we want the tool kit to provide an intelligent interface which supports a DBI in his task to choose the right components and to combine them in an appropriate way.

At some later point in time we want to extend the tool kit in a way that it can also support the construction of transaction managers for homogeneous / heterogeneous distributed database systems.

Literature

/BBGS88/ Batory, D.; et. al.: *GENESIS: An Extensible Database Management System*; IEEE Transactions on Software Engineering; Vol. 14, No. 11; Nov. 1988

/BeBG89/ Beeri, C.; Bernstein, P.; Goodman, N.: *A Model for Concurrency Control in Nested Transaction Systems*; Journal of the ACM; Vol. 36, No. 2; 1989

/BeHG87/ Bernstein, P.; Hadzilacos, V.; Goodman, N.: *Concurrency Control and Recovery in Database Systems*; Addison-Wesley Publishing Company; 1987

/CaDe87/ Carey, M.J.; DeWitt, D.J.: *An Overview of the EXODUS Project*; IEEE Database Engineering; Vol. 10, No. 2; June 1987

/ChRa90/ Chrysanthis, P.; Ramamrithan, K.: *ACTA: A Framework for Specifying and Reasoning about Transaction Structure and Behavior*; Proc. ACM-SIGMOD Int. Conf. on Management of Data; Atlantic City, NJ; May 1990

/ChRR91/ Chrysanthis, P.; Raghuram, S.; Ramamrithan, K.: *Extracting Concurrency from Objects: A Methodology*; Proc. ACM-SIGMOD Int. Conf. on Management of Data; Denver, Colorado; May 1991

/DaBM88/ Dayal, U.; Buchmann, A.; McCarthy, D.: *Rules are Objects too: A Knowledge Model for an Active, Object-Oriented Database Management System*; Proc. 2nd Int. Workshop on Object-Oriented Database Systems; Bad Münster, Germany; Sept. 1988

/DaSm86/ Dayal, U.; Smith, J: *PROBE: A Knowledge-Oriented Database Management System*; in: 'On Knowledge Base Management Systems';, M. Brodie, J. Mylopoulos (Editors);, Springer Publishing Company; 1986

/DKAB86/ Dadam, P.; Kuespert, K.; Andersen, F.; Blanken, H.; Erbe, R.; Guenauer, J.; Lum, V.; Pistor, P.; Walch, G.: *A DBMS Prototype to Support NF^2-Relations: An Integrated View on Flat Tables and Hierarchies*; Proc. ACM-SIGMOD Int. Conf. on Management of Data; Washington, D. C.; 1986

/ELLR90/ Elmagarmid, A.; Leu Y.; Litwin, W.; Rusinkiewicz, M.: *A Multidatabase Transaction Model for InterBase*; Proc. 15th Int. Conf. on Very Large Data Bases (VLDB); Brisbane, Australia; Aug. 1990

/FrBo89/ Freitag, J.; Bode, T.: *A General Manager for Storage Objects as the Basis for the Implementation of Complex Objects in an Object Management System*; (in German); Proc. GI Conference on Database Systems for Office Automation, Engineering, and Scientific Applications; Zurich, Switzerland; March 1989

/GaSa87/ Garcia-Molina, H.; Salem, K.: *Sagas*; Proc. ACM-SIGMOD Int. Conf. on Management of Data; San Francisco, California; 1987

/GMBL81/ Gray, J.; McJones, P.; Blasgen, M.; Lindsay, B.; Lorie, R.; Price, T.; Putzolu, F.; Traiger, I.: *The Recovery Manager of the System R Database Manager*; ACM Computing Surveys; Vol. 13, No. 2; 1981

/HäRe83/ Härder, T.; Reuter, A.: *Principles of Transaction Oriented Database Recovery*; ACM Computing Surveys, Vol. 15, No. 2; June 1983

/HäRo87-1/ Härder, Th.; Rothermel, K.: *Concurrency Control Issues in Nested Transactions*; IBM Almaden Research Report RJ5803, San Jose; Aug. 1987

/HäRo87-2/ Härder, Th.; Rothermel, K.: *Concepts for Transaction Recovery in Nested Transactions*; Proc. ACM-SIGMOD Int. Conf. on Management of Data; San Francisco, California; 1987

/HeWe88/ Herlihy, M.; Weihl, W.: *Hybrid Concurrency Control for Abstract Data Types*; Proc. ACM Symposium on Principles of Database Systems, 1988

/HMMS87/ Härder, T.; Meyer-Wegener, K.; Mitschang, B.; Sikeler, A.: *PRIMA - a DBMS Prototype Supporting Engineering Applications*; Proc. 12th Int. Conf. on Very Large Data Bases (VLDB); Brighton, England; 1987

/JaJR88/ Jarke, M.; Jeusfeld, M.; Rose, T.: *A Global KBMS for Database Software Evolution: Documentation of first ConceptBase Prototype*; Research Report MIP-8819; University of Passau, O. Box 2540, D-8390 Passau, Germany; 1988

/Katz84/ Katz, R.H.: *Transaction Management in the Design Environment*; in: 'New Applications of Data Bases'; G. Gardarin, E. Gelenbe (Editors); Academic Press; 1984

/KaWe83/ Katz, R. H.; Weiss, S.: *"Transaction Management for Design Databases"*; Computer Sciences Technical Report #496, University of Wisconsin Madison; February 1983

/Kelt88/ Kelter, U.: *Concepts for Transactions in Non Standard Database Systems*; (in German); Informationstechnik it; R. Oldenbourg Verlag; Vol. 30, No. 1; 1988

/Kim91/ Kim, W.: *Object-Oriented Database Systems: Strengths and Weaknesses*; Journal of Object-Oriented Programming; SIGS Publications, New York; Vol. 4, No. 4; July/August 1991

/KLMP84/ Kim, W.; Lorie, R.; McNabb, D.; Plouffe, W.: *A Transaction Mechanism for Engineering Design Databases*; Proc. 9th Int. Conf. on Very Large Data Bases (VLDB); Singapore; Aug. 1984

/KoKB85/ Korth, H.F.; Kim, W.; Bancilhon, F.: *A Model of CAD Transactions*; Proc. 10th Int. Conf. on Very Large Data Bases (VLDB); Stockholm, Sweden; Aug. 1985

/KoKB88/ Korth, H.F.; Kim, W.; Bancilhon, F.: *On Long-duration CAD Transactions*; Information Sciences 46, pp 73 - 107; 1988

/KSUW85/ Klahold, P.; Schlageter, G.; Unland, R.; Wilkes, W.: *A Transaction Model Supporting Complex Applications in Integrated Information Systems*; Proc. ACM-SIGMOD Int. Conf. on Management of Data; Austin, Texas; 1985

/LoPl83/ Lorie, R.; Plouffe, W.: *Complex Objects and Their Use in Design Transactions*; Proc. Databases for Engineering Applications; ACM-Database Week, San Jose, California; 1983

/Moss81/ Moss, J.E.B.: *Nested Transactions: An Approach to Reliable Computing*; MIT Report MIT-LCS-TR-260, Massachusetts Institute of Technology, Laboratory of Computer Science; 1981 and *Nested Transactions: An Approach to Reliable Distributed Computing*; The MIT Press; Research Reports and Notes, Information Systems Series; M. Lesk (Ed.); 1985

/MSOP86/ Maier, D.; Stein, J; Otis, A.; Purdy, A.: *Development of an Object-Oriented DBMS*; Proc. ACM 1st Int. Conf. on Object-Oriented Programming Languages, Systems and Applications (OOPSLA); Portland, Oregon; Sept. 1986

/NoZd90/ Nodine, M.; Zdonik, S.: *Cooperative Transaction Hierarchies: A Transaction Model to Support Design Applications*; Proc. 15th Int. Conf. on Very Large Data Bases (VLDB); Brisbane, Australia; Aug. 1990

/NeSt89/ Neuhold, E.; Stonebraker, M.: *Future Directions in DBMS Research*; ACM SIGMOD Record; Vol. 18: No. 2; July 1989

/PSSW87/ Paul, H.-B.; Schek, H.J.; Scholl, M; Weikum, G.: *Architecture and Implementation of the Darmstadt Database Kernel System*; Proc. ACM-SIGMOD Int. Conf. on Management of Data; San Francisco, California; 1987

/PuKH88/ Pu, C.; Kaiser, G.; Hutchinson, N.: *Split-Transactions for Open-Ended Activities*; Proc. 14th Int. Conf. on Very Large Data Bases (VLDB); Los Angeles, California; Aug. 1988

/SCFL86/ Schwarz, P.; Chang, W.; Freytag, J.; Lohman, G.; McPherson, J.; Mohan, C.; Pirahesh, H.: *Extensibility in the Starburst Database System*; Proc. of the ACM-IEEE International Workshop on Object-Oriented Database Systems; Pacific Grove, California; IEEE Computer Society Press No. 734; 1986

/SpSc84/ Schwarz, P.; Spector, A: *Synchronizing Shared Abstract Types*; ACM Transactions on Computer Systems; Vol. 2, No. 3; August 1984

/StRo87/ Stonebraker, M.; Rowe, L:A.: *The POSTGRES Papers*; Electronics Research Laboratory; College of Engineering, University of California Berkeley, Memorandum No. UCB/ERL M86/85; June 1987

/Trai83/ Traiger, I.: *Trends in System Aspects of Database Management*, Proceedings Second International Conference on Databases (ICOD-2), Cambridge, 1983

/Unla89/ Unland, R.: *A General Model for Locking in Non-Standard Database Systems* (in German); Research-Report; University of Hagen, Department of Computer Science; 1988; and (extended abstract) Proc. GI 3rd Conf. on Database Systems for Office Automation, Engineering, and Scientific Applications; Zurich, Switzerland; 1989

/Unla90/ Unland, R.: *A Flexible and Adaptable Tool Kit Approach for Concurrency Control in Non Standard Database Systems*; Proc. 3rd Int. Conf. on Database Theory (ICDT); Paris, France; Dec. 1990

/Unla91/ Unland, R.: *TOPAZ: A Tool Kit for the Construction of Application Specific Transaction Managers*; Research-Report MIP-9113; University of Passau; Department of Computer Science; Oct. 1991

/UnPS86/ Unland, R.; Prädel, U., Schlageter, G.: *Redesign of optimistic methods: improving performance and applicability*; Proc. IEEE 2nd Int. Conf. on Data Engineering; Los Angeles, California; Feb. 1986

/UnSc89-1/ Unland, R.; Schlageter, G.: *A Multi-Level Transaction Model for Engineering Applications*; Proc. 1st Int. Symposium on Database Systems for Advanced Applications; Seoul, South-Korea; April 1989

/UnSc89-2/ Unland, R.; Schlageter, G.: *An Object-Oriented Programming Environment for Advanced Database Applications*; Journal of Object-Oriented Programming; SIGS Publications, New York; Vol. 2, No. 3; May/June 1989

/UnSc91/ Unland, R.; Schlageter, G.: *A Flexible and Adaptable Tool Kit Approach for Transaction Management in Non Standard Database Systems* (extended abstract); IEEE Data Engineering Bulletin; Vol. 14, No. 1; Special Issue on "Unconventional Transaction Management"; March 1991

/UnSc92/ Unland, R., Schlageter, G.: *A Transaction Manager Development Facility for Non-Standard Database Systems*; in: "Database Transaction Models for Advanced Applications"; A. Elmargarmid (ed.); Morgan Kaufmann Publishers; 1992

/WäRe92/ Wächter, H.; Reuter, A.: *The ConTract Model*; in: "Database Transaction Models for Advanced Applications"; A. Elmargarmid (ed.); Morgan Kaufmann Publishers; 1992

/Weih88/ Weihl, W.: *Commutativity-Based Concurrency Control for Abstract Data Types*; Proc. IEEE 21th Annual Hawaii Int. Conf. on System Sciences (HICSS); Hawaii; Jan. 1988

/WeSc92/ Weikum, G.; Schek, H.-J.: *Concepts and Applications of Multi-Level Transactions and Open Nested Transactions*; in: "Database Transaction Models for Advanced Applications"; A. Elmargarmid (ed.); Morgan Kaufmann Publishers; 1992